Peter Neumaier „Wehe dem, der allein ist!“

Peter Neumaier

„Wehe dem, der allein ist!“

Mein Großvater Ernst Seidenberger.
Münchner Rechtsanwalt in der NS-Zeit

HENTRICH & HENTRICH

Inhalt

Vorwort

Der Autor des vorliegenden Buches, Peter Neumaier, ist mir seit sechs Jahrzehnten bekannt. Er, sein Bruder Thomas, mit dem ich noch heute befreundet bin, und ich besuchten damals – in den späten fünfziger und den sechziger Jahren – das altsprachliche Frankfurter Lessinggymnasium. Das „Lessing", wie es genannt wurde, war eines von zwei altsprachlichen Gymnasien in Frankfurt am Main, eine Bildungsinstitution, die wesentlich von Abkömmlingen des Frankfurter Bildungsbürgertums besucht wurde.

Peter Neumaier, ein Jahr jünger als sein Bruder, mein Klassenkamerad Thomas, ging in eine Klasse unter uns; ich lernte ihn kennen, weil ich öfters mit seinem Bruder zusammen war und ihn im Haus seiner Eltern in Frankfurt/Neu-Isenburg gelegentlich besuchte.

Vor allem aber erinnere ich mich noch heute der eigentümlichen Nähe, die mir der gefühlten sozialen Unterschiede zum Trotz von dieser Familie entgegengebracht wurde; als ein Junge, der weder Tennis spielte noch die Tanzschule besuchte, gehörte ich dem bürgerlichen Milieu der Schule und damit dem Milieu der Brüder Neumaier eher nicht an.

Erst Jahre später sollte sich das Rätsel, wenn auch nur andeutungsweise, lösen. So war durchaus bekannt, dass ich einer von zwei jüdischen Schülern am damaligen Lessinggymnasium war: Meine Eltern hatten daraus bei Elternabenden nie einen Hehl gemacht, ich selbst blieb dem christlichen Religionsunterricht fern und hielt mit meiner Mitgliedschaft in einer jüdischen Jugendbewegung nicht hinter dem Berg. Die gefühlte Nähe, die mir Thomas und damit auch – in homöopathischen Dosen – sein Bruder Peter sowie seine Eltern vermittelten, hing, wie sich später zeigen sollte, damit zusammen, dass auch sie „irgendwie" einer jüdischen Familie entstammten.

Wie genau – darüber hat mir erst das vorliegende Buch Jahrzehnte später die Augen geöffnet.

Der die Familie mindestens unbewusst prägende Großvater mütterlicherseits Ernst Seidenberger, „Opa Ernst" genannt, war ein erst als

Erwachsener zum Katholizismus konvertierter Münchner Jude, bei dem diese Herkunft seiner Gleichgültigkeit gegenüber der jüdischen Religion zum Trotz immer wieder zum Ausdruck kam. Eben davon und von der Verfolgungserfahrung eines „nichtarischen" Christen, mehr noch, eines „nichtarischen" Katholiken handelt das vorliegende Buch; ein Buch, das ein anrührendes „document humain" und eine historisch-soziologische Studie in einem darstellt.

So gut – darauf ist zurückzukommen – die häufige Konversion deutscher Juden zum Protestantismus erforscht und dokumentiert ist, so wenig ist doch über jene deutschen Juden bekannt, die katholisch wurden. Das war in Österreich noch in der Zeit der k. u. k. Monarchie anders, wovon bekannte Namen wie Hoffmannsthal, Mahler und Wittgenstein zeugen.[1]

In den deutschen Ländern, im Deutschen Reich hingegen setzte die Konversion von Juden zum meist protestantischen Christentum in der Zeit der französischen Revolution ein:[2] So wurde der als David Mendel geborene, pietistisch getaufte August Neander einer der bedeutendsten Kirchenhistoriker seiner Zeit (1789–1850), während Heinrich Heine mit seiner Rede von der Taufe als „Entreebillet zur europäischen Kultur" das Motiv vieler Konvertiten genau traf. Ansonsten waren derlei Konversionen oft genug das Ergebnis gezielter christlicher Missionstätigkeit.[3] Soweit bekannt, konvertierten in der ersten Hälfte des 19. Jahrhunderts im protestantischen Preußen rund 5000 Juden zum Christentum, meist in Berlin.[4] Bekannt wurden in diesem Zusammenhang die sog. Berliner Salonieren: Rahel Varnhagen, Dorothea Schlegel und Henriette Herz.[5]

Soweit ersichtlich, verlief die Geschichte der Juden im katholischen Bayern deutlich anders: Während im Jahre 1812 in München 830 Juden registriert waren, steigerte sich diese Zahl bis 1933 auf etwa 9000 Personen, anders die Entwicklung in ganz Bayern: lebten dort in der Mitte des 19. Jahrhunderts etwa 50 000 Jüdinnen und Juden, so waren es 1933 nur noch 41 900. Erklärt wird dies durch Assimilation und Konversion.[6]

„Flucht aus dem Judentum war für die Mehrheit", so Michael Wolffsohn und Thomas Brechenmacher, „identisch mit Hinwendung zum Deutschtum".[7] So auch auch in München, in Bayern – dort konvertierten jüdische Familien mehrheitlich zum Protestantismus, weil diese Konfession eher als „deutsche Religion" galt.

In dieser Hinsicht jedoch war Ernst Seidenberger, der – hier divergieren amtliche Quellen und Egodokumente – entweder 1910 oder spätestens 1934 zum Katholizismus übertrat, eine Ausnahme. Indes: Jene Kirche, zu der er übertrat, konnte Menschen wie ihm in der Zeit der nationalsozialistischen Verfolgung nur sehr begrenzt Schutz bieten.

Die Rolle der katholischen und der evangelischen Kirchen – jene durch das Konkordat des Vatikans mit dem nationalsozialistischen Staat mehr oder minder geschützt, diese durch die freiwillige Selbstgleichschaltung der evangelischen Kirchen ins nationalsozialistische System der Diskriminierung, Entrechtung und Ausmerzung integriert, sind unterschiedlich zu betrachten und zu bewerten – zumal was ihre Haltung zu Juden und Judentum bzw. zu rassistischen Programmen und Praxen wie etwa den „Nürnberger Gesetzen" oder dem „Gesetz zur Verhütung erbkranken Nachwuchses" und der daraus folgenden Ermordung psychisch Kranker betrifft.[8] Es war Ernst Klee, der nachgewiesen hat, dass – entgegen der meist sperrigen Haltung der Bischöfe – katholische Einrichtungen im Einzelnen durchaus auch aktiv an diesen Verbrechen beteiligt waren.[9]

Bei der Beurteilung des Verhaltens der katholischen Kirche lege ich einen Begriff von minimaler Solidarität zugrunde und fasse darunter alle – auch institutionell verfestigte – Formen helfenden Handelns gegenüber in Not geratenen Personen: in diesem Fall gegenüber in Deutschland lebenden Juden bzw. sog. „nichtarischen" Christen. Während die Haltung der evangelischen Kirchen und ihrer auch inneren Auseinandersetzungen über den „Arierparagraphen" in der Kirche, über den Konflikt zwischen „Deutschen Christen" hier und „Bekennender Kirche" dort inzwischen in allen Einzelheiten sehr gut erforscht sind, ist das für den Fall der katholischen Kirche sehr viel weniger der Fall. Beide Kirchen standen dabei indes noch einmal vor unterschiedlichen Herausforderungen: der Herausforderung, sich schützend und im Geiste des Evangeliums vor alle Jüdinnen und Juden zu stellen – eine Herausforderung, angesichts derer die Kirchen weitestgehend versagten – sowie der weiteren Herausforderung, sich wenigstens schützend vor ihre getauften Mitglieder, im Jargon der damaligen Zeit vor die „nichtarischen Christen" zu stellen.

Die evangelischen Kirchen haben mit Blick auf ungetaufte Juden, wie die bis heute unübertroffene Studie von Wolfgang Gerlach schon vor dreißig Jahren gezeigt hat, weitestgehend versagt,[10] während einzelne Theologen wie Rudolf Bultmann, Heinrich Grüber oder Elisabeth Schmitz das ihre versucht haben.

Anders die katholische Kirche, die seit dem von Eugenio Pacelli, dem späteren Pius XII., sowie Franz von Papen geschlossenen Reichskonkordat vom Juli 1933 wenigstens daran festhielt, dass getaufte Kirchenmitglieder vollgültige, der Sakramente des Abendmahls und der kirchlichen Heirat fähige Mitglieder der Kirche seien. Nach den „Nürnberger Gesetzen" aus dem Jahre 1935 wurden gleichwohl katholisch, kirchlich geschlossene Ehen staatlich nicht mehr anerkannt, weiter war es „nichtarischen" Katholiken seit 1938 nicht mehr erlaubt, in Schulen katholischen Religionsunterricht zu erteilen.[11] Schwierig war für die katholische Seite auch das 1933 erlassene „Gesetz zur Wiederherstellung des Berufsbeamtentums", da von ihm auch katholische Beamte jüdischer Herkunft betroffen sein konnten. Tatsächlich äußerten sich auch hohe Würdenträger, Bischöfe und Kardinäle kritisch zur nationalsozialistischen Rassentheorie und zu entsprechenden rassistischen Gesetzen, als sie in Predigten zum Verhältnis von Judentum, Christentum und Germanentum Stellung bezogen. So z. B. der Münchner Kardinal Faulhaber, der in einer Predigt erklärte: „Wir reichen den getrennten Brüdern die Hand, um gemeinsam mit ihnen die Hl. Bücher des Alten Testaments zu verteidigen ..."[12] Mehr noch: am Silvesterabend 1933/1934 betonte der Kardinal sogar: „Wir dürfen aber niemals vergessen: Wir sind nicht mit deutschem Blut erlöst. Wir sind mit dem kostbaren Blut unseres gekreuzigten Herrn erlöst."[13] Andererseits vertrat Faulhaber bereits 1933 in einem Schreiben an Pacelli die Meinung, dass ein Eintreten für die Juden nicht dienlich sei, „da der Kampf gegen die Juden zugleich ein Kampf gegen die Katholiken werden würde und die Juden sich selber helfen können ..."[14]

Gleichwohl steht das Verhältnis des Vatikans zu den nationalsozialistischen Judenverfolgungen – seit Rolf Hochhuths „Stellvertreter" – vor allem die Rolle des ehemaligen Kardinalstaatssekretärs Eugenio Pacelli, seit 1939 Papst Pius XII., nach wie vor in der Diskussion. So hat Daniel Jonah Goldhagen 2002 behauptet, dass die Kirche Abermillionen von Menschen – Juden und Katholiken – an Leib und Leben sowie moralisch verraten habe,[15] während andererseits der israelische Botschafter in Rom im Oktober 1958 dem Vatikan zum Ableben Pius XII. kondolierte und die „unermesslichen Anstrengungen" würdigte, die der Papst unternommen hätte, um die Juden Deutschlands und Westeuropas gegen die rassistischen Verfolgungen der Nationalsozialisten zu verteidigen.[16]

Ein Zeitzeugnis besonderer Art stellt in diesem Zusammenhang ein Brief der Philosophin und Katholikin Edith Stein dar, die sie Anfang April 1933 an den damaligen Papst Pius XI. schrieb:

„Heiliger Vater! Als ein Kind des jüdischen Volkes, das durch Gottes Gnade seit elf Jahren ein Kind der katholischen Kirche ist, wage ich es, vor dem Vater der Christenheit auszusprechen, was Millionen von Deutschen bedrückt ..."[17]

Am Ende ihres Schreibens, dessen Eingang vom Vatikan bestätigt wurde, hieß es dann noch:

„Wir alle, die wir treue Kinder der Kirche sind und die Verhältnisse in Deutschland mit offenen Augen betrachten, fürchten das Schlimmste für das Ansehen der Kirche, wenn das Schweigen noch länger anhält."[18]

Hätte also die katholische Kirche öffentlich gegen die Misshandlung und Deportation von Juden protestieren sollen? So ist damals wie heute die Antwort auf die Frage umstritten, ob die Kirche ebenso wie in den Niederlanden öffentlich – so in einem Hirtenbrief vom Juli 1942 – Protest gegen Judendeportationen hätte einlegen sollen; tatsächlich hat dieser Protest von den Kanzeln die nationalsozialistischen Besatzungsbehörden nicht von ihrem mörderischen Tun abgehalten.[19]

Gleichwohl beunruhigten die 1941/42 einsetzenden Deportationen die jeweils örtlichen katholischen Kirchen auch in Deutschland. So schrieb der Bischof von Limburg Antonius Hilfrich im Oktober 1941 an den Berliner Bischof Wienken:

„Bei dem Transport, der am 19. oder 20. d[es] M[onats] von Frankfurt abgegangen ist, wurde für katholische Nichtarier keine Sonderregelung getroffen. Die Lage für diese Katholiken ist besonders schwierig: denn als Nichtarier stehen sie unter dem Druck und den Beschränkungen der Judengesetzgebung. Sie werden aber gleichzeitig von ihren Rassegenossen wegen ihrer Konversion als Apostaten betrachtet. Vielleicht könnte man erreichen, dass sie deshalb von dem Transport ausgenommen würden."[20]

Margarete Sommer, sie lebte von 1893 bis 1965, war eine katholische Sozialarbeiterin und Laiendominikanerin sowie die Geschäftsführerin eines Hilfswerks zur Unterstützung „nichtarischer" Katholiken beim Bischöflichen Ordinariat Berlin[21] und konnte im März 1943 den Berliner Kardinal Bertram zu einer Äußerung bewegen, dass ein Gesetz zur Trennung der rassischen Mischehe noch zurückgehalten werden sollte. Bertram war trotz seines Einspruchs zunächst unschlüssig, würden doch dann minder auffällige, „aber darum umso gefährlichere Wege beschritten, um ohne gesetzliche Grundlage einfach eine faktische Trennung ... herbeizuführen."[22]

Margarete Sommer wurde für ihren Mut nach dem Krieg sowohl von Pius XII. gewürdigt als auch von der israelischen Gedenkstätte Yad Vashem als „Gerechte unter den Völkern" geehrt.[23]

In München jedoch, wo Ernst Seidenberger lebte, standen 1943 zwischen März und Juni 140 Männer und Frauen auf Deportationslisten, ohne dass es dort wie in Berlin zu einer Massenflucht kam.[24] Anders als in Berlin kamen in München Untergetauchte und Helfer überwiegend aus einem bürgerlichen Milieu wie jenem, in dem sich Ernst Seidenberger aufhielt.[25]

Ernst Seidenberger, der in den 1930er Jahren zu Protokoll gegeben hatte, das Judentum bereits 1910 äußerlich verlassen zu haben, sah sich damals ganz und gar als „Deutscher" und bekannte aus tiefster Überzeugung, dass ihm der letzte Deutsche näher stehe als der erste Jude. Mehr noch: Ernst Seidenberger, der keine rationale Erklärung dafür hatte, dass ihm der Zugang zu Gott über das Judentum von allem Anfang an verschlossen war, legte 1936 – er war damals knapp sechzig Jahre alt – ein Bekenntnis ab, das ob seiner Drastik auch noch heute erstaunt: „Und so bekenne ich mich bis zum letzten Atemzuge zu Deutschland wie ich mich zum dreieinigen Gott bekenne. Er bleibt mein Gott, auch wenn er mich schlägt wie Hiob, und Deutschland bleibt mein Deutschland, auch wenn es mein Herzblut trinkt und mich ausspeit und mich zum Bettler macht."

Er begründete diese beinahe blasphemische Parallelisierung von Zugehörigkeit zur deutschen Nation und zum katholischen Glauben damit, erst im katholischen Christentum jene Erfüllung gefunden zu haben, die dem Judentum versagt bleiben müsse, da es seine „historische Stunde" – womit Seidenberger wohl das Erscheinen Jesu und dessen Anerkennung als Messias und Gottessohn meinte – verpasst habe. Das Judentum, so Seidenberger, habe zwar einen Glauben, nicht aber Hoffnung und Liebe – Behauptungen, die aus heutiger Sicht kaum anders denn als antijudaistisch zu bezeichnen sind. 1936 jedenfalls ging Ernst Seidenberger sogar so weit, das Judentum mit den von ihm nicht näher benannten „sich breitmachenden weltanschaulichen Strömungen" jener Jahre gleichzusetzen. Tatsächlich war sein Wille, der jüdischen Herkunft zu entkommen, sehr stark ausgeprägt. Im fünften Kapitel des vorliegenden Buches nimmt der Autor Peter Neumaier ausführlich Stellung zu Seidenbergers „Absonderungstrieb und Drang in die deutsche Gemeinschaft". Drei Jahre später, 1939, äußerte Seidenberger, sein Leben im Bürgertum „besten und edelsten Sinnes" verbracht zu haben. Dieses Lob bürgerlicher Kultur verbindet er – Neumaier geht im ersten Kapitel ausführlich darauf ein, dass Ernst Seidenberger alle Bildungsmöglichkeiten in Kindheit und Schule offenstanden – sogar mit einem kapitalismuskritischen Bekenntnis.

Tritt man einen Schritt zurück und nimmt eine (radikale) Beobachterperspektive ein, so erscheint Ernst Seidenberger als ein Mann, dem es ebenso widersprüchlich wie tragisch vor allem darum ging, als wie auch immer jüdischer Außenseiter, der Zeit seines Lebens unter selbst geübter und gewählter existenzieller Einsamkeit gelitten hatte, mit seiner Konversion kulturelles Kapital zu erwerben.

Die Direktorin des Deutschen Historischen Instituts in Washington, Simone Lässig, hat in ihrer viel zu wenig beachteten, groß angelegten, bereits 2004 erschienenen Studie „Jüdische Wege ins Bürgertum. Kulturelles Kapital und sozialer Aufstieg im 19. Jahrhundert" den Versuch unternommen, die Staatsbürgerwerdung der in Deutschland lebenden Juden mithilfe des von Pierre Bourdieu, dem französischen Soziologen entwickelten Begriff des „kulturellen Kapitals" zu deuten. Demnach begründet sich gesellschaftliche Ungleichheit nicht nur durch die ungleiche Verteilung von materiellem Reichtum, also ökonomischem Kapital, sondern auch und zumal durch die ungleiche Verteilung von sozialem Kapital, d.h. von Beziehungen und – nicht zuletzt – von kulturellem Kapital.[26] Dieses Kapital existiert in Form von kulturellen Gütern, also in Form von Bildern, Büchern, Lexika, Instrumenten oder Maschinen, in denen bestimmte Theorien und deren Kritiken, Problematiken usw. Spuren hinterlassen oder sich verwirklicht haben – es grenzt nach Bourdieu an „inkorporiertes" kulturelles Kapital, das sich auf eine bestimmte Körpergebundenheit, des körperlichen Habitus zurückführen lasse.

Simone Lässig hat sich in ihrer Studie ausführlich mit dem Reformjudentum als der Erfindung einer bürgerlichen Religion, aber – soweit ersichtlich – nicht mit Konversionen befasst. Gleichwohl dürfte Lässigs Vermutung, dass für eine kulturelle Verbürgerlichung die Tiefenstrukturen des Gruppenhabitus berührt und verändert werden müssen,[27] mutatis mutandis auch im Falle Seidenberger zutreffen. Freilich kommt Lässig mit Blick auf das Reformjudentum zu dem Schluss, dass es um gar keine grundlegende Erneuerung der jüdischen Religion gegangen sei, sondern lediglich darum, jene Elemente der religiösen Praxis anzupassen, die damals dem Geschmack und den Manieren des Bürgertums entgegenstanden. Jüdische Konvertiten wie Ernst Seidenberger gingen weiter: Indem sie einen ganz anders gearteten neuen Glauben annahmen, eigneten sie sich ein kulturelles Kapital an, das emotions- und affektgebunden war. Seidenberger erklärte seine Konversion so: „Es war nicht Flucht, nicht ein Gedanke an irgendwelche Vorteile – ich hatte keinen nach außen zielenden Ehrgeiz –, sondern einfach das Bedürfnis nach Reinlichkeit und Bereinigung einer innerlich von Kindheit an bereits vollzogenen Trennung."

Wenn überhaupt, so sind „Reinlichkeit" und „Bereinigung" körperbezogene Metaphern.

Wie dieser denn letztlich doch geistige Lebensentwurf mit dem Rassismus und mörderischen Antisemitismus des nationalsozialistischen Deutschland in Berührung kam, davon erzählt die vorliegende Biographie, eine Biographie, die deutsche Sozialgeschichte und erzähltes, erlittenes Leben überzeugend vermittelt.

Micha Brumlik

Anmerkungen

1 Beller, Vienna and the Jews 1867–1938. A cultural history, Cambridge 1989.

2 Katz, Aus dem Ghetto in die bürgerliche Gesellschaft. Jüdische Emanzipation 1770–1870, Frankfurt a. M. 1986. – Schneider, Judentum und Modernisierung. Ein deutsch-amerikanischer Vergleich 1870–1920, Frankfurt a. M. 2005.

3 Braden, Konvertiten aus dem Judentum in Hamburg 1603–1760. Esdras Edzardis Stiftung zur Bekehrung der Juden von 1667, Göttingen 2016.

4 Brenner (Hg.), Deutsch-jüdische Geschichte in der Neuzeit. Zweiter Band 1780–1871, München 1996, 187. – Hertz, Wie Juden Deutsche wurden. Die Welt jüdischer Konvertiten vom 17. bis zum 19. Jahrhundert, Frankfurt a. M. 2010, 144 f.

5 Hertz, Die jüdischen Salons im alten Berlin, Hamburg 2018.

6 Wolffsohn; Brechenmacher, Deutschland, jüdisch Heimatland. Die Geschichte der deutschen Juden vom Kaiserreich bis heute, München 2008, 70–82.

7 Ebenda, 73.

8 Essner, Die „Nürnberger Gesetze" oder die Verwaltung des Rassenwahns 1933–1945, Paderborn 2002. – Przyrembel, „Rassenschande". Reinheitsmythos und Vernichtungslegitimation im Nationalsozialismus, Göttingen 2003.

9 Klee, „Die SA Jesu Christi". Die Kirche im Banne Hitlers, Frankfurt a. M. 1989, 99.

10 Gerlach, Als die Zeugen schwiegen. Bekennende Kirche und die Juden, Berlin 1987. – Kaiser; Greschat (Hg.), Der Holocaust und die Protestanten, Frankfurt a. M. 1988. – Smid, Deutscher Protestantismus und Judentum 1932/33, München 1990.

11 Lewy, Pius XII, the Jews, and the German Catholic Church, in: Ericksen; Heschel, Betrayal. German Churches and the Holocaust, Minneapolis 1999, 134 f.

12 Scholder, Die Kirchen und das Dritte Reich. Vorgeschichte und Zeit der Illusion 1918–1934, München 2000, 736.

13 Ebenda, 737.

14 S. Friedländer, Das Dritte Reich und die Juden. Die Jahre der Verfolgung 1933–1939, C.H. Beck: München 1998, 55.

15 Goldhagen, Die katholische Kirche und der Holocaust, Berlin 2002, 238.

16 Brechenmacher, Der Vatikan und die Juden. Geschichte einer unheiligen Beziehung, München 2005, 227.

17 H. Wolf, Papst & Teufel. Die Archive des Vatikans und das Dritte Reich, C.H.Beck: München 2008, 211.

18 Ebenda, 213.

19 Bachmann: Geliebtes Volk Israel – fremde Juden. Die Nederlandse Hervormde Kerk und die „Judenfrage" 1933–1945, Münster 1997; Johan Martinus Snoek, De Nederlandse kerken en de joden 1940–1945. De protesten bij Seyß-Inquart, hulp aan joodse onderduikers, de motieven voor hulpverlening, Kampen 1990, 88–100.

20 Kingreen, Die Verschleppung und Ermordung hessischer „nichtarischer" Christen, in: Düringer; Schmidt (Hg.), Kirche und ihr Umgang mit Christen jüdischer Herkunft während der NS-Zeit – dem Vergessen ein Ende machen, Frankfurt a. M. 2004, 47–86, hier: 51.

21 Dazu: Leichsenring, Katholiken in der Rosenstrasse. Das „Hilfswerk beim bischöflichen Ordinariat Berlin" und die „Mischehen", in: Zeitschrift für Geschichtswissenschaft, Heft 1, 52. Jahrgang 2004, 37–49.

22 Kingreen, Die Verschleppung, 66.

23 http://db.yadvashem.org/righteous/family.html?language=en&itemId=4404750, abgerufen am 29.7.2018.

24 Schrafstetter, Flucht und Versteck. Untergetauchte Juden in München – Verfolgungserfahrung und Nachkriegsalltag, Göttingen 2015, 98.

25 Ebenda, 291.

26 Bourdieu: Die feinen Unterschiede. Kritik der gesellschaftlichen Urteilskraft, Frankfurt a. M. 1982.

27 Vgl. Schrafstetter, Flucht und Versteck, 243.

Vorbemerkung

Die Vorarbeiten zu diesem Buch zogen sich über mehrere Jahre hin. Zunächst war eigentlich keine Veröffentlichung der Ergebnisse dieser Familienforschung geplant. Aus einem schon als Jugendlicher hauptsächlich von den Zeitumständen und unserem Vater geförderten Bedürfnis nach der Auseinandersetzung mit dem Nationalsozialismus ergab sich erst relativ spät eine neue Aufmerksamkeit für die Lebensgeschichte meiner Eltern und Großeltern. In den 1990er Jahren weckten die ausführlichen Gespräche mit meiner Mutter über das Leben ihrer Familie das spezielle Interesse für die Verfolgungsgeschichte meines Großvaters Ernst Seidenberger. Als ich in den Münchner und bayerischen Archiven nachforschte, war ich von der Fülle des über ihn archivierten Materials und der neu zu erschließenden Zusammenhänge überrascht. Da alle „Zeitzeugen", also Eltern, Großeltern, Onkel und Tanten inzwischen gestorben waren, war ich das Familienmitglied, bei dem sich diese Kenntnisse sammelten. Vor diesem Hintergrund entschied ich, mein Wissen und meine Erkenntnisse für die nächste Generation in unserer Familie aufzuschreiben. Dann ergab sich jedoch die Chance, dies in dem vorliegenden Buch auch anderen interessierten Lesern zugänglich zu machen.

In den folgenden Ausführungen spreche ich bisweilen von „unseren" Eltern oder Großeltern. Mit dieser Formulierung möchte ich meinen Bruder einbeziehen, mit dem ich ein grundlegend gemeinsames Verständnis über unsere Familiengeschichte und die Bewertung der historischen Vorgänge teile. Im direkten Zusammenhang mit Gesprächen oder Aufzeichnungen für meine Nachforschungen spreche ich aber von „meinen" Familienangehörigen – zumal ich das vorliegende Buch geschrieben habe und natürlich die Verantwortung für Einschätzungen, Strittiges oder Fehler trage.

Bisweilen nenne ich meinen Großvater nicht Ernst Seidenberger, sondern auch „Opa Ernst", wie mein Bruder und ich ihn früher riefen.

Diese zunächst im Schreibprozess immer wieder spontan erfolgte Benennung, drückt bisweilen auch den Blickwinkel des Kindes aus, verbunden mit dem vergeblichen Wunsch, den Opa wieder zum Leben zu erwecken, befragen und neu kennenlernen zu dürfen.

Da nicht nur mein Großvater Ernst Seidenberger, von dem diese Geschichte handelt, sondern auch meine übrige Familie aus München stammt, in der NS-Zeit und nach der Befreiung in München lebte, bezieht sich das vorliegende Buch vorwiegend auf diese Stadt. Der lokalgeschichtliche Schwerpunkt erscheint mir auch wegen der besonderen Rolle Münchens für die NS-Bewegung vertretbar. Daraus erklären sich einige bewusst detaillierte Hinweise auf örtliche Lebensumstände des Großvaters. Auch wenn der eine oder andere Bezug, zum Beispiel auf Adressen, einzelne Gebäude etc., für den Nicht-Münchner weniger interessant bzw. nachvollziehbar sein mag, scheint mir diese lokalgeschichtliche Schwerpunktsetzung eine wichtige Voraussetzung, um die biografischen Zusammenhänge hinreichend konkret und lebendig entwickeln zu können. Für diejenigen, die es möchten, lassen sich auf diese Weise auch die Spuren des Vergangenen im heutigen Alltag wiederfinden.

Die Möglichkeit zum Aufspüren, Nachvollziehen und zur eigenen Bewertung ist auch ein Grund, warum ich mich für einen relativ umfassenden Endnotenapparat entschieden habe, der das Rekonstruierte weitestgehend belegen soll. Eine eher romanhafte Darstellung, wie sie auch im historischen Bereich zunehmend üblich wird, hätte nicht nur meine schriftstellerischen Fähigkeiten überfordert, sondern diese Absicht gefährdet.

Ich zitiere mehrmals aus Reden, Büchern, Aufsätzen. Soweit dies nicht wissenschaftsbezogene, sondern zeitgenössische Äußerungen sind, haben diese Zitate nicht nur den Stellenwert der anschaulichen Schilderung des zunehmend gefährdeten Alltags meines Großvaters. Sie dienen auch dazu, ein Schlaglicht auf die historische Entwicklung zu werfen. Dieses Vorgehen unterliegt natürlich der eigenen Auswahl und Begrenzung. Das vorliegende Buch will und kann keine systematische Darstellung der Zeit des Nationalsozialismus sein.

Einige Bemerkungen zur formalen Darstellung seien an dieser Stelle angeführt:

In Anführungszeichen müsste man eigentlich die gesamte von der Nazidiktatur verwendete ideologische bzw. rassistische Begrifflichkeit setzen. Unser Großvater verstand sich nicht als Jude. Er war zum Katholizismus konvertiert und er sah sich schon in jungen Jahren vor allem als patriotischer und nicht jüdischer Deutscher. Die Nationalsozialisten interessierte das nicht. Sie haben ihn, wie alle anderen Menschen jüdischer Herkunft, rassistisch nach der Herkunftsfamilie zugeordnet.

Nach dem Verständnis der jüdischen Religion wäre er Jude gewesen, da seine Mutter Jüdin war.

Nach meinem Verständnis ist Jude, wer sich zur jüdischen Religion bekennt.

Auch die Unterscheidung zwischen „Deutschen" und „Juden" birgt bereits eine vorgegebene antisemitische Differenzierung, ebenso Benennungen wie „jüdische Kanzleien", „jüdische Kaufhäuser" etc.

Man muss aber mitunter mit den NS-Kategorisierungen arbeiten, weil die nationalsozialistische Zuordnung die Lebensbedingungen und die Verfolgung dieser Bevölkerungsgruppe determinierten.[1]

Insofern wird in dieser Arbeit – trotz der Problematik – als Jüdin oder Jude bezeichnet, wer nach den Nürnberger Gesetzen zu dieser Zwangsgemeinschaft gehörte. Wer als „Jude" galt, wurde verfolgt.

Gelegentlich zwingen auch die Anforderungen an die Lesbarkeit zu Vereinfachungen, die sich den Nazibegriffen unterwerfen. Ich habe also – trotz der erwähnten Fragwürdigkeit – diesen Begriff nicht in Anführungszeichen gesetzt.

Gleichwohl scheint es mir unumgänglich, sich deutlich von den scheinwissenschaftlich-rassistischen Begriffen und Zuordnungen wie „Geltungsjude", „Halbjude", „Mischling", „Arier" etc. zu distanzieren. Sie werden daher immer in Anführungszeichen gesetzt.

Die Kategorien des selbsternannten historischen Anspruchs des Nationalsozialismus und seiner Institutionen entbehren jeglicher nachvollziehbaren Grundlage und müssten als „Drittes Reich", „Führer" etc. ebenfalls entlarvt und in die Form des Zitats verwiesen werden. Ebenso dürften eigentlich offensichtlich entwürdigende Bezeichnungen, wie zum Beispiel die des „Konsulenten"[2] nicht ungekennzeichnet übernommen werden. Hier habe ich die Darstellungsweise von Fall zu

Fall entschieden – leider mit immer wieder notwendigen Zugeständnissen an die Lesbarkeit.

Ein Kompromiss an die Lesbarkeit betrifft auch die weibliche und männliche Form. In der Regel habe ich die jeweilige Eigenständigkeit der weiblichen Form berücksichtigt. Wenn es aber historisch geboten war – es gab zum Beispiel in jener Zeit keine jüdischen Rechtsanwältinnen, Staatsanwältinnen, Richterinnen – oder die Lesbarkeit unter der langen Formulierungsreihung erheblich erschwert worden wäre, habe ich die verallgemeinernde „männliche" Form gewählt, verdeutliche aber an dieser Stelle nachdrücklich, dass ich damit immer auch Frauen in der jeweiligen Gruppe meine und in meine Überlegungen und Ausführungen explizit einbeziehe.

Als Quellen lagen mir zunächst die Aufzeichnungen meiner Mutter und die eigenen Notizen über die mit ihr über mehrere Jahre geführten Gespräche vor. Außerdem konnte ich mich auf den Nachlass meines Großvaters stützen, der zusammen mit den schriftlichen Zeugnissen unserer Eltern, Onkel und Tanten nach deren aller Tod meinen Bruder und mich erreichte. Weitere Dokumente waren in unterschiedlichen Archiven auffindbar.

Aus dem Nachlass sind besonders zwei lange Briefe des Großvaters vom Herbst 1936 (mit einer kurzen Ergänzung vom 23.6.1937) und aus dem Jahr 1939 hervorzuheben. Der erste sechzehnseitige, handgeschriebene Brief ist mit dem Titel „Abriss meines Lebens – Aufgezeichnet als Rechtfertigung für meine Kinder" explizit an diese gerichtet. Er überliefert ein umfangreiches Bild seiner Biografie, seines Denkens und seiner Befindlichkeit in diesen Jahren.

Das zweite, dreizehnseitige Dokument[3] ist zunächst mit Schreibmaschine und ab der neunten Seite handschriftlich abgefasst. Es trägt weder Datum noch Überschrift. Unsere Mutter datierte den Zeitpunkt des Schreibens auf das Jahr 1939. Es war ihr damals, als sie in Berlin war, von ihrer Mutter weinend vorgelesen worden, weil sie zu dieser Zeit den Selbstmord ihres inzwischen von ihr geschiedenen Mannes befürchtete. Ernst Seidenberger verzichtete in diesem zweiten Schreiben auf biografische Einzelheiten zugunsten einer ausführlichen Darstellung der ihn prägenden individuellen, familiären, philosophischen und sozialen Gegebenheiten. Für ihn war sein

Schreiben ein „fragmentarischer Versuch, den inneren Entwicklungsgang aufzuzeigen". Auch dieses Dokument wird im Folgenden als „Brief" bezeichnet.

Natürlich sind diese Dokumente, wie andere familiäre Zeugnisse auch, Teil einer bruchstückhaften Erinnerungskultur und höchst subjektiv geprägte Quellen. Sie bedürfen der Reflexion ihres jeweiligen Entstehungszusammenhangs. Gerade dadurch bieten sie aber auch eine Chance, das Wissen um die historische Wirklichkeit zu vertiefen. Die restringierte Situation des auf Gerüchte und Vermutungen angewiesenen Betroffenen, der in Unkenntnis des weiteren historischen Ablaufs tägliche Wahrnehmungen verarbeiten und Entscheidungen treffen muss, kann in die historische Reflexion einfließen.

Diejenigen, die bereits das historische Ergebnis erfahren haben, können die Möglichkeiten und die tatsächlichen Entscheidungsalternativen der Akteure mit unserem heutigen Kenntnisstand abgleichen und prüfen, müssen sich aber gleichzeitig vor einem „Besserwissen" hüten.

Insofern sind die Nachforschungen über Opa Ernst von ihm selbst, meiner Mutter und mir geprägt, das heißt drei Generationen haben sich auf unterschiedliche Art in den Schreibprozess eingemischt und die Geschichte jeweils mit einer eigenen Prägung „konstruiert".

Die Darstellung folgt im Wesentlichen einer chronologischen Anordnung. Diese durchbreche ich aber an einigen Stellen, um, quasi collagenhaft, die Geschichte anderer Zweige der Familie einzubeziehen oder um gelegentlich einen Ausblick auf die weitere Entwicklung zu ermöglichen.

Subjektive Sichtweisen und Vermutungen sind fester Bestandteil auch der oralen familienhistorischen Überlieferungen. Es ist nicht immer leicht, diese zu erkennen und zu hinterfragen. Dies gilt nicht nur für die Lebensgeschichte von Ernst Seidenberger, es gilt auch für die in diesem Buch aufgegriffenen, sich vielfach mit dem Leben von Ernst Seidenberger verzahnenden biografischen Sprengsel aus der Familie unserer Großmutter Clara, der Familie Ehrhart und der durch den Naziterror vielfach betroffenen Familie unseres Vaters, der Familie Rosenmann, die von der Recherche neu erschlossen werden mussten.

Familie von Georg Wald: George, Debbie, Ruth Hubbard und Elijah Wald, USA, 1969 (von links nach rechts)

Die Gewichtung und Ausführlichkeit der in der Familie überlieferten Informationen ist unterschiedlich. So erfährt man beispielsweise über Otto Ehrhart, den Dachauer Schriftsteller und Lieblingsonkel unserer Mutter einiges, obwohl er sich ganz im Sinne des Regimes im „Warthegau" ansiedelte. Über den anderen Onkel unserer Mutter, den „roten Fritz", konnte ich nahezu nichts erfahren, obwohl er, der Familiensaga nach, im Kampf gegen die Faschisten in den Spanischen Bürgerkrieg gezogen sein soll. Es ist nicht nur die Quellenlage, es sind auch die familiär überlieferten Bewertungen, die den Zugang zur Geschichte beeinflussen.

Auch die Geschichte der Familie Rosenmann wurde, wie noch zu zeigen sein wird, durch unseren Vater gedeutet, durch Schweigen reduziert und, soweit wir überhaupt in unserer Jugend etwas dazu erfahren hatten, zunächst auch nur durch seine Erzählung geprägt.

Im Jahre 2017 nahm ich im Rahmen meiner Nachforschungen Kontakt zu Elijah Wald in den USA auf. Dies ermöglichte mir, auf eine neue umfassende Quellenlage zurückzugreifen. Elijah ist der Sohn von George Wald.

Unser Vater und sein Cousin George schrieben sich über den gesamten Zeitraum seit den 1930er Jahren bis in die 1980er Jahre Briefe. Ein Teil dieses Briefwechsels war bereits in unserem Besitz. Ein anderer Teil befindet sich im Privatbesitz von Elijah und im Archiv der Harvard University und wurde mir von Elijah zugesandt.[4] Elijah schickte auch Briefe von Hertha Rosenmann mit, einer Cousine meines Vaters. Ihr Vater, Onkel Wilhelm, wurde in Auschwitz ermordet. So erfuhr ich von dem ganzen Schrecken, der die Familie Rosenmann ereilt hatte: Eine weit größere Zahl als mir bis dahin bekannt war, wurde in Piaski, Theresienstadt und Auschwitz umgebracht. Ich erfuhr aber auch von einem bis dahin mir völlig unbekannten Teil der Familie, der rechtzeitig in die USA und nach Südafrika fliehen und dort neue Familien gründen konnte. Die Nazis konnten die Familie Rosenmann aus Bayern in die USA vertreiben, es war ihnen aber nicht gelungen, alle zu ermorden.

Dieses Buchprojekt und die damit erschlossenen Quellen haben also mein eigenes Wissen über unsere Familienzusammenhänge erheblich erweitert.

An vielen Orten des Verbrechens in der Welt folgte oft auf die Phase des Schweigens über das Geschehene, zu der die unmittelbar beteiligte Generation der Täter und Opfer aus unterschiedlichen Motiven sich nur in der Lage zeigte, eine Zeit der beinharten Abrechnung und Verurteilung durch die Nachgeborenen. Erst in der dritten Phase – nicht unbedingt erst in der dritten Generation, bisweilen auch, sobald die „Kinder“ oder Enkel alt geworden sind – schärfte sich der Blick und die Bereitschaft zum differenzierteren Hinschauen, zum Zuhören. Erst dies erlaubte den Erzählenden das Geschehene hinter dem Vorhang von Verdrängung und Angst vor Entwürdigung durch die bewertenden Nachkommen hervorzuholen. Diese beidseitige Öffnung ist zumal dann eine wichtige Voraussetzung und Pflicht, wenn die Familie in der NS-Zeit nicht zu den Tätern gehört hatte. Insofern ist die Selbstreflexion des Autors auch ein wichtiger Bestandteil des Erkenntnisprozesses.

Annäherungen

Eine Briefmarke namens „Theresienstadt" – Bruchstücke der Erinnerungen

Es begann mit zwei Briefmarken. Opa Ernst, der Vater unserer Mutter, war für mich als Kind ein steter Quell seltener Briefmarken, die ihm seine Mandanten aus aller Welt zugeschickt hatten – auch noch während seiner Zeit als Konsulent, als er nur noch jüdische Mandanten vertreten durfte. Bei unseren regelmäßigen Besuchen im Hause der Großeltern in der Widenmayerstraße 49 in München wurde stets ein Häufchen seltener Marken für den eifrig sammelnden Enkel bereitgelegt. Eines Tages fielen mir zahlreiche, nach meiner Erinnerung grüne oder rote Marken auf, auf denen eine Landschaft oder ein Bauer mit einem Pflug abgebildet war. Am unteren Markenrand stand mit großer Schrift: „THERESIENSTADT".[5]

In der Medienwüste der frühen 1950er Jahre lernte man als Kind die Welt noch über Briefmarken kennen: Bundespräsidenten, Diktatoren, Länder und Städte. „Theresienstadt" konnte ich nicht einordnen. Auf meine neugierige Frage herrschte Schweigen in der Erwachsenenwelt. Mit knappen Worten wurde ich auf einen ganz kleinen Ort irgendwo in der Tschechoslowakei verwiesen. Als Kind hat man ein Gespür dafür, wenn Erwachsenen die Antwort unangenehm ist. Vielleicht machte mich aber nicht nur die verdruckste Reaktion von Mutter und Großmutter stutzig. Es waren auch ungewöhnlich viele Marken dieses Aussehens. Alle sollten aus diesem kleinen Ort stammen?

In einem Bücherregal unserer Wiesbadener Wohnung steht eine silberne Besamimbüchse aus dem Haushalt der Seidenbergers. Die Abwendung vom Judentum – übrigens auch die Assimilationsbemühungen der jüdischen Großmutter väterlicherseits – war so gründlich, dass ich erst nachlesen musste, welche Bedeutung dieser Gewürzbehälter im jüdischen Ritual hat. Auch meine Eltern waren frei von Kenntnis über die jüdische Religionskultur, zumindest vermittelten sie uns nichts davon.

In den 1950er Jahren besuchten uns gelegentlich Oma Clara und Opa Ernst in Neu-Isenburg. Der Gegenbesuch in München erfolgte recht regelmäßig meist zur Zeit des Oktoberfestes oder kurz vor Weihnachten. Ich erinnere mich an die große Altbauwohnung in der Widenmayerstraße 49. Zur Begrüßung der beiden Enkel wurde eine Liege im Wohnzimmer mit Geschenken und Süßigkeiten übersät. Unsere frisch erworbenen kleinen Autos pflügten anschließend durch den dicken Teppich unter dem Flügel, der uns durch schmerzhafte Kopfstöße immer wieder auf die Begrenzung nach oben hinwies. Über unseren Köpfen demonstrierte unsere Tante Ise auf diesem Instrument bisweilen ihre beeindruckenden pianistischen Fähigkeiten. Hinter dem Haus rauschte der Eisbach, auf dessen tödliche Kälte und reißende Strömung uns die stets besorgte Großmutter immer wieder hinwies. Überhaupt war sie sehr ängstlich. An der Eingangstür war innen und außen eine lange Reihe schwerer Schlösser und Ketten installiert, die zu unserem kindlichen Verdruss minutenlanges Öffnen und Schließen erforderte. Das Esszimmer war durch eine schwere Schiebetür von der Kanzlei des Großvaters getrennt. Dort arbeitete auch bis zu seinem Tode seine Tochter Ise als Sekretärin. Durch einen langen Gang erreichte man ihr Zimmer, wo ich bei unseren Besuchen schlief. Auf ihrem Nachttisch stand eine große Herde kleiner Porzellanelefanten, die aber nur in die Gruppe eingereiht werden durften, wenn sie den Rüssel nach oben trugen. Erst dann dann galten sie der abergläubischen Tante als Glücksbringer.

Eigentlich fühlten wir uns bei den Besuchen immer recht wohl, wenngleich mein Bruder und ich die damit verbundenen allzu feuchtweichen Begrüßungsküsse von Oma Clara fürchteten.

„I succeeded in not following order of Staatspolizei" – Heinz Neumaier

Mit scharfem Blick ruhten die Augen unseres Vaters auf den schwarzen Buxen des Gärtners, der das Gelände der Deutschen Zündholz AG in Neu-Isenburg Mitte der 1950er Jahre penibel pflegte und die Wiese, sobald sie sich fröhlich mit Gänseblümchen anzufüllen drohte, streichholzkurz abmähte. Unser Vater war überzeugt, dass es sich um alte SA-Hosen handelte und ordnete den Träger entsprechend misstrauisch ein.

Manches aus der Kindheit, vielleicht gerade das, was (nicht wirklich begriffene) Scham erzeugte, hat sich mir eingeprägt: Kurz vor der Silvesterzeit spielten wir mit „Juddeferz". Ein Begriff, den wir für die kleinen roten Feuerwerkskörper bedenkenlos benutzten und lustig fanden, zumal diese ungefährlichen Krachmacher die einzigen waren, die für Kinder erlaubt und käuflich zu erwerben waren. Unser Vater wies uns, gemessen an seinem sonstigen Erziehungsstil, recht streng auf die Bösartigkeit dieses Wortes hin.[6]

Als ich in unserer Bibliothek eines Tages zwei rotverblichene Bände von Hitlers „Mein Kampf" entdeckte, stellte sich heraus, dass unser Vater sie einem alten Nazi entwendet hatte, mit dem er im Zuge der Denazifizierung zu tun hatte. Im Unterschied zum Vorbesitzer musste er keine Angst vor neugierigen Fragen unserer Gäste haben.

Manchmal erwähnte er knapp, wie er sich im Alltag damals gefühlt hatte: Angst, wenn es an der Tür klingelte, Panik bei Fliegerangriffen auf Berlin und München. Er gab zu dieser Zeit seine Eindrücke offener weiter als unsere Mutter.

Später, als wir politisch weit links an ihm vorbeigezogen waren, gestand er uns, dass er bei der Reichspräsidentenwahl 1932 – angesichts der Alternativen von Hindenburg oder Hitler – für den KPD-Kandidaten Ernst Thälmann gestimmt habe, da er von Hindenburg keinen Widerstand gegen die Nazis erwartete. Das klang fast nach Widerstand. Das fand ich gut.

Er erwähnte seinen gelähmten Onkel Moritz Rosenmann, Bruder seiner Mutter, der gemeinsam mit seiner Frau Hede in Theresienstadt inhaftiert war. Er sprach selten von deren Tochter, Liselotte, die als Jugendliche im KZ Piaski umgebracht worden war. Auch sein Onkel Wilhelm wurde genannt. Vom Tod dieses Onkels in Auschwitz erfuhr ich erst durch meine Recherche.

Unserem Vater verdanken wir die Besuche aller Konzentrationslager, die am Rande unserer jeweiligen Urlaubsstrecke lagen. Insofern war vor allem er es, der uns zur Auseinandersetzung mit dem Faschismus anregte und ein „Nie wieder!" in uns einpflanzte.

Einzelne Gegenstände, Andeutungen, kurze Geschichten, optische Eindrücke ersetzen aber keine zusammenhängenden Erzählungen.

Ich kann mich nicht an familiäre Narrative erinnern, die in der Lage gewesen wären, Vergangenheit, Gegenwart und letztlich auch Zukunft zu verbinden und den Kindern (oder Enkeln) die Kontinuität der Familiengeschichte begreiflich zu machen.

Wie überlebte unser Vater die Nazidiktatur?

Heinz, dessen Vater August Neumaier Direktor der Flaschenbierabteilung bei der Münchner Löwenbräu AG war, hatte eine jüdische Mutter, Caroline Rosenmann, und war damit ebenfalls „Halbjude". Auf das Schicksal der Familie Rosenmann wird noch eingegangen werden.

Nach Besuch der „Volkshauptschule" und der „Höheren Handelsschule" in München, einer kaufmännischen Lehre bei Hackerbräu und anschließender Angestelltentätigkeit in der Schultheiss-Patzenhofer-Brauerei in Berlin, schloss er 1935 die Technische Hochschule in München als Diplomkaufmann ab.[7] Eine Prüfung und Zulassung als Wirtschaftsprüfer war ihm allerdings verwehrt. Trotzdem konnte er schon während seines Studiums in der Kanzlei Karle als Wirtschaftsprüferassistent beginnen.

Durch eine zeitweise Mitgliedschaft in der Deutschen Arbeitsfront (DAF)[8] in der Nationalsozialistischen Volkswohlfahrt (NSV) und im Reichsluftschutzbund, aber auch – von 1936 bis zur Auflösung im Jahr 1937 – im „Reichsverband christlich-deutscher Staatsbürger nichtarischer oder nicht rein arischer Abstammung e.V.", dem später sogenannten Paulus-Bund,[9] versuchte er sich der gesellschaftlichen Ausgrenzung zu entziehen und sich zu schützen, indem er sich keinem Verdacht aussetzte und anpasste.

Wieso aber zerriss dieser Umstand die Familie nicht? Er war in erster Ehe mit der „arischen" Mia R. verheiratet. Der Bruder seiner Frau war „one of the leading judges in SS-Gerichtsbarkeit", wie er in seinem Entnazifizierungsbogen nach dem Krieg festhielt.

Ab 1937 richtete er dringende Bitten an seinen Vetter George Wald und seine Schwester Gerty, den in den USA geborenen Kindern der ältesten Rosenmann-Schwester Ernestine, sie mögen ihm und seiner Frau bei der Flucht in die USA behilflich sein.[10] Trotz aller Be-

Vater = Heinz

Heinz Neumaier in den 1940er Jahren

mühungen scheiterte das Ansinnen. Die Einwanderungsbestimmungen der USA waren inzwischen zu streng und es waren zu viele Familienmitglieder, die ihre Flucht aus Nazi-Deutschland planten und denen geholfen werden musste.

1937 schied er bei Karle aus. Anschließend arbeitete er bei dem angelsächsischen Wirtschaftsprüfungsunternehmen „Whinney, Murray, Baguley & Co. und ab Herbst 1939 bei der „Kontinentalen Treuhandgesellschaft" in Berlin. Die Treuhandgesellschaft überprüfte ausländische Unternehmen und deren Tätigkeiten, soweit sie dem Aktienrecht und der Überwachung des „Reichskommissars für die Behandlung feindlichen Vermögens" unterlagen. Dieses Berufsfeld bewahrte den als „Halbjuden" Gefährdeten vor Wehrdienst und Nachstellungen. Zudem ermöglichte es ihm, Kontakte zu ausländischen Unternehmen wahrzunehmen, wie zum Beispiel zur Schwedischen Streichholz-Aktiengesellschaft, seinem Arbeitgeber nach dem Krieg. Die 1940er Jahre verbrachte er auf diese Weise mit seiner Frau Mia weitestgehend in Berlin.

Er hatte in Berlin das „ambulante Gewerbe" des Wirtschaftsprüfers angemeldet: „Owing to special tasks of my profession and general disorder I succeeded in not following order of Staatspolizei by travelling from one small place to the other," hielt er im Entnazifizierungs-Fragebogen der Militärregierung fest. Auf diese Weise konnte er sich in Berlin offensichtlich besser schützen als sein jüngerer Bruder Kurt am Heimatort München, der im Herbst 1944 in ein Arbeitslager der Organisation Todt deportiert wurde, dessen Frau, die bei den Münchner Stadtwerken Busse waschen musste, Caroline, die Mutter der beiden Brüder , die am Ende des Krieges von Zwangsarbeit und Deportation bedroht war und zahlreiche Verwandte der Familie Rosenmann, von denen noch die Rede sein wird.

Nach der Befreiung arbeitete er von Juni bis Dezember 1945, damals noch wohnhaft in der Oberprillenstraße 62 in München-Obermenzing, als Büroleiter bei der Militärregierung für den Regierungsbezirk Oberbayern in der Sophienstraße 6, Special Branch, zuständig für Entnazifizierung.[11]

In dieser Tätigkeit lernte er unsere Mutter Inge Seidenberger kennen, die im Bayrischen Hilfswerk (BHW) arbeitete, das für die soziale Betreuung der von den Nürnberger Gesetzen Betroffenen zuständig war. Nach Scheidung von seiner ersten Frau und Heirat unserer Mutter im Jahre 1947 erblickten mein Bruder und ein gutes Jahr später auch ich, dann schon in Neu-Isenburg, die Nachkriegswelt.

Kurz bevor mein Vater 1985 starb, schrieb ich ihm einen langen und wie ich meine, sehr liebe- und respektvollen Brief. Auf meine Frage, warum er nie geantwortet hätte, verwies er knapp auf die „Timidität des Landjudentums". Seine jüdischen Großeltern, Götz

Inge und Heinz Neumaier, 1984

und Doris Rosenmann, waren Ende des 19. Jahrhunderts mit ihren Kindern aus dem Dorf Kleinlangheim bei Würzburg in die Großstadt München gezogen. Man kann sich vorstellen, welche Gefühlsängste und Unsicherheiten bei der an ländliche und jüdische Verhaltensweisen gewohnten Familie in der neuen Umgebung ausgelöst wurden. Noch im Alter und drei Generationen später lebte also ein Stück „Landjudentum" in ihm.

„Ich trage den gelben Fleck in der Seele" – Inge Neumaier

Entscheidender für die Entstehung des vorliegenden Buches war meine Mutter. Sie war diejenige, die den Blick in unsere Familiengeschichte und auf ihren Vater Ernst Seidenberger zunächst am vehementesten verstellte. Sie war es aber auch, die im Alter diese Rekonstruktion der Lebensgeschichte von „Opa Ernst" durch unsere ausführlichen Gespräche, begleitet von ihrem endlich erwachten Wunsch, alles zu erzählen, erst ermöglichte.

Unser Austausch über die Zeit der Nazi-Diktatur hatte sich im Laufe der Zeit verändert. Die kompromisslos-selbstgerechte „68er"-Haltung von uns Brüdern, die mit der jeweiligen Fragestellung bereits verurteilte und nicht wirklich verstehen wollte, korrelierte zunächst mit der, wie es uns schien, kindlich-trotzigen Verdrängung ihrerseits: Für sie sei die Nazi-Zeit nicht wirklich schlimm gewesen! Sie hätte keine Angst gehabt und immer gedacht, es würde schon gut gehen. So oder ähnlich fasste sie ihre Erinnerungen zusammen. Sie wollte sich nie mit den Verfolgten identifizieren.

„Das Unerträgliche wird ausgelöscht, oder es versinkt vielmehr, das Alltägliche tritt in den Vordergrund" schreibt Saul Friedländer in seinen Erinnerungen.[12] Da war die Reitschule im Englischen Garten, wo sie Voltigieren lernte. Sie schilderte die aufregenden Stunden, als sie später zum Fünf-Uhr-Tee tanzen ging. Vor den anwesenden SS-Männern, hätte sie sich aber nicht gefürchtet, fügte sie fast stolz hinzu, so, als hätte sie dem Regime noch nachträglich ein Schnippchen geschlagen.

Oder als hätte sie eben einfach doch dazugehört – als „Halbarierin". Möglicherweise war das zu Beginn unserer Gespräche ausschließlich an erfreulichen Einzelereignissen orientierte Gedächtnis unserer Mutter ihr Versuch, Gefühle aus ihrer Kindheit und Jugend, die ihr zum Überleben verholfen hatten, bis ins Erwachsenenalter zu konservieren und tief in sich einzuschließen. Ihr Schweigen über das Tatsächliche verhalf ihr, die eigene Familie aus dem realen historischen Geschehen herauszulösen, um das Glück, das sie als Kind und junge Frau im Alltag erfahren hatte, zu „normalisieren" und in künftige Zeiten hinüberretten zu können. Dieser „Einschluss" half ihr aber auch, Schrecken, Scham und Schuldgefühle gegenüber dem von der Familie getrennten Vater nicht spüren zu müssen – Gefühle, die dann im Alter immer wieder aus ihr herausbrachen. Manchmal hatte man bei diesen ersten bruchstückhaften Erzählungen unserer Mutter über den NS-Alltag den Eindruck, sie präsentierte die Gedanken eines erwachsenen Kindes, das im Nachhinein an der Überzeugung festhält, es habe ihm an nichts gefehlt – eines Kindes, das sich schmerzhafte Erinnerung und tiefe Reflexion dieses Lebensabschnittes stets ersparen wollte.[13]

Uns Söhne machte diese Darstellung der Geschehnisse meist aggressiv. Hatte sich die Familie nicht vorbereitet auf das, was da an Schrecken und Bedrohung auf sie zurollte? Wurde nie über den Nationalsozialismus und die Bedrohung des Vaters in der Familie gemeinsam beraten? Wieso ließ sich die „arische" Großmutter scheiden, statt ihren „jüdischen" Mann solidarisch zu schützen? Warum flohen sie nicht? Konnte man nicht erahnen, was kommen würde?

Wir hätten es besser gewusst! Hätten wir es besser gewusst?

„Sag bloß nicht, dass Du jüdisch bist!", lautete der Titel einer Tagung, die im März 2009 in der Evangelischen Bildungsstätte in Schwanenwerder in Berlin stattfand. Es hätte die unausgesprochene, manchmal auch ausgesprochene Handlungsanweisung unserer Mutter an sich selbst und an die Familie sein können.

Da war das sich selbstversichernde Raunen unserer Mutter, wenn im Urlaub Menschen an den Nebentischen als „koscher" oder „nicht koscher" eingeordnet wurden. Wir Kinder mussten diese Klassifizierungen ertragen und schämten uns über beide Ohren, weil wir das ganze Restaurant als Zeugen des Gesprächs wahrnahmen. Erst später wuchs mein Verständnis dafür, dass sich unsere Mutter ständig ihrer Umgebung und deren „Abstammung" versichern musste, um damit auch den Blick dieser Tischnachbarn auf unsere Familie abschätzen zu können.

Stets sank ihre Stimme auf ein kaum hörbares Flüstern ab, wenn es um die Zeit des Nationalsozialismus ging. Das hatte sie so verinnerlicht, dass auch in unseren Zweiergesprächen mein alterndes Gehör bisweilen auf eine harte Belastungsprobe gestellt wurde.

Niemand durfte in ihrem mehrstöckigen Wohnhaus in München von ihrer teiljüdischen Herkunft wissen. Sie würde sich wieder wie ein Nichts vorkommen, beantwortete sie meine leider wieder viel zu ungehalten gestellte Frage nach dieser Verschlossenheit.

Bei ihrem Begräbnis durften keine Reden gehalten werden, keine Worte zu ihrer familiären Herkunft; ebenso wie schon zum Begräbnis des Vaters und der Schwester Schweigen verordnet worden war. Nur bei ihrer Mutter durfte es anders sein. Sie kam aus einer Memminger Patrizierfamilie.

Es gibt übrigens von beiden Großeltern und unseren Eltern – trotz einer Fülle geerbter Fotoalben – keinerlei Hochzeitsfotos, fast als sollte nicht nur das Ende, sondern auch die Gründung der Familien nicht öffentlich präsentiert werden.

Nach einem der Gespräche mit meiner Mutter las ich zufällig erneut eine Passage aus Jakob Wassermanns „Christian Wahnschaffe", der mich als etwa 16jährigen aus mir erst heute begreiflichen Gründen überaus gefesselt hatte:

„Christian Wahnschaffe fragte Johanna: ‚Was duckst du dich so? Warum wagst du nicht, dich zu freuen?' Johanna antwortete: ‚Weißt Du nicht, daß ich eine Jüdin bin (...) Im Mittelalter mussten die Juden gelbe Flecken auf den Kleidern tragen. Ich trage den gelben Fleck in der Seele.'"[14]

Kurz nach der Machtübernahme der Nationalsozialisten wurde unsere Mutter 13.

Mag sein, dass unsere Mutter als spät geborenes Kind, 14 Jahre jünger als ihre Schwester, auch ein emotional vernachlässigtes, wenn auch materiell verwöhntes „Nesthäkchen" war, was nicht immer zur Entwicklung eines ausgeprägten Selbstbewusstsein beiträgt. Die

Die kleine Inge (3. von links) in der Reitschule

traumatische Verunsicherung, ihr Misstrauen gegenüber anderen Menschen ergab sich aber zweifellos aus einer Zeit, in der ihr – mitten in der Pubertät – der Wert als Mensch abgesprochen wurde.

Jedes Kind will zur Mehrheitsgesellschaft gehören, nicht auffallen unter Klassenkameradinnen und Freundinnen und vor allem den ersten Freunden.

Welches Kind verspürte nicht tiefe Angst, in der Schulklasse plötzlich als „anders" zu gelten?[15] Gleichzeitig wollte meine Mutter aber auch ihren Vater schützen, die Familie zusammenhalten. Vermutlich spürte sie Scham, dass man den Vater im Stich gelassen haben könnte. In der Reitschule im Englischen Garten erhob die kleine Inge anlässlich der Siegesfeier im Voltigieren den Arm zum Hitlergruß. Dem jüdischen Vater war der Hitlergruß gesetzlich verboten.

Einmal traf sie während eines Bombenalarms den Vater auf der Straße. Seine Aufforderung, sie in den öffentlichen Luftschutzkeller zu begleiten, hatte sie abgelehnt. Sie wollte nach Hause in den Keller, wo sich Mutter und Schwester schützten. Ein Keller, der dem in

Scheidung lebenden Vater verschlossen war.

An einem anderen Wochenende hatte sie die Eltern im „Bratwurst Glöckl" erkannt. Aber grüßen wollte sie den Vater nicht und ging wortlos an ihm vorbei; denn sie besuchte die Gaststätte zusammen mit ihrem damaligen Freund Rolf, einem Wehrmachtsoffizier.

Inge Seidenberger in Gmund 1938

Wollte sie den Vater schützen? Wusste der Wehrmachtsoffizier überhaupt von der jüdischen Herkunft des Vaters oder schämte sie sich dafür? Oder hatte sie einfach Angst um ihren Lebensgefährten und den Fortbestand der Beziehung? Immerhin sah ein Runderlass des Reichssicherheitshauptamtes (RSHA) vom Oktober 1941 für „deutschblütige Personen", die „in der Öffentlichkeit freundschaftliche Beziehungen zu Juden" pflegten, die Verhängung von Schutzhaft vor.[16]

Rolf war wohl ihre erste große Liebe.

Es gibt ein Foto, auf dem sie im Dirndl auf der Dorfstraße in Gmund am Tegernsee glücklich lächelnd ausschreitet. Auf der Rückseite hat sie notiert: „Gmund m. Rolf 1938". Hätte sie den Wehrmachtsoffizier – formal erlaubt, aber nur per Antrag – heiraten dürfen, wenn er nicht auf dem Norwegen-Feldzug eine neue Frau kennengelernt hätte? Wie konnte eine junge „Halbjüdin" in dieser Welt des Schweigens und der Angst überhaupt noch einen Mann kennen lernen, den sie heiraten durfte? In einer Kontaktanzeige im „Mitteilungsblatt des Reichsverbandes nichtarischer Christen e.V." versuchte eine „durch Zeitumstände Vereinsamte" auf dem Wege einer Annonce ihr Glück.[17]

Als alte Frau musste sie bei diesen Erzählungen oft weinen, angefüllt mit Scham- und Schuldgefühlen über diesen Konflikt zwischen dem Lebensgefährten und dem Vater.

Zehn Gebote für die Gattenwahl:
1. Gedenke, daß Du ein Deutscher bist.
2. Du sollst, wenn Du erbgesund bist, nicht ehelos bleiben. (...)
3. Wähle als Deutscher nur einen Gatten gleichen oder Nordischen Blutes.
4. Bei der Wahl Deines Gatten frage nach seinen Vorfahren (...)
(Auszug aus: NS-Wochenzeitschrift NS Frauen-Warte vom November 1934, zit. nach München und der Nationalsozialismus, 145)

Wer als „Halbjüdin" entwürdigt worden war, galt aber eben auch als „Halbarierin", wurde angesichts der willkürlichen gesetzlichen Bestimmungen ausgeschlossen und einbezogen.

Das Engagement meiner Frau im „Aktiven Museum Spiegelgasse"[18] in Wiesbaden oder unsere Begeisterung für Engagement und Werk des jüdischen Schriftstellers Ralph Giordano wurde bissig und eigenwillig kommentiert: „Ich versteh' nicht, dass Ihr Euch da so ‚rüberschmeißt!".

„Halbjüdisch" – „halbarisch" – sich nicht „rüberzuschmeißen": das vermittelt nachträglich die Illusion, nicht zur gefährdeten Seite gehört zu haben, sich nicht bedroht gefühlt zu haben, der abwertenden Abstempelung entgangen zu sein. Vielleicht waren auch die gescheiterten Liebesbeziehungen unserer Mutter zu Rolf, dem Wehrmachtsoffizier, von unserer Tante zu Reinhold, einem verheirateten Beamten und SS-Mitglied, von dem noch die Rede sein wird, Versuche, zur „anderen" Seite zu gehören. Sogar unserer Großmutter Clara wurde ein Techtelmechtel mit einem SS-Mann nachgesagt, ob aus Liebe oder Taktik können wir nicht beurteilen.

Darf ich an der Gesellschaft teilnehmen oder muss ich mich zu meinem eigenen Schutz zurückziehen? Auf Teilhabe, zum Beispiel durch eine Heirat, musste man Anträge stellen. Anträge stellen, bedeutete aber auch „auffällig" zu werden. Schon in jungen Jahren musste man ständig abwägen, Mitmenschen auf ihre Reaktion hin beobachten und sich besser unauffällig verhalten. So wenig Aufmerksamkeit auf sich ziehen wie möglich, keine Konflikte austragen, sich um gesellschaftliche Integration bemühen, um nie mehr ausgegrenzt zu werden – das war die Überlebensstrategie unserer Mutter bis ins hohe Alter.

Als Mädchen und junge Frau mitten in einer Gesellschaft zu leben, die einen feindselig ausschloss, in der man aber funktionieren musste – das kann traumatisieren, das hat unsere Mutter in ihren sozialen Beziehungen beeinträchtigt. Das Misstrauen gegenüber anderen Menschen, Bekannten, Nachbarn, später Pflegekräften war in ihr eingeschrieben und reduzierte ihre sozialen Kontakte im Alter, vor allem nach dem Tode ihres Mannes weitestgehend auf die unmittelbaren Familienangehörigen.

Hatte die Angst und das Leid, das unsere Mutter als Kind und in der Jugend erfuhr, dazu geführt, „das Jüdische" in der Familie verschweigen zu wollen oder war dies schon vorher in der Familie kein Thema mehr? Schrieb nicht auch Ernst Seidenberger im Jahre 1936 in seinem Brief „Abriss meines Lebens" an seine Kinder, „daß mir der letzte Deutsche näher steht als der erste Jude"?

Angst vor gesellschaftlicher Ausgrenzung, dann auch vor Verfolgung und die bereits väterlich überlieferte Distanz zur jüdischen Herkunft gingen eine unheilvolle Mischung ein, die man vorsichtig als „jüdischen Selbsthass" unserer Mutter bezeichnen könnte.[19]

Das „Jüdischsein" eines Menschen wurde öffentlich nie ausgesprochen – fast wie bei dem „Krebs", der sie im Alter ereilte und dessen todbringende Perspektive sie zu vermeiden suchte, indem sie den Namen der Krankheit nie über ihre Lippen ließ. Als könne man sich kontaminieren oder würde eine Wiederholung der Ereignisse heraufbeschwören, betonte unsere Mutter – oft durch Schweigen – ihren Abstand zur jüdischen Herkunft in der Familie.

Unsere Tante Ise ließ sich die Nase operieren. Unsere Mutter legte immer viel Wert auf ihre „Stupsnase". Sollten diese Körpermerkmale von unserer Mutter und ihrer Schwester als Gegenbeweise zum zugeschriebenen „jüdischen“ Aussehen verstanden worden sein?

Ein knappes Jahr vor dem Tod unserer Mutter lösten sich weitere schmerzhafte Erinnerungen aus der jahrzehntelangen Verdrängung: Ihre Mutter Clara habe ihr in der Straßenbahn zugeflüstert, mit ihr brauche man sich wenigstens keine Sorgen zu machen, ihr sehe man das Jüdische nicht an – im Unterschied zu Ise, ihrer Schwester. Auch ihren Ehemann habe Clara bei einer ähnlichen Gelegenheit scharf angezischelt, er solle sofort die Brille wieder aufsetzen: Sie sollte das markante Profil seiner Nase mindern.

Meinem Bruder und mir lag nach dem Tod unserer Mutter ein dicker Stapel Dokumente aus der Familie Ehrhart aus Memmingen, der Familie unserer Großmutter Clara vor. Ise hatte im Jahre 1937, also zwei Jahre nach den „Nürnberger Gesetzen“, begonnen, die respektheischende Ahnenreihe der Familie Ehrhart – uns gegenüber immer als „Patrizierfamilie“ bezeichnet – bis zurück ins 16. Jahrhundert zu erforschen. Vor unseren Augen verzweigten sich ehrwürdige Patrizier, Apotheker, Heilpraktiker, Theologen und auch „Mühlenärzte“.[20] Eine verzweifelte Dokumentensammlung gegen die jüdischen Anteile in der Familie?

Die abfotografierten Portraits der Ahnen schmückten erst die Wohnung unserer Tante in der Leopoldstraße. Nach dem Tod ihres Mannes und ihrer Schwester bedeckten sie eine Wandfläche über gefühlte zwei Quadratmeter in der Wohnung unserer Mutter, die sie eigentlich immer schon präsentieren wollte. Dies scheiterte aber am nüchtern vorgetragenen Zweifel unseres Vaters an jeder Art von übertriebener Ahnenverehrung und unserem, seine Abwehr aufnehmenden Spott über die verschrobenen Mühlenärzte. Unten rechts im Eck hing aber immerhin auch der „eingeheiratete“ Großvater.

„Außer mit Deiner Mutter rede ich mit niemandem von früher!“ – Der Münchner Freundeskreis

Ich bin das erste Familienmitglied, das in Frankfurt das Licht der Welt erblickte. Alle Großeltern lebten in München, die Eltern, auch noch mein Bruder, wurden in München geboren, bevor die Familie

Inge und Heinz Neumaier feiern Fasching

1949 nach Neu-Isenburg zog. Die Schwester unserer Mutter, Tante Ise, der Bruder unseres Vaters, Onkel Kurt und seine Frau Gretl – alle waren und blieben Zeit ihres Lebens Münchner.

Als unsere Eltern nach dem Rentenbeginn unseres Vaters 1974 wieder nach München zurückkehrten, umgab sie eine große Zahl ihrer alten Freunde und Verwandten.

Immer wieder und regelmäßig versammelte sich dieser „Freundeskreis", wie er häufig fast beschwörend benannt wurde, zu gemeinsamen Wanderungen, zum abendlichen Essen und Trinken oder aber zu opulenten runden Geburtstagsfesten, zu denen man sich unter einem vorher festgelegten Motto aufwändig maskierte. Meinem Bruder und mir erschien diese Maskerade aufgesetzt und lächerlich. Wir haben nie daran teilgenommen. Heute bedauere ich das.

Auffällig viele dieser Freunde hatten während der Nazi-Zeit ein ähnliches Schicksal als „Mischlinge" erlitten. Einige blieben kinderlos.

Da war der wohl beste Freund unserer Mutter, Gerd Gerdts. Er durfte nie erfahren, dass der Anlass für den Selbstmord seiner Eltern die eingetroffene Deportationsankündigung war. G.'s Frau wollte ihn schützen und vernichtete die entsprechenden Dokumente.

Über allem herrschte ein großes Schweigen: „Außer mit Deiner Mutter rede ich mit niemandem von früher", schrieb mir im Januar 1996 die enge Freundin unserer Eltern, Frau V., deren Mutter nach Theresienstadt deportiert worden war, aber überleben konnte.[21] Auch ihre Schwiegermutter wurde deportiert, überlebte aber nicht, ebenso wie ihr Schwiegervater, der schon bei Eintreffen der Deportationsnachricht Selbstmord begangen hatte. Frau V.s Ehemann Alex war mit unserem Onkel Kurt in das OT-Lager nach Tiefenort deportiert worden. Aus dieser Lagerhaft rührte deren enge Freundschaft her, ebenso wie die mit dem Rechtsanwalt Hans Raff, mit Heinz St. und H. Schw., die alle dort inhaftiert waren.

Sie alle gehörten zu diesem „Freundeskreis".

Fast, als habe man beschlossen, das Unaussprechliche zu konservieren und nach all dem Erlebten nunmehr für den Rest des Lebens zusammenzubleiben, war eine Gruppe entstanden, die man zur Nazizeit aufgrund der Vereinzelung nie hätte bilden können.

Die bittere Erfahrung, dass man sich außer auf die unmittelbaren Familienangehörigen auf kaum jemanden verlassen konnte, hat sicher zu diesem Bedürfnis nach sicheren, erprobten Beziehungen beigetragen. In diesem Kreis musste man keine abweichenden Meinungen bezüglich der Nazizeit fürchten, musste nichts mehr erklären. Man konnte über diese Zeit schweigen. Im Beschweigen herrschte Übereinstimmung, denn man wusste alles.

„Die Dosis der Beimischung kann verschieden ausfallen" – Die „Mischlinge"

Unsere Eltern waren nach Definition der Nationalsozialisten „Halbjuden", „Mischlinge 1. Grades".

Unsere Mutter hatte einen Vater jüdischer Herkunft, der wiederum jüdische Eltern und Vorfahren hatte. Unser Vater hatte eine jüdische Mutter, die ebenfalls aus einer jüdischen Familie stammte. Nach der matrilinearen Zuordnung durch die Halacha wäre er zwar jüdisch gewesen, die Eltern ließen ihn und seine Brüder aber katholisch taufen. Die Kinder von Clara und dem zum Katholizismus konvertierten Ernst Seidenberger erhielten die protestantische Konfession der Mutter. Dies bedeutete, dass die Großeltern jeweils in einer „privilegierten Mischehe" lebten. Von diesem rechtlichen Konstrukt der Nazis wird noch die Rede sein.

Die Rassegesetze von 1935 definierten alle Staatsbürger, die zwei Großeltern jüdischer Herkunft hatten, als „Mischlinge 1. Grades".

Die Nazis waren nicht die Erfinder dieser rassistischen Arithmetik. Schon der fanatische Antisemit Eugen Dühring hatte Ende des 19. Jahrhunderts ausgeführt:

„Die Dosis der Beimischung in den jüdischen Bastarden kann verschieden ausfallen (...). Halb- und Vierteljuden oder auch Dreivierteljuden werden (...) eine Plage sein, die vor den Volljuden noch die Möglichkeit voraushat, leichter in die übrige Gesellschaft einzudringen."[22]

Der nationalsozialistischen Rassegesetzen folgenden Volkszählung im Jahre 1939 unterlagen ca. 70 000 deutsche Bürger dieser Setzung. Weitere 40 000 galten als „Mischlinge zweiten Grades"; das heißt sie hatten nur einen Großelternteil jüdischer Herkunft.

Die überwiegende Mehrheit dieser Gruppe war christlich getauft, nur knapp zehn Prozent der „Mischlinge 1. Grades" behielten den jüdischen Glauben und unterlagen als von den Nazis eingestufte „Geltungsjuden" den ungebremsten Verfolgungsmaßnahmen.

Die meisten „Mischlinge" waren zum Zeitpunkt der Volkszählung zwischen zehn und 14 und 25 bis 40 Jahre alt. Da die Zivilehe zwischen Christen und Juden erst seit den 1860er Jahren möglich geworden war, war der Altersdurchschnitt deutlich geringer als bei der jüdischen Bevölkerung allgemein.[23]

Die Altersgruppe unserer Eltern war noch kleiner: Unsere Mutter wurde im Jahr der Machtübernahme 13, unser Vater 23 Jahre alt. Im ganzen Deutschen Reich des Jahres 1939 gab es nur knapp 11 000 „Mischlinge 1. Grades" in derselben Altersgruppe wie unsere Eltern.[24] Die menschliche Herabsetzung und Einschränkung im Alltag musste gerade in dieser Gruppe in völliger Vereinzelung empfunden und ertragen werden.

Nach der „Definition" der Nürnberger Gesetze und ihren Ausführungsbestimmungen hätten mein Bruder und ich als Kinder zweier „Halbjuden" gegolten. Mit zwei Großeltern jüdischer Herkunft hätte man uns ebenfalls als „Mischlinge 1. Grades" definiert.

Noch heute kann ich die berüchtigte, auf den „Nürnberger Gesetzen" beruhende Grafik, die der Zugehörigkeit nach den „arischen" oder „jüdischen" Abstammungslinien nachspürt, nicht betrachten, ohne meinen Bruder und mich an „passender" Stelle einzuordnen.[25]

Seit 1933 gab es Auseinandersetzungen innerhalb der NSDAP, wie man mit den „Halbjuden" umgehen sollte. Während sie in den besetzten Gebieten in Osteuropa in gleicher Weise verfolgt und ermordet wurden wie alle Juden, war die Diskussion innerhalb des Deutschen Reiches von taktischen Rücksichtnahmen auf die „arischen" Ehepartnerinnen und Ehepartner bestimmt. Mit der Wannsee-Konferenz im Januar 1942 intensivierte sich die Suche nach einer „Lösung der Mischehen- und Mischlingsfragen": Von Zwangssterilisation über Zwangsscheidungen, von „Evakuierung in grenznahe Ghettos" bis hin zur grundsätzlichen Überlegung, „ob die Mischlinge in Zukunft auch den Weg der Volljuden gehen müssen",[26] eskalierten die Diskussionsbeiträge in der Folgezeit.

Mit der an den Anforderungen des Kriegsverlaufs orientierten Einberufung der „Halbjuden" ab Herbst 1944 zur Zwangsarbeit im Rahmen des „Sondereinsatzes J" begann der Überlebenswettlauf mit der Zeit. Das traf unseren Onkel Kurt, der in das Arbeitslager der OT in Tiefenort/Thüringen deportiert wurde. Diese Erweiterung der Verfolgungsmaßnahmen traf aber auch unsere Mutter und unsere beiden Tanten, die zur Zwangsarbeit bei den Münchner Stadtwerken herangezogen wurden. Sie bedrohte die in „Mischehe" lebenden Oma Lina und Gretls Vater, denen im Februar 1945 die Deportation angekündigt worden war.

Hätte der Krieg nur etwas länger gedauert, wären alle „Mischlinge" dem Schicksal der Menschen jüdischer Herkunft gefolgt und ermordet worden. Mein Bruder und ich haben unsere Existenz insofern nur wenigen Monaten eines für uns lebensrettenden Geschichtsverlaufes zu verdanken, dessen Nachhaltigkeit durch den Tag der Befreiung, den 8. Mai 1945, garantiert wurde.

„Meine Kinder sollen immerhin wissen, wie es in wesentlichen Dingen um mich stand" – Nachforschungen über Ernst Seidenberger

Wer war mein Großvater? Welches Bild war der Ausgangspunkt meiner Recherche? Wie habe ich den Großvater, der zwei Monate vor meinem achten Geburtstag starb, in Erinnerung?

Großeltern Seidenberger und Enkel in Neu-Isenburg

Nur unscharf taucht er vor mir auf. Ein eher kleiner und schmächtiger Mann mit grauen Haaren, nicht mehr rötlich, wie ihn der Schriftsteller Oskar Maria Graf in den 1920er Jahren beschrieb. Er wirkte still, in sich gekehrt. Seine Frau war eher gesprächig und neigte in späteren Jahren, als wir Enkel ihr begegneten, zu einem eher stattlichen Äußeren. Fotos bestätigen diese Erinnerung, dokumentieren aber auch die in ihren Jugendjahren attraktive Erscheinung.

Es war eine liebevolle, aber keine sehr enge Beziehung zwischen uns Enkeln und den Großeltern. Über allem schwebte eine gewisse Distanz. Ich erinnere mich nicht an den Austausch von Zärtlichkeiten. Fotos zeigen, dass es sie wohl bisweilen gegeben haben muss. Ganz anders als Oma Lina, der Mutter unseres Vaters, neigten sie nicht dazu, mit uns zu spielen. Wie sehr unsere Großeltern uns liebten, erfuhr ich eigentlich erst aus den Briefen von Clara an unsere Mutter, die ich in ihrem Nachlass fand.

Erst die Gespräche mit meiner Mutter erschlossen den Menschen, der ihr Vater gewesen war. Das ermöglichte und erschwerte meine Nachforschungen.

Unsere Mutter verehrte ihren Vater sehr. Das prägte ihre Bewertungen. Er sei sehr klug gewesen. Oft habe ihn das Geplaudere in der Familie gelangweilt. Er habe nicht gerne geredet, genauso wie sie von sich selbst das Bild einer lieber schweigend Aufnehmenden entwarf. Oft sei er alleine spazieren gegangen.

Ob das so stimmte? Ein Rechtsanwalt, der nicht reden will? Oskar Maria Graf schildert in seinem später zitierten Buch „Gelächter von außen“ den Großvater deutlich lebhafter. Nach dem Krieg wird er in die Leitung der Münchner Rechtsanwaltskammer gewählt aufgrund – so verraten es zumindest einige Quellen – seiner rhetorischen Fähigkeiten und seiner erfahrenen Berufsausübung. Gleichwohl notiert er selbst in seinem Brief an seine Kinder „Abriss meines Lebens“, dass seiner „inneren Natur der stiller wirkende Beruf des Arztes vielleicht mehr entsprochen hätte.“ Er spricht von seiner „Menschenscheu“ und dass er „langsam, aber sicher in das Schweigen hinein gefunden und jeden Drang zur Mitteilsamkeit verloren habe.“ Diese Worte schrieb er allerdings vor dem Hintergrund des Jahres 1939.

In der Weitergabe familienhistorischer „Chroniken“ gibt es oft eine Tendenz zur Harmonisierung der Familiengeschichte.[27] Durch Beschweigen, aber auch durch Stellen, an denen nicht geschwiegen wird, soll das Bild der Eltern von ihren eigenen Eltern (Großeltern) auch die Erinnerung der Enkel prägen. Tatsächlich gibt es aber keine einheitliche Familienüberlieferung. Jede Generation ist gezwungen oder auch motiviert, eine eigene Überschreibung vorzunehmen. Unsere Mutter hat beispielsweise einen Brief von Oma Clara an ihren Mann entsorgt, da er nach ihrer Meinung ein zu schlechtes Bild auf unsere Großmutter geworfen hätte. Derartig inszenierte „Leerstellen“ sollen eine harmonische Einheitlichkeit des Familiengedächtnisses herstellen,[28] z. B. was die Rolle unserer Großmutter bei der bei uns Enkeln hochumstrittenen Scheidung unserer Großeltern betraf.

Statt zu offen erzählten Brüchen im Familienleben kommt es auf diese Weise eben zu diesen „Leerstellen“, die dann jede Generation mit eigenen Vermutungen und Prägungen zu füllen versucht und füllen muss. Mühsam erfragte Fragmente ersetzen zusammenhängende Narrative, die sich die „Nachgeborenen“ zum Verstehen erhoffen. Die tatsächlichen Abläufe müssen rekonstruiert werden – ohne Garantie für die Richtigkeit dieser Rekonstruktion.

Das intensive, wenn auch von längeren Pausen durchbrochene Gespräch mit meiner Mutter über ihren Vater begann mit einer gemeinsamen Fahrt nach Theresienstadt, einer Führung durch das ehemalige Ghetto und das Aufsuchen der Häuser, in denen ihr Vater 1945 untergebracht war. Je mehr sich meine Mutter einem Alter näherte, in dem ihr Vater einst nach Theresienstadt deportiert worden war, desto offener konnte sie ihre Trauer, aber auch das Leid und die Einsamkeit dieses Mannes nachempfinden und aussprechen. Im Sommer 1993 diktierte sie mir die für mich stellenweise schwer entzifferbaren Briefe ihres Vaters an seine Töchter. Sie selbst habe von diesen Briefen zwar gewusst, sie aber erst im Nachlass ihrer Schwester lesen können – auch darüber war also nie gesprochen worden. Das Diktat wurde häufig von Tränen über das Vergangene und Versäumte unterbrochen.

In den folgenden Jahren schrieb sie Vieles von dem auf, an was sie sich erinnerte.

Meine Mutter gewann die Kraft, Erlebnisse aus dem einschüchternden, bedrohlichen Alltag des bei der Machtübernahme der Nazis knapp 13 Jahre alten Mädchens aus verdrängten Tiefen zu befreien: Die Lehrerin, die ihr den Tipp gab, doch „besser nicht" auf die Klassenfahrt mitzufahren. Die Direktorin, die ihr den Schulwechsel empfahl. Die Freundin, die ihr plötzlich vom Fahrrad aus zurief: „Na, Fräulein Jude!" Der Vater, der den Umzug aus dem Haus von Isidor Bach in der Mauerkircherstraße veranlasste, weil es „zu gefährlich" geworden sei ...

Auch für mich änderten sich im Laufe meiner Gespräche Wahrnehmung und Beurteilung. An das Verhalten der Familie Seidenberger wurde nicht mehr das gnadenlos wertende Urteil früherer Jahre angelegt, wie man dem Nationalsozialismus hätte begegnen müssen. Zuhören ersetzte die Anklage.

In den Vordergrund schob sich zunehmend die Bestürzung und auch Trauer darüber, wie eine gutbürgerlich-konservative und sicher „unpolitische" Familie plötzlich mit einer nie gekannten lebensbedrohlichen Situation fertig werden musste, wie sie komplizierte Überlebensstrategien zu entwickeln gezwungen war und wie sie gleichzeitig auch ein „normales" Leben führen wollte – wie es sich unsere damals noch junge Mutter gewünscht hatte.

Zunehmend war es für mich vorstellbar, wie der Geschichtsverlauf eine Familie umschließt und ihr die Gestaltungsmöglichkeiten des „normalen“ Alltags abstreitet. Das Private blieb aber auch in diesen bedrohlichen Zeiten oft privat und hatte für die Betreffenden immer wieder, wie heute auch, Priorität. Es kam zu Verhaltensweisen und Entscheidungen, die der Nachforschende aus „höherer historischer Warte“ manchmal nur schwer nachvollziehen kann. Erst das macht Geschichte allerdings auch lebendig und verständlich:

„Um uns auf hohem Niveau Gedanken zu machen, sehnen wir uns nach Einzelheiten, Einzelheiten über individuelle Erfahrungen, über die Stimmungslage, über institutionelle Entscheidungen. Wir können uns erst an die Stelle von Menschen versetzen, die sich in einer schwierigen Lage befinden, wenn wir uns ihre Anfechtungen, ihre Grundsätze, ihre Familienbeziehungen, ihre Ziele und Ängste vorstellen können.“ [29]

Eine „Einzelheit“ im Leben des Großvaters erscheint mir freilich besonders erschütternd, schwer begreifbar und ein wesentliches Motiv meiner familiären Nachforschungen: Als die Verfolgungsmaßnahmen der Nationalsozialisten eskalierten und schließlich der Massenmord begann, standen die Opfer, so auch mein Großvater, alleine da. Schritt für Schritt wurde er aus dem Netz seiner Berufskollegen und der Institutionen seiner bisherigen Tätigkeit herausgerissen. Er lebte getrennt von Bekannten, die Familie konnte nur noch spärlich mit ihm Kontakt aufnehmen. Seine wechselnden Wohn- und Kanzleiorte in München sind dafür ein Indikator. Mit Scheidung und Kanzleischließung existierte er endgültig in einer „Welt ohne Nachbarn.“

Mit dieser zunehmenden Distanz verlor er gewissermaßen den „Status des Anderen“, dem man sich moralisch und auch solidarisch verpflichtet weiß. Diese „Auslöschung des Antlitzes“, die man am Beispiel des Großvaters nachvollziehen kann, und die die Betroffenen anonymisiert, verhindert, noch Empathie und Solidarität bei den entfernten Nachbarn einfordern zu können.[30] Diese Isolierung auf der einen und Distanz auf der anderen Seite, war, wenn man es gesamtgesellschaftlich sieht, eine der wichtigen Voraussetzungen für den erfolgreichen und „ungestörten“ Massenmord des Nationalsozialismus.

Dass sich unser Großvater in seinen Aufzeichnungen 1939 als „Menschen der Peripherie, des Randes“ bezeichnete, als einen Menschen skizzierte, „der ständig am Ufer zu stehen verurteilt ist, indes der Strom vorüberfliesst“, das hat allerdings auch, wie noch zu zeigen sein wird, seine tiefe Ursache in seinem vehement vorgetragenen „Absonderungstrieb“ gegenüber dem jüdischen Elternhaus und dem „Drang in die deutsche Gemeinschaft hinein“ zu gelangen. Dass ihm, der „sich bis zum letzten Atemzug zu Deutschland bekennt“ die Zurückweisung und Verfolgung durch das Deutsche Reich wie ein „Prankenhieb“ erscheinen musste, liegt auf der Hand. Auch dies verdient noch eine ausführliche Erörterung.

1945 in Theresienstadt notierte er mit Bleistift auf einen kleinen zerknitterten Zettel, der sich in seinem Nachlass fand: „Wehe dem, der allein ist“, Prediger 4,10. Er bezog sich auf den Prediger Salomo. Diese Passagen haben starke philosophische Affinitäten und verbinden in gewisser Weise die jüdische Herkunft und den katholischen Glauben des Großvaters. Wenn man weiter liest, findet man dort die Worte: „Wenn er fällt, so ist kein anderer da, der ihm aufhelfe.“

Weiter heißt es: „Einer mag überwältigt werden, aber zwei können widerstehen und eine dreifache Schnur reißt nicht leicht entzwei.“ Diese letzten, erlösenden Worte hat er nicht notiert. Solidarität hat er nicht gefunden oder, wie er auf dem gleichen Zettel niederschrieb: „Liebe habe ich nicht gefunden, so suche ich den Frieden.“

Die lebenslang empfundene Einsamkeit galt ihm freilich auch als Rüstzeug für die Zeit der Verfolgung, denn „eine nicht durch Anlage vereinsamte Seele hätte all die (...) Vereinsamung nie ertragen.“

Und so erwies er sich zugleich als ein widerstandsfähiger und mutiger Mann, der nicht nur die Auseinandersetzungen im nachrevolutionären München in den frühen 1920er Jahren als Anwalt des Schutzverbandes Deutscher Schriftsteller aushielt, sondern auch mitten im antisemitischen Klima der Nachkriegszeit in München jüdische Beschuldigte verteidigte.

Nach dem Tod unserer Mutter war das Leben meines Großvaters endgültig zur Geschichte geworden: Es gab plötzlich keine Menschen mehr, die man hätte befragen können. Es gab nur noch Quellen.[31]

Und in einer dieser Quellen, in dem Brief an seine Töchter, begründet er 1936 seine autobiografischen Aufzeichnungen: „Meine Kinder sollen immerhin wissen, wie es in wesentlichen Dingen um mich stand." In den weiteren Ausführungen bezieht er auch diejenigen, die nach seinen Kindern kommen, ein. Diese Worte waren für den Autor ein wichtiges Motiv für die vorliegenden Nachforschungen über unseren Opa Ernst.

Heute bin ich so alt wie Ernst Seidenberger, als er verhaftet und nach Theresienstadt deportiert wurde.

Ich lebe in einer Zeit, in der Rassismus und rechtsradikale Gruppierungen in Europa und Deutschland wieder offener aufzutreten wagen. Es scheint nicht mehr unmöglich, dass politische Kräfte eine Wiederaufführung vergangener Geschichtsdramen betreiben – wenn auch mit bisher noch vorgetragener Scheinheiligkeit und in neuen Formen inszeniert.

Insofern hat dieser Versuch einer Rekonstruktion des Leids, das Opa Ernst erfahren musste, auch einen aktuellen Bezug. Vielleicht trägt die Kenntnis seines Lebensweges ein klein wenig dazu bei, denjenigen entgegenzutreten, die Ausgrenzung, Demütigung und Brutalität gegenüber anderen Menschen und Minderheiten erneut auf ihre Fahnen geschrieben haben. Es darf nie mehr zugelassen werden, dass sich die Mehrheitsgesellschaft abwendet und es dazu kommt, was Giordano als „die ungeheure Verlorenheit der damals Verfolgten" beklagt.[32]

Jugend in Nürnberg

„Beeinflusst vom historischen Stadtboden, auf dem ich aufwuchs" – Prägung durch das alte Nürnberg

Der kleine Ernst

Als mein Großvater Ernst Seidenberger 1939 seinen „inneren Entwicklungsgang" für seine Familie niederschrieb, war er in einer verzweifelten Situation. Die Kanzlei war geschlossen worden, er durfte als Konsulent nur noch jüdische Mandanten vertreten und er lebte durch Scheidung von Frau und Familie getrennt in einer kleinen Wohnung in München. Die Familie fürchtete um seinen Lebenswillen.

In dieser Situation erinnerte er sich an seine Kindheit und das, was ihn prägte:[33] „Wenn ich mich in meine Kindheit zurückversetze, steigt das Bild des alten Nürnberg vor mir auf, in dem ich geboren, aufgewachsen und bis zu meinem 25. Jahr – unterbrochen nur durch die Universitätsjahre – gelebt habe. Die alten Türme, die Mauern und Wälle, die Patrizierhäuser mit ihren Höfen und Galerien waren die ehrwürdigen Kulissen meiner Schulwege, die mich aus der damals noch unmittelbar an die Stadtmauer gerückten Vorstadt tagtäglich in die inneren Teile führten zum Aegidienberg hinauf, von dem herab das alte Pellerhaus – ein Prachtbau der Renaissance – und das Gymnasium, das auch die Vorschule barg, bewacht vom Melanchtondenkmal schaute. (...) Die Reste der alten Stadt waren die stummen, aber beredten Zeugen der täglichen Wege, der Balgereien, des Streunens durch die Gassen, die sich mit starkem Verkehrsleben zu füllen begannen. Noch waren freilich die Pferdetrambahn und die Gasbeleuchtung, z. T. das Petroleum die Signatur der modernen Zeit, wenn auch der Eisenbahnverkehr schon herrschend geworden war. Unter den Zeichen der Gotik und des wehrhaften Mittelalters aufgewachsen, hinterliessen mir diese stolzen Zeugen deutscher Geschichte nachhaltige Eindrücke, die im späteren Leben kaum verdrängt wurden, als andere Strebungen mich aus der Geburtsstadt hinauslockten.

Das Nürnberg meiner Jugendjahre wies eine gewisse Enge geistiger Art auf, eine irgendwie stagnierende Umwelt, in der Kaufmanns- und Handelsgeist vorherrschten ohne jene geistige Weite, nach der ich lechzte. Der Blick war immer darüber hinaus gerichtet – politisch eingeengt freilich durch die territoriale Begrenzung der damaligen Landesgrenzen in Zusammenhang mit künftigen Berufsmöglichkeiten, die das Überschreiten der bayrischen Landesgrenzen ausschloss.

Germanisches Museum, die Burg, das Rathaus, das kleine Provinztheater waren Mittelpunkte, um die sich das Erleben der Stadt drehte, soweit es sich nicht durch aufgesogene Bildungselemente nach innen entwickeln konnte."

Ihn prägten nicht nur Bücher, wie er weiter schrieb, es war vor allem auch der „historische Stadtboden, auf und aus dem ich aufwuchs."

Es brach aber auch eine neue Zeit an. Der siegreiche Krieg gegen Frankreich, die Reichsgründung und die verfassungsrechtliche Gleichstellung der jüdischen Bürgerinnen und Bürger förderten monarchistische und nationale Sympathien auch im Hause Seidenberger:

„Der zeitgeschichtliche Hintergrund dieser Jugend war eingerahmt von dem lange nachwirkenden Erlebnis des Krieges 1870/71, den ich an den noch lebenden großen Zeugen und aus unerschöpflichen Erzählungen meines Vaters immer wieder erstehen sah. Der monarchische Gedanke, verkörpert in den ehrwürdigen Personen des alten Kaisers, des väterlichen und mütterlichen Landesherrn, des

Großherzogs von Baden und des von der Fantasie des Volkes umwobenen Ludwig II., dann des alten Prinzregenten, herrschte so unangefochten und unumschränkt, dass niemand auch nur die Ahnung hätte anwandeln können, es würde einmal anders kommen. Ich erinnere mich noch lebhaft des Tages, da die Nachricht vom tragischen Ende des Königs die Stadt durcheilte. Nicht minder des Todes des alten Kaisers, der Leidenszeit Friedrichs III., des Todes von Moltke, der Entlassung Bismarcks und aller folgenden Ereignisse. All das waren Erlebnisse, die jeden persönlich angingen. Die alte Armee, die sich ankündigenden sozialen Umwälzungen ziehen am geistigen Auge vorüber. Gleichzeitig wurde in der Schule und in packender Lektüre die ganze deutsche wie alte Geschichte dem erwachenden historischen Verständnis einverleibt."

Die rechtliche Gleichstellung der Jüdinnen und Juden in Deutschland war ein mühsam errungener Erfolg der jahrzehntelangen Emanzipationsbewegung, den Ernst Seidenberger in seinen Aufzeichnungen mit keinem Wort erwähnt. Der „monarchische Gedanke" schien ihm zur Beurteilung der eigenen Lebensgeschichte offensichtlich wichtiger als die Hervorhebung dieses hoffnungsvollen Zeitenumbruchs. Man hätte in seinen Erinnerungen auch andere Gewichtungen vornehmen können.

Der 1896 geborene Martin Feuchtwanger lässt in seinen autobiografischen Aufzeichnungen seinen als Jude leiderfahrenen Großvater schwärmen:

„Früher haben es die Juden sehr schlecht gehabt. Sie durften nur im Getto leben (...). Sie wurden geschlagen, getreten, geprügelt und jeder durfte ungestraft den Juden hauen. Zu meiner Zeit hatte sich das schon geändert. (...) Wir wohnten mit den anderen Menschen zusammen. Aber es war doch keineswegs so, wie es heute ist. Der Jude war noch immer verachtet, und er mußte sich vor den anderen fürchten. Wir Kinder zum Beispiel gingen mit den anderen Kindern zusammen in die Schule, aber wir saßen gesondert für uns, und wir durften uns nicht mucksen. Einmal sagte der Lehrer: 'Kinder, heute ist Fasching, heute ist ein lustiger Tag, heute wollen wir alle lustig sein. Juden, macht einmal alle einen Hopser.' Da mußten wir Judenbuben einen lustigen Hopser machen, damit die anderen Kinder etwas zu lachen hatten. So traurig für die Juden war es früher. Und wenn einer auf der Straße zu einem sagte: ‚Judenbub, mach einmal die Hand auf, damit ich hineinspucken kann', so machte man traurig die Hand auf, und der andere spuckte hinein, denn hätte man gewagt, sich zu widersetzen, so wäre man durchgeprügelt worden, und kein Mensch hätte einem geholfen. Ja, Kinder, es wurde von Jahr zu Jahr besser und von Jahrzehnt zu Jahrzehnt (...). Heute sind wir alle genau wie die anderen, und wir wollen hoffen, daß nie wieder schlimme Zeiten für die Juden kommen."[34]

„Ich bin als Kind jüdischer Eltern geboren." – Inmitten des Nürnberger Hopfenhandels

Meiner Mutter hätte eine Einbettung ihrer Erzählungen über das Leben ihres Vaters in eine wechselvolle jüdische Familiengeschichte eher widerstrebt. Sie begann ihre Erinnerung an die Nürnberger Großeltern – damals war sie 70 Jahre alt – lieber mit einer kurzen Anekdote aus ihrer Kindheit:

„Aus den Erzählungen meiner Schwester weiß ich, dass die Nürnberger Großeltern in einer großen, reich ausgestatteten Wohnung lebten. (...) Die Nürnberger Großmutter hat mich noch als Baby gekannt, ich habe keinerlei Erinnerung daran, weiß nur aus empörten Erzählungen, dass sie mich zu sich ins Bett nahm und ich mir dabei an der Wärmflasche die kleinen Hände verbrannt haben soll. Sie hieß Louise, war eine geborene Stern und stammte aus Mannheim."[35]

Die Nürnberger Großmutter, Louise Seidenberger, geb. Stern, wurde am 01. September 1852 in Mannheim geboren. Als Louises Mann Isaak 1915 starb, zog sie 1920 zur Familie ihres Sohnes nach München in das Erdgeschoss der Gedonstraße 12. Am 13. März 1922 starb sie im Alter von knapp 70 Jahren.[36]

Bei dem familienhistorisch hoch bewerteten Desaster mit der Wärmflasche war die kleine Inge demnach höchstens zwei Jahre alt gewesen. Es ist also nicht erstaunlich, dass unsere Mutter über

Louise Seidenberger

Isaak Seidenberger

keinerlei weitere Erinnerung an die zeitweilige Mitbewohnerin Louise verfügte.

Im Jahre 1936 schrieb Ernst Seidenberger den bereits erwähnten Brief „Abriß meines Lebens – Aufgezeichnet als Rechtfertigung für meine Kinder", also an unsere damals 30jährige Tante Ise und unsere 16jährige Mutter. Die folgende Reflexion der familiären Herkunft wurde aus der Sicht des bereits Verfolgten formuliert. Beginnend mit dem spärlichen Bekenntnis zur jüdischen Herkunft zu Beginn seines Schreibens unterwarf er sich einem Duktus der „Rechtfertigung", wie er seinen Brief selbst überschrieb – gerade so, als träfe ihn eine Schuld und als trüge er die Verantwortung für das Leid und die Angst, die die Familie durch die Verfolgungsmaßnahmen der Nazidiktatur erfuhr:

„Ich bin am 19. Februar 1877 in Nürnberg als Kind jüdischer Eltern geboren. Diese letztere Tatsache betone ich des heutigen Zeitgeschehens wegen. Seinetwegen erfolgen diese Aufzeichnungen.

Meine Eltern stammen aus der Badischen Pfalz. Der Vater geboren in Schwetzingen, die Mutter in Mannheim. Ich besitze keine urkundlichen Beweise über die weiteren Vorfahren. Aus mündlicher Überlieferung ist mir aber bekannt, daß der Groß- oder Urgroßvater meines Vaters im Siebenjährigen Krieg unter einem Freiherr von Seidenberg gedient und deshalb dessen Namen angenommen hat. Der Name S. kommt häufig vor. Ich bin ihm in Nord- und Süddeutschland wie auch am Rhein begegnet, durchweg aber bei Leuten rein deutscher und christlicher Abkunft. Meine Vorfahren beider Seiten müssen seit Jahrhunderten am Rhein gesessen haben. Sie gehörten höchstwahrscheinlich den Juden an, die dort in den ältesten deutschen Judengemeinden siedelten und mit den Römern als Händler ins Land gekommen sind.

Mein Großvater väterlicherseits besaß Grundeigentum in Schwetzingen, war an den Erhebungen des Jahres 1848 beteiligt und deshalb gefangengesetzt. Mein Vater war im Krieg 1870/71 freiwilliger Krankenpfleger, meine Kindheit war erfüllt von seinen Erzählungen aus dieser für ihn größten vaterländischen Zeit. Diese Erinnerungen und die Anhänglichkeit an das badische großherzogliche Haus ziehen sich durch sein ganzes Leben. Er war der Typus des braven loyalen Bürgers mit einem durch vieles Reisen erweiterten Gesichtskreis und einem Hang zu froher harmloser Geselligkeit. Daß er gleichzeitig ein anständiger Geschäftsmann war, hat er dadurch bewiesen, daß er es zwar zu bürgerlichem Wohlstand, aber zu keinem nennenswerten Vermögen gebracht hat.

Er hat meine Mutter aus einem der gleichen Sphäre angehörenden Haus geholt. Von deren Vorfahren weiß ich nur, daß ihr Großvater von der Mutterseite Erzieher am großherzoglichen Hof in Karlsruhe war, offenbar ein sprachenkundiger Mann mit deutscher Tradition, ohne solche Eigenschaften wäre er nicht in eine solche Stellung gelangt. Von ihm (sein Name war Meyer) soll eine der ersten deutschen Shakespeare-Übersetzungen stammen. Meine Großeltern mütterlicherseits hatten ein Haus in Mannheim. Meine Mutter zeichnete sich durch außergewöhnliche Schönheit aus. Wie oft ist mir das im späteren Leben von allen, die sie gesehen hatten, erzählt worden. Ihre Züge aus der frühen Zeit zeigen äußerst reine und feine Linien, die fast vermuten lassen, daß ein germanischer Einschlag vorhanden ist, dessen Herkunft im Dunkeln liegt. Im tiefsten Wesen paßten meine Eltern wohl nicht zueinander. Zeichneten mein Vater vor allem gütige Wesenszüge und eine kaum spürbare altjüdische Familientradition aus, so hatte sich meine Mutter bereits von letzterer weit weg entwickelt. Besaß mein Vater einen hellen, natürlichen Verstand, war er ein sehr kräftiger männlicher Mensch, so hatte meine Mutter die Bildungselemente, den Sinn für alles Schöne und Große mitgebracht. Mein Vater war viel auf Reisen, meine Mutter kannte ich von früh an in körperlich leidendem Zustand, der mit der Geburt meines jüngeren Bruders ansetzte, und letzten Endes wohl psychisch mit bedingt war, in Zusammenhang mit einer Ehe, bei der sie sich irgendwie zu kurz gekommen fühlte."[37]

Ernst Seidenberger entstammte sowohl väterlicher- als auch mütterlicherseits wohlhabenden jüdischen Kaufmannsfamilien, der Name Seidenberger fand sich in seinem Falle also nicht „durchweg (...) bei Leuten rein deutscher und christlicher Abkunft."

Die Darstellung von Ernst Seidenberger lässt sich weiter ergänzen und konkretisieren:[38] Der Vater von Ernst Seidenberger war also der am 08. Februar 1841 in Schwetzingen geborene Isaak Seidenberger, seine Mutter, die die Wärmflasche für die kleine Inge so ungeschickt gehandhabt haben soll, Louise Seidenberger. Am 14. Mai 1873, kurz nach der Gründung des Deutschen Reiches, die den Juden die formalen Gleichheitsrechte bescherte, heirateten sie in Mannheim. Nach der Heirat wohnten sie zunächst in D5,8 mit der Absicht ein eigenes Geschäft zu führen. Bald zogen sie aber um nach O5,14. Laut Adressbuch 1875 befand sich genau dort die Firma M. Seidenberger und Söhne, ein im Hopfenhandel tätiges Unternehmen, das Isaaks Vater, Maier Seidenberger gehörte. Es bleibt offen, ob Isaak an dem Unternehmen direkt beteiligt war.

Maier Seidenberger, „an den Erhebungen des Jahres 1848 beteiligt und deshalb gefangengesetzt", also ein für Nation und Freiheit kämpfender Mann, besaß nicht nur Grundeigentum in Schwetzingen, wie Ernst Seidenberger in seinem Brief bemerkte, sondern auch zwei Häuser am Schlossplatz (Nr. 5 und 6).[39] Maier war verheiratet mit der am 21. Februar 1805 geborenen Babette, geb. Levi. Sie starb

1868, also noch vor der Hochzeit ihres Sohnes Isaak.

Schwetzingen hatte zu dieser Zeit noch keinen eigenen jüdischen Friedhof. Seit dem 17. Jahrhundert wurden die jüdischen Bürger der Region im nahen Wiesloch begraben. Heute muss man sich den Schlüssel im Rathaus geben lassen. Als ich das Tor aufschließe, fällt mein Blick auf einen unzerstörten, von einer alten Steinmauer umgrenzten Friedhof. Blaue und gelbe Blumenfelder leuchten zwischen den alten verschobenen, bröckelnden, manchmal aber auch stolz aufragenden und von gutbürgerlicher Herkunft kündenden Grabstätten.

Grab von Maier-Seidenberger, Jüdischer Friedhof Wiesloch

Der großzügige Grabstein des Hopfenhändlers „Maier Seidenberger von Schwetzingen“ lässt sich nicht übersehen.[40] Das Grab von Babette verbirgt sich. Erst eine spätere Recherche eröffnet auch ein Bild von der verfallenen Grabplatte von „Babette Seidenberger, geb. Levi von Bensheim, Frau Maier Seidenberger aus Schwetzingen“.[41]

Außen an der Friedhofsmauer erinnert ein Mahnmal an die in Wiesloch ermordeten Juden:

„Auch in Wiesloch (...) sind alle noch in der Gemeinde lebenden jüdischen Einwohner verhaftet (...) worden. Mit Lastwagen wurden die 45 völlig überraschten und hilflosen Menschen – der jüngste war 1 ½ Jahre und die älteste Verschleppte 78 Jahre alt – von Wiesloch nach Heidelberg und dort in Sonderzügen zum Internierungslager Gurs in Südfrankreich deportiert. (...) Von den ehemaligen jüdischen Einwohnern aus Wiesloch und Baiertal überlebten nur 6 ihre Verschleppung."[42]

Das Unternehmen von Maier Seidenberger existierte seit 1825 in Schwetzingen[43]. Maier Seidenberger handelte nicht nur mit Hopfen, sondern auch mit „Tabak und Cigarren", bevor er weitere Geschäfte in Mannheim und Nürnberg eröffnete.

Der hochschnellende Hopfenpreis und die damit einhergehende massive Ausweitung des Hopfenanbaus sorgten dafür, dass sich die Einwohnerzahl von Schwetzingen in der zweiten Hälfte des 19. Jahrhunderts auf 5000 Einwohner nahezu verdoppelte: „In Schwetzingen setzte ein wahrer Hopfenrausch ein (...). Die Hopfendarren reichten oft nicht aus, so dass alle Speicher der Schlossbauten, Zirkelhäuser, Schul- und Kirchenspeicher zum Hopfendörren gefüllt wurden."[44]

Neben Schwetzingen und Mannheim war es Nürnberg, das sich aufgrund des raschen Wachstums des Brauwesens, der guten Verkehrsanbindungen und der zentralen Lage im süddeutschen Hopfenanbaugebiet zum Welthandelsplatz für Hopfen"[45] entwickelte.

Ein weiterer Faktor verlieh Anschub: Der Hopfenhandel wurde überwiegend von jüdischen Händlern betrieben. Ursprünglich fand dies wohl eine Ursache darin, dass der Aufschwung der Biernachfrage und damit des Hopfenhandels einher ging mit der Vertreibung der Juden aus den Städten auf das Land. Dort bot sich zunächst der Hopfenanbau als Handelsfeld an. Als einige Jahrzehnte nach der Eingliederung Nürnbergs in Bayern 1850 das Niederlassungsverbot für Juden aufgehoben wurde und die Reichsverfassung 1871 formale Gleichberechtigung gewährte, entwickelte sich Nürnberg zum Magneten.

„Zahlreiche jüdische Familien, die seit Generationen im Hopfenhandel tätig waren, wie etwa Tuchmann, Hopfmann, Gerngros, Hesselberger oder Seidenberger ließen sich in Nürnberg nieder."[46]

Aus dem agrarischen Umfeld entwickelte sich ein neues, durchaus jüdisch geprägtes Bürgertum, das nicht nur im Hopfenhandel tätig war, sondern zunehmend auch in der Bank- und Textilbranche Fuß fasste.

Der Anteil der jüdischen Bevölkerung an der rasch wachsenden Einwohnerzahl Nürnbergs stieg von 0,1 Prozent (1861) auf drei Prozent (1890) und pendelte sich dann bis 1930 bei knapp 2,5 Prozent ein.[47]

Das Verbot, Hopfen zur längeren Haltbarkeit zu schwefeln, wurde als erstes in Nürnberg aufgehoben. Dieser Konkurrenzvorteil ermöglichte den weltweiten Export des „Grünen Goldes". Die Lagergebäude reichten auch in Nürnberg nicht mehr aus. Man trocknete den Hopfen auf der Straße. Unzählige kleine Unternehmen beteiligten sich am Geschäft. Nur zwanzig Häuser beherrschten allerdings 95 Prozent des Welthandels. Bis Ende des 19. Jahrhunderts baute Nürnberg seine Position als Welthandelszentrum für Hopfen weiter aus und zog an London und New York vorbei.

So war es nicht erstaunlich, dass das südwestdeutsche Dreieck des sich ausbreitenden Hopfenhandels auch den Umzug von Ernsts Eltern, Isaak und Louise vorgab. Isaak brach von Schwetzingen nach Mannheim auf. 1875 zogen beide, inzwischen verheiratet, von Mannheim nach Nürnberg, wo der kleine Ernst, mein Großvater, am 19. Februar 1877 geboren wurde. Zuletzt wohnten sie in der Rankestraße 40; in der Glockenhofstraße 27 befand sich noch 1930 die Hopfengroßhandlung M. Seidenberger.[48]

Die Kriegsteilnahme von Isaak Seidenberger am deutsch-französischen Krieg 1870/71, die Tatsache, dass die „Kindheit erfüllt war von seinen Erzählungen aus dieser für ihn größten vaterländischen Zeit", auch die sich anschließende formalrechtliche Gleichberechtigung der Juden im Deutschen Reich[49] schufen für Ernst Seidenberger schon früh die vaterländische Grundierung und die Motivation, mit der späteren freiwilligen Teilnahme am Ersten Weltkrieg die endgültige Assimilation einlösen zu wollen. Mit der Teilnahme von Maier Seidenberger an den Erhebungen 1848 war bereits früher der nationale Gedanke in das Werteverständnis der Familie eingeflossen.

Auch mütterlicherseits fühlte man sich dem Bürgertum zugehörig. Die Familie von Ernsts Mutter, Louise Seidenberger, geb. Stern, stammte „aus einem der gleichen Sphäre angehörenden Haus", so Ernst Seidenberger in dem zitierten Brief. Ihr Vater, Joseph Stern (23.5.1816–17.1.1894) kam aus Pirmasens und besaß ein Kaufmannsunternehmen, das mit „Landesprodukten" handelte. Die Mutter, Charlotte (geb. Maier oder Mayer, 17.12.1822–6.5.1889) war Mannheimerin. Sie wohnten in C2,20. Charlotte brachte in rascher Folge elf Kinder zur Welt: Johanna, Pauline, Jola, Rudolph, Frieda, die schon nach einem Jahr starb; dann wurde Louise, Ernsts Mutter geboren. Es folgten Eduard, Emilie, die auch nur ein Jahr alt wurde. Sieben Tage nach Emilies Tod wurde Thekla geboren. Sie starb mit zwei Jahren. Dann kamen noch Antonie und Caroline auf die Welt. Da war die Mutter schon 45 Jahre alt. Bis auf Rudolph noch alle in Pirmasens geboren, verlagerte sich das Familienzentrum nun nach Mannheim.

Joseph Stern und Charlotte, Ernst Seidenbergers Großeltern mütterlicherseits, sind auf dem jüdischen Friedhof in Mannheim begraben.[50]

„Der Großvater von der Mutterseite war Erzieher am großherzoglichen Hof in Karlsruhe, offenbar ein sprachenkundiger Mann mit deutscher Tradition". Die Dokumente weisen Lucas Maier (1768–7.6.1850 in Pirmasens) eher trocken als „Sprachlehrer" aus. Aber warum sollte sein Urgroßvater nicht Shakespeare übersetzt haben, wie Ernst Seidenberger behauptete? 1812 heiratete er 44jährig die in Mannheim geborene 24jährige Hannchen Maier. Sie verstarb 1840 in ihrer Geburtsstadt – entweder in Trennung von ihrem in Pirmasens verbliebenen Mann oder weil sie ihren Kindern und Enkeln nach Mannheim nachfolgte.

Die Firma Seidenberger nahm weiter am Aufschwung des Hopfenhandels teil. Die personelle Seite der geschäftlichen Verknüpfung in die USA beschrieb meine Mutter in ihrem Brief aus dem Jahr 1990 – nicht ohne bisweilen jenen fein-bissigen Unterton anzuschlagen, mit dem in unserer Familienüberlieferung oft die Frauen für alles Unglück der Männer, also für unglückliches Liebesleben, Krankheit oder Tod verantwortlich gemacht werden:

„Der Vater meines Vaters (Isaak, P.N.), der mich nicht mehr erlebt hat, war ein Ex- und Import Kaufmann (Hopfen) in Nürnberg. Es gab eine Niederlassung seiner Firma in Amerika, dort bekannt unter dem Namen Seidenberg, noch nach dem Krieg existent, aber keine Verbindung mehr. (...)

Mein Vater hatte einen jüngeren Bruder Richard, verheiratet mit einer Amerikanerin, er muss in jungen Jahren ausgewandert sein, starb früh an TB (Tuberkulose), angesteckt von seiner Frau, wie erzählt wurde. Diese Lou war in der Familie nicht beliebt, mehr ist mir nicht bekannt.

Der jüngere Bruder Richard kann (...) in der Niederlassung in Amerika tätig gewesen sein. Bis zum Ersten Weltkrieg bekam mein Vater eine monatliche oder jährliche Summe aus Amerika, wohl als Erbanteil. (...) Es gab in Amerika noch einen Vetter meines Vaters, dessen Frau Emeli meiner Schwester 1000 Dollar als Erbe hinterließ. Dieser Vetter war Arzt (...).“[51]

Ernst Seidenbergers Bruder Richard

Die Gründer der Firma „Seidenberg“ in den USA ahnten wohl, dass bereits ab Ende des 19. Jahrhunderts die kostengünstigere amerikanische Hopfenproduktion der Nürnberger Blütezeit ein Ende bereiten würde und hofften wohl auch auf das Tabakgeschäft Noch aber florierte das von Maier Seidenberg gegründete Unternehmen und war auch auf Weltausstellungen präsent: „So etwa 1893 in Chicago und 1904 in St. Louis, wo die Firma M. Seidenberger den „Grand Prix“ für ein neues Hopfenkonservierungsverfahren gewann.“[52]

Ein Zeitungskommentar aus dem Jahre 1883 würdigte zwei Auswanderer aus Schwetzingen. Der Kommentar ist nicht nur wegen der Namensgleichheit der Emigranten interessant. Es fehlte vor allem noch jegliche antisemitische Aufladung der Kreditbeziehungen zwischen Bauern und jüdischen Händlern, die in späteren Jahren zur Gepflogenheit wurde:

„Gebr. Emil und Joseph Seidenberger, jüdische Auswanderer nach Amerika haben alte Verbindlichkeiten bezahlt.

Vor Jahren verließen die Herren Emil und Joseph Seidenberger in Folge mißlicher Verhältnisse die hiesige Stadt mit Hinterlassung bedeutender Zahlungsverbindlichkeiten und suchten jenseits des Oceans eine neue Existenz. Der Eindruck, den damals das Verschwinden der jungen Geschäftsleute machte, war in vielen Kreisen ein deprimirender [sic!] und namentlich für verschiedene Hopfenbauer in hiesiger Stadt und Umgegend höchst niederschlagender. Durch Fleiß, Umsicht und Sparsamkeit gelang es den jungen Männern, in Newyork zu Wohlhabenheit zu gelangen und jetzt haben dieselben – einzig und allein durch ihre Ehrenhaftigkeit dazu angetrieben – ihren sämtlichen Verbindlichkeiten in der Heimat vollauf Genüge geleistet. Wir können nicht umhin, dieser Thatsache, die gewiß nur selten im Leben vorkömmt, Erwähnung zu thun. Es ist damit wieder einmal der Beweis geliefert, daß Rechtschaffenheit und ehrbarer Sinn noch lange nicht aus der Welt entschwunden sind."[53]

Bei Joseph Seidenberger handelte es sich wahrscheinlich um einen Onkel meines Großvaters, der Mitte des 19. Jahrhunderts in die USA auswanderte und, anknüpfend an Maier Seidenbergers bereits vorhandene Geschäftsbereiche, die damals größte Zigarrenfabrik der USA besaß. In der New York Times vom 16. November 1896 findet sich ein Nachruf auf den in Schwetzingen geborenen Fabrikanten.[54]

Es gab also außer dem jüngeren Bruder von Ernst Seidenberger weitere familiäre und wirtschaftliche Verbindungen in die USA. Dieser Tatbestand wirft für die Nachkommenden die noch zu erörternde Frage auf, warum ein rechtzeitiges Exil der Familie Seidenberger während der Nazizeit offenbar nie ernsthaft erwogen wurde.

Die Nationalsozialisten bereiteten dem Nürnberger Hopfenhandel schließlich den Niedergang, indem sie in den ersten fünf Jahren ihrer Herrschaft 120 von noch verbliebenen 171 Betrieben schlossen oder „arisierten".[55] Die jüdischen Besitzer wurden verhaftet, vertrieben oder ermordet.

„Alle Erziehungs- und Bildungsmöglichkeiten standen mir offen." – Kindheit und Schule

Ernst Seidenberger wurde hineingeboren in die rechtliche Gleichstellung der jüdischen Bürger. Mit der Niederlassungsfreiheit brach sich ein rapider Verstädterungsprozess Bahn, der den Wohlstand der jüdischen Bürger steigerte. 1870 lebten noch 70 Prozent der Juden auf dem Lande, 1910 bereits 70 Prozent in den Großstädten.[56]

Gleichzeitig wurde jedoch um die Einfluss- und Machtbastionen des Deutschen Reiches ein antisemitischer Schutzwall gezogen: Armee, Universität, Beamtenschaft blieben den jüdischen Bürgern weitgehend verschlossen.

Mit der Wirtschaftskrise der Gründerzeit war ein neuer Anlass für eine antisemitische Offensive gegeben.

In diesem Szenario versuchte Ernst Seidenberger seinen Weg zu finden:

„Schon als Kind war ich ungewöhnlich einsam, auf mich selbst gestellt und machte eine ganz selbständige geistige Entwicklung durch, die mich von meiner engeren und weiteren Umgebung abhob. Ich habe darunter viel gelitten und bin auch wohl mein ganzes Leben im Grunde einsam geblieben. Ich habe keine Freundschaft gekannt, die mir etwas gegeben hätte und habe mich schließlich im engsten Kreis meiner Familie eingeschlossen. Ich strebte mit allen Kräften aus der Gemeinschaft heraus, in die ich geboren war, in eine andere hinein, die mich vielfach abzulehnen schien. Wenn ich mir die, wie ich aus tiefstem Erleben feststellen kann, falsche Terminologie von heute zu eigen mache, so war ich von Anfang an zwischen die Rassen gestellt, in Wahrheit aber nur einer verbunden, in der ich Heimat und Vaterland sah.“[57]

Aus der Sicht des Jahres 1936 beschrieb mein Großvater sich als ein zwischen gefühlter antisemitischer Ablehnung und erstrebter deutschnationaler Anpassung zerrissenes Kind. Gleichwohl erlebte er eine Aufbruchssituation. Mit Beginn der Schule stellte er sich neuen sozialen und intellektuellen Herausforderungen.

Bereits Ende des 18. Jahrhunderts waren für viele jüdische Bürger die traditionellen Religionsschulen zugunsten der öffentlichen Schulen in den Hintergrund getreten. Bildung wurde zunehmend ein „integraler Bestandteil der Selbstwahrnehmung des jüdischen Bürgertums.“[58]

Ab 1886 besuchte der junge Seidenberger die öffentliche „Königliche Studienanstalt zu Nürnberg“, ein humanistisches Gymnasium.[59] 1889 wurde aufgrund der wachsenden Schülerströme des nach Bildung drängenden Bürgertums ein zweites humanistisches Gymnasium in Nürnberg, das „Königliche Neue Gymnasium", eingeweiht. Die beiden Schulen waren stadtweit die einzigen höheren Lehranstalten, deren Abschluss zum Studium der Medizin und der Rechtswissenschaften befähigte. Die Berufe des Arztes und des Rechtsanwalts waren für jüdische Bürger, angesichts der vor allem im staatlichen Bereich noch bestehenden Restriktionen, bevorzugte Zugangsmöglichkeiten für eine akademische Karriere. Insofern war der hohe Anteil der jüdischen Schüler nicht erstaunlich. Er betrug Ende des 19. und Anfang des 20. Jahrhunderts durchweg fast 20 Prozent – bei einem Bevölkerungsanteil in Nürnberg zwischen zwei und drei Prozent.

Mein Großvater äußerte sich nicht zu den Beweggründen seiner Eltern, ihm diesen Bildungsweg zu ermöglichen. Auf jeden Fall wurde er in seiner Bildung und Ausbildung gefördert:

„Ich habe ein wohlbehütetes Elternhaus gehabt, es ist mir (...) alles gewährt worden, was fördern konnte; alle Erziehungs- und Bildungsmöglichkeiten standen offen."[60]

Mag sein, dass der bereits zitierte helle, natürliche Verstand des Vaters und die mütterlichen Bildungselemente mit ihrem Sinn für alles Schöne und Große, sowie die „kaum spürbare altjüdische Familientradition" eine produktive Kombination eingingen. Insofern kann man davon ausgehen, dass nicht nur der „wirtschaftsbürgerliche" Vater, sondern auch die „bildungsbürgerliche" Mutter den Wert der Bildung als kulturelles Kapital für ihren Sohn zu schätzen wussten. Auf jeden Fall war es eine Entscheidung für eine Ausbildung im Sinne des bürgerlichen Bildungsideals.

Noch gab es keine Mädchen an der Schule. Erst 1924 besuchten die ersten beiden Schülerinnen die Schule – eine leicht verzögerte Errungenschaft der Novemberrevolution 1918/19.

Die baulichen Verhältnisse mochten die Lernatmosphäre zudem etwas verdüstern, denn die alte, direkt vor der Schule stehende Stadtmauer ließ unterhalb des zweiten Stocks keine Sonne in die Fenster scheinen. Gleichwohl konnte das hellsichtige Kind offenbar frühzeitig seine Neigungen entfalten und seine individuellen, über die Schule hinausgehenden Interessen erkennen:

„Das vorherrschende bewußte Erlebnis der Kindheit ist die Schule. Ich besuchte das humanistische Gymnasium und war aus eigener Neigung und Veranlagung zu einem geistigen Beruf bestimmt. Ich übergehe manche tragischen Ereignisse dieser Zeit, die jedes Kind, wenn es hellhörig ist, auf sich zu nehmen hat und die, so rasch sie vergessen werden, wohl doch nicht ohne Nachwirkungen bleiben, wenn sie auf starke Sensibilität, zumal in der Pubertätszeit stoßen, und letzten Endes Unverständnis und Ungerechtigkeit zur Ursache haben. Ich trage heute noch glühenden Haß gegen einzelne Lehrer, Hochachtung für andere.

Die Neigungen der Schulzeit gehörtem dem Klassischen Altertum, der deutschen Geschichte und Literatur. Damit ergab sich von selbst, daß ich – im Ganzen ein Durchschnittsschüler – befriedigende Leistungen im Deutschsprachlichen aufzuweisen hatte, die mir in den Primanerjahren besondere Qualifikation und Bevorzugung eintrugen. Letzten Endes geht das zurück auf eine von früher Jugend an gepflegte eifrige, teils übereifrige Lektüre und Lesewut, die mir aufgab, alles zu verschlingen, was sich mir darbot, die aber bald aus Geschmacksgründen sich auf die Bevorzugung der Klassiker aller mir zugänglichen Sprachgebiete, vor allem natürlich das Deutsche konzentrierte und schließlich in ein Leben aus und unter den Büchern einmündete.

Ich erinnere mich vieler Rügen des Elternhauses wegen bis in späte Nachtstunden ausgedehnter Lesestunden, die berechtigt waren, wenn man berücksichtigt, daß zu jener Zeit die Schule Anforderungen stellte, die längst nicht mehr zeitgemäß sind.

Daneben hatte ich einen mit meinen körperlichen Kräften kaum zu vereinbarenden Ehrgeiz, auf dem damals erst langsam Raum gewinnenden sportlichen Gebiet. Zu jener Zeit nur vereinzelt zugängliche Übungen im Fußball, Schwimmen, Tennis etc. sahen mich als eifrigen Teilnehmer (...).

Nicht übergehen darf ich die Pflege der Musik. Ich durfte bald Klavierunterricht nehmen und hatte das Glück in die Hände eines sonst recht biederen Mannes zu geraten, dem die klassische Musik der Inbegriff allen Musizierens war. (...) Mangels ausgebildeten Gehörs, im wesentlichen vom Notenbild abhängig, drang ich bald dazu vor, ohne besondere Anleitung alles vom Blatt zu spielen, nicht zuletzt Klavierauszüge, von denen ich die Wagner'schen Musikdramen bevorzugte, die allerdings im späteren Leben den Klassikern Platz räumen mußten. Fleißiger Konzert- und Theaterbesuch kam fördernd dazu."[61]

Wie der Großvater hier sein bildungshungriges Ringen um individuelle Höchstleitungen schilderte, wie er sich um eine optimale Persönlichkeitsformung nicht nur durch Erwerb historischer und zeitgemäßer Kenntnisse, sondern auch in künstlerischer und sportlich-körperlicher Hinsicht bemühte – all das zeigt, wie fest er sich bürgerlichen Idealen und Perspektiven zugehörig fühlte.[62]

Auch im zweiten Brief dokumentiert er sein Selbstverständnis, sich der aufgeklärten Schicht des Bürgertums zugehörig zu fühlen, das vor allem in der Bildung wesentlichen Lebenssinn und Voraussetzung der Emanzipation sah:

„Aufgewachsen bin ich und mein Leben habe ich verbracht im Bürgertum besten und edelsten Sinnes. Das heißt fern jeder kapitalistischen Ambition, eingestellt auf Arbeit für sich und das Ganze, selbstverständlich gebunden an die staatlichen Pflichten und Ansprüche, mit dem Ethos des in jeder Lebenslage anständigen und seiner sozialen Grenzen nach oben und unten bewussten Menschen (...), andererseits aufgeschlossen allen geistigen Bewegungen der Zeit (...) Ich bin weder unberührt geblieben von den Tatsachen des Kapitalismus noch denen des Sozialismus, habe ihnen allen rege und wissensdurstig ins Gesicht gesehen, mich theoretisch mit ihnen befasst und praktische Einblicke zu erhalten gesucht (...). Man ist nie ein fertiger Mensch (...). An keinem philosophischen System, keiner religiösen Lehre, keiner politischen oder sozialen Theorie bin ich vorbeigegangen ohne das Bedürfnis einer Orientierung und möglichen Bereicherung."[63]

Wie sehr es ihm gleichzeitig aber auch um Anpassung an die Mehrheitsgesellschaft und um deutliche Abgrenzung gegenüber einer jüdischen Bürgerlichkeit zu tun war, wird aus später zitierten Briefpassagen deutlich.

Ernst Seidenberger, dessen Name in der Jubiläumsschrift der noch heute existierenden Schule aufgezählt wird, erhielt 1895 sein „Gymnasial-Absolutorium", wie das Abitur damals genannt wurde. Mit gutem Erfolg hatte er Latein und Griechisch gelernt, nur „genü-

Ernst Seidenbergers Schule

gend" waren seine Leistungen im Französisch. Bereits in den Jahren zuvor zeigten das „Weihnachts-" und das „Osterzeugnis" aus der 8. und 9. Klasse[64] in allen Fächern gute oder befriedigende Leistungen; in Geschichte hatte er immer eine Eins. Im Fach Religion wurde zunächst „israel. Religion" eingetragen, aus den späteren Zeugnissen geht nicht mehr hervor, welchen Religionsunterricht er besuchte.

Er lernte Griechisch, Latein, Französisch, aber kein Englisch, das erst 1926 als verbindliche Fremdsprache an der Schule eingeführt wurde. Vielleicht trug auch dieses Fremdsprachendefizit zu seiner späteren Entscheidung bei, jeden Versuch der Emigration zu unterlassen – trotz der erwähnten Verwandtschaft in den USA.

Im „Turnen", der für ihn immer wieder hervorgehobenen Bedeutung der körperlichen Leistung, brachte er es nur auf ein „genügend". Das mochte ihn geschmerzt haben. Der damalige Schulleiter Max Lechner trat vehement für die Einführung des obligatorischen Turnunterrichts ein und förderte die körperliche Ertüchtigung mit allen Mitteln. Das nationalkonservative Bürgertum blickte wohlgefällig auf die zunehmende Verwebung von Sport, speziell Turnen, mit der „Wehrertüchtigung" für kommende militärische Auseinandersetzungen. Turnen wurde zum Bestandteil der nationalen Euphorie.

Für viele jüdische Bürger erschienen entsprechende körperliche Fähigkeiten nicht nur als Widerlegung dumpfer antisemitischer Verachtung, sondern auch als eine weitere Eintrittsberechtigung in die bürgerliche Gesellschaft, ja mehr als das, als „Bestätigung des Deutschtums.“[65]

Es gab aber auch jüdische Bestrebungen, das Bild des „körperlich untüchtigen“ Juden abschütteln zu wollen. Diese Zuordnung wurde auf dem Weg zur bürgerlichen Vervollkommnung als unmodern empfunden. Max Nordau entwarf darüber hinausgehend den zionistisch geprägten Traum vom „Muskeljuden“.[66]

Der eher schmächtige Ernst Seidenberger, der „eifrige Teilnehmer“ sportlicher Veranstaltungen, stand Turnvater Jahn jedenfalls näher als dem Zionisten Max Nordau. Er mochte sich von seinen körperlichen Leistungen Anerkennung und Zuwendung erhofft haben, aber auch „Tauglichkeit“ für das Militär und damit letztlich Hoffnung auf gesicherte soziale Teilhabe im damaligen Deutschen Reich.

Unmittelbar nach dem Abitur war es ihm daher auch wichtig, „der Militärpflicht zu genügen“. Er verpflichtete sich vom 1. Oktober 1895 bis zum 30. September 1896 in München beim Königlich bayerischen ersten Infanterieregiment zu seinem Einjährig-Freiwilligem. Wieder galt es „die außerordentliche Belastungsprobe meiner körperlichen Fähigkeiten“ zu bestehen. Die Militärzeit direkt nach der Schule erwies sich aber auch als weiteres Sprungbrett, der Familie zu entkommen – einer Familie, die väter- und mütterlicherseits über Generationen eine jüdische war.

Auf seinem weiteren Weg dürften die anschwellenden Signale bösartiger Ablehnung durch die „andere Gemeinschaft“ dem Großvater jedoch nicht entgangen sein. Auch seine alte Schule blieb ein Ort, wo sich die reaktionäre Gemeinschaft formieren konnte. Das Bayerische Staatsministerium versprach 1919 allen Kriegsteilnehmern, die in „Sonderklassen“ am Neuen Gymnasium Nürnberg das Abitur nachholen wollten, das Reifezeugnis ohne jegliche Prüfung, wenn sie sich dem Freikorps Epp oder anderen Freikorps anschlössen, um die Revolution niederzuschlagen.[67]

In der Nacht vom 21. auf den 22. Februar 1945 wurde das Nürnberger „Königliche Neue Gymnasium“ durch einen Bombenangriff weitgehend zerstört. Am selben Tag deportierte man den ehemaligen Schüler Ernst Seidenberger nach Theresienstadt.

Rechtsanwaltskanzlei und Familiengründung in München

„Ich war auf ein Brotstudium angewiesen" – Studium und frühe Karriere

„So kamen die Universitätsjahre. Wie die meisten jungen Menschen dieses Jahres – ich war knapp 18 Jahre – hatte ich noch keine fest umrissenen Berufsvorsätze. Zog mich eine innere Stimme zum medizinischen Studium, so hätte es mich zunächst gereizt, in Unabhängigkeit mich in allen Wissenschaften umzutun, bevor eine bindende Berufswahl getroffen werden mußte. Erwägungen finanzieller Natur gestatteten das nicht. Damalige Berufsaussichten im Zusammenhang mit elterlichen Mahnungen führten dazu, daß ich mich für das juristische Studium entschied, trotz persönlicher Hinneigung zur Medizin, die wohl idealistischen Gedankengängen entsprang."[68]

Worin mochten die „elterlichen Mahnungen", in die vielleicht auch Erfahrungen und Befürchtungen früherer Generationen einflossen, bestanden haben? Ernst Seidenberger entschied sich für den Anwaltsberuf:

„Den Ausschlag gab zuletzt, daß ich auf ein Brotstudium angewiesen war, da mir von Hause aus keine Mittel zur Verfügung standen, die eine unabhängige Wahl gestattet hätten. Wer will entscheiden, welcher Weg der richtige war. Jedenfalls kann ich rückblickend sagen, daß ich innerhalb meiner Fähigkeiten den dann gewählten Beruf ausgefüllt habe, eine hohe Auffassung von ihm mitbrachte und an ihr zeitlebens festgehalten habe, wenn ich auch heute noch feststellen muss, daß meiner inneren Natur der stiller wirkende Beruf des Arztes vielleicht mehr entsprochen hätte."[69]

Der „stiller wirkende Beruf des Arztes“ leitete sich sicher auch aus dem in der Öffentlichkeit weniger polarisierenden Tätigkeitsbild ab, denn die Arbeit des Arztes als Helfer und Heiler verhieß eine dankbare, daher auch beständige und tiefe menschliche Anerkennung, während die vor Gericht streitenden Richter, Staatsanwälte oder Rechtsanwälte häufig im Rampenlicht standen und zur Parteinahme für eine Seite aufriefen. Die kommenden Jahre sollten zeigen, dass besonders die Rolle der Verteidigung vom „allgemeinen Volksempfinden“ in ihrer rechtsstaatlichen Bedeutung gerne nicht verstanden oder auch hasserfüllt abgelehnt wurde, zumal wenn es sich um einen Rechtsanwalt jüdischer Herkunft handelte.

Seine inmitten heftiger gesellschaftlicher Kontroversen unerschrocken ausgeübte Anwaltstätigkeit unmittelbar nach der Münchner Revolution 1919 oder in der Zeit nach 1945 bestätigt die von Großvater erwähnte, an rechtsstaatlichen Grundsätzen orientierte „hohe Auffassung“ im gewählten Beruf, an der er „zeitlebens festgehalten“ hatte.

Im Studium bewahrte der interessierte und belesene Student seinen offenen Blick und erweiterte seine Bildung, wie er sie schon in der Schule begonnen hatte:

„Ich beschränkte mich dabei nicht – dem Drang nach universeller Bildung entsprechend – auf das Fachstudium, sondern habe daneben mindestens ebenso lebhaft philosophische, literaturgeschichtliche, kunsthistorische, psychiatrische, volkswirtschaftliche (...) Studien getrieben. Daneben ging intensive Ausnutzung aller sonstigen Bildungsmöglichkeiten wie Theater, musikalische Darbietungen, Museen, Reisen in die deutschen Hauptstädte und Landen etc. einher.“[70]

Zwischen 1895 und 1899 absolvierte der junge Mann in acht Semestern sein Studium an den Universitäten in München, Berlin, Heidelberg, erneut in München und Erlangen.[71]

Im Juli 1899 schloss er die „jünglingshaften Entwicklungsjahre“ mit der ersten Prüfung für den höheren Justiz- und Verwaltungsdienst ab.[72]

Der anschwellende Antisemitismus an den Universitäten dürfte ihm in dieser Zeit nicht verborgen geblieben sein. Nur wenige Jahre nach seinem Examen mobilisierte der „Alldeutsche Verband“ die

Öffentlichkeit gegen die angebliche Überfüllung deutscher Universitäten durch „ausländische Juden."[73]

Für den angehenden Anwalt begann nun die übliche juristische Laufbahn. Seine Referendarsjahre verbrachte er in Nürnberg.[74] Nach seiner Promotion legte er im Dezember 1902 die zweite Prüfung für den höheren Justiz- und Verwaltungsdienst ab. Er war allerdings unzufrieden, da er seine „Protektoren" enttäuscht hätte. Dabei hatte er unter den 183 Prüfungskandidaten des gesamten bayerischen Königreichs den 23. Platz belegt.[75]

„Ich brach endgültig die Brücken zu aller Vergangenheit ab." – Übersiedlung nach München 1903

1903, mit 26 Jahren, erhielt Ernst Seidenberger vom Königlich Bayerischen Staatsministerium der Justiz die Zulassung zur Rechtsanwaltschaft beim Oberlandesgericht (OLG) München und bei den Landesgerichten (LG) München I und II.[76]

In den folgenden Jahren profilierte er sich mit zivil- und strafrechtlichen Fällen, aber auch mit „Vertretungen von Verlagen, Autoren auf dem Gebiete des Urheber-, Verlags-, Wettbewerbs-, Patent- und Gebrauchsmusterrechtes."[77] Dies qualifizierte ihn später für die Rechtsvertretung des Schutzverbands Deutscher Schriftsteller. Wenn wir also etwas vorgreifen, lässt sich feststellen, dass seine weitere juristische Karriere relativ rasch vonstattenging. 1925 wurde ihm der Titel des „Justizrates" verliehen.

Mit dem Umzug nach München im Jahr 1903 wurde ihm die Stadt zur „eigentlichen" Heimat. Er schilderte: „ (...) zunächst (begab ich mich) in eine große Anwaltskanzlei, um mich dort, schon auf eigenen Füßen stehend, noch drei Jahre fortzubilden und dann 1906 eine eigene Praxis zu beginnen. Seitdem bin ich mit München verwachsen, das mir die eigentliche Heimat wurde. Mit der mit aller Energie gegen elterlichen Widerstand betriebenen Umsiedlung nach München 1903 brach ich endgültig die Brücken zu aller Vergangenheit ab, ohne selbstverständlich den Zusammenhang mit dem Elternhaus zu verlieren. Ich muß meinen Eltern immer dankbar gedenken, haben sie mir doch kein Hindernis in den Weg gelegt, obwohl mein einziger Bruder damals schon im Ausland (in den USA, P.N.) lebte und auch später starb, sie also allein zurückblieben."[78]

Es waren nicht nur berufliche Gründe, die ihn zur Trennung von den Eltern und nach München drängten, denn unmittelbar anschließend hob er hervor: „Der Absonderungstrieb war in mir indessen zu stark und ist es geblieben, nicht minder der Drang in die deutsche Gemeinschaft hinein, der immer bestimmender wurde."[79]

Aber in welche Stadt, in welchen Ausschnitt einer „deutschen Gemeinschaft" drängte es den damals 26jährigen, der am Beginn seiner Karriere als angesehener Anwalt stand?

„Das Zentrum dieses Bauernlandes, die Stadt München, war eine dörfliche Stadt mit wenig Industrie. Eine dünne, liberale Schicht von Feudalherren und Großbürgern war da, nicht viel Proletariat, viele Kleinbürger, noch sehr verwachsen mit dem Landvolk. Die Stadt war schön; ihre Fürsten hatten sie mit reichen Sammlungen geschmückt und gutem Bauwerk (...). Viel Grün war da, große Biergärten mit behaglicher Sicht auf Fluß und Berge. In schönen Läden wurden die Erzeugnisse der Früheren feilgehalten, altväterisch nette Möbel, gemütvoller Kleinkram aller Art. Die Stadt basierte ökonomisch auf Brauerei, Veredlungsindustrie, Kunstgewerbe, BanKilogrammewerbe, Holz-, Getreide- und Südfruchthandel. Sie produzierte gute Gebrauchskunst und das beste Bier der Welt. Sonst bot sie wenig Material für industrielle Betätigung. Die geistig Regeren wanderten ab (...). Im übrigen lebte die Stadt sich selber, ein lautes ungeniertes Leben im Fleisch und im Gemüt. Sie war zufrieden mit sich. Ihr Wahlspruch war: Bauen, brauen, sauen."[80]

Diese oberflächliche Idylle wurde Ende des 19. Jahrhunderts mit der fortschreitenden Industrialisierung aufgewirbelt. Nicht nur unser Großvater kam um diese Zeit in die bayerische Hauptstadt. Eine stürmische Zuwanderung in der Hoffnung auf Arbeitsplätze und bessere Verdienstmöglichkeiten führte dazu, dass sich die Einwohnerzahl zwischen 1880 und 1900 auf 500 000 Einwohnerinnen und Einwohner mehr als verdoppelte.

Neue Gesetze ermöglichten den Zuzug auch vieler jüdischer Familien, die bisher zu einem großen Teil als Viehhändler, Geldverleiher oder im Kleingewerbe auf dem Lande tätig waren. Zunächst kamen sie vor allem aus Franken und Schwaben, dann aber wanderten auch sogenannte Ostjuden aus Galizien und anderen Regionen Osteuropas zu. Sie ließen sich vor allem in den Stadtteilen um den Bavariaring, in Bogenhausen (Möhlstraße) und in Schwabing nieder.[81]

Mit der Aufhebung des bayerischen Matrikelgesetzes 1861 war die Ansiedlungsfreiheit für jüdische Bürger in Bayern möglich geworden. Das Gesetz über die „Gleichberechtigung der Konfessionen in bürgerlicher und staatsbürgerlicher Beziehung" vom 8.7.1869 brachte auch die juristische Emanzipation. Mit der Reichsgründung wurden die bayerischen Gleichberechtigungsbestimmungen Bestandteil des nationalen Rechts.

Es brodelte jedoch allenthalben. Mit der großen Finanzkrise ab 1873, für die man einmal mehr die Juden verantwortlich machte, verstärkte sich erneut der dumpfe Hass. Hinter „Bauen, brauen, sauen" züngelte der Antisemitismus – stärker als in anderen Städten:

„Hinter der Fassade von Harmonie und Gemütlichkeit verbarg sich eine tief gespaltene Gesellschaft mit starken Spannungen zwischen Arm und Reich. Zwischen 1880 und 1910, innerhalb von kaum drei Jahrzehnten, hatte sich München von einer Provinzstadt zu einer Metropole gemausert. Die Bevölkerung hatte sich verdoppelt, die Wohnungsnot war (...) drückend (...), aber der Zustrom der Immigranten riss nicht ab. Jüdische Geschäftsleute, Wissenschaftler und Bankiers gaben in diesem neuen urbanen Klima den Ton an. Als dann Hermann Tietz, ein Kaufmann jüdischer Herkunft, das erste Kaufhaus Münchens gründete, brachte das die kleinen Ladenbesitzer auf. Als die Immobilienpreise stiegen, gab man den jüdischen Finanzleuten die Schuld. Als die Prostitution zunahm, beschuldigte man Tietz, er treibe seine Verkäuferinnen auf den Strich, weil er sie zu schlecht bezahle. (...) 1891 wurde in München die erste antisemitische Partei gegründet."[82]

Am 16.4.1903 protestierte der Allgemeine Gewerbeverein München gegen die Eröffnung neuer Warenhausprojekte. Der hier zitierte Kommerzienrat Nagler gab die Marschrichtung in seiner Ansprache vor:

„Vor 13 Jahren sei dank dem Eingreifen Seiner Kgl. Hoheit des Prinz-Regenten das Inslebentreten des Bayerischen Waarenhauses für Offiziere und Beamte verhindert worden. Heute gelte es laut und feierlich zu bekunden, daß die Waarenhäuser der Ruin des gewerblichen und kaufmännischen Mittelstandes sind und daß es daher Pflicht der staatserhaltenden Gewalten wäre, der fortgesetzten Vermehrung dieser großkapitalistischen Unternehmungen ein Ziel zu setzen. Man verlange von den verbündeten Regierungen nur, daß sie gezielte Mittelstandpolitik treiben (...).“[83]

In dieser aufgeheizten Atmosphäre eröffnete – ebenfalls im Jahre 1903 – Isidor Bach in der Sendlinger Straße ein neues Geschäftshaus und machte die auf Basis von Konfektionsgrößen industriell gefertigte Kleidung zum Geschäft. Isidor Bach war ein bekannter Münchner Bürger. Die 1871 gegründete Firma Bach war das größte Herrenbekleidungshaus in Süddeutschland.

Bereits das Gebäude war revolutionär:

„Das Innere stellt sich dar als ein einziger hoher Raum vom Erdgeschoß bis zum vierten Stock, insofern ein sehr geräumiger, 20 Meter hoher Lichthof eine Verbindung aller Etagen bewerkstelligt. Bedeutende freie Spannweiten, unentbehrliche Stützen und größere Lichtflächen kennzeichnen das für München neuartige praktische und architektonische Bauwerk.“[84]

Bereits 1922 gab es antijüdische Demonstrationen vor dem Bekleidungshaus in der Sendlinger Straße. Am Tag des Hitlerputsches 1923 gehörte Isidor Bach zu den mindestens 17 Geiseln, die das Freikorps Oberland als „angesehene Juden“ in den Bürgerbräukeller verschleppt hatte.

Die Wege von Isidor Bach und Familie Seidenberger kreuzten sich in späteren Jahren.

Von 1931 bis Anfang April 1936 wohnte Familie Seidenberger in der Parterrewohnung Mauerkircherstraße 29.[85] Isidor Bach war Hausbesitzer und Mitbewohner. Seine Wohnung lag im ersten Stock.[86]

Unsere Mutter hatte uns oft von dieser Wohnung im Herzogpark erzählt, in die sie elfjährig mit ihrer Familie einzog: Ihre Kindheitserinnerung verklärte sie zur schönsten Wohnung ihres Lebens – besonders im Lichterglanz der weihnachtlichen Bescherung.

Früher noch ein stellenweise auf Erschließung wartendes, verwildertes und naturhaftes Gebiet entwickelte sich der Herzogpark zu einem gutbürgerlichen, am Isarufer gelegenen Viertel, wo man heute Höchstpreise für Immobilien erzielt.

Einige Häuser weiter wohnte die Familie Mann.[87] Elisabeth, die jüngste Tochter wurde uns von unserer Mutter als zeitweilige Spiel- und Reitkameradin fotografisch präsentiert.

Weihnachten in der Mauerkircherstraße

„Es war so schön vor 1933. Mein Vater war erfolgreich, die Kanzlei lief gut, wir zogen in die wunderschöne Wohnung in der Mauerkircher Straße. Und dann war alles aus", erinnerte sich unsere Mutter kurz vor ihrem Tod.[88] Auch unsere Großmutter Clara schrieb an ihre Tochter Inge nach dem Krieg wehmütig von den „früheren schönen Zeiten", „als wir noch in der Mauerkircherstrasse wohnten (...). Ja, damals waren noch schöne Zeiten und wenn der verfluchte Teufel nicht gekommen wäre, könnte es jetzt noch so sein."[89]

1933 verließ Familie Mann Deutschland. Drei Jahre später floh Familie Seidenberger aus der Mauerkircherstraße. In der gefühlten Idylle des stolzen Mehrfamilienhauses spürte Ernst Seidenberger die drohende Gefahr, die durch den „Teufel" drohte. Im Stockwerk unter den Seidenbergers wohnte Herr Weiss. Die SA stürmte in den 1930er Jahren seine Wohnung und verhaftete ihn. Der Hausmeister hatte die Seidenbergers rechtzeitig gewarnt und auf den Hinterausgang verwiesen.

Dieses Ereignis gab den Ausschlag: „Wir müssen da weg. Das ist zu gefährlich", hatte der Vater gesagt – offenbar so eindringlich, dass

Mauerkircherstraße 29

sich Szene und Worte in das Gedächtnis unserer Mutter einschrieben. Die Seidenbergers zogen im April 1936 in die Leopoldstraße 108 in Schwabing.[90]

Dieser Wohnungswechsel bedeutete Flucht. Es war die letzte Wohnung, in der die Familie während der Nazizeit gemeinsam wohnen konnte.

Wie recht der Großvater mit seiner Befürchtung hatte, zeigte sich nur wenige Jahre später, als mit der Verordnung zum „Entmietungsgesetz" vom 10. September 1940 jüdischer Hausbesitz in München arisiert wurde.[91] Die berüchtigte Münchner Arisierungsstelle versuchte bereits ab diesem Zeitpunkt immer wieder, Wohnungen auch von in „privilegierten Mischehen" lebenden Familien räumen zu lassen.[92]

Doch zurück in die noch friedlichen Jahre: 1906 eröffnete Ernst Seidenberger seine eigene Rechtsanwaltspraxis, die sich erfolgreich entwickelte. Die Gründung einer Familie stand unmittelbar bevor.

„Gerade im Anwaltsberuf kann sich jüdischer Geist schrankenlos entfalten" – Jüdische Deutsche im Anwaltsberuf

Der Anteil der Juden an der Gesamtbevölkerung im Deutschen Reich betrug zwischen 1871 und 1933 ca. ein Prozent.[93] Im Anwaltsberuf waren jüdische Deutsche freilich überproportional vertreten. Da ihnen die Beamtenkarriere im juristischen Bereich bis 1870/71 versperrt und danach immer noch erschwert war, entwickelte sich mit Einführung der freien Advokatur in Deutschland im Jahre 1879 der Beruf des selbstständigen Rechtsanwalts zum bevorzugten Tätigkeitsfeld für jüdische Akademiker.[94] Mit dieser neuen Rechtsanwaltsordnung waren auch in Bayern die Zugangsbeschränkungen für Juden im Anwaltsberuf endgültig aufgehoben worden.

„Entsprechend groß war der jüdische Anteil an der Gesamtzahl der Rechtsanwälte. In Metropolen wie Berlin (1933 54 Prozent, Kammergerichtsbezirk 48 Prozent), Frankfurt (OLG-Bezirk 45 Prozent) oder Breslau (OLG-Bezirk 35 Prozent) stellten jüdische Berufsvertreter ein weit über dem Durchschnitt liegendes Kontingent innerhalb der Anwaltschaft (...). Für die jüdischen Rechtsanwälte im Freistaat Bayern (...) galten ähnliche Voraussetzungen. Fast die Hälfte von ihnen war in der Landeshauptstadt München, ein Viertel in Nürnberg niedergelassen."[95]

Insgesamt gab es 1933 knapp 20 000 Rechtsanwälte in Deutschland. Über ein Fünftel von ihnen war jüdischer Herkunft, in den Großstädten deutlich mehr.[96]

Nach den Ursachen dieses überproportionalen Berufsanteils jüdischer Anwälte bei gleichzeitiger Konzentration auf die Städte muss man nicht lange suchen:

Ein insgesamt durch Verbote oder durch oft auch informelle Diskriminierung eingeschränktes Berufsangebot im akademischen und öffentlich-staatlichen Bereich ließ jüdische Bewerber in den freien Anwalts- und Arztberufen Zuflucht nehmen. 70 Prozent aller jüdischen Studierenden schrieben sich während des Kaiserreichs in der juristischen oder medizinischen Fakultät ein.[97] Auch innerhalb der juristischen Berufsfelder blieb die Einstellungspolitik Richtern und Staatsanwälten gegenüber antisemitisch-restriktiv, was den Druck der Diskriminierten, den Rechtsanwaltsberuf zu wählen, zusätzlich erhöhte.[98]

Der hohe Anteil jüdischer Rechtsanwälte war Anlass für antisemitische Hetztiraden, die sich in Zusammenhang mit den wirtschaftlichen Krisen im Deutschen Reich, arbeitsplatzgefährdenden Strukturveränderungen im Kapitalismus oder politischen Unruhen (1918) äußerten und ab 1933 ihrer blutigen und tödlichen Eskalation entgegenstrebten.

Der von 1871 bis 1887 amtierende bayerische Justizminister Johann Nepomuk von Fäustle sprach sich in antisemitischer Tradition bereits frühzeitig gegen die Freigabe der Advokatur aus, weil sie den Juden den Zugang zur Rechtsanwaltschaft erleichtere.[99]

Brutaler formulierte es 1901 der Zentrumsabgeordnete Georg Heim in seinem Antrag im bayerischen Landtag. Juden sollten nur entsprechend ihres prozentualen Anteils an der Bevölkerung in der Justiz eingestellt werden:

„Uns Katholiken geht es immer schlechter, wenn die Richter immer aus Juden bestehen und wenn das Judentum stets überhand nimmt. Das Judentum spekuliert immer auf die Destruktion aller Dinge. Dem Juden immer eine auf's Maul, und sie mucken nicht mehr!“[100]

Das Protokoll verzeichnete „Heiterkeit“ als Reaktion der Abgeordneten. Der offen verfassungswidrige Antrag wurde angenommen.

Der ebenfalls weit überdurchschnittliche Anteil jüdischer Anwälte an der juristisch-wissenschaftlichen Reflexion des Berufs und die Tatsache, dass deren hohes geistiges Niveau vor 1933 ganz wesentlich diesen Berufskollegen zu verdanken war, bremste den Antisemitismus in keiner Weise.[101] In Zeiten von Arbeitslosigkeit, Einkommensabsenkung und Verelendung auch unter den Rechtsanwälten verbreitete sich dumpfe Konkurrenzangst gegenüber den teilweise hoch qualifizierten jüdischen Rechtsanwälten. Der antisemitische Zeitgeist lieferte der Suche nach Sündenböcken willkommene Antworten. Qualifikationsfragen wurden rassistisch beantwortet:

„Gerade im Anwaltsberuf kann sich jüdischer Geist schrankenlos entfalten. (...) Dem deutschen Richter, dem deutschen Anwalt ist oberster Grundsatz das Prinzip der Wahrheitsfindung, dies ist im Charakter des Deutschen bedingt. Wie ganz anders ist aber die Prozessführung mancher jüdischer Anwälte, denen jedes Mittel recht ist, ihren Gegner zu schädigen", hieß es in den „Nachrichten des Gauverbandes Schlesien des Deutschen Schutz- u. Trutzbundes" im Mai 1922.[102]

Das „orientalische Temperament des jüdischen Anwalts" wurde der „logischen Klarheit" des „germanischen Erwägens" gegenübergestellt. Dem Juden komme es nicht auf die Sache, sondern auf den Triumph an,[103] behauptete etwa der rechtsintellektuelle Agitator Wilhelm Stapel.

„Man kaufe nicht bei Juden, man lese nichts von Juden Geschriebenes, man gehe nicht in ein jüdisches Theaterstück und nehme keinen jüdischen Arzt und Rechtsanwalt. Wenn das alle 60 Millionen Deutsche täten, ja, wenn es nur diejenigen täten, die am liebsten jeden Tag einen Juden totschlügen, dann wäre die jüdische Gefahr schon gebannt", so das „Korrespondenzblatt der Bayerischen Mittelpartei" in Nürnberg.[104]

Bis in die Justiz hinein brodelte ein selbstverständlicher Alltagsantisemitismus. 1929 wurde dem Amtsgerichtsrat Dr. Werner Wronker beim AG Augsburg vom Personalreferenten des bayerischen Justizministers neben guten Leistungen wohlwollend ein „nicht sehr jüdisches Aussehen" bescheinigt.[105]

Auch Thomas Mann begrüßte in seinem Tagebuch noch am 10. April 1933 das nationalsozialistische Vorgehen gegen Anwälte und Richter, denn „(...) kein Unglück (ist) auch die Entjudung der Justiz."[106]

Der flammende Antisemitismus, der den Anwälten nach dem Ersten Weltkrieg entgegenschlug und der den Rahmen gestaltete, unter dem auch Ernst Seidenberger seine Tätigkeit begann, nahm verbal oft vorweg, was 1933 in blutiger Konsequenz ausgeführt wurde.

Patrizier aus Memmingen – Clara Ehrhart und Ernst Seidenberger gründen eine Familie

Clara Seidenberger und ihre Tochter Ise

Am 28.10.1909, drei Jahre nach Eröffnung der eigenen Rechtsanwaltspraxis, heiratete Ernst Seidenberger die in Memmingen geb. Clara (oder Klara), geb. Ehrhart. Die Familie erhielt die bayerische Staatsangehörigkeit.[107] Man wohnte nach wie vor in der Haimhauser Straße 19 in Schwabing. Die Wohnung des Großvaters bot offensichtlich genügend Platz für Ehefrau und Tochter Louise, unsere Tante Ise.

Auf der Münchner Meldekarte unseres Großvaters wurde die bereits 1906 in Mühltal/ Leutstetten geborene Ise als „legitimiert" eingetragen. Das Geheimnis von Tante Ises „unehelicher" Geburt wird meinem Bruder und mir erst im Erwachsenenalter verschämt-beiläufig mitgeteilt. Die Tatsache, dass sie nicht in München geboren wurde, war Bestandteil des familiären Tabus und wurde uns erst durch die jetzige Archivrecherche bekannt. Ernst und Clara stammten, wie erwähnt, aus gutbürgerlichen und, zumindest zeitweise, recht wohlhabenden Familien. Sie war protestantisch, er jüdischer Herkunft und auf dem Weg zum Katholizismus.

Oma Claras Beruf wird in der Einwohnermeldekarte als „Verkäuferin" und „Musikstudentin" angegeben.[108] Die von Clara mit Tochter

Clara und Ernst Seidenberger auf dem Ball des Staatstheaters München

Ise oder ihrem, ebenfalls über eine Gesangsausbildung verfügenden Bruder Otto, von dem noch die Rede sein wird, in der Wohnung am Klavier vorgetragenen Arien – oft spielte auch das damals übliche „Opern-Telefon" eine den Vortrag stützende Rolle – wurden zwar von unserer Mutter mit ambivalenten Gefühlen beschrieben, eher kindlich-genervte als begeisterte oder gar stolze Gefühle wurden überliefert. Gleichwohl zeugten diese familiären Veranstaltungen von der musischen Begabung und den künstlerischen Interessen der Familie. Auch der Großvater setzte sich bisweilen an den Flügel. Im Übrigen war er äußerst belesen und literarisch interessiert, wovon auch die bereits erwähnte, leider dem Bombenkrieg zum Opfer gefallene Hebbel-Sammlung kündete.[109]

In den Erzählungen unserer Mutter gab es viele Andeutungen und Unklarheiten, die bei uns Enkeln bisweilen wilde Phantasien über den Zustand der Ehe unserer Großeltern aufblühen ließen. So sollte Clara zahlreiche außereheliche Beziehungen gehabt haben. Zeitweise hätte sie ihr Weg in die Künstler- und Bohemienkreise Schwabings und sogar nach Ascona geführt.

Wie war das zu verstehen? Wurde sie von der „erotischen Revolution in München“[110] im beginnenden 20. Jahrhundert gepackt? Begab sie sich etwa auf den gerüchteschwangeren „Monte Veritá“ oberhalb von Ascona, wo sich zeitweise, spätere Hippiebewegung vorwegnehmende Gruppierungen im Rausch von Drogen und freier Sexualität gegründet haben sollen? Lebte unsere konservativen, eher monarchistischen Neigungen verdächtige Großmutter zeitweise an Orten, wo ihr Weg sich mit Vertreterinnen und Anhängern vegetarischer[111] und revolutionärer Befreiungsbedürfnisse überkreuzte?

„Der Berg der Wahrheit war um die Jahrhundertwende, nicht zuletzt durch die Publikationen von Erich Mühsam (…) europaweit bekannt geworden. 1899 errichtete ein Antwerpener Industriellensohn, Henri Oedenkoven, mit seiner Freundin Ida Hofmann hier eine Naturheilstätte, ein Bollwerk gegen die verlogene Zivilisation: Die beiden sind gegen Heirat, Korsetts, Orthographie und Sonntagsbraten. Sie beugen sich (…) nur den Gesetzen der Natur, möchten ein Zukunftsunternehmen gründen zur Sanierung des anbrechenden 20. Jahrhunderts. Ein verwilderter Hügel über Ascona mit Sicht auf den Lago Maggiore war der ideale Platz für die Kuranstalt für Vegetabilismus. (…) Die Männer der Kolonie trugen weite Hosen, die unter dem Knie endeten, Leinenkittel á la mode de Tolstoi, Heilsandalen. Die langen Haare von einem Stirnband zusammengehalten. Die Frauen zeigten sich in korsettfreien Reformkleidern. Im Luftbad legte man sich im Evas- oder Adamskostüm an die Sonne, auch die Feldarbeit wurde nur mit einem Lendenschurz bekleidet verrichtet. Die Kuranstalt, seit 1902 trug sie den Namen Cooperativa Monte Veritá, wurde bald von Künstlern, Lebensreformern, Anarchisten und Politikern besucht.“[112]

Nun ist dem Enkel schwer vorstellbar, dass sich die Patriziertochter Clara im Lendenschurz an harter Feldarbeit beteiligte oder gegen die Kultur des Sonntagsbratens zu Felde zog, aber ein gewisses Misstrauen bezüglich ihres Lebenswandels blieb bei den Enkeln bestehen.

Auch mütterliche Erzählungen über die angeblich eher hypochondrisch agierende und bisweilen mit „Ich bring' mich um!“ drohende Großmutter verlagerten unsere kindlichen Sympathien eher auf die Seite des Großvaters, der derartige Ankündigungen mit dem ihm nachgesagten trockenen Humor kurz gekontert haben soll: „Immer die leeren Versprechungen!“ Damit nahm er Claras Ankündigung zwar das für die Töchter Beängstigende, stellte aber vielleicht auch das Ausmaß herzlicher Zuneigung in dieser Ehe in Frage.

Als wir Enkel zum ersten Mal von der Scheidung der Großeltern im Jahre 1938 hörten, wirkte sich das auf unsere kindlich widersprüchlichen Gefühle aus. Jetzt wurde eine politisch geprägte Parteinahme mit dem Verfolgten auf unser Panier geschrieben. Oma Clara wurde zur „arischen“ Verräterin gestempelt, die durch ihr Verhalten das Leben ihres Mannes gefährdete. Letztlich speiste sich unser Interesse für die Qualität der Ehe unserer Großeltern also aus diesem für uns unfassbaren Scheidungsfinale. Wir suchten nach nachvollziehbaren, eventuell privaten Gründen, den Ehemann in einer derartig gefährlichen Situation verlassen zu haben.

Haus Paris (2. Haus links) und Ulmer Tor in Memmingen um 1900

Die Ergebnisse der vorliegenden Nachforschungen haben, wie noch zu zeigen sein wird, unser Misstrauen und unsere selbstgerechte Bewertung der Scheidung korrigiert.

Unsere Großmutter Clara Luise Friederike Ehrhart wurde am 17. Februar 1886 in Memmingen im Parishaus, einem heute noch existierenden prächtigen Patrizierhaus aus dem beginnenden 18. Jahrhundert, in der Ulmer Straße 9 geboren. Das Patriziergeschlecht der Familie Ehrhart ist seit dem 17. Jahrhundert in Memmingen dokumentiert.

Ein im Stadtmuseum Memmingen ausgestellter Aushang, auf den ich im Zuge meiner Nachforschungen stieß, dokumentiert eine bösartige Wendung der Geschichte: 53 Jahre nach der Geburt unserer Großmutter im Parishaus erhob die NSDAP-Kreisleitung in einem „Schnellbrief" vom 18. August 1939 an den Bürgermeister der Stadt Memmingen die Forderung, allen „noch in Memmingen verbliebenen Juden" das Betreten aller Hauptstraßen, darunter auch der Ulmerstraße in der Zeit von neun bis 22 Uhr zu verbieten, „um der nationalsozialistisch bewussten Bevölkerung in Memmingen und den (...) Reisenden diesen Anblick zu ersparen." Hätte Clara mit ihrem späteren Mann die Straße ihres Geburtshauses nicht mehr betreten dürfen?

Otto Ehrhart, der 1854 in Memmingen geborene Vater von Oma Clara, ließ „Papier-Standfässer" unter dem Namen „L. Wölfle, Nachfolger" zur Aufbewahrung von Kräutern, Gewürzen, Medikamenten etc. produzieren.[113] Der wohlhabende Mann verkaufte Ende des 19. Jahrhunderts das Patrizierhaus am Ulmer Tor und bald auch das Anwesen vor der Stadt, genannt Stadtetter, wo man nach dem Hausverkauf zunächst wohnte und wo die Fassfabrik stand.[114] Die Familie übersiedelte 1901 nach München.[115] Die Motive des Umzugs bleiben unklar. Ob er sich von seiner Frau trennte, ist nicht bekannt. Sie blieben laut Sterberegistereintrag bis zum Tode verheiratet.[116] Jedenfalls soll er am Marienplatz einen Wohnblock gekauft haben, lebte, so setzte meine Mutter die Aufzeichnungen über ihren Großvater fort, „lustig und in Freuden" und habe auf diese Weise das gesamte Vermögen verloren. Er soll sich in Louise, die Frau seines Schwagers verliebt haben (unsere Familiengeschichte scheint mit wenigen Vornamen durch Jahrhunderte hinweg auskommen zu können). Noch heute besitze ich ein Ölportrait von Otto Erhart, das seinen verschmitzten Gesichtsausdruck festhält, der nicht von Reue kündet.

Es waren also entweder wirtschaftliche Überlegungen oder die im fortgeschrittenen Alter aufglühende Liebe, die ihn, der Fassproduktion überdrüssig, nach München trieb. Dort erlangte er 1909, fast um die gleiche Zeit wie die noch vorzustellende Großmutter väterlicherseits, das Heimatrecht. Er starb während des Ersten Weltkriegs.

Seine angetraute Frau Klara Adrine (manchmal auch Adriana) Wagner wurde 1862 in Pforzheim geboren. Deren Vater, Ferdinand Wagner, war Schmuckfabrikant. Die Mutter hieß auch wieder Luise, eine geborene Schnaiter (7.12.1830–07.04.1886).[117]

Von dem einstmals vermutlich beträchtlichen Vermögen der Familie Ehrhart blieb wohl wenig übrig.

„Ich weiß“, so setzte unsere Mutter ihre Aufzeichnungen fort, „dass meine Großmutter in der Gedonstraße 12 bei uns wohnte, dann in der Mandlstraße ein Zimmer hatte, zum Schluss war sie in einem Altersheim, wohin ich aber nie mitgenommen wurde.“ Die Recherche ergab, dass sie im Altersheim „St. Joseph“ am Luise-Kesselbergplatz 2 1932 verstarb.[118]

Als meine Mutter mit mir in den 1990er Jahren den Kleinhesseloher See im Englischen Garten in München umrundete, wies sie auf eine Bank hin. Dort habe ihre Großmutter damals gesessen, als sie mit ihrer Mutter Clara ähnliche Runden um den kleinen See drehte. Die Mutter habe sie grußlos an der Großmutter vorbeigezerrt. Sie habe als Kind diese schnöde Missachtung nie verstanden. Es muss Risse in der Familie Ehrhart gegeben haben. Darüber schweigt einmal mehr die Familiengeschichte.

Oma Clara hatte fünf jüngere Geschwister.

Walter und die Zwillinge Hans und Grete starben früh.[119] Der knapp zwei Jahre jüngere, 1888 geborene Johann Friedrich Ferdinand Ehrhart, verheiratet mit der aus Riga stammenden Erika (geborene Bertels, die bis in die 1970er Jahre gelebt haben soll), existierte in der Familienüberlieferung als „der Rote Fritz“, da er zur Verteidigung der Republik in den spanischen Bürgerkrieg gezogen sein soll und in der konservativ-bürgerlichen Familie den Stempel des Kommunisten zu tragen hatte. Er, der laut Staatsangehörigkeitsdokument „Schriftsteller“[120] war, starb 1962.[121] Über ihn war nicht viel zu erfahren.

„Der große Jäger und Fischer" – „Lieblingsonkel" Otto Ehrhart

Otto Ehrhart

Das von unserer Mutter interpretierte und gewichtete Familiengespräch konzentrierte sich vor allem auf den 1893 geborenen Bruder Otto, ebenfalls Schriftsteller, der in Polln bei Dachau, im „Haus Rahl" wohnte.[122]

Als Natur- und Tierliterat spiegelte er den Zeitgeist wider. Er war im „Dritten Reich" kulturell anerkannt, machte Karriere und bildete sozusagen den unbekümmerten familiären Gegenpol zu seinem ausgestoßenen Schwager Ernst Seidenberger. Deshalb soll sein Werdegang an dieser Stelle ausführlicher geschildert werden.[123]

In einem Brief, in dem Otto Ehrhart am 28. September 1931 um Aufnahme seiner Bücher in die Volksbücherei Stettin bat, ließ er einen begutachtenden Forstrat Escherich, Führer des Bayerischen Heimatbundes, zu Wort kommen, der sein Werk hinreichend charakterisierte:

„Die darin niedergelegten Gedanken sind die gleichen, für die wir Heimatgetreuen kämpfen müssen, um das Unheil, das die Technik anrichtet, nach Möglichkeit wenigstens seelisch auszugleichen.

Mit Weidmannsgruß Ihr ergebener Escherich."[124]

Otto Ehrharts Werk erfuhr in der Nazizeit (aber auch noch in den 1950er Jahren) deutliche Auflagensteigerungen. In Dachau ist eine kleine Sackgasse nach ihm benannt.

In ihrem Tagebuch erinnerte sich unsere Mutter am 12. Februar 1989 an ihren Lieblingsonkel und Taufpaten: „Gestern hatte ich ein Buch meines Onkels Otto in der Hand: „Bobs und Bazi“. Nicht mehr als Lektüre geeignet, aber angerührt von „Bobs“, denn das war ich für ihn. Bobby für die einen, Bobs oder Bobsen für ihn. Ich mochte diesen Onkel sehr. Ich sehe mich, noch ziemlich klein, 4–5 in der Gedonstraße, wenn er am Flügel saß und Oper mit mir spielte: eine mit dem Titel ‚Hast Du meine Serviette gesehen?‘, Ouverture, dann Gegengesang nach Phantasie und rührseliges Duett – die Sänger Bobs und Otto fielen sich in die Arme.

Weihnachten saß Ise am Flügel. Dazu sangen Mutti, Ise, Otto mehrstimmig alte Weihnachtslieder, dreistimmig, unvergessen in den wunderbaren Weihnachtszimmern. Mein Vater und ich lümmelten auf der Couch, lauschten, aber wir beteiligten uns nicht (...)“ –

In Ottos Garten: Ernst und Clara (1. und 3. von links), Ise Seidenberger und Otto Ehrhart (1. und 2. von rechts).

obwohl ihr Vater, wie ich bei dieser Gelegenheit erfuhr, hervorragend Klavier gespielt haben sollte.

Einige Jahre später, als sie auf meine Bitte hin einiges zu ihrer Familie notierte, widmete sie sich erneut ihrem Onkel, „dessen Haus und Garten ich unendlich liebte," wo der Salat frisch geschnitten auf dem Tisch mit den Holzbänken serviert worden sei. Die Realität drang freilich auch für die junge Inge in diese Idylle: Auf der Fahrt zu ihrem Onkel nach Dachau habe sie jedes Mal Angst vor den zahlreichen SS-Leuten gehabt, die im Zug von München an ihren Einsatzort in das Konzentrationslager fuhren.

Der seit 1928 Verheiratete ließ sich im April 1943 von seiner Frau Julia scheiden, war aber bereits seit 1939 am Ort nicht mehr gemeldet. Unmittelbar nach der deutschen Besetzung Polens zog es ihn bereits im Oktober 1939 gen Osten:[125]

„(Otto), der leider in den damaligen Warthegau ging, gelockt von großen Jagdrevieren und Fischwassern. Dort lernte er eine junge Polin kennen, so alt wie ich, wir mochten uns nie, sie war eifersüchtig auf den mich liebenden Onkel, und ich verzieh ihr damals nicht die Scheidung meines Onkels von der mir geliebten Tante Voy. Aus der zweiten Ehe meines Onkels stammten zwei Kinder, eine Tochter Ursula, die es noch heute geben wird. Ise hatte Kontakt, der dann abriss, weil Pakete und Verbindung nicht mehr erwünscht waren, aus Angst davor, als Deutsche erkannt zu werden."[126]

Einige Monate vor ihrem Tod erzählte mir meine Mutter, dass Otto im Warthegau einen Gutshof erhielt und „Kreisjägermeister" wurde. Er soll auch Kontakt zu dem in Nürnberg 1946 hingerichteten Generalgouverneur über das okkupierte Polen Hans Frank gehabt haben, dessen Musikalität und Klavierspiel er gegenüber unserer Mutter gelobt haben soll.

Als „Kreisjägermeister", später auch „Gaujagdrat" war es seine Aufgabe „das Jagdwesen nach deutschen Gesichtspunkten" aufzubauen. Im Februar 1942 trat er von diesem Amt zurück, da er sich vorrangig seinen Lesungen, auch vor deutschen Soldaten, widmen wollte.[127]

In den Aufzeichnungen meiner Mutter aus den beginnenden 1990er Jahren heißt es weiter:

„Als Otto mich einmal in Berlin besuchte, wollte er mit besagter Jola (sie hieß Jolanthe, P.N.) Schluss machen, damals wohnte er noch in Dachau, war nur zu Besuch im Warthegau. Hatte erst ein Verhältnis mit der Mutter, was die Tochter nicht ruhen ließ, die eines nachts nackt in sein Zimmer kam, was wiederum ihn nicht ruhen ließ. Das ist keine Kitschstory von mir, sondern von Otto mir erzählt worden. Als er dann, um Schluss zu machen, wieder gen Osten fuhr, er wollte, wie er mir sagte, aus dieser Liebe eine Novelle schreiben, überraschte ihn die ‚Novelle' mit der Ankündigung eines Kindes. Er siedelte in den Warthegau und besiegelte sein Schicksal.

Ich muss betonen, dass er kein Nazi war (...)."

Mag sein, dass Otto Ehrhart wirklich kein fanatischer Nazi war. Immerhin vermied er es, seine Briefe mit „Heil Hitler" zu unterzeichnen. Er war nach eigenen Angaben auch kein NSDAP-Mitglied, aber er war 1919 gegen „Spartakus" aktiv und Mitglied des „Stahlhelm."[128]

Die Familienidylle überhöht freilich den Onkel zu einem von Frauen und Schwangerschaft in den Warthegau Gedrängten. Tatsächlich war er wohl eher ein interessierter Profiteur des Naziregimes. Die im Deutschen Literaturarchiv Marbach aufgefundenen und hier auszugsweise zitierten Briefe sprechen eine deutliche Sprache, selbst wenn man die eine oder andere taktisch motivierte Formulierung einräumt.

Zunächst zeigte er sich in einem Brief vom 31.8.1934 an seine Schwester Clara („Liebe Schnukl!") noch distanziert gegenüber den neuen Herren:

„Du hast recht: Vom ‚Grünen Abend' hättest Du gar nichts gehabt. Es war so ausgesucht braun, dass du dich recht unglücklich gefühlt hättest (...). Beim Thoma Abend ging es uns ähnlich (...). Ein paar recht nette Menschen habe ich dabei doch kennen gelernt. U. a. den Ministerialdirektor Garais[129] aus Nürnberg, ein Nazi, aber ein anständiger Mensch, ruhig, vornehm, mit dem ich gestern auf Hühnerjagd war (...). Valentin und Liesl Karlstadt sind auch auf dem Fest gewesen (...)".[130]

Mit dem Komiker Karl Valentin sei er dann auch mal auf die Jagd gegangen. Dem habe es aber nicht gefallen, weil draußen immer zu viel Luft sei.[131]

In der „Neuen Illustrierten Zeitung“, am 11.1.1934 in Berlin herausgegeben, schmückte „der große Jäger und Fischer“ in Arbeitshaltung an einem schweren Bauerntisch, gewandet in derb-bayerische Kluft das gesamte Titelbild. Der Bildkommentar würdigt den Naturschriftsteller in hölzern-schwulstiger Sprache:

„Bei deutschen Dichtern: Otto Ehrhart-Dachau, der große Jäger und Fischer, dessen Bücher die Schönheit deutscher Wälder, Felder, Berge und Moore bergen mit allem, was da fleucht und kreucht, in seinem bayrischen Haus.“

Der durch den Zeitgeist geförderte Bedeutungszuwachs tat dem Heimatschriftsteller, dem begeisterten Jäger und Fischer sicher gut.

Otto Ehrhart begab sich also nach der Unterwerfung Polens in den Warthegau, zunächst besuchsweise, dann, um sich dort anzusiedeln.

Damit reihte er sich in den gigantischen Umgruppierungsplan ein, der vorsah, im Osten die „germanische Besiedlung“ voranzutreiben. Voraussetzung dieser Bevölkerungsverschiebungen war die Vertreibung und Deportation der „nicht eindeutschungsfähigen“ Menschen, also hunderttausender Polen und Juden vor allem aus dem Warthegau in das Generalgouvernement. Dies geschah innerhalb weniger Monate und wurde zum „Paradebeispiel für äußerste Brutalität“.[132]

Ende 1939 wurde der „Reichsgau Wartheland“, kurz „Warthegau“ genannt, endgültig in das „Altreich“ eingegliedert. Über 600 000 Polen wurden in das benachbarte Generalgouvernement vertrieben. Deutsche „Kolonisten“ strömten nach. Unter anderem eben auch Onkel Otto.

Am 5.4.1940 schrieb die damals noch mit Otto verheiratete Frau Ehrhart – offenbar kurz vor der Rückfahrt in die Heimatstadt Dachau – einen Brief aus Kolo:

„Mein Mann erteilt (...) an Volksdeutsche Jagdkurse.“ Der „Herr Kreisjägermeister“ hat es offensichtlich schwer, man muss um ihn fürchten und „manchmal wird mir doch bang, wenn er allein draussen auf den Jagden herumläuft und ringsum sind die Gehöfte der Polen, die alle wissen, daß sie evakuiert werden, denn es kommen hier überall die Wolhynier an die Stelle der Polen.“[133]

Kolo, das seit 1940 Wartbrücken hieß und von wo Frau Ehrhart ihren Brief schrieb, liegt 180 Kilometer westlich von Warschau, 90 Kilometer von Łódź entfernt. Im Ort gab es ein jüdisches Ghetto. Es gab einen Bahnhof, wo Deportationszüge ankamen. Das Vernichtungslager Chełmno lag nicht weit.

Weder die Vertreibung der Polen noch die Einschließung der Juden in Ghettos und ihre anschließende Deportation in die Vernichtungslager dürfte Otto Ehrhart oder anderen Reichsdeutschen, die sich im Warthegau ansiedelten, entgangen sein.

„Eine ehemalige Siedlerin, Elisabeth Grabe äußerte sich in einem Interview über ihre Erfahrungen, die sie im Warthegau gemacht hatte: Sie erklärte, die Juden, die in Zychlin und Kutno im Ghetto gelebt hätten, seien eines Tages, 1942 vielleicht, verschwunden, sie wären in Autos geladen und vergast worden, wurde genuschelt."[134]

Die Veröffentlichungen von Otto Ehrhart findet man allerdings auch im Herzen der NS-Propaganda. Im „Ostland Kalender 1943" können wir den „Warthelandischen Seemorgen" von Otto Ehrhart lesen. In derselben Ausgabe veröffentlichte der NS-Chefideologe Alfred Rosenberg einen Artikel mit dem Titel: „Der Kampf um den Lebensraum". Ein Herbert Böhme ließ sein Gedicht „An den Führer" erklingen.

Der „Sonderbeauftragte für den landschaftlichen Aufbau der neuen Siedlungsgebiete" Heinrich Wiepking-Jürgensmann umriss im gleichen Heft die Politik der Nationalsozialisten für Feld und Flur:

„Wir brauchen im Osten nicht nur deutsche Menschen, sondern Bäume, Wälder, Wolken und Regen (...) Wir müssen darum den Osten als eine unzerstörbare Einheit von Volkstum und Landschaft, von Heimat und Rasse zusammenfügen, die ein Fundament der Kultur, angefangen vom Boden als dem Ursprung darstellt."[135]

„Bäume, Wälder, Wolken, Regen" – da war der Jäger und Naturschriftsteller Otto Ehrhart sicher ein geeigneter Mann. Während der Naturbegeisterte schriftstellerische Bausteine zur Verfügung stellte, um im Warthegau die „unzerstörbare Einheit von Heimat und Rasse zusammenzufügen", wurde sein Schwager Ernst Seidenberger in München aus der Heimat ausgegrenzt, verlor Beruf und Familie.

1944 gratulierte Otto Ehrhart dem Verleger Reinhard Piper in München zum vierzigsten Jahr des Verlagsbestehens und schilderte dabei kurz seine Lebensverhältnisse im Warthegau:

„Zunächst vom Hof und über den See hin ein schallendes ‚Horridoh!“ (...) von mir selbst, meiner Meute, fünf Pferden, ebensoviel Kühen, etlichen Schweinen, Ziegen und vielem Klein- und Federvieh (...) zu Ehren des vielgeachteten und gerühmten Verlegers.“

Der nächste Brief von Otto Ehrhart an den Verleger vom 29. Juli 1944 wies bereits einen eigenen Absender auf dem Briefpapier auf:

„Otto Ehrhart
Schriftsteller
Seegut Ehrhartshof
Friedrichsruh
Post Deutscheneck
Krs. Warthbrücken, Wartheland“

Besuch im Warthegau. Clara Seidenberger und Jolanthe Ehrhart

Deutscheck und dann Deutscheneck, wie sie seit 1939 hieß, war die polnische Stadt Sompolno. Im Kreis Warthbrücken liegt Kulmhof, polnisch Chełmno, das erste Vernichtungslager der Nationalsozialisten. Mindestens 152 000 Menschen wurden dort ermordet. Die deutschen Besatzer vertrieben zwischen dem 1.12.1939 und dem 31.12.1943 über 14 000 Polen aus dem Landkreis Warthbrücken.[136]

In dieser Region, auf dem Bauernhof einer wahrscheinlich vertriebenen polnischen Familie hat sich Otto Ehrhart auf dem „Seegut Ehrhartshof" angesiedelt. Das Leben auf polnischem Boden war ihm offenbar schon zur neuen Heimat geworden.

Irgendwann muss Oma Clara den Bruder im Warthegau besucht haben. Einige Zeit später wurde sie mit ihren Töchtern in der Leopoldstraße 108 in München ausgebombt. Das kommt in einem Brief Ottos an den Verleger Piper vom 29. April 1944 zur Sprache. Die verbrannte Hebbel-Sammlung im Hause Seidenberger wird erwähnt. Über deren Besitzer, den Schwager Ernst Seidenberger, wird geschwiegen. Überhaupt bediente sich der Naturschriftsteller nun der schwer erträglichen Sprache des „bayerisch-patriotischen Herrenmenschen": „Auch die Wohnung meiner Schwester wurde vollkommen ausgebombt mit einer herrlichen Hebbel-Sammlung und vielen anderen wertvollen Dingen. So langsam kommt eben wohl jeder dran. Unser armes, liebes München! (...). Auf den wenigen, führenden Deutschen liegt viel (...) Wir lassen uns aber nicht (...) aus der Ruhe bringen. Es haut auch keiner ab. Jeder ist zur gegebenen Zeit Soldat und hält seinen Posten bis er abberufen wird. Wenn man so die Nervosität der übrigen Menschheit sieht, dankt man seinem Schöpfer um seine bayerische Veranlagung. Nur wären mir zwanzig Mann bayerische Heimatschützler lieber als unsere angekolchoste Ostländermischung. (...) Ich bin schon ein paarmal mit der Watschenschaufel – wenn sie mir was klauten – hineingefahren (...)."

Ottos Tochter war inzwischen ein Jahr alt, ein zweites Kind zu diesem Zeitpunkt unterwegs.

Am 30. Oktober 1944 gratulierte Otto Ehrhart dem Verleger zum bevorstehenden 65. Geburtstag

„(...) mitten in meinen Volkssturm-Betrieb hinein (...). Draussen stehen meine Männer angetreten. Wir knallen mit allem, was wir zur

Verfügung haben – halten Sie sich die Ohren zu, es ist ein schrecklicher Lärm, den wir da machen – wir schreien: „Hoch! Hoch! Hoooooooch soll er leben!“

Der fröhliche Volkssturm wurde vom Einmarsch der Roten Armee im Januar 1945 beendet.

Für das offenbar unbedenkliche Kungeln des naturbegeisterten Schriftstellers mit den Machthabern musste nun der Preis gezahlt werden: „Mein Onkel Otto, der mit seiner Frau zu spät auf den Treck ging, ist auf der Flucht umgekommen, ebenso sein kleiner Bub, der noch ein Baby war.[137] Man weiß nur, da gibt es eine Karte, dass der Wagen kaputt ging, er Hilfe suchte und reparieren wollte. Man hat nichts mehr von ihm gesehen oder gehört, auch seine Frau nicht. Man nimmt an, dass er entweder von Polen oder Russen erschlagen wurde; wäre er in Gefangenschaft geraten, wüsste man wohl davon.“[138]

In der erwähnten Karte, die am 4. März 1948 Familie Seidenberger erreichte und die als Abschrift vorliegt, berichtete ein Bekannter Ottos: „Am 18. Januar 1945 treckten wir zusammen bis fast Grenzhausen. Otto Ehrhart wollte am letzten Tag, den wir zusammen waren, noch die Brücke vor Mitternacht erreichen. Da ereilte uns das Unglück, der polnische Kutscher aus Moski fuhr uns in den Graben, wo der Wagen dann umschlug (...) Wir blieben mit den Kindern dann auf dem Hof in einem Einwohnerhaus und warteten dort auf Otto, Kutscher und Wagen. Nach Stunden erst kamen die Kutscher mit dem Wagen zu uns, doch ohne Otto. Nach Aussagen der polnischen Kutscher soll Otto in einem russischen Panzerspähwagen mitgenommen worden sein. Dies war das Letzte, was wir von Otto hörten. In dieser Nacht war es auch, dass die Polen alle Deutschen festhielten und sie nicht weiter drecken (sic!) durften.“[139]

Es bleibt offen, ob der polnische Kutscher nicht mit Vorbedacht in den Graben gefahren ist. Warum sollte er den früheren Besatzern bei der Flucht behilflich sein?

Im Marbacher Literaturarchiv findet sich ein trauriger Brief von Jolanthe Ehrhart, der zweiten Frau von Otto, die den Verleger Piper zwischen Mitte 1945 und Anfang 1946 um Hilfe bat:[140]

„Sehr geehrter und lieber Herr Piper!

Ich komme hiermit mit einer sehr großen Bitte zu Ihnen, ob Sie zufällig nicht wissen, wo sich mein Mann, der Schriftsteller Otto Ehrhart, befinden kann. Wir sind Mitte Januar 1944 (hier irrt J. E.: Es muss heißen „1945", P.N.) im Warthegau auseinander gekommen und seit der Zeit habe ich gar nichts mehr von meinem Manne gehört. Ich weiß selbst gar Niemanden, an den ich mich wenden könnte, da so meine Schwägerin und Schwager, die in München wohnten,[141] mehrmals ausgebombt, ungefähr alles verloren hatten und ich heute nimmer wisse, wo sie sich befinden können. (...) Ich habe den festen Glauben und Hoffnung, was ich mir auch nie wegnehmen lasse, daß mein Mann doch am Leben ist und demnach schon längst zu Hause sein müsse. (...) Ich habe in diesem letzten Jahre wirklich furchtbar Schweres durchgemacht, habe ein Kind verloren, was für eine Mutter doch den allerschwersten Schlag bedeutet und nach langem Hin und Her für endlich in Niederschlesien angekommen, wo ich vorläufig auch bleibe. (...) Es ist eine ganz unausgesprochene Macht in mir, die mich dauernd nach Bayern zieht. (...) Ich kann Ihnen leider wenig wegen meinem Mann berichten, wir haben alle zusammen getreckt und ungefähr am 14. Januar 1944 (1945, s. o., P.N.) Abends auf der Strecke zwischen S. (unleserlich) und Posen (10 Kilometer vor S.) im Posnischen wurde mein Mann von den Russen gefangen genommen. Ich bin leider nicht dabei gewesen, nur hörte es aus zweitem Munde. Ich kann noch gar nicht daran denken, hoffe nur immer, immer stärker (...)."

In der amtlichen Meldekartei des Stadtarchivs Dachau wird am 17. Juli 1975 (sic!) der fiktive Todeszeitpunkt des Vermissten auf den 31. Dezember 1945 festgesetzt.[142]

Militärdienst und Erster Weltkrieg

„Ich möchte diese Zeit in meinem Leben nicht missen!" – Militärdienst und Erster Weltkrieg

„Zunächst galt es freilich der Militärpflicht zu genügen. Ich wurde tauglich befunden und diente als einjährig Freiwilliger[143] im K. bay. 1. Inf. regiment unmittelbar nach dem Gymnasium vom 1. Oktober 1895 bis 30. September 1896 in München. Es bedeutete eine außerordentliche Belastungsprobe meiner körperlichen Fähigkeiten, dass ich allen Anforderungen Genüge tun konnte; ich habe mit zäher Energie damals wie später im Krieg durchgehalten und möchte diese Zeiten in meinem Leben nicht missen."[144]

Der zweigeschossige Rohbacksteinbau des Bayerischen Kriegsarchivs in der Leonrodstraße 57 im Münchner Stadtteil Neuhausen-Nymphenburg stammt aus dem Jahr 1928. Ich habe einen Antrag auf Einsichtnahme in die Offiziersakte unseres Großvaters gestellt. Gleich das erste Blatt in dem vergilbten Hefter gibt darüber Auskunft, dass mein Großvater vor über 80 Jahren an gleicher Stelle ebenfalls einen Antrag eingereicht hatte.[145]

Wenngleich er 1933 nicht das ganze Ausmaß der Verfolgungspolitik absehen konnte, musste er sich schützen. Noch gab es Ausnahmebestimmungen, die der kundige Jurist zu nutzen hoffte.

Das „Gesetz zur Wiederherstellung des Berufsbeamtentums" und das „Gesetz über die Zulassung zur Rechtsanwaltschaft" vom 7. April 1933 nahmen ehemalige Frontkämpfer vom generellen Vertretungsverbot der jüdischen Juristen vor Gericht vorläufig aus.

Im August 1933 ersuchte daher der Unterzeichnete, Dr. Ernst Seidenberger das Bayerische Kriegsarchiv „... um Ausstellung einer Bestätigung über seine Eigenschaft als Frontkämpfer bzw. die Erteilung eines Auszugs aus der Kriegsrangliste. Er stand vom 1.9.1914 bis in das

Jahr 1917 bei dem mobilen Landsturm-Bataillon Wasserburg und hat alle Unternehmungen und Stellungskämpfe dieses Truppenteils mitgemacht. Hochachtungsvoll ergebenst J(ustiz) R(at) Seidenberger."

Es erinnert an die noch zu erläuternde „Judenzählung" von 1916, dass im Antragsformular darüber hinaus bestätigt werden musste, dass Ernst Seidenberger vom 28. September 1914 bis 1. März 1917 beim Landsturm-Infantrie-Bataillon Wasserburg auch „an Kampfhandlungen teilgenommen" hatte. Darüber hinaus war auszufüllen, ob der Betreffende sich im Kriegsgebiet aufgehalten hatte. Zwischen den Zeilen liest man das Misstrauen gegenüber den jüdischen Weltkriegsteilnehmern.

Je mehr der Antisemitismus sich entfaltete, desto heftiger wurde von den Nationalsozialisten der Streit um die Aussagekraft der Eintragungen in den Kriegsstammrollen vom Zaune gebrochen.[146] Juden sollten als Drückeberger, nicht als patriotische Kriegshelden gelten und ihrer Rechte verlustig gehen – trotz Teilnahme am Krieg.

Während den „ehemaligen Frontkämpfern" zunächst auf Betreiben Hindenburgs zwischen 1933 und 1938 das „Privileg" der weiteren Zulassung zum Rechtsanwaltsberuf gewährt worden war,[147] schränkte die 3. VO zur Durchführung des Berufsbeamtengesetzes vom 6. Mai 1933 bereits ein, dass als „Frontkämpfer" nur anerkannt werde, „wer bei der fechtenden Truppe an einer Schlacht, einem Gefecht, einem Stellungskampf oder einer Belagerung teilgenommen, insbesondere das Verwundeten-Abzeichen erhalten hat".[148]

Hitler selbst wurde noch deutlicher: Eine Ausnahme könnte man nur bei Juden machen, die „am blutigen Kampf" teilgenommen hätten.[149]

Im Oktober 1895 trat Ernst Seidenberger also als „einjährig Freiwilliger" in den Militärdienst ein. Zunächst findet man im Meldebogen in der Spalte der Religionszugehörigkeit die Eintragung „Israelit". Später schrieb er in die entsprechende Spalte „nun konfessionslos". Acht Monate später wurde er zum Gefreiten befördert, 1899 zum Unteroffizier. Im Lebenslauf des Formblattes notierte er: „Verheiratet bin ich mit der Tochter des verstorbenen (...) Fabrikbesitzers Otto Ehrhart." Und er fügte hinzu: „Aus der Ehe ist ein Kind hervorgegangen". Da hatte der Jurist den Zeitgeist berücksichtigt und geschwin-

Ernst Seidenberger als Soldat

delt. Unsere Tante Ise wurde, wie bereits erwähnt, drei Jahre vor Schließung der Ehe geboren.

Nach Übertritt in die Landwehr – erstes Aufgebot (1903), dann zweites Aufgebot (1908) – trat er mit Ausbruch des Ersten Weltkriegs wieder in den aktiven Militärdienst ein und zog am 6.11.1914 als Soldat der vierten, später zweiten Kompanie des Landsturm Infantrie-Bataillons Wasserburg in das große Schlachten.[150]

Zuvor, im September wurde er eingekleidet: Braune Lederjoppe mit roten Achselklappen, blaue Hose, schwarze Wachstuchmütze mit dem Landsturmkreuz, schwarzer Mantel …"[151]
Es wurde aufreibend für den immerhin schon 37jährigen. Die „Erinnerungsblätter" hielten im Oktober 1914 fest: „Die anstrengenden Märsche zu den Höhenstellungen und die Biwaks in den kalten Nächten nehmen gleich anfangs die Leistungs- und Widerstandsfähigkeit der Mannschaft bis aufs äußerste in Anspruch. Dazu setzt bald anhaltendes Regenwetter ein (…), wenig Gelegenheit zum Trocknen der Kleidungsstücke (…), zahlreiche Darmerkrankungen."[152]

Trotz der widrigen Umstände bewährte sich der Soldat und setzte rasch seine militärische Karriere fort. Am 23. November 1915 wurde er „Offiziersaspirant" („Führung sehr gut"), am 1. Februar 1916 zum Leutnant befördert. Er wurde Zugführer.

Wäre er nicht jüdischer Herkunft gewesen, hätte er schon, wie andere auch, das Ende seiner Dienstzeit als „einjährig Freiwilliger“ als Offizier abgeschlossen.

Der militärische Bedarf im Krieg war kurzfristig jedoch stärker als der tief verankerte Antisemitismus in der Armee.

Bis 1914 konnten Juden nur mit wenigen Ausnahmen Berufsoffiziere werden. Von 33 607 Offizieren waren 1907 nur 16 Juden.[153] Dabei war erstaunlicherweise die bayerische Beförderungspraxis auch noch nach der Reichsgründung liberaler als die preußische: „Außer im Königreich Bayern konnten in den deutschen Ländern, einschließlich Preußens, wo zwei Drittel der jüdischen Bevölkerung des Deutschen Reiches lebten, nach 1885 keine Juden mehr den Offiziersgrad erreichen.“[154]

Die Führungszeugnisse von Ernst Seidenberger waren hervorragend, die Auszeichnungen ließen nicht auf sich warten. Die Offiziersakte ist damit angefüllt.

Um endlich Offizier werden zu können, gab der Aspirant „als Gewährsmänner“ Fritz Mylius, Leutnant der Landwehr in Ulm und den Justizrat Dr. Eduard Bloch[155] an. Mylius stellte ihm in etwas holprigen Formulierungen am 10. November 1915 ein einwandfreies Zeugnis aus: „Der Offiz.aspirant Ernst Seidenberger, München, ist seit Jahren dortselbst als Rechtsanwalt ansässig und als solcher seiner Fähigkeiten wegen gesucht und angesehen. Der Angefragte entspricht (...) in jeder Hinsicht, sowohl seiner sozialen Stellung als seinem Charakter nach, zur Beförderung zum Offizier. Offiziersaspirant Seidenberger hat ein selten gediegenes Wissen, gutes Benehmen und sicheres Auftreten in geselligem Verkehr, einwandfreie Charaktereigenschaften, lebt in guten Verhältnissen und glücklicher Ehe. Seine patriotische und sonstige Gesinnung ist einwandfrei und correct (...).“[156]

1916 erhielt Ernst Seidenberger das Eiserne Kreuz II. Klasse: „Im Namen Seiner Majestät des Kaisers verleihe ich Euer Hochwohlgeboren das Eiserne Kreuz II. Klasse für tapferes und umsichtiges Verhalten als Zug- und Patrouillenführer in den Stellungskämpfen in den mittleren Vogesen 1914/1916.“

Weitere Auszeichnungen wurden ihm im zeitüblich gestelzten Duktus zuerkannt: „Seine Majestät der König haben sich unterm

1. Mai 1917 Allergnädigst bewogen gefunden, dem Leutnant der Landwehr-Infantrie 2. Aufgebot (I. München) Ernst Seidenberger den königlichen Militärdienstorden 4. Klasse mit Schwertern zu verleihen."

Von Ende September 1914 bis zum Frühjahr 1917 musste er in die Stellungskämpfe in den mittleren Vogesen einrücken. Der Donon, westlich von Straßburg, nördlich des berüchtigten Hartmannsweilerkopfes, wurde besetzt. Ab Mai 1917, da war Ernst Seidenberger bereits kriegsuntauglich geworden, bildete seine Einheit die Besatzung der Feste Straßburg.

Landschaft und Klima waren rau. Immer wieder Regenwetter. Eisige Winde strichen über die Bergkämme, dichte Nebel hüllten den Donon ein, Mangel an Holzkohle, gefrierende Wasserleitungen, hoher Krankenstand halten die „Erinnerungsblätter" fest.[157] Die Vogesen bildeten zwar keine „aktive Front" wie Verdun, jedoch war dies der einzige Abschnitt an der Westfront, in dem Gebirgskämpfe stattfanden.

Anfang 1917 wurden die Bedingungen unerträglich: „Gegen die Verlausung der Mannschaften und Unterstände muss (...) fortgesetzt angekämpft werden. Die Brotration wird auf 500g täglich herabgesetzt. Die Güte der Verpflegung lässt nach. Die Fettfänger, die zur Gewinnung der Fettstoffe aus dem Küchenabwasser aufgestellt sind, liefern keinen Ertrag, so sparsam und haushälterisch wird das Fett verwendet."[158]

Nachdem vor allem jüngere Truppenteile zunehmend an die Somme und nach Verdun verlegt worden waren, rückte die Einheit von Ernst Seidenberger zum Ersatz in die vorderste Linie.

„Volltreffer in den Mannschaftsunterstand, der sofort in Flammen steht ... Starkes Artilleriefeuer" zeichneten die „Erinnerungsblätter" im Februar 1917 auf.[159]

Wer die dichten Schützengräben in der Gegend um den Hartmannsweiler- und den Lingekopf heute besucht, der kann ahnen, wie sich der „Herr Leutnant der Landwehr, Ernst Seidenberger" als Zug- oder gar als Patrouillenführer „tapfer und umsichtig" durch das Gemetzel bewegt haben musste, um dem Feind wenige Meter Land abzuringen und es wenige Tage später wieder zu verlieren. Artillerie, Handgranaten und „die Gräben säubernde" Flammenwerfer auch in diesem Frontabschnitt.

Nach fünfzehnmonatigem Wüten im Sommer 1915 in den Vogesen – zurück blieben 98 000 Tote – verlagerte sich das Kriegsgeschehen auf die Schlachtfelder von Verdun, wo das Sterben bis dahin nie gekannte Dimensionen erreichte.

August Neumaier, 1916

Meinem Großvater väterlicherseits, August Neumaier – auch er soll in den Vogesen stationiert gewesen sein – wurde erst im Juli 1918 am Ende des Krieges das „Militär-Verdienstkreuz 3. Klasse mit Schwertern" verliehen. Er blieb bis zum Ende des Krieges lediglich Gefreiter. War er, alter Sozialdemokrat und Nichtjude, wenngleich mit einer Jüdin verheiratet, misstrauischer gegenüber der nationalen Sache und dem Kaiser weniger gefolgstreu?

Ernst Seidenberger erkrankte. „(...) Ein kalter, schneereicher Winter war in 800 m Höhe zu überwinden. Dazu kamen die sich immer mehr verschlechternden Verpflegungsverhältnisse. Klippfische, Goldrüben (Dotschen) waren an der Tagesordnung. Von Kamerad Seidenberger bekam ich dann und wann zu hören, dass sich bei ihm Beschwerden beim Steigen in diesem Gelände immer mehr und stärker fühlbar machen würden. Dass er aber ärztliche Hilfe in Anspruch nahm, ist mir nicht bekannt geworden, sonach wohl unterblieben."[160]

Im März 1917 wurde Ernst Seidenberger – nach derselben Quelle – bei der Auswahl eines Stoßtruppunternehmens ausgemustert.

„(Er) wurde von dem Stabsarzt des Batl. nicht nur als unbrauchbar für den gedachten Dienst befunden, sondern sofort der Lazarettbehandlung zugeführt. Dies vollzog sich so rasch, dass ich nicht dazu kommen konnte, mich von Kamerad Seidenberger zu verabschieden."

Im März 1917 erfolgte die Einlieferung in ein Feldlazarett, um anschließend im Reservelazarett in München ambulant weiter behandelt zu werden. Ein Professor der Stabsarztstelle beantragte:

„Da diese Frist (von sechs Wo., P.N.) inzwischen abgelaufen ist, ohne dass die Dienstfähigkeit des Leutnt. Seidenberger wieder hergestellt wurde, bitte ich K., Chefarzt, sich dahin verwenden zu wollen, dass höheren Orts eine weitere ambulante Behandlung bis zum 15.6.17, an welchem der Wiedereintritt der Genesungsfähigkeit zu erwarten ist, genehmigt wird."[161]

Er wurde aber nicht mehr „felddienstfähig" und mochte es nach all diesen Erfahrungen vielleicht auch nicht mehr sein. Am 11. Juli 1917 stellte er einen Antrag: „Ich bitte um Verwendung im Militärjustizdienst auf Kriegsdauer. Mit Verfügung des st. Generalkommandos vom 6.7.1917 bin ich zunächst als juristischer Hilfsarbeiter zum Gericht der st. 2. Inf. Brig. kommandiert. Im bürgerlichen Beruf bin ich Rechtsanwalt in München. (...) Nach ärztlicher Äusserung ist Eintritt meiner Garnisondienstfähigkeit am 10.8.1917 zu erwarten, zur Zeit bin ich nur als garnisondienstfähig für inneren Dienst erklärt. Felddienstfähig bin ich nicht."

Am 6. April 1918 wurde er zum „Kriegsgerichtsrat bei der K(öniglichen) Landw.(ehr) Inspekt.(ion) München" ernannt. Diese Tätigkeit übte er bis zu seiner Entlassung aus dem aktiven Militärdienst zum Ende des Jahres 1918 aus.

Zu Beginn der Nazidiktatur zog Ernst Seidenberger ein Fazit seiner Militärzeit: „Ich stand in einer damals glanzvollen Gemeinschaft als vollgültiges Mitglied, wenn ich auch insofern eine Zurücksetzung erfahren musste als schon zu jener Zeit die Beförderung zum Offizier ausblieb, trotzdem ich für mich in Anspruch nehmen darf, nicht weniger geleistet zu haben als bevorzugte Kameraden. Erst im Weltkrieg erfolgte die Ernennung zum Offizier, die ich mir ehrlich verdient habe. Ich stand alles in allem sechs Jahre unter der deutschen Waffe."[162]

„Judenzählung" statt Assimilation – Juden im Ersten Weltkrieg

Große Teile des jüdischen Bürgertums waren von der patriotischen Aufgabe fest überzeugt, im Ersten Weltkrieg „unter der deutschen Waffe" das Vaterland verteidigen zu müssen. Bereits 1893 hatte, nicht zuletzt als Reaktion auf den verbreiteten Antisemitismus, ein großer Teil der um Assimilation bemühten Juden mit der Gründung des „Centralvereins deutscher Staatsbürger jüdischen Glaubens" dokumentiert, dass er primär „deutsch" sein wollte – auch um den Preis der Lossagung aus der jüdischen Gemeinschaft. Diese Lossagung war sicher auch eine Folge der „konditionalen Emanzipation", also einer speziell im Deutschen Reich propagierten Vorstellung, dass die Anpassung an die Mehrheitsgesellschaft Bedingung für die erstrebte Eintrittskarte in die bürgerliche Gesellschaft war. Die Gleichstellung der Minderheit wurde nicht als ein allgemeines Menschenrecht angesehen, sondern als Belohnung für vorab definiertes Wohlverhalten. Sie wurde letztlich zum Gnadenrecht, das jederzeit wieder entzogen werden könnte.[163]

Aus der späteren Sicht der dramatischen Zurückweisung durch die Nationalsozialisten formulierte Ernst Seidenberger in seinem Brief an seine Töchter dieses tiefe Bedürfnis vieler Bürger jüdischer Herkunft:

„Ich strebte mit allen Kräften aus der Gemeinschaft heraus, in die ich geboren war, in eine andere hinein, die mich vielfach abzulehnen schien. Wenn ich mir die, wie ich aus tiefstem Erleben feststellen kann, falsche Terminologie von heute zu eigen mache, so war ich von Anfang an zwischen die Rassen gestellt, in Wahrheit aber nur einer verbunden, in der ich Heimat und Vaterland sah.

All das vollzog sich aus einem Urinstinkt heraus, der stärker ist als verstandesmäßige Überlegung. Wo dieser Instinkt seine letzte Ursache hat, ist kaum zu ergründen; aus der Tatsache, daß er mein ganzes Leben, Denken und Fühlen beherrscht hat, ergibt sich, daß er aus Quellen erfließt, die übermächtig und keiner Erklärung zugänglich sind, es sei denn der einfachen und natürlichen, daß ich deutsches Denken und Fühlen mit der Muttermilch eingesogen habe, daß ich nur ein deutscher Mensch oder keiner sein kann. So wurde ich also aus den Banden der Abstammung heraus – was damals gar kein bewußter Prozess war – in jene Gemeinschaft hinein (getragen), der allein ich mich zugehörig betrachtete und zu der hin ich mein ganzes Leben in organischer Selbstverständlichkeit orientierte. Umso tragischer der Bruch, den die Ereignisse der neuesten Zeit gewaltsam herbeiführten."

Vielleicht findet der „kaum ergründbare Urinstinkt", der in die „andere" Gemeinschaft streben lässt, in der jahrhundertelangen Zurückweisung und Diskriminierung der Juden in Deutschland eine einfachere Erklärung als es Ernst Seidenberger in seinen Formulierungen für sich und sein Seelenheil zuließ.

Der Militärdienst und der Erste Weltkrieg wurden als entscheidende Chance gesehen, um endlich – nach der formalen Gleichberechtigung von 1871 – den drängenden Wunsch zu verwirklichen, sich in die „deutsche Gemeinschaft" voraussetzungslos und endgültig integrieren zu können.

Ebenfalls aus der Sicht des bereits Verfolgten notierte auch Victor Klemperer in seinem Tagebuch:

„Ist es nicht charakteristisch, daß ich allein in unserem engen hiesigen Judenkreis dreimal demselben Typus begegnet bin: Für alle drei bedeutet der erste Weltkrieg das größte und schönste Ereignis, auf das sie immer wieder zurückgreifen – als Abenteuer und als gänzliche Gemeinsamkeit mit den Deutschen."[164]

Die „Burgfriedenserklärung" Kaiser Wilhelms II. zu Kriegsbeginn gab zusätzliche Hoffnung, wurde begeistert aufgegriffen und interpretiert: „Der Kaiser kennt keine Parteien mehr, hier steht es schwarz auf weiß, das Land keine Rassen mehr, alle sprechen eine Sprache, alle verteidigen eine Mutter, Deutschland." jubelt der (zunächst) begeisterte Kriegsfreiwillige Ernst Toller.[165]

Von etwa 500 000 in Deutschland lebenden Juden dienten im Ersten Weltkrieg 100 000 als Soldaten. 12000 sind gefallen.

Der Glaube, über Patriotismus und Kriegsdienst die ersehnte Assimilation zu erreichen, wurde jedoch bereits in den Jahren des Ersten Weltkriegs erschüttert.

Nicht nur die Kriterien der Offiziersauswahl zuungunsten jüdischer Anwärter verdeutlichten, dass die Armee trotz formaler

Gleichberechtigung weiterhin von einem antisemitischen Klima beherrscht war.

Am 11. Oktober 1916 erließ das Kriegsministerium die berüchtigte „Judenzählung", die Erfassung aller jüdischen Wehrpflichtigen, ihres Dienst- und Lebenslaufs. Es sollte überprüft werden, wie viele Juden vom Heeresdienst befreit waren, ob sie an der Front oder aber in sicheren Abschnitten hinter der Front Dienst taten, ob sie in Heimaturlaub waren und wie viele letztlich gefallen waren. Dahinter stand die antisemitisch motivierte Verdächtigung, dass sich eine überproportional große Zahl dem Kriegseinsatz an der Front entzog.

„Überall grinst ihr Gesicht, nur im Schützengraben nicht", höhnte ein antisemitisches Gedicht.[166]

Derartige Schmähungen hatten Tradition bis zurück zur misstrauisch beobachteten Teilnahme jüdischer Bürger am Befreiungskrieg gegen Napoleon.[167]

Am 1. November fand die Zählung statt.

Entsetzt äußerten sich jüdische Soldaten: „Mir ist, als hätte ich eine furchtbare Ohrfeige erhalten." „Jetzt sind wir gezeichnet!"[168] Die „Judenzählung" wurde zur einschneidenden Erfahrung des wieder offen ausgebrochenen und offensichtlich nicht auszurottenden Antisemitismus.

Der bekannte Industrielle und spätere Reichsaußenminister Walther Rathenau, der 1922 einem Attentat zum Opfer fiel, schrieb im August 1916: „Je mehr Juden in diesem Krieg fallen, desto nachhaltiger werden ihre Gegner beweisen, dass alle hinter der Front gesessen haben, um Kriegswucher zu betreiben. Der Hass wird sich verdoppeln und verdreifachen."[169]

Auch der Publizist Sebastian Haffner kommentierte in seinen Erinnerungen 1939 treffend diesen erneuten Versuch, durch scheinwissenschaftliche Quantifizierung dem tief verankerten Antisemitismus immer wieder neue Begründungszusammenhänge zu liefern: „Man liebte überhaupt, die Judenfrage mit Prozentrechnung zu entscheiden: Man untersuchte, ob der prozentuale Anteil der Juden an der Mitgliederzahl der Kommunistischen Partei nicht zu hoch, und der an der Gefallenenzahl des Weltkrieges nicht etwa zu niedrig sei."[170]

In einer der letzten Eintragungen in den „Erinnerungsblättern“ über die Gefechte der Einheit meines Großvaters deutete sich bereits die spätere „Dolchstoßlegende“ an, die die tatsächlichen Ursachen der Kriegsniederlage nicht wahrhaben will: „Die erfolgreichen Vorstöße unserer Armeen im Westen beleben aufs neue die Siegeszuversicht. Aber in der Folge werden die Truppen mehr und mehr in der Überzeugung wankend, dass wir den gewaltigen Kampf mit Erfolg durchfechten können. (...) Da brechen die niederschmetternden Ereignisse des Spätsommers über unser Vaterland herein. Zwar kann der mächtig anwachsende Druck der Feinde die Westfront nicht sprengen; aber der Zusammenbruch unserer Bundesgenossen und das Versagen der Heimat führen das Ende herbei. Es kommt zum Waffenstillstand und daheim zur Revolution.“[171]

Das „Versagen in der Heimat“ und die „Novemberverbrecher“ wurden zum „Dolchstoß“ gegen das „im Felde unbesiegte“ deutsche Heer erklärt: Der Sündenbock für die Katastrophe war schnell gefunden. Eine neue Welle des Sozialistenhasses und des Antisemitismus erhob sich gegen „Vaterlandsverräter“ und Revolutionäre. Die Hoffnung auf anerkannte Rechtsgleichheit und menschliche Würde für Bürger jüdischer Herkunft war erneut bedroht.

„Im Namen des Führers: Ehrenkreuz für Frontkämpfer“ – ein Ausblick

Aus der Teilnahme der 100 000 „jüdischen Frontkämpfer“ und ihrer 12 000 Gefallenen begründeten sich trügerische, aber leider hartnäckige Illusionen der jüdischen Deutschen, sie seien vor den Verfolgungsmaßnahmen der Nationalsozialisten geschützt, und es gäbe eine Chance auf gesellschaftliche Teilhabe.

Dabei kannte die Anpassungsbereitschaft mancher konservativer und deutschnationaler Vertreter jüdischer Organisationen bisweilen keine Grenzen. Am Vorabend des „Judenboykotts“, am 1. April 1933, wies der „Reichsbund jüdischer Frontsoldaten“ in einem Telegramm an den amerikanischen Botschafter wider besseres Wissen die internationale Kritik am brutalen Vorgehen der Nationalsozialisten zurück.

Faktisch legitimierte er mit diesem deutschnationalen Anbiederungsversuch die propagandistische Begründung für die nationalsozialistischen Boykottmaßnahmen gegen jüdische Gewerbetreibende:

„Wir erhielten Kenntnis von der Propaganda, die in Ihrem Land über die angeblichen Gräueltaten gegen die Juden in Deutschland gemacht wird. Wir legen Wert auf die Feststellung, dass die Behörden in allen uns bekannten Fällen energisch gegen Ausschreitungen vorgegangen sind. Es ist aber unseres Ermessens auch an der Zeit, von der unverantwortlichen Hetze abzurücken, die von sogenannten jüdischen Intellektuellen im Ausland gegen Deutschland unternommen wird.“[172]

Im März 1934 beantragte der Reichsbund jüdischer Frontsoldaten, deutsche Juden sollten zum Militärdienst zugelassen werden. Der Erinnerung an die militärischen Leistungen der Reichsbundmitglieder im Ersten Weltkrieg verhaftet, weihte der Reichsbund jüdischer Frontsoldaten noch 1937 ein patriotisches Kriegerdenkmal für die gefallenen jüdischen Soldaten ein.

Nur kurz und vorwiegend taktischer Natur war jedoch die Schonfrist, die die Nationalsozialisten den jüdischen Kriegsteilnehmern gewährten.

Die Nazidiktatur erlaubte sich zunächst – wohl auch auf Betreiben des alten Reichspräsidenten Hindenburg – ein zynisch anmutendes Ablenkungs- und Beruhigungsmanöver, auch gegenüber meinem Großvater: „Im Namen des Führers und Reichskanzlers“ wird „dem Rechtsanwalt Ernst Seidenberger in München (...) auf Grund der Verordnung vom 13.7.1934 zur Erinnerung an den Weltkrieg 1914/1918 das von dem Reichspräsidenten Generalfeldmarschall von Hindenburg gestiftete Ehrenkreuz für Frontkämpfer verliehen“.[173]

Unterzeichnet vom Polizeipräsidenten Münchens erfolgte die Verleihung mit Wirkung zum 10. April 1935. Vier Monate später durften die Standesämter keine Ehen mehr zwischen Juden und Nichtjuden schließen. Fünf Monate später wurden die Nürnberger Gesetze verkündet, durch deren Verabschiedung alle Ausnahmeregelungen für jüdische Kriegsveteranen gestrichen wurden.

„Ich bin Frontkämpfer und trage an Kriegsauszeichnungen das Eiserne Kreuz II. Klasse, den bayerischen Militär-Verdienst-Orden IV. Klasse mit Schwertern sowie das Frontehrenkreuz“ stellte Ernst

Seidenberger nichtsdestoweniger am 29. Oktober 1938 in seinem Antrag an den Präsidenten des OLG München auf Zulassung als jüdischer Konsulent beharrlich fest.[174] Es war bereits ein verzweifeltes Rückzugsgefecht. Die Zulassung als Rechtsanwalt war ihm drei Tage zuvor entzogen worden. „Ich bin kriegsbeschädigt. Ich habe mir im Feld ein Herzleiden zugezogen (Endokarditis) (…)", fügte er hinzu. Er ließ sich im Anhang zu seinem Gesuch seine klaglos-patriotische Haltung in der bereits zitierten Erklärung des Ferdinand Herz bestätigen.

Ein lebenslanges Herzleiden war das Ergebnis seiner ungeheuren Anstrengung im Krieg.

Es waren aber sicher nicht nur die körperlichen Anstrengungen, die der fast vierzigjährige Soldat in Kälte und Schnee, bei miserabler Ernährung und ständiger Todesangst zu erdulden hatte. Es war wohl auch das Scheitern seiner patriotischen Hingabe für ein Reich, dessen Machthaber ihn ungerührt die Herabsetzung immer wieder spüren ließen, die knapp zwei Jahrzehnte später seine Familie zerstörten, ihm die weitere Berufstätigkeit untersagten und ihn mit Verfolgung und Tod bedrohten. Diese brutale Enttäuschung, diese zerschlagene Hoffnung auf ein sicheres und würdevolles Leben, diese Verzweiflung über die Zurückweisung durch ein Deutschland, „zu dem ich mich bis zum letzten Atemzug bekenne"[175] – das hat das Herz meines Großvaters sicher auch gebrochen.

Er war nicht der einzige unter seinen Berufskollegen, der diese tragische Zerrissenheit empfand. Unter Verweis auf Kriegsleistungen, Verwundungen und Gefangenschaft kämpfte auch der ähnlich denkende Bamberger Rechtsanwalt Dr. Ernst Wachtel im April 1933 um seine Würde und gegen die tief empfundene Demütigung durch die Machthaber. Er forderte, dass „es selbstverständlich sein müsste, mich als deutschen Juden als vollwertigen und gleichberechtigten Deutschen zu behandeln (…). Ich verwahre mich gegen das Unrecht und die Ehrenkränkung, die mir durch das Verbot des Betretens der Gerichte zugefügt werden, ich verwahre mich besonders gegen den Vorwurf kein vollgültiger Deutscher zu sein. Überzeugt, daß ich an Liebe zu meiner deutschen Heimat hinter niemand zurückstehe, stelle ich fest, dass ich auch jederzeit meine Pflichten als Deutscher erfüllt habe."[176] 1936 verließ Ernst Wachtel Deutschland und emigrierte nach Brasilien.

Unruhiges München

„München regiert von jüdischen Literaten." – Revolution und Konterrevolution in München

Zu Beginn des 20. Jahrhunderts war München eine blühende und offenbar zunächst auch tolerante Kulturmetropole. Die schnell wachsende Großstadt hatte Mitte der 1920er Jahren bereits knapp 700 000 Einwohner und gehörte damit zu den vier größten Städten im Deutschen Reich. Zur Reichsgründung 1871 waren es gerade 170 000 gewesen.

Die sich bald erweisende politische Polarisierung war nicht zuletzt durch die Tatsache beeinflusst, dass Bayern, auch München, noch immer landwirtschaftlich geprägt war. 1925 waren ca. 45 Prozent der bayerischen Erwerbstätigen in der Land- und Forstwirtschaft tätig. Gleichzeitig nahm allerdings mit dem Ersten Weltkrieg die Rüstungsindustrie einen raschen Aufschwung und konzentrierte Tausende von Arbeitern in der Stadt.

Kaum war der Erste Weltkrieg zu Ende, überstürzten sich die Ereignisse. Das Volk wollte endlich Frieden und Brot.

Kurt Eisner rief am 7. November 1918 die bayerische Republik aus, einen Tag früher als in Berlin. Mit der Absetzung der Dynastie der Wittelsbacher war die fast 1000jährige bayerische Monarchie beendet. Ein provisorisch eingesetzter Arbeiter-, Soldaten und Bauernrat übernahm die Macht. An diesem Tag zogen 200 000 Menschen von der Münchner Theresienwiese in die Innenstadt. In der Nacht wählte der Arbeiter- und Soldatenrat Eisner zum Ministerpräsidenten des Freistaates Bayern.

Am Morgen des 8. November flatterten auch auf den Türmen der Frauenkirche rote Fahnen,[177] doch Eisners Regierungszeit währte nur kurz. Ein verheerendes Wahlergebnis für seine Partei, die Unabhängige Sozialdemokratische Partei Deutschlands, trug zu dem Entschluss bei, am 21. Februar 1919 vor dem Landtag seinen Rücktritt einzureichen. Dazu kam es nicht mehr. An diesem Tag wurde Eisner auf dem Weg in den Landtag von Anton Graf von Arco auf Valley ermordet: „Eisner ist Bolschewist, er ist Jude, er ist kein Deutscher, er fühlt nicht deutsch, untergräbt jedes vaterländische Denken und Fühlen, ist ein Landesverräter“, umriss der Mörder, der sich im Umfeld der in München ansässigen rechtsradikalen Thule-Gesellschaft bewegte, seine Motive.[178]

Aus der Tat sprach die gleiche antisemitische Gesinnung, die auf den Tag genau 26 Jahre später, zufälligerweise am gleichen Tag, dem Leben von Ernst Seidenberger durch Verhaftung und Deportation ein Ende zu setzen drohte.

Der bis in die heutige Zeit hochgejubelte Regionalschriftsteller Ludwig Thoma gehörte zu denjenigen, die den Mord an Eisner feierten: „In München haben wir doch mit der Hinrichtung des Eisner (...) den Nachweis geliefert, dass es uns nicht an Temperament fehlt.“ Er empfahl derartige Maßnahmen „für den Fall, dass sich die Beschnittenen bei uns noch einmal mausig machen.“[179]

Inge voltigiert

Noch gab es Widerstand gegen derartige Absichten. Ein Trauerzug von über 100 000 Menschen erwies dem bayerischen Ministerpräsidenten die letzte Ehre.

Es folgte die kurze Zeit der Doppelherrschaft in Bayern: Gegen den parlamentarisch gewählten sozialdemokratischen Nachfolger Hoffmann wurde am 7. April 1919 aus dem Arbeiter- und Soldatenrat heraus die Münchner Räterepublik ausgerufen, die bereits eine knappe Woche später in die „Zweite Münchner Räterepublik“ unter kommunistischer Führung überging.

Familie Seidenberger wohnte in all diesen Wirren immer noch in Schwabing, aber seit 1918 in der Gedonstraße 12. Dort wurde am 3. März 1920 unsere Mutter geboren. Gegenüber, am Rande des Englischen Gartens, lag die Reitschule, in der die kleine Inge einige Jahre später das Voltigieren lernte.

In dieser Gegend präsentierte sich die politische Entwicklung zunächst geruhsam. Ende April 1919 bestätigte Klemperer diese Atmosphäre:

Wenn ein Maschinengewehr knattere, künde dies allenfalls von der Fasanenjagd, ansonsten herrsche „(...) friedlichstes Treiben im Englischen Garten. Eltern und Kinder und zahllose ‚Hundeln‘ und Pärchen über Pärchen in allen Alleen, auf allen Bänken.“ [180]

Die politischen Ereignisse glichen eher einer Theateraufführung, der das Bürgertum besorgt oder teilnahmslos zuschaute. Im nahen Bogenhausen beobachtete Thomas Mann die Ausläufer der Revolution in den vornehmen Stadtteilen:

„Sogar der Besuch des Herzogparks durch die souveränen Massen wurde uns privatim (...) prophezeit. Entfernte Schüsse fallen (...). An der Brücke, heute Mittag, sah ich ein Militärauto mit Soldaten und eine rote Fahne gegen Bogenhausen fahren.“[181]

In der Ludwigstraße paradierte zum ersten und letzten Mal die rasch zusammengestellte „Rote Armee“. Der Matrose Eglhofer, erst Stadtkommandant von München, dann Oberkommandierender der Revolutionstruppen, hielt eine Rede. Mit 23 Jahren wurde er wenige Wochen später in der Münchner Residenz erschossen.

Die Räterepublik blühte nur kurz. Die nach Bamberg ausgewichene sozialdemokratische Regierung Hoffmann rief die Landsleute auf, sich den paramilitärischen Freikorps anzuschließen:

„Bayern! Landsleute! In München rast der russische Terror, entfesselt von landfremden Elementen. Diese Schmach Bayerns darf keinen Tag, keine Stunde länger bestehen. Hierzu müssen alle Bayern helfen, ohne Unterschied der Partei, und zwar sofort ...“[182]

Reichswehrminister Gustav Noske wurde um Hilfe bei der Zerschlagung der Räterepublik gebeten. Freikorpstruppen zogen Anfang Mai 1919 in einer Stärke von 30 000 Mann gegen den „roten Terror" in Richtung München. Die Angst vor der Reaktion kam früh auf. Dumpfe Vorahnungen beschäftigten den dem Feiern und Trinken, aber auch der Revolution zugeneigten Oskar Maria Graf:

„Mir wollte der Wein nicht mehr schmecken (...). Die Schlachtbank, die Schlachtbank, dachte ich immerfort dumpf, und grausig malte ich mir aus, wie man sie hinmetzeln würde, die Tausende und Abertausende der Arbeiter"[183]

Das Bürgertum war besonders erbittert über die Beteiligung von jüdischen Deutschen wie Kurt Eisner, Gustav Landauer, Max Levien, Eugen Leviné, Erich Mühsam oder Ernst Toller an der Revolution und steigerte sich hinein in die Judenhetze. Auch Thomas Mann reihte sich in den antisemitischen Chor ein: „München, wie Bayern, regiert von jüdischen Literaten. Wie lange wird es sich das gefallen lassen? (...) Die Diktatur ist komplett (...). Bei uns ist Mitregent ein schmieriger Literaturschieber wie Herzog (...), ein Geldmacher und Geschäftsmann im Geist, von der großstädtischen Scheißeleganz des Judenbengels (...). Das ist Revolution! Es handelt sich so gut wie ausschließlich um Juden."[184] Im November 1918 stellte der angesehene Schriftsteller fest: „Pogrom-Stimmung in München, Widersetzlichkeit gegen das Judenregiment."

Wie erlebte der damals 42jährige Ernst Seidenberger den „antibolschewistischen" Terror und den sich verschärfenden Antisemitismus? Registrierte der zunehmend erfolgreiche Anwalt, dass sich da ein Vorgewitter künftiger Schreckensherrschaft zusammenbraute?

Vielleicht hatte er ein ähnliches Gespür wie der ebenfalls eher national-konservative Victor Klemperer, Sohn eines Rabbiners und einer jüdischen Mutter, der keinerlei Sympathien für die Räterepublik hatte, die auf ihn zukommenden Gefahren aber hellwach beobachtete. 1919 wurde Klemperer Zeuge einer Werberede für das Freikorps Epp in München: „Wenn der begeisterte Redner von den ‚landfremden Elementen' sprach, vor denen das Vaterland in Zukunft geschützt werden müsse, dann fürchtete ich immer, er werde statt ‚landfremder Elemente' Saujuden sagen. (...) Würden es diese hier anerkennen, mein Deutschtum? Mußte ich meine Abstammung verbergen? Mir war sehr schwer ums Herz."[185]

Oder schlug das Herz des Großvaters eher für das konservative nichtjüdische Bürgertum des bereits zitierten Thomas Mann, der im Gespräch mit seiner Frau Katja eine bösartige und die blutigen Ereignisse vorwegnehmende Zuspitzung einforderte: „Wir sprachen auch von dem Typus des russischen Juden, des Führers der Weltbewegung, dieser sprengstoffhaften Mischung aus jüdischem Intellektual-Radikalismus und slawischer Christus-Schwärmerei. Eine Welt, die noch Selbsterhaltungsinstinkt besitzt, muss mit aller aufbietbarer Energie und standrechtlicher Kürze gegen diesen Menschenschlag vorgehen."[186]

In diesen Jahren wurde der „Typus des russischen Juden" entworfen, das Feindbild des „jüdischen Bolschewismus" geschmiedet. Die Forderung Thomas Manns nach „standrechtlicher Kürze gegen diesen Menschenschlag" griffen die Republikgegner willig auf.

Der Freikorpsoffizier Manfred von Killinger schrieb in seinen Erinnerungen: „In München hatte die rote Brut das Heft fest in der Hand. Levien, Leviné-Niessen, Mühsam usw., was waren das für Namen? Waren das Bayern? Jüdisches internationales Gesindel, die Intellektuellen aus Schwabing."[187]

Der Sieg der Freikorpstruppen war für die geschlagenen Arbeiter fürchterlich. „Wir standen da wie zusammengepferchte Tiere unter einem losbrechenden Gewitter. ‚Das sind keine Menschen mehr!' murmelte nach langer Zeit ein alter Mann und rieb sich die Augen aus, Das sind Viecher! Das sind Metzger! Heulte das Mädchen. (...) Überall zogen lange Reihen verhafteter, zerschundener, blutiggeschlagener Arbeiter mit hochgehaltenen Armen. Seitlich, hinten und vorne marschierten Soldaten, brüllten, wenn ein erlahmter Arm niedersinken wollte, stießen mit Gewehrkolben in die Rippen, schlugen mit Fäusten auf die Zitternden ein. Ich wollte aufschreien, biss aber nur die Zähne fest aufeinander und schluckte. (...) Sie sind alle Hunde gewesen wie ich, haben ihr Leben lang kuschen und sich ducken müssen, und jetzt, weil sie beißen wollten, schlägt man sie tot. Wir sind Gefangene!"[188]

Und wie reagierte das Bürgertum auf die Niederlage der Revolution, als die weißen Truppen am 1. Mai in der Stadt einmarschierten?

„Das elegante Volk tummelte sich (...) in den Hofgartencafés. Gut gekleidete, beleibte Bürgerwehrler und Lebemänner mit Monokel unterhielten sich geschäftig mit Soldaten und Offizieren, feine Damen spendeten Zigaretten, Zigarren und Schokolade, kokettierten und schäkerten mit den geschnürten Leutnants. Ein Zug Verhafteter kam daher. Sofort lief alles darauf los, schrie und johlte, spuckte, schimpfte und drohte. Feine Damen verabreichten heldenmütige Ohrfeigen, altmodische Offiziersfrauen feixten entrüstet und schwangen ihre ausgebleichten Sonnenschirme (...) Die Räterepublik war zu Ende. Die Revolution war besiegt. Das Standgericht arbeitete emsig."[189]

Die Reichswehrgenerale von Möhl und von Oven errichteten eine gnadenlose Militärdiktatur, die mittels Standrecht bis August 1919 München beherrschte. Am Ende der Räterepublik waren mehr als 1000 Menschen den Truppen der Reaktion zum Opfer gefallen; 2200 Menschen wurden nach Niederschlagung der Räterepublik standrechtlich erschossen oder zu Haftstrafen verurteilt.[190]

Ernst Seidenberger in den 1920er Jahren

Die blutige Liquidation der Räterepublik schuf gesellschaftliche Zustände, „deren Ordnungsprinzipien auf der Anwendung des Faustrechts, der Rechtsverschlechterung, der Willkür, der Furcht und der Denunziation" beruhten und „in der Folgezeit mit den Mitteln fortdauernder Verfassungsbrüche, Fememorde, Justizskandale, Geheimorganisationen den traurigen Ruf Bayerns in der Kulturwelt als des wesentlichsten Vorläufers der Hitler-Barbarei" begründeten. So charakterisierte der Münchner Rechtsanwalt Philipp Loewenfeld in seinen Erinnerungen diese Jahre.[191]

Einige derjenigen, die sich an dieser brutalen physischen und juristischen Verfolgung beteiligten, sah man nur wenige Jahre später unter den ersten Anhängern der nationalsozialistischen Bewegung. Der seit 1919 amtierende Münchner Polizeipräsident Ernst Pöhner, Mitglied der reaktionären Thule-Gesellschaft, sah in der NSDAP „die Saat der Erneuerung Deutschlands": „Deshalb hielten wir unsere schützende Hand über die NSDAP und Herrn Hitler."[192] Die „schützende Hand" war tatsächlich eine mitkämpfende. Pöhner beteiligte sich am Hitler-Putsch 1923. Das waren die Rahmenbedingungen für Ernst Seidenbergers Anwaltstätigkeit nach dem Krieg.

„Dank für Nibelungentreue" – Syndikus für den Schutzverband Deutscher Schriftsteller

Am 14. Mai 1919 wurde der mit der Revolution sympathisierende und sie immer wieder auch aktiv unterstützende Oskar Maria Graf als Mitglied des Aktionsausschusses verhaftet. Seine Lage schien nicht ungefährlich: „Die Truppen Noskes drangen in die eroberte Stadt (...). Tagelang gab es Erschießungen. Alle Gefängnisse waren überfüllt. Die sogenannten ‚Kriegsgerichte' arbeiteten Tag und Nacht. Ich saß wie Tausende in einer gestopft vollen Gefängniszelle, in welcher sich unter anderen auch zwei Rotgardisten befanden, die auf die Geiseln im Luitpoldgymnasium auf Befehl des Zellenleiters geschossen hatten. Sie wurden nach zwei Tagen an die Wand gestellt. Es knallte oft und oft im Gefängnishof."[193]

Rainer Maria Rilke schickte nur wenige Tage darauf ein briefliches Gutachten an den Syndikus des Schutzverbands Deutscher Schriftsteller, den Rechtsanwalt Dr. Ernst Seidenberger, um Graf möglichst schnell aus dem Gefängnis herauszuholen:

„Sehr geehrter Herr Rechtsanwalt, was mich angeht, so dürfte ich in der Angelegenheit Oskar M. Grafs zunächst die Überzeugung in die Waagschale legen, daß er als Mensch wie als Schriftsteller von den reinsten und humansten Absichten erfüllt ist. Ihn selbst zu sprechen, ist mir leider nur sehr selten vergönnt gewesen; als ich ihn zuletzt sah (...), hatte ich den Eindruck, daß er, aller politischen Betätigungen abgeneigt, in seinen künstlerischen Arbeiten lebe. Irgendwie tätig in das öffentliche Geschehen einzugreifen, mag ihm damals schon durchaus fern gelegen haben, wie ja auch sein Name unter keinem der Aufrufe zu finden ist, die unter der Räteregierung die Aufmerksamkeit auf sich gezogen haben. Oskar M. Grafs einziger Versuch, sich an die Menge zu wenden (in jener Versammlung vom Anfang Dezember 1918) verrät, wie sehr der Weg rein menschlicher Verständigung seinem Ideale entsprach; er hat es nicht wieder unternommen, diesen Weg öffentlich zu empfehlen, aber gewiß hat er im Kreise seiner Freunde in diesem Sinne gewirkt, und es genügt wohl, ihn einige Male gesehen zu haben, um zu wissen, daß er sich dafür opfern könnte, Gewalt zu verhindern, eher als daß er imstande wäre, eines jener Mittel zu empfehlen, mit denen der Terror arbeitet. Zum Schluß möchte es mir wohl verstattet sein, die Wichtigkeit, die ich seiner künstlerischen Produktion zuschreibe, recht ausdrücklich hervorzuheben: ich wünsche von Herzen, daß dieser ernste und begabte junge Schriftsteller recht rasch seiner Tätigkeit wiedergegeben und einer Lage entzogen sei, in die ihn nur ein völlig verkennender Irrtum gestürzt haben kann. Empfangen Sie, Herr Doktor, den Ausdruck meiner größten Hochachtung,

Rainer Maria Rilke.“[194]

In einem weiteren Brief an den gleichen Adressaten setzte sich auch der Münchner Literaturprofessor Prof. Roman Woerner durch ein entlastendes Gutachten für den verhafteten Graf ein.[195] Er hatte Graf bereits unmittelbar nach dem Ersten Weltkrieg durch ein Stipendium großzügig unterstützt.

Dank Rilkes und Prof. Woerners energischer Fürsprache gelang es dem Anwalt die Freilassung Grafs zwölf Tage nach seiner Verhaftung zu erreichen.

Es lässt sich nicht exakt rekonstruieren, in welchen Jahren Ernst Seidenberger als Syndikus für den Schutzverband Deutscher Schriftsteller tätig war. Aufgrund des Lokalbezugs der überlieferten Dokumente ist anzunehmen, dass er nicht Syndikus des Gesamtverbandes, sondern des „Gau Bayern" war, der sich eine eigene Rechtsstelle leistete und ab 1930 Thomas Mann als Vorsitzenden wählte.[196]

Es bleibt auch offen, wie unser Großvater zu dieser Tätigkeit kam. Zum einen qualifizierten ihn sicher seine speziellen juristischen Kenntnisse in Vertrags- und Urheberrecht, mit denen er sich bereits einen Namen gemacht hatte. Zum anderen dürfte der literarisch umfassend Gebildete aber auch über genügend Motivation verfügt haben, dieser Tätigkeit nachzugehen und mit den berühmten Mitgliedern in persönlichen Kontakt zu kommen.

Jedenfalls war die Anwaltstätigkeit für den Schutzverband Deutscher Schriftsteller auch Teil eines sich anbahnenden beruflichen Aufschwungs. Nach einem vorübergehenden „Niedergang der Praxis", der durch die Kriegsniederlage und die Inflation verursacht war, florierte nunmehr die Kanzlei in der Briennerstraße.[197]

Der Schutzverband Deutscher Schriftsteller war bereits Ende 1909 gegründet worden. Mag sein, dass unser Großvater bereits im Kaiserreich für den Verband oder zumindest für einzelne Schriftsteller tätig war. In Gustav Meyrinks „Meine Qualen und Wonnen im Jenseits" von 1913 jedenfalls begegnet uns die Autorität des Rechtsanwalts Seidenberger. In der mystisch-okkulten Novelle schildert Meyrink seinen imaginierten Tod und seine darauf folgenden Begegnungen im Jenseits mit mehr oder weniger bekannten Persönlichkeiten, wie auch dem Großvater, auf satirische Weise: „... da klopfte mir eine Hand auf die Schulter, und mein Rechtsanwalt, Dr. Seidenberger aus München, reichte mir ein Papier hin. Aus dem schwarzen Talar, den er trug, entnahm ich, dass er keineswegs das Zeitliche gesegnet hatte, sondern mich lediglich im ‚Kama Rupa', wie es die Inder nennen, – dem fluidischen Körper, der bekanntlich den Menschen befähigt, noch bei Lebzeiten die irdische Hülle zu verlassen – besuchen kam. ‚Da, unterschreiben Sie mir rasch diese Prozessvollmacht', sagte er und fügte, während ich mit zitternder Hand Folge leistete, hinzu: ‚Ich soll übrigens Ihre Verlassenschaft ordnen – ich habe nur zwei Pfennige gefunden!?' ‚Das muss ein Irrtum sein, Herr Doktor', rief ich aus, ‚soviel habe ich nie besessen', doch er hörte nicht mehr, schritt auf Herrn Oberlehrer Sassafraß zu, wies die Prozessvollmacht vor und sprach gelassen: ‚Im Namen meines Klienten erhebe ich hiermit und insbesondere unter Hinweis auf den Umstand, dass mein Klient evangelischen Glaubensbekenntnisses ist und der Paragraph des Strafgesetzes puncto ‚Fegefeuer' auf ihn keinerlei Anwendung findet, Einsprache gegen das bereits im Zuge befindliche Verfahren und stelle ferner den Antrag, verfügen zu wollen, ihn unverzüglich auf freien Fuß zu setzen, widrigen- bzw. nötigenfalls wir den Weg der Appellation bis zum Kaiserlichen Salzamt, als dritter und letzter gesetzlicher Instanz, betreten müssten. Die Kosten des Verfahrens, et cetera ...' Worauf Dr. Seidenberger eine Verbeugung machte und verschwand."[198]

Seit 1920 gab sich der Schutzverband Deutscher Schriftsteller programmatisch den Untertitel „Gewerkschaft deutscher Schriftsteller". Die Zielsetzung des Verbandes kann man der Satzung von 1929 entnehmen: „Tatkräftige Vertretung der Berufsinteressen der Schriftsteller gegenüber Gesetz und Verwaltung (...), Einbeziehung der festangestellten und freien Schriftsteller in die sozialen Schutzbestimmungen des Arbeitsrechts (...), Rechtsschutz bei (...) Ein- und Übergriffen der Staatsgewalt, Unterstützung bei Erwerbslosigkeit, Arbeitsunfähigkeit und in besonderen Notlagen, genossenschaftliche Besorgung aller schriftstellerischen Bedarfsmittel, Rechtsschutz".[199]

Mit fast 2500 Mitgliedern (1932) wurde er zum stärksten Schriftstellerverband der Republik. Ernst Seidenberger vertrat als Syndikus des politisch von heftigen Auseinandersetzungen immer wieder lebhaft geschüttelten Schriftstellerverbandes einzelne Persönlichkeiten, bisweilen aber auch die Interessen von Verlagen. Die vorgetragene gewerkschaftliche und politische Hitze seiner Mandanten dürfte seiner eher gemäßigten Position manches Mal einiges abverlangt haben. Gleichwohl bewährte er sich in diesen Stürmen offensichtlich als erfolgreicher und hartnäckiger Anwalt.

Vielleicht vertraute er auch fest auf den mäßigenden Einfluss des liberaleren Journalisten Theodor Heuss, der von 1921 bis 1926 manchmal als erster, manchmal als zweiter Vorsitzender des Gesamtverbandes amtierte, Reichstagsabgeordneter der Deutschen Demokratischen Partei war und der uns – trotz Zustimmung zum

Ermächtigungsgesetz 1933 – viele Jahre später als erster Bundespräsident wieder begegnen wird.

Der Schutzverband Deutscher Schriftsteller zog schon früh das Interesse der Polizeibehörden auf sich. Erste Eintragungen finden sich in der Akte der Polizeidirektion München bereits im und kurz nach dem Ersten Weltkrieg.[200] Denn da war ja nicht nur Oskar Maria Graf. Da traten auch die Revolutionäre der „Münchner Dichterrepublik" auf, wie die Räterepublik zeitweise abschätzig tituliert wurde: „Kurt Eisner selbst war Journalist und Schriftsteller, Ernst Toller (...) war zunächst Vorsitzender des Zentralrats der Arbeiter-, Bauern- und Soldatenräte in Bayern, ab März 1919 Vorsitzender der USPD in München, seit April Mitglied der Regierung der Bayerischen Räterepublik und militärischer Führer der bayerischen Roten Armee. Ebenfalls in vorderster Front tätig waren Gustav Landauer und Erich Mühsam. (...) Ulrich Rauscher, der 1. Vorsitzende (des Schutzverbands Deutscher Schriftsteller, P.N.) wurde Pressechef des Reichspräsidenten Ebert und der Reichsregierung. (...) (Rauscher) war Verfasser des Aufrufs zum Generalstreik, der den Kapp-Putsch zu Fall brachte."[201]

Es war nicht erstaunlich, dass der Verband schließlich auch zwei Vertreter in den Arbeiter- und Soldatenrat wählte. Der Verband blieb in den folgenden Jahren weiterhin unter Beobachtung. Am 7. Februar 1928 berichtete ein Polizeispitzel von einer Veranstaltung des Verbandes in der Gaststätte „Blüte" in der Maxvorstadt.[202] Offenbar galt es, ein subversives Faschingsfest diskret zu beobachten:

„Anstössige Kostüme konnten nicht wahrgenommen werden. Das Publikum stammte zum größten Teil aus den Schwabinger Kreisen. Auffallend war ein großer Prozentsatz Juden (20 Prozent)."

Wie der Spitzel den exakten Prozentsatz an Juden unter den Kostümträgern ermitteln konnte, bleibt sein Geheimnis. Dass der Ermittlungsoptik rassistische Voreinstellungen zugrunde lagen, scheint offensichtlich. Der „Völkische Beobachter" spitzte in seiner Ausgabe vom 12. Januar 1932 die Angriffe auf den Schutzverband weiter zu und rief zum direkten Vorgehen gegen das Bündnis von „Juden und Moskowitern" auf: „(Der) Schutzverband Deutscher Schriftsteller (ist) trotz aller Auseinandersetzungen nach wie vor ein Tummelplatz dekadenter Moskaujünglinge á la Johannes R. Becher (...). Es kommt (...) darauf an, ob der Vorstand des Schutzverbandes diese Wegbereiter asiatischer Unkultur überhaupt noch länger in seinen Reihen dulden wird (...). Würden (...) die Juden und die Moskowiter austreten, so bliebe nicht mehr allzu viel übrig. Es ist überhaupt an der Zeit, daß diese Organisation der literarischen und politischen Dekadenz von der Bildfläche verschwindet."[203]

Das schüchterte ein. In vorauseilender Unterwerfung wurden mit Beginn der Nazidiktatur „kommunistische und linksradikale Mitglieder" 1933 aus dem Verband ausgeschlossen, u.a. Duncker, Axel Eggebrecht, Lion Feuchtwanger, Erich Kästner, Egon Erwin Kirsch und Willi Münzenberg. Der Münchner Lokalverband begann, sich in den Strom zur Gleichschaltung einzureihen: „Nach dem Weltkrieg gehörte der Münchner Lokalverband des Schutzverbands Deutscher Schriftsteller zu den fortschrittlichsten Kräften im Verband: Er engagierte sich für den Tarifkampf und für das Arbeitsrecht der Schriftsteller; in den 1930er Jahren stellte er dann die wichtigste Stütze des Hauptvorstandes gegen die (linke, P.N.) Opposition dar und konnte (...) ohne größere Schwierigkeiten in die nationalsozialistische Schrifttumsorganisation eingegliedert werden."[204]

Am 31. Juli 1933 wurde der Schutzverband Deutscher Schriftsteller in den „Reichsverband deutscher Schriftsteller" überführt.

Die Bücherverbrennung war der letzte Anlass, im Exil die Neugründung als „Schutzverband Deutscher Schriftsteller im Ausland" zu betreiben.

Zuvor, in den 1920er Jahren konnte mein Großvater die interessante kulturelle Vielfalt und die persönlichen Kontakte wahrnehmen, die ihm seine Anwaltstätigkeit für den Schutzverband bot.

Ein Syndikus des Schutzverbands durfte – zumindest auf Reichsebene – an den Vorstandssitzungen teilnehmen. Vielleicht war er auf diese Weise Gesprächspartner von Thomas Mann, dem zeitweiligen Vorsitzenden der Münchner Sektion. Vielleicht durfte er auch, zusammen mit Oberbürgermeister Scharnagel, die Nobelpreisfeier des „Schutzverbandes deutscher Schriftsteller, Gruppe Bayern" zu Ehren Thomas Manns am 16. November 1929, vermutlich in den Münchner Kammerspielen, besuchen.[205]

Unabhängig von der kulturellen Erbauung zeugen zahlreiche im Deutschen Literaturarchiv Marbach verwahrte Briefe von der regen Anwaltstätigkeit, in denen er immer wieder wohlformuliert, stellenweise auch humorvoll seine deutlichen juristischen Einschätzungen zu Papier brachte: „Bezahlen Sie den Betrag, den Sie der Gegenpartei ja unter allen Umständen schulden, nicht, so kommt Ihnen der Gerichtsvollzieher bestimmt ins Haus."[206]

Oder auch gegenüber anderen: „Sie werden damit aber aus rechtlichen und tatsächlichen Gründen kein Glück haben, vielmehr nur einen neuen Prozess sich auf den Hals laden, wenn Sie an Ihrem Standpunkt festhalten."[207]

Oskar Maria Graf erwähnte meinen Großvater in seinem autobiografischen Werk „Gelächter von aussen" als einen durchaus humorigen, aber im Juristischen entschiedenen Mann. Mit „anarchischen Humor" wollte Graf den ihm politisch und menschlich unsympathischen Münchner Literaturkritiker Josef Hofmiller auflaufen lassen. Er schickte ihm einen Brief, in dem er sich beklagte, dass dieser noch nie seine Bücher besprochen hätte. In den Umschlag legte er als fiktive Bestechung 20 RM bei. Der Betroffene reagierte wütend und wollte keine weitere Post von Graf empfangen. Graf hatte aber die Absicht, Hofmiller öffentlich, am besten in den „Münchner Neuesten Nachrichten" bloßzustellen. Dies hätte aber nur eine Chance gehabt, wenn dieser sich auch öffentlich äußerte. Um juristisch abzuklopfen, wie aussichtsreich die geplante Finte wäre, traf er sich mit dem Syndikus des Schutzverbands: „Wenn er (gem. Hofmiller, P.N.) schon sich darüber ausschwieg, wollte ich dafür sorgen, daß mein Schritt bekannt wurde. Da ich wußte, daß der Anwalt unseres Schutzverbandes stets auf Witze und Anekdoten erpicht und allgemein klatschsüchtig war, suchte ich ihn auf und stellte mich anfangs einfältig, erzählte und meinte unschuldsvoll arglos: ‚Wenn der Herr keinen Humor hat, dafür kann ich doch nichts. Jeder Mensch mußte das doch schon nach der Anrede im Brief merken.' Der Herr Justizrat Seidenberger lachte herzlich, als er den las und schüttelte in einem fort den Kopf: ‚Auf was Sie doch alles kommen! Was Ihnen doch nicht alles für Frechheiten einfallen ...' Mit aller Gewalt plagte ich mich zum Ernst. ‚Oder meinen Sie vielleicht, wenn ich mehr beigelegt hätte – vielleicht fünfzig oder gar hundert, aber das wär natürlich für mich zuviel – meinen Sie, daß das besser –‘ Das war zuviel. Seidenberger hob seinen schütterhaarigen Rotkopf und sah mich über der herabgesunkenen Brille ungewiss an. ‚Ja, Mensch, also Herr Graf? Sie entschuldigen schon, sind Sie denn ganz bei Trost oder was sonst?‘, sagte er. ‚Mir können Sie doch nicht vormachen, daß Sie da wieder einen Ihrer Witze loslassen wollten. Mit fünfzig oder gar hundert Mark wär' das vielleicht wirklich gefährlich für Sie ausgefallen!‘ Ich ließ die Maske meiner robusten Naivität noch immer nicht fallen und sagte brühwarm: ‚Tja, ich kann gar nicht verstehen, daß einer, wenn man ihm Geld gibt, es nicht annimmt? Ich …‘ ‚Jetzt machen Sie aber einen Punkt bitte!‘ verbat sich der gute Justizrat halb ernst: ‚Soweit geht die Narretei dann doch nicht! – Da, nehmen Sie Ihren schönen Brief und geben Sie sich zufrieden.‘ Damit komplimentierte er mich hinaus. Also auch bei dem verfing meine trotzige Frechheit nicht. Nichts erreichte ich, um diesem grob abweisenden Herrn Hofmiller einen Hieb zu versetzen und ihn zu zwingen, sich doch irgendwie mit mir in der Öffentlichkeit zu befassen.“[208]

Weitere kleine Zeugnisse weisen darauf hin, dass sich Ernst Seidenberger nicht selten und durchaus respektiert in literarischen Kreisen bewegte. „Herrn Dr. Seidenberger, ein Dank für Nibelungentreue!“, diese, von Wolfgang und Charlotte von Weber unterzeichnete Widmung vom 27. April 1926 findet sich in einer schweinsledergebundenen „Monumentalausgabe des Niebelungenlieds“, wie der schwere Band treffend im Nachwort benannt wird. Es ist eine für Hans von Weber 1910 in abgezählten Exemplaren gedruckte Ausgabe aus dem Hyperion-Verlag.[209] Das war den Mandanten ihr treuer Anwalt offensichtlich wert. Der Sohn von Hans von Weber, ursprünglich ein Bohemien der Schwabinger Künstlerszene, gründete und leitete namhafte Verlage, darunter den Hyperion.

Die Kanzlei des Großvaters entwickelte sich, wie bereits erwähnt, zufriedenstellend. 1925 verlieh ihm der bayerische Justizminister Franz Gürtner[210] im Namen der Regierung des Freistaates Bayern den Titel des Justizrates. Derselbe Gürtner unterzeichnete knapp zehn Jahre später als Reichsjustizminister die Nürnberger Gesetze. Er segnete ebenfalls per Unterschrift ab, dass alle Bürger jüdischer Herkunft den Vornamen Israel beziehungsweise Sara zu führen hatten.

Die Ernennung zum Justizrat wurde von der Familie als vorläufiger Höhepunkt gesellschaftlicher Anerkennung empfunden. In den Zeilen unserer Mutter wird das ehrfurchtsvolle Erschauern deutlich, das die Ernennungsurkunde in der Familie auslöste, und das nur durch die Eitelkeit unserer Großmutter kurzfristig gestört zu sein schien:

„Ich erinnere mich an den Anruf meines Vaters, wir wohnten in der Gedonstrasse, ich war fünf Jahre alt, und es muss mich beeindruckt haben. Meine Mutter nahm die Nachricht von der sicher stolzen Mitteilung des verliehenen Titels nicht mit Begeisterung auf, mein Vater war 48 Jahre alt, es war eine frühe Ehrung, meine Mutter war 39 Jahre. Es war zu dieser Zeit üblich, dass Ehefrauen immer mit dem Titel des Ehemannes angesprochen wurden. War meine Mutter bis dahin eine Frau Doktor, wurde sie nun zur Frau Justizrat, und dafür wähnte sie sich noch zu jung. Ich nehme an, dass mich die Mitteilung meines Vaters und die Reaktion von meiner Mutter beeindruckt hat, sonst hätte ich nicht diese starke Erinnerung daran.“[211]

Dabei war der Ehrentitel des Justizrates durchaus umstritten, da die Verfassung der Weimarer Republik derartige Titel nicht mehr vorsah, Bayern sie aber im Jahre 1922 wieder einführte. Titel wie „Justizrat“ oder „Geheimer Justizrat“ – einst alljährlich vom Prinzregenten verliehen – durften im demokratischen Deutschland zugunsten der schlichten Berufsbezeichnung nicht mehr verliehen werden.[212] Obwohl das Deutsche Reich erfolgreich gegen Bayern auf Abschaffung der „Titelwirtschaft“ klagte – beharrten die Betroffenen – auch unser Großvater – stolz auf dieser Namenserweiterung.

Mit Beginn der Nazidiktatur endete diese gesellschaftliche Anerkennung – manchmal auch auf persönlicher Ebene. Der geachtete Anwalt und Interessenwahrer schriftstellerischer und verlegerischer Tätigkeit wurde nun bisweilen und unter ganz anderen Vorzeichen mit Misstrauen beobachtet: Am 07. September 1938 schrieb der im Prager Exil lebende Mitbegründer und Karikaturist des Simplizissimus Thomas Theodor Heine an seinen Kollegen Franz Schoenberner, den letzten Redakteur des „Simplicissimus“ vor Hitlers Machtübernahme. Seine Worte waren geprägt von der verständlichen Wut über die Enteignungsabsichten der Nazis bezüglich seines Anwesens am Ammersee, von der Sorge um seine noch dort lebende Frau und Tochter und die Kreditschuld, die letztere abzuzahlen hatte. Ernst Seidenberger war wohl beauftragt als Nachlass- und Konkursverwalter des Simplizissimus-Redakteurs Eugen Wehrung auch bei Heines „halbjüdischer" Tochter entsprechende Schulden einzutreiben.[213] „Mit dem Verkauf des Diessener Anwesens ist es immer noch nichts Wirkliches (...). Ich habe diesen Sommer eine Schuld bezahlt, die meine Tochter seinerzeit bei dem verstorbenen Wehrung aufgenommen hatte, dessen Nachlass in Konkurs ist. (...) Ich konnte es nur ratenweise abtragen. Dabei benahm sich der Konkurs-Anwalt, Dr. Seidenberger, recht unfair, wohl in der Meinung, er könne sich als einer der wenigen übrigen jüdischen Anwälte durch scharfes Vorgehen länger halten."[214]

In einem weiteren Brief an Schoenberner bellte Heine in einer anderen Rechtssache noch einmal nach: „Wer war übrigens Ihr Anwalt? War es nicht auch dieser Seidenberger?"[215] In der Tat war die Zahl der jüdischen Rechtsanwälte in München inzwischen durch Flucht, Tod oder Verhaftung erheblich gesunken. Wenige Wochen nach Heines erstem Brief wurde Ernst Seidenberger im Oktober 1938 die Zulassung als Rechtsanwalt durch den OG-Präsidenten entzogen. Man löschte ihn aus der Rechtsanwaltsliste; Seidenberger durfte ab September 1939 nur noch als Konsulent arbeiten. Aus Heines Bemerkungen wird deutlich, mit welchem Misstrauen die Verfolgten eine mögliche Kooperationsbereitschaft der „übrig gebliebenen" Anwälte jüdischer Herkunft mit den Nazibehörden beobachteten oder unterstellten.

„München, die dumme Stadt" – Früher Antisemitismus und „Hauptstadt der Bewegung"

„Wer hat die Presse und damit die öffentliche Meinung in der Hand? Der Jude!

Wer hat seit dem unheilvollen Jahr 1914 Milliarden auf Milliarden gehäuft? Der Jude!

Wer kontrolliert den ungeheuren Banknotenumlauf, sitzt an den leitenden Stellen in den Großbanken, wer steht an der Spitze fast sämtlicher Industrien? Der Jude!

Wer besitzt unsere Theater? Der Jude!

Wer schreibt die Stücke, die aufgeführt werden? Der Jude!

Wer fährt im Automobil, wer praßt in den Nachtlokalen, wer füllt die Kaffeehäuser, wer die vornehmen Restaurants, wer behängt sich und seine Frau mit Perlen? Der Jude!"[216]

So lässt Hugo Bettauer in seiner bitteren Satire den „Kanzler" sprechen. Bettauers Roman „Die Stadt ohne Juden. Ein Roman von Übermorgen" setzte sich kritisch mit dem antisemitischen Zeitgeist Mitte der 20er Jahre auseinander.

Das Lachen erstarb. Der antisemitische Hass in München suchte Anlässe für seinen Ausbruch, früher und heftiger als in anderen Städten. Es waren nicht nur die Revolutionswirren, die den Antisemitismus förderten. Nachdem die jüdische Bevölkerung in München zunächst im Vergleich zu Berlin oder Frankfurt eher unterdurchschnittlich zugenommen hatte, beschleunigte sich das Wachstum um die Jahrhundertwende erheblich. Nicht nur die quantitative Seite, sondern die Verteilung zugunsten der Großstädte und die „Exponiertheit" der Zugezogenen, kennzeichneten die Entwicklung.

Die bereits erwähnte Zuwanderung aus den ländlichen Regionen Bayerns, vor allem aber der Ende des 19. Jahrhunderts beginnende Zuzug von „Ostjuden" aus Galizien, Polen und Russland infolge von Armut und der dortigen Pogrome prägten die jüdische Stadtgemeinde. Von den 1910 in München registrierten 11 000 Juden waren kaum mehr als 3000 in München geboren.[217]

Die aufgrund ihrer Armut, ihrer traditionell religiösen Kleidungs- und Verhaltensweisen leichter zu identifizierenden Juden aus Osteuropa, die sich zum Teil auch in Jiddisch verständigten, waren bis in die Kreise des „westjüdischen" Bürgertums ein Quell offener oder verdeckter Aversionen.

Auch unsere Mutter gab später zu, dass in ihrer Familie die in bestimmten Stadtteilen Münchens konzentriert lebenden „Ostjuden" als „Brandbeschleuniger" für den herrschenden Antisemitismus angesehen worden seien. Zu ihnen gab es keine sozialen Kontakte. Man hatte sie nicht gemocht. Sie wurden als eine „Quelle von Peinlichkeit und Beschämung“ angesehen und als Gefährdung der erreichten Assimilation:[218] „Die eingesessenen Juden (...) gehörten größtenteils der Mittelschicht und sogar in nicht unbeträchtlichem Maße dem Großbürgertum an; darüber hinaus hatten immer häufigere Einheiraten sie einer völligen Assimilation näher gebracht. Infolgedessen waren überall in Westeuropa viele alteingesessene Juden bereit, angesichts eines zunehmenden Antisemitismus ihre Position dadurch zu verteidigen, daß sie die Interessen ihrer neu angekommenen „Brüder“ opferten. Weit verbreitet war der Drang, die Immigranten in ein anderes Land fortzuschicken.“[219]

Die Münchner Kultusgemeinde erklärte 1919: „Man darf unsere alteingesessenen jüdischen Mitbürger nicht mit jenen Elementen aus dem Osten verwechseln, die Besitz und Ordnung bedrohen.“[220]

Alle diese Abgrenzungs- oder Differenzierungsbemühungen, die das Gefühl von Solidarität ersetzten, hatten allerdings sowieso keine Chance gegenüber dem dumpfen und explosiven antisemitischen Gebräu, das seine Kraft aus dem verlorenem Krieg, aus dem durch die kurze Räterepublik hysterisierten Antikommunismus und aus der Verelendung durch die umfassende Wirtschaftskrise speiste. Die Hyperinflation verdampfte die Einkommen und brachte für viele bedrückende Lebensverhältnisse mit sich. Ein Laib Brot oder eine Fahrt mit der Straßenbahn vom Stachus zum Marienplatz kosteten 250 Milliarden Mark:[221]

„Hirn und Magen kannten nur noch das: ‚Beim Uhlfelder im Rosenthal gibt's Konserven‘ oder ‚In der Schleißheimer Straße soll's Zucker und Reis geben‘, und alles rannte in diese Richtungen. Immer zahlreicher wurden die Zeitungsmeldungen von verhungernden Hausfrauen oder ganzen Familien, die sich den Gastod gegeben hatten.“[222]

Diese Mischung ließ München zum Vorreiter der antisemitischen und nationalsozialistischen Bewegung werden. Diejenigen, die davon profitierten und den Hass aufgriffen, fühlten sich wohl in dieser „Wiege der Nazi-Bestie“, wie Eisenhower die Stadt nach der Befreiung charakterisierte:

Die völkisch-antisemitische „Thule-Gesellschaft", in München gegründet, brachte den Mörder von Eisner hervor. Die Mörder von Erzberger und Rathenau entstammten der „Organisation Condor", die ebenfalls ihr Hauptquartier in München bezogen hatte.

Jede Woche konnte man nun Hitler im überfüllten Zirkus Krone hören.

Innerhalb weniger Monate hatte sich das politische Gesicht Bayerns von einem zentralen Ort revolutionärer Umtriebe zur judenfeindlich ausgerichteten „Ordnungszelle Bayern" gewandelt, die der seit 1920 amtierende bayerische Ministerpräsidenten Gustav Ritter von Kahr als Vorbild für Berlin propagierte.

1923 von der bayerischen Staatsregierung zum „Generalstaatskommissar" ernannt, machte der militante Antisemit Kahr aus seiner Gesinnung keinen Hehl: „Das jüdische Element ist für einen großen Teil des deutschen Unglücks und der wirtschaftlichen Not seit dem Kriege verantwortlich."[223]

Die erste offen antisemitische staatliche Maßnahme im Deutschen Reich ging von Kahr aus:

Im April 1920 sollten die aus Osteuropa eingewanderten Juden ausgewiesen werden. Obwohl teilweise bereits vor Generationen zugezogen, erhielten sie keine deutsche Staatsbürgerschaft. In München betraf dies ungefähr 1500 Personen, die vor allem in der Isarvorstadt lebten. Synagogen wurden überfallen, Juden in Eisenbahnzügen misshandelt, die Behörden sahen darüber hinweg.[224]

In Bayern konnte die NSDAP ungestört weiter agieren, während sie in anderen Bundesländern aufgrund des Republikschutzgesetzes 1922 vorübergehend verboten wurde.

1934 wurde der reaktionäre Monarchist Kahr im KZ Dachau erschossen – Hitlers Rache für dessen fehlende Unterstützung des Putsches 1923.

„Im Frühjahr 1912 kam ich (...) nach München", jubilierte Hitler und schwärmte kulturschwülstig von seiner „inneren Liebe, die mich zu dieser Stadt mehr als zu einem anderen mir bekannten Orte (...) erfaßte. Eine deutsche Stadt! (...) Am meisten zog mich (...) die wunderbare Vermählung von urwüchsiger Kraft und seiner künstlerischen Stimmung, diese einzige Linie vom Hofbräuhaus zum Odeon,

Oktoberfest zur Pinakothek usw. an. Daß ich heute an dieser Stadt hänge, mehr als an irgendeinem anderen Flecken Erde auf dieser Welt, liegt wohl mitbegründet in der Tatsache, daß sie mit der Entwicklung meines eigenen Lebens unzertrennlich verbunden ist und bleibt."[225]

Die aufgeblasene „Vermählung von urwüchsiger Kraft und künstlerischer Stimmung" in der Stadt wurde für die Nationalsozialisten zum Propagandacoup, als das Haus der Kunst 1931 vier Tage nach Eröffnung der „Münchner Kunstausstellung" abbrannte:

„Der riesige Glaspalast, in welchem eben die alljährliche Große Kunstausstellung eröffnet worden war, brannte. Das gewaltige Feuer erhellte den Nachthimmel, (...) Kunstwerke und Gemälde von Millionenwert krachten mit dem altmodischen Kuppelbau zusammen. Nur weniges konnte gerettet werden. (...) Im Völkischen Beobachter (...) wurde angekündigt, daß unter dem kommenden nationalsozialistischen Regime ein wahrer Ehrenpalast für die deutsche Kunst gebaut würde. Das lasen die Künstler gern. So einer Partei konnte man den Respekt nicht versagen."[226]

Im Juli 1937 wurde das „Haus der Deutschen Kunst" an der Prinzregentenstraße eröffnet, gleichzeitig im nahe gelegenen Galeriegebäude am Hofgarten die Ausstellung „Entartete Kunst" präsentiert, nachdem bereits im Mai 1933 vor 50 000 Schaulustigen die Bücher auf dem Königsplatz verbrannt worden waren. Die „Hauptstadt der Deutschen Kunst" präsentierte ihr neues Profil eines kleinbürgerlich-fanatischen Kunstverstandes.

„Es waren nicht wenige, die mit Schmerz sahen, wie die Stadt barbarisiert wurde", schrieb Lion Feuchtwanger.[227] Er selbst, Bertolt Brecht, Heinrich Mann und andere Künstler und Intellektuelle verließen Mitte der 1920er Jahre die bayerische Landeshauptstadt Richtung Berlin. Jetzt musste auch der politisch wankelmütige Thomas Mann feststellen: „Wir mussten es erleben, dass München in Deutschland und darüber hinaus als Hort der Reaktion, als Sitz aller Verstocktheit und Widerspenstigkeit gegen den Willen der Zeit verschrien war, mussten es erleben, dass man es eine dumme, die eigentlich dumme Stadt nannte."[228]

Doch dann: Hitlerputsch 1923!

„Die sind ja alle verrückt. Alle sind auf einmal für den Hitler. Ganz dick steht alles ums Rathaus und schreit: ‚Nieder mit Kahr und Lossow!' ‚Hoch Hitler!' Die Polizei kann gar nichts machen, jeder schimpft und schreit die Schutzleute an, und sogar Hakenkreuzfahnen hängen noch aus ein paar Fenstern."[229]

Clara und Ernst Seidenberger mussten sich in den Stunden bis zum Ende des Putsches am 10. November Gedanken gemacht haben, was auf sie zukommen würde. Dieses bedrohliche Klima von Wirtschaftskrise, Antisemitismus und Putsch, überschattete den dritten Geburtstag der Tochter Inge.

Zwei Jahre später nutzte Hitler das „Martyrium" der Putschniederlage und forderte auf einer NS-Führertagung am 12. Juni 1925 München zu einem neuen Zentrum der nationalsozialistischen „Bewegung" zu machen:

„Rom–Mekka–Moskau! Jeder der drei Orte verkörpert eine Weltanschauung (...) Bleiben wir bei der Stadt, die die ersten Blutopfer unserer Bewegung sah: sie muss das Moskau unserer Bewegung werden."[230]

Nur knapp acht Jahre später kamen die Nationalsozialisten an die Macht. „Und da war er plötzlich da, dieser farblose 30. Januar 1933 (...), an dem wir (...) wieder so ausgeleert und ziellos durch die Münchner Straßen gingen und uns auf einmal, als treibe lähmende Ungewißheit und Angst die Einwohner jedes Hauses ins Freie, dicht umdrängt von einer stummen Menschenmasse weitergeschoben fühlten (...), vermengt mit diesem riesenhaften Massenleib, der (...) nur manchmal kurz stockte und sich ausweichend zerteilte, weil frisch uniformierte, neuausgerüstete SA-Männer einen Menschen aus ihm rissen – ‚So, Bürscherl, da haben wir dich, du Saujud, du!' – und klatschend auf ihn einschlugen. (...) Und wo waren die Polizisten, die gegen sie einschreiten sollten? Und wo waren alle Freundes- und Bekanntengesichter, wenn man scheu und angstvoll geschwind herumlugte? Ganz und gar allein gelassen, geduckt und eingeschüchtert wie ein verprügelter Hund schob sich jeder von uns in der grauen Masse weiter (...) Wir sahen nicht hin, wenn sich eine Gruppe schiebend, schreiend und balgend in ein Geraufe um einen Menschen vermengte; wir blieben nicht stehen vor den überall angeschlagenen großen gelben, fettschwarz bedruckten Telegrammen, wir *wußten*: Hitler war

Reichskanzler! Aus allen Gastwirtschaften grölte es bierheiser abgehackt: ‚Sieg Heil! Sieg Heil! Deutschland erwache!'"[231]

Bis zum Tage der Befreiung Münchens durch US-Truppen am 30. April 1945 saß in dieser Stadt die Reichsleitung der NSDAP. Bereits im Jahre 1920 war die Partei im Hofbräuhaus gegründet worden. Seit diesem Jahr erschien der „Völkische Beobachter" im Münchner Franz-Eher-Verlag. 1923 fand der erste Parteitag der NSDAP in München statt.

Hier entstand die SA. Mit dem „Stoßtrupp Adolf Hitler" wurde die Keimzelle der SS in dieser Stadt geschaffen. Dem reaktionären Umfeld entstieg auch die NS-Prominenz: Julius Streicher, der spätere Herausgeber des antisemitischen Hetzblattes „Der Stürmer", saß von 1929 bis 1932 als bayerischer Landtagsabgeordneter in München. Mit der Machtübernahme der Nationalsozialisten in Bayern am 9. März 1933 wurde der berüchtigte Franz Ritter von Epp zum Reichskommissar ernannt. Heinrich Himmler wurde Chef der städtischen Polizeidirektion, später „Politischer Polizeikommandeur" Bayerns. Reinhard Heydrich leitete die Politische Polizei Bayerns. Der spätere Leiter der Gestapo Heinrich Müller war bereits seit 1929 in der Münchner Politischen Polizei im Kampf gegen kommunistische Gruppierungen tätig. Der „Stellvertreter des Führers" Hess residierte im „Braunen Haus" in der Briennerstraße 45, der 1930 eingerichteten NS-Parteizentrale. Der spätere Generalgouverneur der besetzten polnischen Gebiete, Hans Frank, trieb als Anwalt großer und kleiner Nationalsozialisten sein Unwesen in den Gerichtssälen, bis er 1933 bayrischer Justizminister wurde. Nach der Machtübernahme nutzte die NSDAP 68 Gebäude und entwickelte sich zu einem der größten Arbeitgeber der Stadt mit ca. 6000 Beschäftigten.

Bereits vor der Reichspogromnacht wurde die Hauptsynagoge Münchens auf persönlichen Befehl Hitlers abgerissen.

Vor den Toren Münchens entstand mit Dachau das erste Konzentrationslager.

Nach der Befreiung 1945 verwendeten die Behörden die amtlichen Briefbögen wegen des Papiermangels zunächst weiter. Der Schriftzug „Hauptstadt der Bewegung" erhielt den geschichtskorrigierenden Stempel: „Ungültig".[232]

1933–1944: Isolierung, Verarmung und Verfolgung

„Die Juden müssen restlos aus dem Rechtsleben heraus" – Berufsverbot und Verfolgung 1933

Anfang des Jahres 1933 herrschte besorgte Vorahnung, aber noch keine Panik unter den etwa 525 000 Juden im Deutschen Reich. Gerade im jüdischen Bürgertum sahen nur wenige der Entwicklung so schonungslos entgegen, wie Georg Solmssen, Vorstandssprecher der Deutschen Bank: „Ich fürchte, wir stehen noch am Anfange einer Entwicklung, welche zielbewußt, nach wohlaufgelegtem Plane auf wirtschaftliche und moralische Vernichtung aller in Deutschland lebenden Angehörigen der jüdischen Rasse, und zwar völlig unterschiedslos, gerichtet ist. Die völlige Passivität der nicht zur nationalsozialistischen Partei gehörigen Klassen, der Mangel jedes Solidaritätsgefühls, der auf der Seite derer zu Tage tritt, die bisher in den fraglichen Betrieben mit jüdischen Kollegen Schulter an Schulter gearbeitet haben, der immer deutlicher werdende Drang, aus dem Freiwerden von Posten selbst Nutzen zu ziehen und das Totschweigen der Schmach und der Scham, die unheilbar allen denen zugefügt wurden, die, obgleich schuldlos, von heute auf morgen die Grundlagen ihrer Existenz vernichtet sehen – alles dies zeigt eine so hoffnungslose Lage, daß es verfehlt wäre, den Dingen nicht ohne jeden Beschönigungsversuch ins Gesicht zu sehen."[233]

Viele glaubten noch an die Nation, das stabilisierende Vermächtnis der deutschen Kultur und die Kurzlebigkeit der Naziherrschaft. Sie hofften – zumindest in den konservativeren Kreisen – auf Beibehaltung der gesellschaftlichen Zugehörigkeit.

Vielleicht auch Familie Seidenberger. Betrachtet man eine politische und im Falle der NS-Zeit lebensbedrohliche Extremsituation vergangener Zeiten, so sind nachfolgende Generationen schnell versucht, nicht nur (und mit Recht) das Verhalten der Täterinnen und Täter zu bewerten, sondern auch das der Verfolgten. Beispielhaftes wird hervorgehoben, ängstliche Anpassung verurteilt. Der Enkel kann die historische Entwicklung allerdings aus der Perspektive desjenigen beschreiben und verstehen, der das Resultat der sich zusammenbrauenden Gefahren bereits kennt. Wie aber erlebten der Großvater und die Familie Seidenberger Geschichte zu einem Zeitpunkt, als Geschichte noch Gegenwart war? Aus diesem Blickwinkel wird die ganze Unsicherheit des Großvaters deutlicher, der doch tagtäglich existenzielle Entscheidungen treffen muss. Er ahnte die Gefahr, hatte jedoch noch keinen genauen Begriff von der Totalität der Verfolgungsabsichten.

Das strenge Urteil der Nachkommen hat diese Unsicherheit zu berücksichtigen. Diese Reflexion umfasst mehr als nur die Frage: „Was hätte man wissen können?"

Wir versuchen also, so begrenzt dies auch nur möglich ist, uns in die für Ernst Seidenberger noch nicht zur Geschichte geronnene Gegenwart zu versetzen.

Unsere 1933 gerade dreizehnjährige Mutter, die lange Zeit uns gegenüber darauf beharrte, die Zeit des Nationalsozialismus sei für sie im Alltag nicht so schlimm gewesen,[234] hat die beginnenden 1930er Jahre zunächst durchaus auch als aufregend empfunden. Es wird Möglichkeiten gegeben haben, die Angst zu verdrängen. Die Eltern werden auch vieles getan haben, um den Schrecken von ihr fernzuhalten.

Vielleicht wird sie mit Mutter und Schwester einmal in das Kaufhaus Uhlfelder gegangen sein, eine Münchner Institution und Attraktion zu jener Zeit: 7000 Quadratmeter Verkaufsfläche, 550 Angestellte, drei Stockwerke umfassende Rolltreppen, Aktionen mit lebenden Tieren.[235] Kann sie ahnen, dass dort bald die Scheiben eingeschlagen und das Kaufhaus „arisiert" werden wird?

Ein Ort, wo man Jungen kennen lernen kann, sind Schwimmbäder. Unsere Mutter erzählte uns oft vom Badespaß im Ungerer Bad. Als im Vorgriff auf die spätere Gesetzgebung in München bereits im August 1933 Juden von den öffentlichen Badeanstalten ausgeschlossen werden – bezieht sie diese Ausgrenzung auch auf sich?

Will und kann man das in einem Alter, in dem man lieber Jungen treffen und sich verlieben möchte?

Trotzdem wird unsere Mutter die Gefährdung ihres Vaters gespürt haben. 1933 habe sie, so die Erzählung, dem Vater eine Hakenkreuznadel aus der Schule mitgebracht: Wenn er das anstecke, sei er geschützt. Der Vater habe gelächelt und sie umarmt.

Wird in der Familie die Besorgnis darüber ausgetauscht, dass nur einen Tag nach der Machtübernahme der NSDAP in Bayern der langjährige Innenminister und entschiedene Gegner Hitlers Karl Stützel im Nachthemd und barfuß durch München gehetzt und misshandelt wird?[236] Äußert der Vater meiner Mutter seinen Zweifel, den Kummer und seine Angst vor der Familie?

Ernst Seidenberger wird im Februar 56 Jahre alt. Für den hellsichtigen Mann bedeuten die Ereignisse des Jahres 1933 einen „betäubenden Niederschlag", wie er drei Jahre später an seine Kinder schreiben wird. Bis dahin aber überschlagen sich erst einmal die Ereignisse.

Im letzten Land des Reichs übernehmen die Nazis am 9. März auch in Bayern die Macht. Franz Ritter von Epp, der 1919 bereits erfolgreich an der Niederschlagung der Revolution mitgewirkt hatte, wird Reichskommissar. Die alte Landesregierung wird aufgelöst, die neue mit Parteigängern besetzt. Der Münchner Oberbürgermeister Karl Scharnagel von der Bayrischen Volkspartei muss zurücktreten. Nachfolger wird der fanatische Nationalsozialist Karl Fiehler, seit 1920 NSDAP-Mitglied und Teilnehmer am Hitler-Putsch.

Der Kampf der NSDAP um die juristischen Institutionen spitzt sich zu. Der Terror gegen die ca. 2500 jüdischen Rechtsanwälte im Deutschen Reich verschärft sich, wird systematisch.[237]

Am Tag nach der Machtübernahme der NSDAP in Bayern, wird der Münchner Anwalt Michael Siegel mit abgeschnittenen Hosen und einem Schild um den Hals von der SA unter Gejohle durch die Neuhauser- und die Kaufingerstraße zum Hauptbahnhof gejagt: „Ich bin ein frecher Jude und werde mich nie mehr beschweren!" Auch dieses entwürdigende Bild wird Ernst Seidenberger sicher am nächsten Tag in der Zeitung nicht entgangen sein. Der angesehene Rechtsanwalt hatte beim Polizeipräsidium Beschwerde gegen seinen in „Schutzhaft" verbrachten Mandanten eingelegt.[238]

Im ganzen Land, auch in München, werden Rechtsanwälte buchstäblich aus den Gerichten geprügelt.[239] Sie verlieren im April 1933 – zunächst vorübergehend – ihre Zulassungen. Die ersten Häftlinge werden in „Schutzhaft" genommen und in das am 22. März errichtete KZ Dachau verschleppt. Es kommt zu den ersten Morden.

An führender Stelle prägt der fanatische Nationalsozialist und spätere Generalgouverneur des besetzten Polen, Dr. Hans Frank, die brutale Offensive gegen jüdische Anwälte, Richter, Staatsanwälte und juristische Angestellte. Frank, im Freikorps Epp an der Niederschlagung der Münchner Räterepublik beteiligt, NSDAP-Mitglied der ersten Stunde, Teilnehmer am Hitlerputsch 1923, ist seit 1927 als Rechtsanwalt in München zugelassen und entwickelt sich zum Stammanwalt Adolf Hitlers.[240] Er begründet 1928 den „Bund nationalsozialistischer Deutscher Juristen" (BNSDJ) und wird dessen Vorsitzender. Sicher ist Ernst Seidenberger diesem Nazi-Anwalt auf den Fluren des Justizpalastes oder in Gerichtsverhandlungen bereits begegnet. Frank wird im März 1933 kommissarisch bayerischer Justizminister. Am 22. April wird er zum „Reichskommissar für die Gleichschaltung der Justiz in den Ländern und für die Erneuerung der Rechtsordnung" ernannt. Frank darf sich in Zukunft „Reichsrechtsführer" nennen. Seine Aufgabe soll die „Verreichlichung" der Justiz sein, also die Zentralisierung der Justiz nach nationalsozialistischen Vorstellungen. Er begreift seinen Auftrag aber auch als „Sammeltätigkeit des menschlichen Materials der deutschen Juristen."[241]

Antisemitische Tiraden war Ernst Seidenberger auch schon vom bayerischen Justizminister Gürtner gewohnt, aber jetzt beginnen beispiellose Attacken, systematische Verfolgung, Morde. Es besteht Lebensgefahr für jüdische Juristen.

In den Zeitungen werden die Forderungen des Bunds Nationalsozialistischer Deutscher Juristen (BNSDJ) abgedruckt: „Im Ablauf von vier Jahren darf nach dem Plan unseres Führers kein Angehöriger fremder Rasse mehr Anwalt sein."[242]

Justizminister Frank diktiert in einer Ansprache Ende März den anwesenden Richtern und Staatsanwälten das kommende Rechtsverständnis:

„Meine Herren, Sie müssen sich frei machen von den liberalistischen Gedankengängen des gleichen Rechtes. Es gibt in Zukunft dieses gleiche Recht nicht mehr. (...) Das Recht der kommenden Art wird dafür sorgen, dass dem Begriffe des Staatsbürgers das Moment der Gleichheit genommen wird. Staatsbürgerschaft wird wieder die Bezeichnung für die Volkszugehörigkeit werden. Daran müssen Sie sich gewöhnen. Der Begriff der Rasse ist bisher überhaupt noch nicht im Rechtsleben in die Erscheinung getreten. Es wird eine unerlässliche Umstellung sein, die Sie nach dieser Richtung vorzunehmen haben ...“[243]

Mit der Boykottaktion gegen die jüdische Bevölkerung am 1. April 1933 beginnt die Ausgrenzung, die Entsolidarisierung und letztlich die Vereinsamung der bedrohten Juden und ihrer Familien. In vielen Städten richten sich die „Boykottlisten“ explizit gegen „jüdische Geschäfte, Ärzte und Rechtsanwälte“, sie seien „ab heute 10 Uhr zu meiden“.[244]

Insgesamt geht es um die Isolierung und Verdrängung der jüdischen Deutschen. Ihre Einschüchterung soll sie zunächst ins Ausland treiben. Letztlich werden aber damit schon im ersten Jahr der Naziherrschaft die Voraussetzungen für Deportation und Ermordung geschaffen.

Am Morgen des 1. April verbietet ein von der Hausverwaltung handgeschriebenes Schild am Eingang des Münchner Justizpalastes allen jüdischen Anwälten den Zugang zu den Gerichtsverhandlungen. Auch unserem Großvater ist es nun verwehrt, seinen Arbeitsplatz zu betreten. Der Text zitiert die Anordnung, die Justizminister Frank am Vorabend den bayerischen OG-Präsidenten und Generalstaatsanwälten verkündet hatte: „(...) Zur Aufrechterhaltung von Ruhe und Ordnung im Rechtsbetrieb und zur Wahrung des Ansehens der Rechtspflege ist vom 1.4.1933 an den jüdischen Rechtsanwälten das Betreten der Gerichtsgebäude bis auf weiteres verboten.“[245]

Schlagartig wird damit ein Teil-Berufsverbot verkündet.

Dieser Auftakt zur Vernichtung einer unabhängigen Anwaltschaft und der Verdrängung der Anwälte jüdischer Herkunft wird fortgesetzt durch den Angriff auf die Kanzleien.

Praxisschilder werden in roter Farbe mit „Jude“ beschmiert oder überklebt. Mahnwachen der SA ziehen vor den Kanzleien auf. Die Klienten werden eingeschüchtert. Es kommt zu Gewaltakten.[246]

„Judenauskehr im Justizpalast!" jubelt der Völkische Beobachter am 1. April über eine Kundgebung im pompösen Lichthof des Gebäudes: „Aus allen Kanzleien eilten die deutschstämmigen Juristen herbei, viele trugen unter dem Talar das Braunhemd, fast alle das Zeichen der Zugehörigkeit zur deutschen Freiheitsbewegung."

Justizminister Frank schreit: „Das Hakenkreuz weht über der bayerischen Justiz und nie mehr wird es wieder heruntergeholt werden, es sei denn über unsere Leichen."[247]

Ernst Seidenberger kann damals noch nicht ahnen, dass sich die letztgenannte Möglichkeit tatsächlich zwölf Jahre später realisieren wird. Er sieht erst einmal sich und seine jüdischen Kollegen an den Rand und aus dem Beruf gedrängt. Die alten Kollegen wenden sich ab und den fanatischen Antisemiten zu. Kein einziger Berufsverband der Anwälte, Richter oder Staatsanwälte protestiert gegen die Verfolgungspolitik. Das traditionell eher nationalistisch und konservativ eingestellte, einem positivistischen Rechtsverständnis verhaftete Justizpersonal besitzt keinerlei Widerstandswillen oder gar Solidaritätsgefühle mit den aus ihrer Funktion Entlassenen. Im Gegenteil. Man lässt keine Zeit vergehen, um den neuen Herren seine Loyalität zu demonstrieren. Eine der ersten Maßnahmen der neuen Anwaltskammer ist der einstimmige Beschluss, Bilder des Reichspräsidenten und des Reichskanzlers Hitler „für das Vorstandszimmer" anzuschaffen.[248]

Die alte Standesvertretung wird im Juli 1933 aufgelöst, die neue nimmt keine jüdischen Anwälte mehr auf. Ohne Murren der Anwaltskollegen werden die Verbände im BNSDJ gleichgeschaltet.

Die verlangten Verzeichnisse der „jüdischen (fremdrassigen) Rechtsanwälte des Kammerbezirks München" werden von der Anwaltskammer willfährig angelegt. „Das (...) etwa im April 1933 erstellte Verzeichnis enthält 182 Namen, darunter (...) Maron, Mayer, Neuland, Oestreich, Dr. Raff, Rheinstrom, Seidenberger, Schülein (...)."[249]

Mit dem „Gesetz zur Wiederherstellung des Berufsbeamtentums" werden noch im April 1933 die gesetzlichen Grundlagen für die künftige Ausgrenzung unter anderem im juristischen Bereich präsentiert.

Das am 7. April verkündete „Gesetz über die Zulassung zur Rechtsanwaltschaft" entzieht allen Rechtsanwälten jüdischer Herkunft die Zulassung. Ausnahmeregelungen gelten für „Altanwälte“, die über eine Zulassung aus den Jahren vor 1914 verfügen und „Frontkämpfer“ des Ersten Weltkriegs.

Auf Ernst Seidenberger trifft beides zu. Mit „Passierschein“ kann er das Gerichtsgebäude wieder betreten.[250]

312 der 440 jüdischen Rechtsanwälte[251] können durch diese Regelung noch für einige Jahre ihren Beruf ausüben. Das erbittert Frank und seine Fraktion. Sie bekämpfen von Anfang an hartnäckig diese Ausnahmebestimmungen. Dass viele Juristen jüdischer Herkunft trotz allem von heute auf morgen ihre Existenzgrundlage verlieren, dass sie ins Exil fliehen, dass einige verhaftet und zusammengeschlagen werden und dass einige in ihrer Verzweiflung Selbstmord begehen – das reicht Frank nicht.

Am 19. April veranstaltet der BNSDJ eine große Kundgebung im „Zirkus Krone“. Unter der Losung „Gegen das Judentum in der Rechtspflege“ wird die Forderung verkündet: „Hinaus mit den Juden aus der deutschen Rechtspflege und Rechtssprechung!“ Redner sind wiederum Justizminister Frank, der spätere Präsident des Volksgerichtshofes Freisler, damals Ministerialdirektor in Preußen und Julius Streicher, Gauleiter und Herausgeber des „Stürmer“, einer der fanatischsten und dumpfesten Judenhetzer.

Nur drei Tage später wendet sich auch der „BNSDJ-Gau Mittelfranken“ in Nürnberg mit unverhohlenen Drohungen gegen die Ausnahmebestimmungen für „Frontkämpfer“ und „Altanwälte“: „Mit geringen Ausnahmen sind fast alle jüdischen Anwälte und Richter wieder zugelassen. Die Empörung hierüber ist (...) maßlos. Wir können keine Haftung dafür übernehmen, daß es bei dem anmaßenden Auftreten der Juden nicht zu Tätlichkeiten kommt.“[252]

Immer schriller ertönen die Forderungen von Hans Frank und des BNSDJ, alle Juristen jüdischer Herkunft aus dem Rechtsleben hinauszudrängen:

„Nach Ablauf von vier Jahren darf nach dem Plan des Führers kein Angehöriger fremder Rasse mehr Anwalt sein.“[253]

Die Betätigungsmöglichkeiten der verbliebenen jüdischen Anwälte werden systematisch eingeschränkt.

Der Münchner Stadtrat beschließt am 18. Mai nur noch arischen Rechtsanwälten die Prozessvollmacht für die Stadt zu erteilen. Ihre jüdischen Kollegen werden aus der juristischen Vertretung von Unternehmen herausgedrängt, die Türen der Rechtsvertretung im Konkurs-, Nachlass-, und Armenrecht werden ihnen verschlossen, Veröffentlichungsmöglichkeiten juristischer Gedanken und Positionen, zum Beispiel in der Juristischen Wochenschrift, gibt es nicht mehr. Gerichtsgebäude dürfen nur noch mit „Passierschein" betreten werden. Sie werden aus dem Deutschen Anwaltsverein ausgeschlossen und nur noch in einer gesonderten Liste statt im Jahrbuch des Anwaltsvereins aufgeführt.[254]

Die Umsätze der Kanzleien sinken durch diese Maßnahmen drastisch. Einzelne Anwälte verelenden regelrecht. Den „arischen" Kollegen geht es dadurch umso besser.[255]

Zusätzlich soll die Einschüchterung und Bedrohung von Mandanten den jüdischen Anwaltskanzleien gnadenlos das Geschäft zerstören:

„Es ist leider wiederholt festgestellt worden, daß arische Prozessparteien sich jüdischer Prozessvertreter bedienen ... Die nationale Presse wird (...) derartige Vorkommnisse fortlaufend veröffentlichen. Es darf daher erwartet werden, daß alsdann die wenigen prozessführenden Parteien, die den Sinn der nationalen Erhebung heute noch nicht verstanden haben, in Zukunft erkennen werden, dass die Wahrung ihrer Rechtsbelange durch deutsche Rechtsanwälte geboten ist."[256]

Es wird noch dargestellt werden, wie 1938 unter der Überschrift „Was das Volk nicht verstehen kann", ein nichtjüdischer Mandant und die Kanzlei unseres Großvaters im „Stürmer" denunziert werden.

Berufliche Verbindungen zwischen arischen und jüdischen Rechtsanwälten werden verboten. Der aus seinem Beruf entfernte jüdische Kollege darf also weder in einer Bürogemeinschaft noch als Angestellter eines „arischen" Kollegen weiter arbeiten. Nicht einmal ein Mietverhältnis über Büroräume wird genehmigt.

Die Berufskollegen wenden sich auch privat ab und lassen ihre jüdischen Kollegen die berufliche und private Isolierung spüren. Sie verhalten sich so, wie es Justizminister Frank von ihnen einfordert: „Ich bitte Sie, meine Herren, persönliche Beziehungen mit Juden nicht weiter zu pflegen."[257]

„Wohin geht ein deutscher Verteidiger nach der Beendigung einer Gerichtssitzung? Die ‚Herrenrasse' war nicht selten bei Bier und Weisswurst zu finden. Die jüdische ‚Unterrasse' aber (...) ging in ihr Büro", sinniert der Münchner Rechtsanwalt Philipp Loewenfeld.[258]

Ernst Seidenberger steht allein, aber er muss Entscheidungen treffen. Er muss die Familie schützen. Dazu muss er sich selbst schützen. Er muss Geld verdienen. Er muss seinen Beruf irgendwie fortsetzen können. Aber wie? Und wie lange noch? Welche Schritte soll er ergreifen?

Er stellt den bereits erwähnten Antrag im Bayerischen Kriegsarchiv in der Leonrodstraße und erhält am 8. August die „Bestätigung", dass er im Ersten Weltkrieg „im Heeresdienst gestanden", „an Kampfhandlungen teilgenommen" und welche Orden er erhalten hat. 1935 wird ihm das bereits erwähnte „Ehrenkreuz für Frontkämpfer" verliehen.[259]

Gibt es also doch noch Sicherheit für den patriotischen „Frontkämpfer", der mit einer „Arierin" verheiratetet ist und zwei evangelisch getaufte Töchter hat? Ernst Seidenberger wird kaum darauf bauen, aber er ist auf diesen schmalen Überlebenspfad angewiesen – und sei es nur, um Zeit zu gewinnen.

Bereits mit der „1. VO zum Gesetz zur Wiederherstellung des Berufsbeamtentums" vom 11. April 1933 wird dem kundigen Juristen vordefiniert, was auf ihn und die Familie zukommt: „Als nicht arisch gilt, wer von nichtarischen, insbesondere jüdischen Eltern oder Großeltern abstammt. Es genügt, wenn ein Elternteil oder ein Großelternteil nicht arisch ist."[260]

Zum ersten Mal seit der formalen Gleichberechtigung der jüdischen Bürger 1871 wird von einer deutschen Regierung ein Gesetz zur Diskriminierung der Juden wieder neu eingeführt.[261] Damit wird der Rückschlag für alle Emanzipations- und Assimilationshoffnungen auch formalgesetzlich fixiert.

Juden werden aus dem kulturellen Leben Münchens ausgeschaltet; jüdische Journalisten in Schutzhaft genommen und entlassen. Am 10. Mai werden die Bücher „undeutscher Autoren" auf dem Königsplatz verbrannt.

37 000 der ca. 525 000 Juden im Deutschen Reich verlassen 1933 das Land. Familie Seidenberger bleibt.

Passfoto von Ernst Seidenberger

Aus der Sicht des Jahres 1936 – inzwischen sind auch die Nürnberger Rassegesetze verabschiedet – fasst unser Großvater im Brief an seine Kinder zusammen, welch tiefer Einschnitt in seinen Lebensablauf das Jahr 1933 für ihn bedeutet hat:

„Der (...) Ablauf ist meinen Kindern in seinen äußeren Konturen, da sie ihn z.T. miterlebt haben, bekannt. Aufstieg und Niedergang der Praxis, Unterbrechung durch den Krieg, Tod meiner Eltern, Inflation, Neuaufbau und betäubender Niederschlag durch die Ereignisse des Jahres 1933, den ich innerlich nie verwinden kann und dessen tödliche Pranke mir seither im Genick sitzt. Dabei fehlt mir keineswegs die verzehrende Sorge um Gegenwart und Zukunft des Schicksals meiner Kinder, im Vordergrund als das niederschmetternde Bewußtsein, wiederum ausgeschaltet, hinausgeworfen, erniedrigt, gepeinigt, im Rückgrat gebrochen zu sein. Ich empfinde dieses Zeitgeschehen als Treulosigkeit des Vaterlandes gegenüber einem, auf das innigste mit ihm verwachsenen und unlöslich verbundenen, als Strafe des Himmels und Buße für Geschehnisse, die mir im Innersten zuwider waren und mit denen ich nicht das Geringste zu tun habe. Diesem Schicksal gegenüber bin und bleibe ich machtlos. Es trifft mich überdies in Jahren, in denen die innere Widerstandskraft nicht mehr besteht, darum die lähmende Wirkung, gegen die der Kampf vergebens ist. Ich erlitt dieses Schicksal im wahrsten Sinn des Wortes und – das Schlimmste – Frau und Kinder mit mir, an denen gewiß nicht die geringste persönliche Schuld haften kann."[262]

Mit einem brutalen Prankenhieb wird der Großvater von den neuen Machthabern wieder auf seine jüdische Herkunft verwiesen: „wiederum ausgeschaltet, hinausgeworfen, erniedrigt, gepeinigt, im Rückgrat gebrochen". Das „wiederum" verweist nicht nur auf den Misserfolg seiner persönlichen Anstrengungen, in die deutsche Gesellschaft gleichberechtigt, in Würde und erfolgreich integriert zu werden. Es zeigt sein Bewusstsein von der Last, die er durch seine Herkunft als Jude zu tragen hat, von den hartnäckigen und oft vergeblichen Emanzipationsbemühungen in Deutschland und anderen Ländern.

Sein sich über die vergangenen Jahrzehnte erstreckendes persönliches Streben, sich vom Judentum, zu dem er sich immer wieder distanzierend äußert, loszusagen, erweisen sich als vergeblicher Weg. Er wird ihm und nun auch seiner Familie versperrt. Dem „Drang in die deutsche Gemeinschaft", wie er an anderer Stelle formuliert, wird ein jähes Ende verordnet. Jetzt fehlt die weitere Kraft.

„Ein Jude kann nicht Reichsbürger sein" – Nürnberger Gesetze 1935

Mit der „Verreichlichung der Justiz" geht die bayerische Justizhoheit auf das Reich über. Damit wird die Grundlage zur allgemeinen Durchsetzung der „Nürnberger Gesetze" vom 15. September 1935 geschaffen, deren Auswirkungen ja auch in anderen Rechtsbereichen, zum Beispiel im Strafrecht spürbar werden. Das Gesetzespaket beinhaltet im Wesentlichen:

- Das „Reichsflaggengesetz": Die Nationalfarben werden schwarz-weiß-rot eingefärbt, die Hakenkreuzfahne wird Nationalfahne. Von Juden darf diese aber nicht gehisst werden.
- Das „Reichsbürgergesetz". Mit der Unterscheidung zwischen „Reichsbürgern", denen die politischen und bürgerlichen Rechte zustehen, und „Staatsangehörigen" verlieren jüdische Bürger ihre staatsbürgerliche Gleichstellung und ihre politischen Rech-

te. Die Gleichheit der Bürger vor dem Gesetz wird damit auch formaljuristisch beendet. Nur Menschen „deutschen Blutes" können Reichsbürger sein, die anderen unterliegen der „Fremdengesetzgebung": „Ein Jude kann nicht Reichsbürger sein; ihm steht ein Stimmrecht in politischen Angelegenheiten nicht zu; er kann ein öffentliches Amt nicht bekleiden."

- Das „Gesetz zum Schutz des deutschen Blutes und der deutschen Ehre" verbietet Eheschließungen und außerehelichen Geschlechtsverkehr zwischen Juden und „Staatsangehörigen deutschen oder artverwandten Blutes". Juden dürfen keine „arischen" Hausangestellten unter 45 Jahre beschäftigen.[263]

Der Verfolgungszugriff wird in der 1. VO zum Reichsbürgergesetz weiter präzisiert. Der Antisemitismus wird in die Form infamer scheinwissenschaftlicher Mathematisierung gegossen, indem als „Volljude" derjenige gilt, der drei oder vier jüdische Großeltern hat. „Halbjuden" mit höchstens zwei jüdischen Großeltern werden als „Volljuden" angesehen, wenn sie der jüdischen Religionsgemeinschaft angehören oder mit einem Juden verheiratet sind.[264]

Auf der Grundlage der „Nürnberger Gesetze" wird Familie Seidenberger in den folgenden Jahren definiert: Der als „Jude" bezeichnete Ernst Seidenberger, der jüdische Eltern und Großeltern hatte und seine „arische" Frau Clara, geb. Ehrhart, leben in einer, einige Jahre später als „privilegiert" bewerteten „Mischehe", da ihre beiden Töchter christlichen, also nicht jüdischen Glaubens sind. Zusätzlich und vorläufig beruflich „geschützt" ist er als Frontkämpfer des Ersten Weltkriegs. Die in keinem Gesetz geregelte „privilegierte Mischehe" bedeutet, wie sich herausstellen wird, lediglich eine Schonfrist. Die beiden Töchter, Inge und Ise gelten ab jetzt als „Halbjuden" oder „Mischlinge 1. Grades."[265] Saul Friedländer gibt die Zahl der von den Nürnberger Gesetzen betroffenen „Mischlinge" im Jahre 1935 mit etwa 200 000 an.[266]

Da auch unser Vater eine jüdische Mutter hatte, wären mein Bruder und ich mit zwei Großeltern jüdischer Herkunft im Sinne der Nürnberger Gesetze wiederum „Halbjuden" gewesen.
Mit den Gesetzen vom Herbst 1935 werden u. a. Ehen zwischen „Mischlingen 1. Grades" verboten, von denen jeder einen jüdi-

schen Großelternteil hatte.[267] Unsere Eltern hätten damals also nicht heiraten dürfen – was sie allerdings 1947 taten und was unseren Großvater zu der juristisch nicht ganz korrekten Bemerkung gegenüber meiner Mutter veranlasst haben soll: „Den hättest Du auch früher haben können!"

Mit dem nun geforderten „Ariernachweis" bei Heirat, Bewerbungen etc. wird die „Reinheit des Blutes" überprüft. So wird man der „Nichtarier" habhaft und kann sie in die Isolierung treiben. Der Begriff des „jüdisch Versippten" setzt sich in den Köpfen so selbstverständlich fest, dass er Ernst Seidenberger auch nach dem Krieg behördlicherseits immer wieder begegnen wird.

Im Hause Seidenberger soll, so unsere Mutter später, der immer bedrohlichere Alltag nie Gegenstand des Gesprächs gewesen sein. Am Tag der Bekanntgabe der „Nürnberger Gesetze" habe Clara ihrer inzwischen 15jährigen Tochter eine Zeitung „stumm", wie unsere Mutter betonte, auf den Tisch gelegt. Lediglich ein: „Lies das mal!" habe diese Geste der Mutter begleitet. Die Tochter sollte sich über die Vorgänge wohl informieren und ihren neuen Status als „Halbjüdin" begreifen.

Erklärten die Eltern nicht, was vor sich ging? Fühlten die Eltern sich selbst zu verängstigt, zu Stütze und Rat nicht in der Lage und ließen das Kind damit allein? Hat man niemals gemeinsam Verhaltensregeln besprochen?

Kaum vorstellbar, aber doch möglich in einer traditionell eher unpolitischen, bis 1933 materiell recht geschützten Familie, die so jäh vom Schrecken erfasst wird. Vielleicht hat auch gerade die Angst vor Ausgrenzung und täglicher Bedrohung unsere Mutter erstarren und das täglich Sichtbare verdrängen und vergessen lassen, um es nicht erkennen, fühlen und aushalten zu müssen. Die Ausgrenzung einer 15jährigen aus der nahen Umgebung und der ganzen Gesellschaft wiegt schwer.

Die auch unter einigen jüdischen Bürgerinnen und Bürgern existierende Hoffnung, die neuen Gesetze würden dem willkürlichen Straßenterror der SA Einhalt gebieten und ein abgesondertes, aber erträgliches jüdisches Leben ermöglichen, erweist sich rasch als naive Illusion gegenüber der tatsächlichen Verfolgungsabsicht der Natio-

Inge im Olympiasommer 1936

nalsozialisten.[268] Als käme es auf Recht und Gesetz überhaupt noch an, bewirkt die geradezu grotesk konstruierte juristische Spitzfindigkeit der Nürnberger Gesetze und ihrer Ausführungsbestimmungen ein illusionäres Schutzgefühl der jeweils ausgenommenen Gruppe. Wer „Arier" ist, ist eben kein „Jude", wer „Mischling 1. Grades" ist, scheint weniger verfolgt als die betroffenen Elternteile, wer „Mischling 2. Grades" ist, kann sich Hoffnung auf ein nicht gefährdetes Leben machen.[269]

Die neue Gesetzgebung legt nun auch die Grundlagen für eine weitere Offensive im juristischen Bereich durch eine umfassende rassistische Pervertierung von Wissenschaft und Ausbildung.

In der Tagung „Das Judentum in der Rechtswissenschaft“ am 3. und 4. Oktober 1936 in Berlin zielt der Angriff des „Reichsrechtsführers“ Frank diesmal auf die Ausrichtung der gesamten Rechtswissenschaften und auf die Ausbildung des Nachwuchses in den juristischen Berufen: „Möge diese Tagung das völlige Ende des Judentums in der deutschen Rechtswissenschaft bedeuten.“[270]

In der Folge dürfen jüdische Autoren der Rechtswissenschaften nur noch negativ bewertet zitiert werden: „Das jüdische Schrifttum ist für uns nicht vorhanden“, notiert ein antisemitischer Rechtsanwalt.[271] Neue Literaturverzeichnisse müssen angelegt werden, denn die wissenschaftlichen Äußerungen jüdischer Rechtsgelehrter sind – zum Ärger der Nazis – umfangreich und oft von Weltniveau. Es müsse geklärt werden, gibt pflichteifrig der Dekan der Rechts- und Sozialwissenschaftlichen Fakultät in Göttingen zu bedenken, „ob Mischlinge ersten Grades mit unter den jüdischen Autoren aufgeführt werden sollen“.[272]

Für Juden gibt es keine juristische Ausbildung mehr, keine Habilitationsmöglichkeiten. Knapp die Hälfte des juristischen Lehrkörpers an den deutschen Hochschulen und Universitäten werden bis 1938 aus politischen und rassistischen Gründen vertrieben.[273]

Systematisch und öffentlichkeitswirksam bauen die Nazis die Abschottung zu den jüdischen Anwälten auf. Allen soll deutlich werden, wer zur „Volksgemeinschaft“ gehört und wer ausgegrenzt und der öffentlichen Verachtung und Verfolgung preisgegeben werden soll.

Am 24. Dezember 1937 – das Zustellungsdatum mag ein Zynismus der NS-Behörde gegenüber den „Juden christlichen Glaubens“ sein – erhält Ernst Seidenberger ein Schreiben der Rechtsanwaltskammer (RAK) München „gegen Empfangsbestätigung“:

„Laut einer Mitteilung des Präsidenten der RRAK (Reichsrechtsanwaltskammer) Berlin vom 29. November 1937, die Bezug nimmt auf die Verordnung des Reichsjustizministeriums vom 4.11.1937 (...), ist Juden und demnach auch den jüdischen Rechtsanwälten im Verkehr mit den Justizbehörden, insbesondere auch in den öffentlichen und nichtöffentlichen Sitzungen der Gerichte der Deutsche Gruß *nicht* gestattet. Ich ersuche die Anordnung unter allen Umständen zu beachten."[274]

Ihren nichtjüdischen Mitgliedern empfiehlt die RAK bereits seit Sommer 1933 ihre Kanzleischilder und Briefköpfe durch Kennzeichnung als „Deutscher Rechtsanwalt" zu ändern und, sofern sie Mitglieder im BNSDJ sind, zusätzlich mit einem Hakenkreuz zu schmücken.

Unser Großvater muss einige Jahre später stattdessen im Briefkopf den zusätzlichen Vornamen „Israel" führen.[275]

Die Isolierung der jüdischen Rechtsanwälte geht einher mit der öffentlichen Ausgrenzung und Entwürdigung aller jüdischen Deutschen.

Am 8. November 1937 wird im Bibliotheksbau des Deutschen Museums in München auf 3500 Quadratmetern die Ausstellung „Der ewige Jude" eröffnet. Julius Streicher und Joseph Goebbels sind zur Eröffnung anwesend – ein weiterer Schritt in der Einstimmung der Bevölkerung auf den denunziatorischen und immer brutaleren Antisemitismus. Über 400 000 Münchner besuchen die Ausstellung: „Im ersten Saal zeigte man dem Betrachter große Modelle von jüdischen Körperteilen: ‚das jüdische Auge, (…) die jüdische Nase, den jüdischen Mund, die Lippen usw. Riesige Fotos von verschiedenen ‚rassetypischen' jüdischen Gesichtern (…) folgten – ein gestikulierender Trotzki, Charlie Chaplin (…) Materialien und Karikaturen, Parolen und Beschreibungen von ‚Juden in der Politik', ‚Juden in der Kultur', ‚Juden in der Wirtschaft' … füllten einen Raum nach dem anderen."[276]

Unsere Tante Ise lässt sich in dieser Zeit die Nase operieren und erforscht intensiv die Ahnenfolge der „arischen" Familie Ehrhart. Die kleine Inge kämpft in nächtlichen Druck- und Massageübungen um die Beibehaltung ihrer „Stupsnase", auf die sie auch uns gegenüber in der Nachkriegszeit immer wieder stolz verwies. Die Geschwister wollen den rassistischen Zerrbildern einer „jüdischen Nase" entkommen.

„Absonderungstrieb und Drang in die deutsche Gemeinschaft" – Konversion zum Katholizismus

Auf einem Spaziergang in Schwabing in den 1990er Jahren wies meine Mutter auf eine kleine Kirche hin: In dieser Gemeinde wäre ihr Vater zum Katholizismus übergetreten. Laut der im Stadtarchiv befindlichen Münchner Meldekartei geschah dies am 19. Februar 1934.[277] Es war sein Geburtstag.

Großvater selbst setzte in seinem ersten Brief an die Töchter den Zeitpunkt der Loslösung aus der jüdischen Gemeinschaft bereits wesentlich früher an:

„1910 habe ich nach längst gefasstem Vorsatz das Judentum auch äußerlich verlassen und damit den absoluten Trennungsstrich gezogen."[278]

Opa Ernst war nie ein gläubiger Jude. Es bleibt auch offen, ob die offensichtlich liberalen und bürgerlichen Eltern ihn je in der jüdischen Gemeinschaft halten wollten.

In seinem Brief betonte er 1939, dass „Familie und Abstammung keinerlei bewusst gewordenen Einfluss ausgeübt haben, sondern mehr Anlass waren, von ihnen wegzustreben und selbständig zu werden; ich habe ihnen gegenüber stets ein Gefühl der Fremdheit gehabt, ich muss das mit Bedauern und fern von jeder Regung der Herabsetzung feststellen."[279]

Während sich die älteren jüdischen Bürgerinnen und Bürger von der Wende zur gesetzlichen Gleichberechtigung 1871 den Durchbruch zur Emanzipation in einem freien Jahrhundert versprochen haben dürften, wurden die jüngeren, wie der 1877 geborene Ernst Seidenberger, bereits wieder mit dem aufkommenden Antisemitismus gegen Ende des 19. Jahrhunderts konfrontiert. Erneut hätte es also Anlass gegeben, sich der immer wieder entstehenden Ausgrenzung durch Konversion zu entziehen, um der gesellschaftlichen Akzeptanz und Integration näher zu kommen. Das Datum der Konversion weist darauf hin, dass natürlich auch die Machtübernahme der Nationalsozialisten letzter Anlass für die Hoffnung war, man könnte sich der Zurechnung zu den Verfolgten entziehen. Man kann aber davon ausgehen, dass der das rassistische Programm der Nazis durchschauende Großvater ahnte, dass das christliche Glaubensbekenntnis eines Menschen jüdischer Herkunft die Machthaber letztlich nicht interessierte.

Der zeitbezogene Anlass für diesen Schritt war nicht seine Ursache. Die Gründe für seine Abwendung vom Judentum und seine Hinwendung zum Katholizismus lagen offensichtlich tiefer: „Äußere Ereignisse sind weniger bestimmend als auslösend für meine Entscheidungen", bestätigt er selbst. Er wollte seine jüdische Identität und familiäre Tradition nicht bewahren.

„Ich strebte mit allen Kräften aus der Gemeinschaft heraus, in die ich geboren war, in eine andere hinein, die mich vielfach abzulehnen schien. Wenn ich mir die, wie ich aus tiefstem Erleben feststellen kann, falsche Terminologie von heute zu eigen mache, so war ich von Anfang an zwischen die Rassen gestellt, in Wahrheit aber nur einer verbunden, in der ich Heimat und Vaterland sah."

Aus diesem „Gefühl der Fremdheit" heraus wollte er auch nicht „Deutscher jüdischen Glaubens" sein. Seine Selbstwahrnehmung und seine Verhaltensweisen waren andere: Er wollte Deutscher sein und dazu meinte er, auch christlich sein zu müssen. Wie noch zu zeigen sein wird, war das Christentum für ihn auch eine Glaubensfrage. Das unterschied ihn sicher von national-konservativen Kreisen im Bürgertum jüdischer Herkunft, für die die Zugehörigkeit zum Christentum kein eigenständiger Bestandteil der Identität war, sondern eher Vehikel auf dem Weg zur vollständigen Assimilation. Es galt den Betroffenen als wichtiger Teil des Nationalbewusstseins.[280]

Dem Brief an seine Töchter aus dem Jahre 1936/37 hat mein Großvater die Überschrift gegeben: „Abriss meines Lebens als Rechtfertigung für meine Kinder". Er meinte, sich rechtfertigen zu müssen. Wofür?

Der bereits zitierte „betäubende Niederschlag durch die Ereignisse des Jahres 1933" traf ihn nach seinem Empfinden zu Unrecht, erschien ihm, dem Vaterlandstreuen, als „Treulosigkeit" und als „Buße für Geschehnisse, die mir im Innersten zuwider waren und mit denen ich nicht das Geringste zu tun habe."

Er betonte gegenüber den Töchtern: „Der Absonderungstrieb war in mir (...) stark und ist es geblieben, nicht minder der Drang in die deutsche Gemeinschaft hinein, der immer bestimmender wurde (...)."

Ernst Seidenberger war ein national denkender Mensch. Seine Konversion entsprang kulturellen, wohl auch religiösen, vor allem aber nationalen Motiven. Offensichtlich suchte er einen Weg, „um innerlich deutscher zu werden".[281] Das Christentum erschien ihm wesentlich für sein Gefühl, Deutscher zu sein und für seine Identifikation mit der Nationalkultur. So war es wohl mehr eine innere Gefühlslage[282], als ein Mittel zur öffentlichen Durchsetzung von beruflicher Absicherung oder Karriere oder gar Schutz vor Verfolgung während der Nazidiktatur.

Er selbst schrieb über seinen Willen, den „absoluten Trennungsstrich" zum Judentum zu ziehen:

„Es war nicht Flucht, nicht ein Gedanke an irgendwelche Vorteile – ich hatte keinen nach außen zielenden Ehrgeiz – sondern einfach das Bedürfnis nach Reinlichkeit und Bereinigung einer innerlich von Kindheit an bereits vollzogenen Trennung.

Die Juden gehen als tragisches Volk durch die Geschichte. Dabei vermag ich aufgrund einer ständigen Selbstprüfung eigenen tiefsten Erlebens und aufgrund historischer Tatsachen nicht anzuerkennen, daß die Juden eine einheitliche Rasse oder ein geschlossenes Volk sind oder seit Christi Zeiten gewesen wären. Der Wesensunterschied zwischen Jude und Jude ist im Ganzen viel stärker als blinder Haß und mangelnde Vertrautheit mit dem ganzen Fragenkomplex annimmt. Gibt es doch kaum jemand in der Welt, der sich objektiv und vorurteilsfrei betrachtet. Auch nicht der Jude. Ich kann dazu aus persönlichem, stärkstem Erleben sagen, daß mir der letzte Deutsche näher steht als der erste Jude.

Das sogenannte Rassegefühl ist in diesem Rahmen eine Chimäre, ein Axiom, ein Tendenzbild. Ich bin zutiefst überzeugt davon, daß jahrhundertelanges Leben im Zusammenwachsen mit einer Volksgemeinschaft weitaus gewaltigere Kräfte wirksam werden läßt als eine einmal vor tausend und mehr Jahren (...)[283] anderweitige Zugehörigkeit. Das Herauswachsen auf der einen, und das Hineinwachsen in die andere Gemeinschaft ist ein unaufhaltsamer Lebensprozeß, der kittet und bindet und keine Auf- und Ablösung mehr gestattet. Wer will so verwegen sein, für sich zu entscheiden, welcher Rasse er biologisch angehört? Aber welchem Volk er zugehört, weiß jeder mit ebenso untrüglicher Sicherheit, wie er weiß, welche Mutter er hat.

Die selbständige Entwicklung hebt an mit dem Erwachen der Persönlichkeit, diese ist imstande, geistiges Wesen vollkommen unabhängig von Eltern und Vorfahren zu gestalten. Diese unbestreitbare Tatsache – vielfach belegt in der Geschichte, Beispiele liegen nahe genug – schlägt für sich schon jede Rassentheorie.

Das Vaterland kann mich durch die, die in Anspruch nehmen, es zu repräsentieren, ausstoßen, sich mir und meiner Liebe der untrennbaren Verbundenheit auch im Blute zu entziehen, vermag es nicht. Und so bekenne ich mich bis zum letzten Atemzuge zu Deutschland wie ich mich zum Dreieinigen Gott bekenne. Er bleibt mein Gott, auch wenn er mich schlägt wie Hiob und Deutschland bleibt mein Deutschland, auch wenn es mein Herzblut trinkt und mich ausspeit und mich zum Bettler macht."[284]

In seinen Briefen finden sich Formulierungen eines gebildeten und wissbegierigen Bürgers jüdischer Herkunft, eines besorgten Familienvaters, aber auch eines überzeugten Deutschnationalen, der sich mit glühenden und verzweifelten Formulierungen weder den Ordnungskriterien des dumpf propagierten Rassenantisemitismus unterwirft, noch sich seine Vaterlandsliebe von den Nationalsozialisten nehmen lässt.

Aber welche antijudaistischen Gedanken hatten sich zugleich in seinem Denken festgesetzt, wenn er von der „Strafe des Himmels und Buße für Geschehnisse, die mir im Innersten zuwider waren und mit denen ich nicht das Geringste zu tun habe" schrieb? Welche innere Zerrissenheit musste er erleben, wenn er sich „aufs innigste mit dem Vaterland verbunden" fühlen wollte? Welche tiefe Abneigung gegen seine jüdische Herkunft spricht aus dem schrecklichen Satz, dass ihm „der letzte Deutsche näher steht als der erste Jude"? Und das formulierte der Sohn jüdischer Eltern auch noch „aus persönlichem stärksten Erleben." Auf welche Erfahrungen bezog er sich dabei?

Seine konfessionellen Bindungen wankten schon früh, ohne dass eine neue religiöse Überzeugung deutlich wurde, eher ein „Entwicklungsprozess", ein „Gährungsprozess", eine Suche nach dem „endgültigen Ziel". Er wollte glauben. Er war oder wurde wohl wirklich gläubig.

„In allem Elend kann noch die Gnade fruchten! Dostojewski läßt einmal in seinen Gestalten sagen: ‚Ich habe immer an Gott geglaubt, ich habe es nur nicht gewußt.' Das möge als Erklärung und Motto über dem stehen, was ich noch sagen will. Ich habe keine verstandesmäßige Erklärung für die Tatsache, daß mir der Zugang zu Gott über das Judentum von allem Anfang an verschlossen war. Zwar habe ich lange die kindlichen Gebete gebetet, die aus deutscher Überlieferung stammten und eine kindliche Frömmigkeit gesät. Im Schul- und Religionsunterricht wurde mir aber das Dasein Gottes nur als ein Teil des Ablaufes der allgemeinen Menschheitsgeschichte näher gebracht, ohne daß die innere Anteilnahme stärker – nein schwächer – gewesen wäre als an den Gestalten, Ereignissen und geistigen Formungen der alten und vaterländischen Geschichte. So kam es, daß ich mich schon als Kind geweigert habe, die Zeremonie der Aufnahme in die jüdische Religionsgemeinschaft – entsprechend der Kommunion und Konfirmation – mitzumachen, eine Ablehnung, die im damaligen Alter von 12 bis 13 Jahren nicht vernunftsmäßig begründet war, sondern eine gefühlsmäßige, aber darum gerade standhafte, ja geradezu eigensinnige war. Nichtsdestoweniger habe ich das tägliche Gebet bis ins Mannesalter – jedoch nicht konfessionell gebunden – beibehalten, ohne damit eine andere Vorstellung als die Unterwerfung unter ein höheres Wesen zu verbinden, das jedoch keine dogmatische Gestalt annahm. Ich erkläre mir das heute damit, daß das Judentum völlig undogmatisch ist, keine Hierarchie kennt, (...)."

Er entschied sich für einen „Weg, der innerlich längst bereitet war. (...) Im katholischen Christentum fand ich den bis dahin zugeschütteten Weg zu Gott."

Wenn die Hinwendung zum Christentum Ausdruck religiöser, kultureller und nationaler Empfindungen war – warum entschied sich unser Großvater dann nicht für den Protestantismus, obwohl Frau und Kinder dieser Konfession angehörten?[285]

Im 19. Jahrhundert war es eigentlich eher der Protestantismus, der durch die enge Verbindung von Christentum und deutschnationalem Denken und Handeln Teile des konservativen jüdischen Bürgertums zur Konversion motivierte. Durch diese enge Symbiose war der Protestantismus dann aber auch anfälliger als der Katholizismus für Antisemitismus, Demokratiefeindlichkeit und Autoritarismus des NS-Regimes. Nicht nur das bereits 1932 erhobene Ansinnen der „Deutschen Christen", Eheschließungen zwischen Deutschen und Juden zu verbieten, sowie die bereits wenige Monate später geforderte Einführung eines Arierparagrafen für Pfarrer und Kirchenbeamte, sondern auch Bischof Dibelius, der die Boykottaktionen im April 1933 rechtfertigte und aus seinen antisemitischen Gedanken keinen Hehl machte, mögen markante Illustrationen dieser Gesinnung sein.[286]

Einzelne protestantische Gemeinden entschieden sich auch, Christinnen und Christen jüdischer Herkunft auszuschließen.[287]

Der „gemäßigte Antisemitismus" der katholischen Kirche (Friedländer) erlaubte demgegenüber immerhin Positionen, von denen sich unser Großvater möglicherweise einen gewissen Schutz oder Verständnis versprechen wollte:

„Ungerecht und schmerzlich ist bei diesem Vorgehen gegen die Juden besonders die Tatsache, daß auch solche, die seit zehn oder zwanzig Jahren getauft und gute Katholiken sind, (...) gesetzlich noch als Juden gelten und als Ärzte oder Rechtsanwälte ihre Stelle verlieren sollen."[288]

In Bayern lag es darüber hinaus natürlich auch auf der Hand, sich in die Arme der regionalen Mehrheitsreligion zu begeben. Angesichts der katholischen Glaubensausrichtung der bayerischen Bevölkerung und der damals noch deutlich vorhandenen Differenzierungsbedürfnisse zwischen den Konfessionen, hätte die Konversion vom Judentum zum Protestantismus die erwünschte unauffällige Anpassungsleistung unter Umständen zusätzlich erschwert.

Vor dem Rassenantisemitismus der Nazis schützte ihn das nicht. Während die Militärakten des Ersten Weltkriegs den Großvater seit 1914 als „nun konfessionslos" auswiesen, lebte die jüdische Zugehörigkeit in den Meldedateien der Nationalsozialisten unbarmherzig wieder auf: „Seidenberger, Ernst Israel" lautet der Hinweis auf den bereits geschiedenen Ehemann in der Meldedatei von Clara Ehrhart.[289]

Der Widerspruch zwischen Selbstwahrnehmung und nationalsozialistischer Zuordnung waren offensichtlich und unüberbrückbar. Seit dem 19. Jahrhundert hatte die Zugehörigkeit zum Christentum als Bedingung gleichberechtigter gesellschaftlicher Teilhabe zwar an Bedeutung verloren. Doch mit der Durchsetzung des rassistischen Antisemitismus spielte die religiöse Verortung gänzlich keine Rolle mehr, sondern ausschließlich die biologisch aufgefasste Volkszugehörigkeit.

Spätestens mit den „Nürnberger Gesetzen" zeigten die Machthaber, dass die Konversion eines Menschen jüdischer Herkunft nicht zu einem Ende von Entrechtung und Erniedrigung führen würde.

Unser Großvater hat dies geahnt.

In den letzten Passagen seines von Vorahnungen geprägten Briefes an seine Töchter schien ihm sein „äußerer Weg des Lebens" vor dem endgültigen Scheitern zu stehen. An dessen Stelle trat für ihn die Bedeutung des „inneren Lebens und Erlebens". Vor den Augen des Lesers liegen die Formulierungen eines traurigen Abschiedsbriefes:

„Es ist hier – und soll erst nach meinem Tod zur Kenntnis genommen werden – das erste und einzige Mal, daß ich mich über mein inneres Erleben äußere. Niemand gegenüber habe ich, aus innerster Abneigung, darüber den Mund geöffnet und lieber in Kauf genommen, daß der Schein gegen mich spricht als daß es mir möglich gewesen wäre, den Schleier zu heben. (...)

Ein vor dem Abschluß stehendes Leben, mit dem Blick nach rückwärts betrachtet, liegt hinter einem Vorhang oder einem Schleier, den zu lüften nur der vermag, dem es angehört hat. Auch er hat nur einzelne Abschnitte in Erinnerung, die ihm in dem Augenblick und unter dem Gesichtspunkt wesentlich erscheinen, von dem aus er es selbst betrachtet. Man sieht das zurückliegende Leben schließlich wie ein fremdes Schicksal, das darzustellen eine besondere Kunst und eine keineswegs geringe erfordert, die ich mir nicht zumesse.

Ein Leben, das vergangen ist, mag einem zunächst frischen und farbenprächtigen Möbelstück zu vergleichen sein, das zur Schonung mit einem farblosen und verblichenen Überzug bekleidet ist. Nur dieser Überzug ist für andere sichtbar geblieben, was darunter sich verbirgt, kennt nur das alte Möbel selbst, das unter dem Behang von sich selber und seinem alten Glanz träumt.

Es gilt und galt mir stets zu scheiden zwischen dem wahren und dem idealen Dasein, dem äußeren und dem inneren Leben und Erleben. Es geht darum, das zweite, dem der Vorrang gebührt, zu verwirklichen. Das kann geschehen, auch wenn das andere scheitert. Insofern ist die letzte Wendung, die mir zugedacht war, zuletzt nicht einmal das tiefste Unglück, half es doch, die letzte innere Bestimmung finden, für die es nichts bedeutet, welchen äußeren Weg das Leben geht.

Ich grüße Euch mit der Liebe, die Euch immer umfaßt hat und die Euch bis zum Ende begleitet.

München, Herbst 1936, E.S.

Ehret Eure Mutter und gedenket Meiner mit ein bißchen Liebe.

Laßt Euch dieses Andenken durch nichts schänden.

23. Juni 1937, Euer Vater"[290]

„Nicht Gesetz ist die Parole, sondern Schikane" – Reichspogromnacht 1938

Weitere Maßnahmen der Nazidiktatur werden in Pogromstimmung vorangetrieben. Propagandaminister Goebbels fordert vor Berliner Polizeioffizieren zum offenen Rechtsbruch und zur tagtäglichen Willkür gegen die jüdische Bevölkerung auf: „Gegen jede Sentimentalität. Nicht Gesetz ist die Parole, sondern Schikane."[291]

Die brutalen Ankündigungen kennen kein Halten mehr. Die Grenzen zwischen „rechtmäßigem Weg" und „Schikane" sind längst aufgehoben.

„Das hält uns (...) nicht ab, (...) auf dem rechtmäßigen Weg durchzusetzen, daß der Jude verschwindet. Und wir können das zum Beispiel dadurch, daß wir ihm ganz klar und eindeutig erklären, daß wir ihn nicht mehr haben wollen." brüllt Gauleiter Adolf Wagner durch den Zirkus Krone.[292]

Mit dem Jahr 1938 beginnt die Enteignung jüdischer Geschäfte und Unternehmen; ein Raubzug, der unter der Parole der „Arisierung" jüdischen Vermögens Einzug in die Geschichtsbücher hält.

Am 26. April 1938 mussten alle Juden ihr gesamtes Vermögen anmelden, sofern es 5000 RM überschritt.

Beide Großeltern sind von dem Gesetz betroffen: „Jeder Jude hat sein privates in- und ausländisches Vermögen (...) anzumelden und zu bewerten (...) Die Anmelde- und Bewertungspflicht trifft auch den nichtjüdischen Ehegatten eines Juden."[293]

Die angedrohte Vermögenserfassung mag ein weiterer Hinweis der Machthaber auf das Kommende und damit Motiv für die im gleichen Jahr vollzogene Scheidung von Clara und Ernst gewesen sein.

Die offene Gewalt eskaliert im November 1938. Die Reichspogromnacht ist gleichzeitig der Startschuss für eine gesetzliche Offensive zur Entrechtung und Enteignung der jüdischen Bevölkerung – in München immer etwas früher und radikaler als im restlichen Reichsgebiet.

Propagandaminister Goebbels leitet die Reichspogromnacht anlässlich einer Erinnerungsfeier an den Hitlerputsch 1923 im Alten Rathaus in München ein:

Kurz nach Eintreffen der Nachricht vom Tode vom Raths[294] ergreift Goebbels gegen 22 Uhr im Alten Rathaussaal das Wort. Er verweist auf Aktionen, die bereits an verschiedenen Stellen des Reiches gegen Juden begonnen hätten: „Die Partei hat solche Aktionen zwar nicht zu organisieren, aber sie auch dort, wo sie spontan entstehen, nicht zu verhindern." Die anwesenden NSDAP- und SA-Führer setzen diese Aufforderung unmittelbar nach der Veranstaltung in ganz Deutschland um.[295]

Die in den Jahren von 1884 bis 1887 erbaute Münchner Hauptsynagoge in der Herzog-Max-Straße dicht am Karlsplatz – seinerzeit mit fast 2000 Sitzplätzen die drittgrößte Synagoge in Deutschland – war bereits im Juni 1938 auf persönliche Anordnung Hitlers „aus verkehrstechnischen Gründen" abgerissen und zu einem Parkplatz eingeebnet worden.

Im ganzen Reich werden über 200 Synagogen verwüstet und in Brand gesetzt, 7500 Geschäfte zerstört, Zehntausende verhaftet und knapp 100 Menschen ermordet.

Die Zahl der in Bayern zugelassenen jüdischen Rechtsanwälte sinkt weiter von 440 (1933) auf 175 (1938). An diesem Tag werden 78 von ihnen in das Konzentrationslager Dachau deportiert, das der Münchner Polizeipräsident Heinrich Himmler bereits im März 1933 einrichten ließ.[296]

Der Auswanderungsdruck soll gesteigert werden. Die Juden sollen aus dem Wirtschaftsleben verdrängt werden.

Exil oder Entzug der Zulassung, Verhaftung, Ermordung. Die Zahl der Selbstmorde steigt, um dem Mord zuvor zu kommen. Zwischen 1933 und 1942 nehmen sich in München 176 Frauen und Männer jüdischer Herkunft das Leben. 1942 wird fast ein Drittel aller Suizide in München von Juden begangen.[297]

Auch mein Großvater soll, als er 1939 an seine Familie schrieb, nur noch diesen Ausweg gesehen haben. So berichtet es unsere Mutter. Sie war zu dieser Zeit in Berlin. Ihre Mutter habe ihr weinend die traurigen Aufzeichnungen ihres geschiedenen Mannes vorgelesen.

In seinem späteren Antrag auf Wiedergutmachung wird Ernst Seidenberger die Auswirkungen des Jahres 1938 zusammenfassen:

„Ich war in München als Rechtsanwalt zugelassen. Seit dem Jahr 1933 und insbesondere seit dem Boykott-Tag vom 1. April 1933 hat meine Praxis eine ständig absteigende Einnahme aufgewiesen, da bekanntlich dafür gesorgt wurde, dass jüdische Anwälte arische Aufträge nicht mehr erhielten. Das ging in meinem Fall so weit, dass ich namentlich im „Stürmer" angeprangert worden war, weil ein alter Mandant damals noch einen Prozess von mir führen liess. Im November 1938 wurde dann meine Kanzlei zwangsweise geschlossen."[298]

Getreu der Parole des „Stürmer"-Herausgebers Julius Streicher: „Wer heute noch zu einem jüdischen Anwalt geht, ist ein Volksverräter", enthält die hier erwähnte Ausgabe des Hetzblattes bereits am 18. Juni 1938 unter der Überschrift: „Kleine Nachrichten. Was das Volk nicht verstehen kann", die folgende denunziatorische Meldung: „Der Inhaber der Likörfabrik Hemmeter in der Türkenstraße 55 zu München läßt sich von dem Judenrechtsanwalt Dr. Seidenberger aus München vertreten."[299]

Dr. Oskar Maron, der 1943 in die Konsulentenkanzlei von Ernst Seidenberger eintreten wird, bestätigte nach dem Krieg gegenüber der Wiedergutmachungsbehörde Bayern, dass am 9. November die Kanzleien aller jüdischen Rechtsanwälte in einer offensichtlich konzertierten Aktion durch Parteistellen besetzt, geplündert und zumindest vorübergehend geschlossen wurden.[300]

Dies trifft auch die Anwaltskanzlei des Großvaters in der Kaufingerstraße 3, die nach dem Überfall bis 2. Dezember geschlossen und versiegelt wird.[301] Anschließend wird ihm seine Anwaltstätigkeit endgültig verboten.

Warum der Umzug aus seiner langjährigen Kanzlei in der Brienner- in die Kaufinger Straße erfolgt, bleibt offen. Da spätere Post immer wieder an die Briennerstraße adressiert wird, und auch die Großmutter nach dem Krieg immer nur von der Kanzlei in dieser Straße schrieb, kann man nur vermuten, dass der Umzug aus der einstmals großen Kanzlei, die er schon vor dem Ersten Weltkrieg bezogen hatte, überstürzt erfolgte und mit der Bedrängung durch die Nazidiktatur zusammenhing. Eine personelle oder räumliche Zusammenarbeit mit nichtjüdischen Anwälten war ihm verboten, er durfte keine „arischen" Arbeitskräfte mehr beschäftigen, und er konnte die große Kanzlei mit Einschränkung und Verbot seiner Anwaltstätigkeit sicher auch nicht mehr finanzieren.

Am 23. Januar 1939 schreibt Ernst Seidenberger erstaunlich entschlossen an die Gestapo in München:

„Die von mir betriebene Anwaltskanzlei war vom 10. November bis 2. Dezember 1938 verschlossen und versiegelt. Nach Wiedereröffnung der Räume habe ich das Fehlen nachfolgender Gegenstände festgestellt (...)." (Es folgt eine Liste der verschwundenen Gegenstände, die sich auf oder in seinem Schreibtisch befanden). Ernst Seidenberger schließt: „Ich wäre zu Dank verpflichtet, wenn ich über den Verbleib dieser Gegenstände, die mir zum Teil unentbehrlich sind, etwas erfahren könnte."[302]

Bereits für den 4. Februar lädt daraufhin die Gestapo den zu dieser Zeit in der Leopoldstraße 108/II wohnhaften Ernst Seidenberger zur „Besprechung" in die Gestapo-Leitstelle im Wittelsbacher Palais. Inhalt und Ergebnis des Gesprächs sind nicht bekannt.

Unsere Mutter wird später keinerlei Erinnerungen an diese Tage haben. Am jugendlichen Alter lag diese Ausblendung wohl eher nicht; denn zum Beispiel für die achtjährige Melanie Dewynter war „der elfte November, der Tag nach der Kristallnacht, der sich (...) scharf in mein Gedächtnis eingegraben hat (...). Die Luft (war) voller Rauch und Ruß, und da merkte ich schon, daß etwas nicht stimmte."[303]

Unsere Mutter war 18 – und erinnerte sich an nichts?

Zerstörte Ladenfronten werden vernagelt und mit der Aufschrift „Jüdische Geschäfte" versehen. Anschläge an den Gaststätten verbieten jüdischen Gästen das Betreten.[304]

Die Zeichen sind unübersehbar. Auch unsere Mutter muss sie gesehen haben. Aber das Gespräch in der Familie scheint verstummt zu sein, wenn es denn jemals eröffnet worden war.

Nach dem Novemberpogrom konfisziert die Regierung alle Versicherungsleistungen für die entstandenen Zerstörungen. Den jüdischen Deutschen wird eine Kontributionszahlung von 1 Mrd. Reichsmark auferlegt. Zu Beginn des Jahres 1939 wird die Einstellung sämtlicher jüdischer Geschäftstätigkeiten angeordnet. Unternehmen, Grundbesitz, Aktien, Juwelen, Kunstwerke müssen verkauft werden.

Ab dem 14. November 1938 war es Juden verboten, Theater, Kino, Konzerte oder Ausstellungen zu besuchen. Die Orte, wo auch Seidenbergers früher gemeinsam häufig spazierten, dürfen nicht mehr betreten werden: der Hofgarten, ab 1941 auch der Englische Garten, die Nymphenburger Schlossanlagen, der Tierpark Hellabrunn.[305]

Juden trifft ein nächtliches Ausgangsverbot. Sie müssen am Abend auf ihren Zimmern sitzen – ohne Rundfunkgerät, das ihnen auch genommen wurde.

Der Reisepass unseres Großvaters wird für ungültig erklärt. Ein rotes, drei Zentimeter hohes „J" wird in seine Kennkarte eingestempelt.[306]

Mit einem roten „J" kennzeichnet die örtliche Polizei auch die behördlichen Karteikarten aller Juden und „Mischlinge" bei der allgemeinen Volkszählung im Mai 1939.[307]

Alle genannten Maßnahmen treiben die jüdische Bevölkerung weiter in die Vereinzelung. Gesellschaftliche Isolierung und Vereinsamung werden immer schmerzhafter.

Viktor Klemperer wird sich am 9. Oktober 1940 in seinen Tagebuchaufzeichnungen seiner „furchtbaren Einsamkeit" bewußt."[308]

„Ich überlasse Mobiliar und Wertpapiere meiner Frau und den Kindern" – Scheidung 1938

In dieser Situation lassen sich unsere Großeltern scheiden. Für Großvater endet damit der ihm von den Nazis zugewiesene Status der „privilegierten Mischehe".

Die seit Ende des 19. Jahrhunderts zunehmende Zahl von „Mischehen", nicht nur zwischen Bürgern jüdischen und christlichen Glaubens, sondern auch zwischen Protestanten und Katholiken war Ausdruck der zunehmenden Entkonfessionalisierung in der Bevölkerung, besonders in den Großstädten. Die Nationalsozialisten unterlegten dem bis 1933 konfessionell genutzten Begriff ihr rassistisches Verständnis und verbanden es mit der Absicht von Ausgrenzung und Verfolgung.

Clara und Ernst Seidenberger vor 1933

Insgesamt gab es nach der von den Nationalsozialisten 1939 durchgeführten Volkszählung, der bereits ein rassistisches Verständnis jüdischer Zugehörigkeit zugrunde lag, ca. 20000 „Mischehen" im Deutschen Reich. 1944 wird es nur noch knapp die Hälfte sein.[309]

Bis 1938 unterlagen Ehepartner jüdischer Herkunft, also auch mein Großvater, allen Verfolgungsmaßnahmen der Nationalsozialisten. Im Dezember 1938 wurde die „Privilegierung" durch eine geheime Mitteilung Görings und dann auch im September 1939 im „Gesetz über die Mietverhältnisse mit Juden" definiert und betraf „gemischtrassige" Ehen unter bestimmten Bedingungen: Eines der Kriterien der „Privilegierung" war, dass ein Ehepartner nicht-jüdischer Herkunft war und die Kinder der christlichen Konfession angehörten.[310]

Die eingeschränkte Verfolgungsintensität war niemals explizit gesetzlich geregelt worden und sie war lediglich vorübergehend. Gleichwohl konnte die „Privilegierung" für die Betroffenen einen zeitlichen Aufschub bedeuten, der sich in vielen Fällen im Wettlauf mit der Zeit bis zur Befreiung von der Nazidiktatur als lebensrettend erwies. Wäre unser Großvater nur einige Monate früher deportiert worden oder hätte die Naziherrschaft wenige Monate länger gedauert, hätten auch die „privilegierten" Ehepartner jüdischer Herkunft oder die aus der Ehe hervorgegangenen „Mischlinge" nicht überlebt. Ihre Einbeziehung in das Mordprogramm hatte bereits begonnen.

Im Juli 1938 lockt die Nazi-Diktatur mit einem neuen Ehegesetz, „gemischtrassige" Ehen legal zu annullieren. Besonders die „Arierinnen" sollen durch die entsprechende Verordnung vom 28. Dezember 1938 ermuntert werden, ihre jüdischen Ehemänner zu verlassen: „Läßt sich die deutsche Ehefrau eines Juden scheiden, so tritt sie wieder in den deutschen Blutsverband zurück, und alle Nachteile für sie fallen fort."[311]

Unsere Großmutter galt seit der späten und sparsamen Information durch unsere Mutter über diese Trennung bei meinem Bruder und mir als „Verräterin", die den jüdischen Großvater in der Nazizeit im Stich gelassen hatte, weil sie – so die Vorstellung der Enkel – Verfolgungsbelastung, ihre eigene gesellschaftliche Isolierung und Gefährdung nicht aushalten wollte.

Nicht nur infolge einer inzwischen differenzierteren Bewertung von Alltags- und Entscheidungsdruck, sondern auch von abrufbarem Mut oder verständlicher Verzagtheit in der Nazizeit muss diese jugendlich-selbstgerechte Einschätzung korrigiert werden.

Aufgrund der zeitlichen Abläufe und der fehlenden Transparenz der politischen und rechtlichen Maßnahmen der Nazidiktatur kann man sogar annehmen, dass den Großeltern zum Zeitpunkt ihrer Scheidung das juristische Konstrukt der „privilegierten Mischehe" und der damit einhergehende relative Schutz des jüdischen Ehepartners noch nicht bekannt war.

Dass die Großeltern letztlich zueinander standen, bestätigt auch ihre erneute Ehe, die sie – kurze Zeit nach der Rückkehr des Großvaters aus Theresienstadt – am 18. Oktober 1945 begründeten.

Obwohl man Dokumenten aus dem Jahre 1938 kritisch begegnen muss, scheint das nunmehr entdeckte Scheidungsurteil die einseitig moralische Schuldzuweisung an die Großmutter zu relativieren.

Im Dezember 1938 wird die Scheidung von unserer Großmutter eingereicht. Auf der Meldekarte der Stadt München wird das Trennungsurteil vom 20. Dezember 1938 vermerkt und das Verschulden des Mannes an der Zerrüttung der Ehe festgehalten.

Im Urteil heißt es, ihr Mann habe Ende November die gemeinsame Wohnung verlassen mit dem festen Entschluss, nicht mehr zurückzukehren. Er habe dies mit der „fortschreitenden Entfremdung" begründet, „die ihre Ursache in der Behandlung der Rassenfrage im 3. Reich habe". Seine Frau treffe aber keine Schuld.

Meine Mutter bestätigte in unseren Gesprächen, dass ihr Vater die Scheidung initiiert hatte.

Unsere Großmutter reicht zwar zunächst die Scheidung ein. Dies war aber eher juristische Notwendigkeit, um ihren Mann der Ehezerrüttung beschuldigen zu können. Ernst Seidenberger nimmt die Schuld auf sich. Er entlastet seine Frau auf allen Ebenen.

Die Eheleute verzichten auf den Scheidungsgrund des § 37 EheG, der die Aufhebungsklage der Ehe aus „rassischen" Gründen ermöglicht hätte und berufen sich stattdessen auf § 49, der die auf dem

Schuldprinzip beruhende Zerrüttung der Ehe durch ehewidriges Verhalten zur Grundlage der Scheidung macht. Diese Begründung lag den meisten Scheidungen von „Mischehen" in der NS-Zeit zugrunde, weniger der Wunsch nach Aufhebung der „Rassenmischehe".[312]

Trotz des „milderen" Paragrafen zeigt auch das Scheidungsurteil der Großeltern auf drastische Weise das Ineinandergreifen von verordnetem Rassismus und Ehealltag. Der genannte Scheidungsgrund steht im Zusammenhang mit den antijüdischen Maßnahmen: Der Scheidung zeitlich vorausgegangen war die bereits erwähnte „VO über die Anmeldung des Vermögens von Juden" vom 26. April 1938 und die damit verbundene Aussicht auf Vermögensbeschlagnahmung.[313]

Die zunehmende Gefährdung einer gesicherten Wohnmöglichkeit mag ein weiterer Beweggrund für den Großvater gewesen sein, die Scheidung zu betreiben. Bereits Ende 1938 werden in München Hausbesitzer aufgefordert, ihren jüdischen Mietern zu kündigen. Mit dem „Gesetz über Mietverhältnisse mit Juden" vom 30. April 1939 werden die Entrechtung der jüdischen Mieter und die Politik der Konzentration in „Judenhäusern" eingeleitet, wenn auch „Mischehen" unter bestimmten Umständen ausgenommen werden. Mitte 1943 meldet die Arisierungsstelle: „Der Münchner Wohnungsmarkt kann heute als völlig judenfrei bezeichnet werden."[314]

Das Scheidungsmotiv des Großvaters liegt also nahe. Er will Frau und Kinder aus der Verfolgungsumklammerung befreien, das Vermögen für sie retten und ihre Wohnmöglichkeiten sichern.

Mit Vollzug der Scheidung ist er selbst vermögenslos, denn bereits am 31. Oktober 1938 wird in einer von beiden Ehepartnern unterschriebenen Vereinbarung zur „Regelung der Unterhaltsansprüche und Vermögensauseinandersetzung" festgehalten:

„1. Ich Ernst S. überlasse das gesamte in unserer gemeinsamen Wohnung vorhandene Mobiliar nebst allen sonstigen vorhandenen Gegenständen und Werten meiner Frau mit der Verpflichtung diese Gegenstände unseren gemeinsamen Kindern zu erhalten. Eine etwaige Veräusserung bedarf meiner Zustimmung.

2. Zur Abgeltung des Unterhalts und aller sonstigen Ansprüche meiner Frau überlasse ich ihr die in meinem Besitz bzw. bei der

Dresdner Bank Filiale München befindlichen Wertpapiere sowie ein sonst bei dieser Bank bestehendes Guthaben (...)

3. Ich Clara S. verpflichte mich für den Fall der Bedürftigkeit meines Mannes ihn aus den mir überlassenen Vermögenswerten zu unterstützen (...).“[315]

Die Eigentumswohnung in der Leopoldstraße wird laut Meldekarte auf den Geburtsnamen seiner Frau, Ehrhart, eingetragen.[316]

Das familienschützende Motiv zur Scheidung wird auch aus einem Dokument nach der Befreiung deutlich. In einer Stellungnahme zum geplanten Wiedergutmachungsgesetz vom 6. Oktober 1945 kritisiert der als Sachverständige hinzugezogene Anwalt Seidenberger die unpraktikable Beschränkung des Wiedergutmachungsfalles lediglich auf Vermögenseinziehungen. Er schlägt weitere zu berücksichtigende Aspekte der Vermögensschädigung durch die Maßnahmen der Nationalsozialisten vor und formuliert u. a. den offensichtlich an eigenen Erfahrungen orientierten Hinweis:

„Häufig waren Scheidungen von Mischehen unter dem Zwang der Verhältnisse, um weitgehende Nachteile von dem nichtarischen Teil und Kindern, die Mischlinge waren, abzuwenden. Auch hier ergab sich in vielen Fällen eine materielle Schädigung. Es könnte erwogen werden, ob solche Scheidungen nicht ohne weiteres auf Antrag der beteiligten Eheleute rückgängig gemacht werden könnten.“[317]

Im Rückblick scheint sich zu bestätigen, dass Ernst Seidenberger zeitweise taktischen Überlegungen folgte – soweit dies unter derart extremen Verhältnissen überhaupt möglich war – wie er seine Familie materiell schützen kann. Er setzt offensichtlich die dank seines Berufs erworbenen Kenntnisse über bürokratische Abläufe, Fristen, Dauer von Rechtsverfahren, etc. geschickt ein.

Am 21. Oktober 1938 wird ihm die Zulassung als Rechtsanwalt entzogen. Damit hätte die Familie jegliches Erwerbseinkommen verloren. Bereits eine Woche später, am 29. Oktober stellt er, noch verheiratet und „geschützt“ durch die „privilegierte Mischehe“, das Gesuch, als Konsulent in München zugelassen zu werden. Nur zwei Tage später formuliert er im Hinblick auf die bereits geplante Scheidung den Ehevertrag zur Vermögensüberlassung an Frau und Töchter. Während das Gesuch auf die Konsulententätigkeit auf eine

Entscheidung wartet, wird am 20. Dezember das Scheidungsurteil rechtskräftig. Im September 1939 wird er als Konsulent zugelassen.

Wäre er auch Konsulent geworden, wenn die Scheidung vor seinem Antrag vollzogen worden wäre? Wahrscheinlich erfuhr die Gestapo erst später von der Scheidung und er galt noch als in „privilegierter Mischehe" lebend.

Als die Gestapo am 21. Februar 1945, unmittelbar vor seiner Deportation nach Theresienstadt, verfügt, dass „das gesamte Vermögen des Dr. Ernst Israel Seidenberger zugunsten des Deutschen Reiches eingezogen" wird, zeigt sich die Weitsicht des Großvaters. Die Gestapo kann ihm bei seiner Verhaftung nur private Utensilien und sein Bargeld rauben.

Dass er durch den Scheidungsakt allerdings den relativen Schutz der „privilegierten Mischehe" verliert, dass er am Tag nach der Trennung hätte deportiert werden können, dass sein späterer Wohnaufenthalt bei der Familie in der Leopoldstraße 108 als „Rassenschande"[318] hätte gewertet werden können, dass er insofern Glück hatte, dass er erst im Februar 1945 deportiert wurde und dass er nur aufgrund dieses späten Termins überleben konnte – das macht es trotz allem schwer, diesen Schritt zur Scheidung zu verstehen.

Im Nachkriegsprozess wird der Gestapo-Mann Grimm, der den Großvater im Januar 1945 verhaftete und in den Transport nach Theresienstadt einteilte, explizit aussagen: „Als alleinstehender Jude mußte Herr Seidenberger noch umgesiedelt werden."[319]

Insofern war unsere Großmutter auch eine Akteurin in diesem Geschehen, deren Handlung Konsequenzen für den Grad der Gefährdung ihres Partners hatte.[320] Sie hätte auch nein sagen können.

Für den Großvater hätte es tödlich enden können: Wenige Jahre, nachdem Franziska, Tante unseres Vaters, die „privilegierte Mischehe" mit ihrem Mann, Wilhelm Rosenmann, durch Scheidung beendete, wurde dieser über Theresienstadt nach Auschwitz deportiert und ermordet.[321]

Opa Ernst war nunmehr hochgefährdet. Wahrscheinlich bewahrte ihn zunächst nur seine Konsulententätigkeit vor der Deportation.

Denn 1943 verschärfte das Reichssicherheitshauptamt (RSHA) die Transportrichtlinien. Himmler ordnete an, dass bis zum 30. Mai

1943 alle Juden, bis auf jene, die Teil einer bestehenden „Mischehe" sind, deportiert werden sollten.[322]

Im April 1944 hieß es in einem Erlass des Reichsinnenministers unter dem zynischem Titel „Betreff: Fürsorge für Juden": „Im Übrigen ist der Wohnsitz der Juden, deren deutschblütige Hälfte verstorben oder deren Mischehe geschieden ist, im allgemeinen nach Theresienstadt verlegt."[323]

Unter den 20 Münchnern in dem Transport, der am 13. Januar 1944 München verließ, befanden sich überwiegend jüdische Partner aus nicht mehr bestehenden „Mischehen".

Im Januar 1945 gab das RSHA auch die jüdischen „Mischehepartner" zur Deportation frei.[324]

Zerrissen war die Beziehung zwischen den Großeltern in der Zeit nach der Scheidung nicht. Sie hielten den Kontakt weiter aufrecht.

Das in einzelne Anekdoten zersplitterte Familiengedächtnis weiß über dieses zerschnittene Leben durch unsere Mutter zu berichten: Als ihr Vater 1944 nach Ausbombung seiner Wohnung vorübergehend wieder in der Leopoldstraße untergekommen war, wohnte er nebenan in einem kleinen, ehemals für Dienstboten eingerichteten Zimmer mit separatem Eingang zum Treppenhaus. Eines Tages habe er sich durch lautes und anhaltendes, eigentlich verräterisches Klopfen an die Wand bemerkbar gemacht. Vertieft in ungebrochenes Liebesspiel soll der besuchsweise anwesende Onkel Otto, Bruder von Clara, die noch funktionstüchtige Dienstbotenklingel nachhaltig in Gang gesetzt haben. Das raubte dem Großvater den Schlaf und gab zu der Beschwerde per Klopftöne Anlass. Eine Anekdote meiner Mutter, die unbeabsichtigt, aber nicht untypisch hochherrschaftliche Vergangenheit und elendes Verfolgungsschicksal zu verknüpfen versteht.

„Na, Fräulein Jude!" – die Töchter verlassen München

Nicht nur die Wege der Eltern trennen sich. Die Töchter verlassen München. Hoffen die Eltern, die Töchter außerhalb von München besser schützen zu können?

Die Tochter Inge in den 1930er Jahren

Unsere Mutter Inge geht nach Berlin. Ise findet Aufenthalt bei einer befreundeten Familie in Italien.

Von Mai 1933 bis März 1937 hatte unsere Mutter das „Mädchenlyzeum Kleber vorm. Küspert“ in der Bürkleinstraße 13–15 in München besucht und dort die mittlere Reife erreicht.[325] Nach ihrer späteren Erinnerung war sie dort von den Lehrerinnen und Lehrern immer gut behandelt worden. Vor einer Klassenfahrt habe ihr die Klassenlehrerin im vertraulichen Gespräch empfohlen besser nicht mitzufahren. Als sie dann die letzte Klasse wiederholen muss, nehmen die Eltern dies zum Anlass, sie an eine andere Schule wechseln zu lassen. Im „Schlußzeugnis“ vom 23. März 1937 wird Inge als Tochter des „Herrn Ernst Seidenberger, Rechtsanwalt“ geführt. Noch muss mein Großvater den diskriminierenden Beinamen Israel nicht tragen.

Die Eltern sehen offenbar die Demütigungen und die zunehmende Gefährdung ihrer Tochter in der Schule voraus, auch wenn sie als „Mischlingskind" zunächst den nichtjüdischen Kindern gleichgestellt wird.

Durch eine Fülle gesetzlicher Maßnahmen wird in der Folgezeit der Schulbesuch eingeschränkt. Viele teiljüdische Kinder wechseln in dieser Zeit die Schule, um den dauernden Diskriminierungen im Unterricht, dem Ausschluss von Klassenfahrten, der quälenden Isolierung unter den Mitschülerinnen und Mitschülern zu entgehen, indem sie Nischen in privaten Schulen oder bei verständnisvolleren Direktoren und Lehrerkollegien suchen. Mit einem Erlass des Reichserziehungsministers vom 2. Juli 1942 werden „Halbjuden" vom Unterricht an höheren Schulen endgültig ausgeschlossen.

Am 1. Oktober 1938 wechselt unsere Mutter auf die „Kaufmännische Privatschule von Dipl. Kaufmann Rudolf Bürck und Prof. Dr. Dr. Carl Eichenseer in der Residenzstraße 10, jetzt Kanalstraße 36". Vielleicht erhoffen sich die Eltern von einer Privatschule weniger staatlichen Druck auf ihre Tochter.

Dort erhält sie nach einem knappen halben Jahr am 9. April 1939 ein „Besuchszeugnis", das nur die Lehrfächer, aber keine Noten enthält. Durch den Schulwechsel habe sie alle ihre Freundschaften aufgeben müssen, wird sie mir später erzählen.

Aber auf wen kann man sich überhaupt in dieser Zeit verlassen? Die alte Freundin, Elisabeth von Versen (der Name ist ihr nach mehr als 50 Jahren auf Anhieb in Erinnerung) sei nach dem Schulwechsel an ihr vorbeigeradelt und habe ihr zugerufen: „Na, Fräulein Jude!" Unsere Mutter sei aber „stolz weitergegangen".

Diese demütigenden Ausgrenzungen aus dem Schulleben, die täglichen Verletzungen in ihrer Jugend müssen schmerzhaft gewesen sein. Hier hat sie tagtäglich das „Streben nach Unauffälligkeit"[326] eingeübt, das sie zeitlebens beibehalten hat.

1939 geht sie nach Berlin und wird in der Kosmetikfirma Hanna Völker ausgebildet. Sie belegt dazu vom Oktober 1939 bis März 1940 an der „Lessing-Hochschule"[327] einen „Fachkursus zur Berufsausbildung in der Haut- und Körperpflege (Kosmetik)". Alle Fächer in der Abschlussprüfung – Anatomie, Gesichtsbehandlung, Gesichtsgymnastik, Haarpflege usw. – absolviert sie mit „sehr gut“. Sie ist jetzt „Visagistin“.

Ähnlich wie im Rückblick auf die spätere Zwangsarbeit bei den Münchner Stadtwerken zeigte sie immer einen gewissen Stolz auf diese kurze Phase eigenen Arbeitslebens außerhalb des Haushalts. Häufig präsentierte sie uns zum Beispiel die angeblich so hautkräftigende blassgelbliche Caroteen-Gesichtscreme, die sie selbst anzurühren gelernt und nach dem Krieg immer wieder nachbestellt hatte und die bei meinem Bruder und mir eher unangenehme Geruchserinnerungen hinterließ.

Oma Clara habe der Besitzerin der Kosmetikfirma, Hanna Völker,[328] die im Übrigen sehr anständig und nett zu ihr gewesen sei, im Vorstellungsgespräch mitgeteilt: „Sie müssen aber wissen, dass meine Tochter Mischling ist!“ Das habe unsere Mutter „geärgert“. Sie hat sich wohl eher geschämt, weil sie diese Information mit Recht als demütigend und erneut ausgrenzend empfand. Angesichts der zunehmenden beruflichen Einschränkungen für „Mischlinge“ ist die Äußerung ihrer Mutter allerdings nachvollziehbar, um die Beschäftigungsbedingungen ihrer Tochter durch diese frühzeitige Klärung abzusichern.

Einmal kommt auch die Schwester zu Besuch nach Berlin. Man habe das von den Nazis erbaute Olympiagelände besichtigt. Ob man sich denn nie bei dieser oder einer anderen Gelegenheit über die bedrohlichen Zeitläufte unterhalten habe? Nein. Nie. Die Schwester sei ja 14 Jahre älter gewesen, begründet unsere Mutter die Sprachlosigkeit.

Im Übrigen habe sie nie verstanden, warum die Eltern ihr in diesen gefahrvollen Zeiten überhaupt „erlaubt“ hätten, nach Berlin zu gehen.

In diesen Worten schwang nicht nur ein gewisses Unverständnis mit, man spürte auch Enttäuschung, vielleicht sogar Empörung über dieses vermeintliche Desinteresse. Wahrscheinlich hatten die Eltern es nicht nur „erlaubt“, sondern die Initiative für den Stadtwechsel ergriffen und die notwendigen Kontakte in Berlin hergestellt. Einiges spricht für die Annahme, dass die Tochter im anonymeren Berlin einen sichereren Aufenthalt finden und vor der täglichen Bedrohung besser abgeschirmt werden sollte, statt bei der Mutter am Heimatort

Tochter Ise in Italien

zu leben, wo der Zugriff der Nazibehörden leichter möglich war. Vielleicht wollten die Eltern ihr auch die familiären Auswirkungen der vollzogenen Scheidung ersparen. Aber inzwischen war immerhin der Krieg ausgebrochen und erhöhte die Gefahrenlage auch in Berlin.

Die ausbleibenden Gespräche über die Situation mit der immerhin fast 20jährigen, das stete Schweigen über das Kriegsende hinaus überdeckten die wahrscheinlich sorgenvollen Motive der Eltern und bewirkten ein bis ins hohe Alter gespeichertes, kindliches Gefühl von Zurückweisung statt von Dankbarkeit.

Einige Jahre nach ihrer Rückkehr nach München wird unsere Mutter im November 1944 zum Straßenbahnwaschen bei den Stadtwerken zwangsverpflichtet.

Auch die zweite Tochter, die am 20. September 1906 in Mühltal/Leutstetten geborene Luise, verbringt einige Zeit außerhalb Münchens bei Freunden in Italien, zu denen auch nach dem Krieg durch regelmäßige Besuche die Freundschaft aufrechterhalten wird.

Trotz des faschistischen Mussolini-Regimes konnte Ise sicher noch mit einem Touristenvisum nach Italien reisen. Immerhin flohen zwischen 1933 und 1941 zwischen 3000 und 8000 Juden aus dem Deutschen Reich nach Italien. Die „Maßnahmen zur Verteidigung der italienischen Rasse" leiteten Ende 1938 die ersten Schritte zu Diskriminierung und Verfolgung italienischer Juden ein.[329] Mit der deutschen Besetzung im Herbst 1943 und den damit verbundenen Deportationen in die Vernichtungslager war dieser Weg der Zuflucht endgültig versperrt.

Ises Italien-Aufenthalt muss etwa zur gleichen Zeit stattgefunden haben, wie der Aufenthalt unserer Mutter in Berlin, also im Zeitraum zwischen Mitte 1938 bis Anfang 1940, denn von Juni 1937 bis Ende März 1938 besucht Tante Ise Privatkurse in Stenografie und Maschinenschreiben bei Therese Sabel in München.

In den Jahren nach den Nürnberger Gesetzen konzentriert sie sich darüber hinaus auf die im Kapitel „Annäherungen" bereits erwähnte intensive Erforschung des Stammbaums der Familie Ehrhart.

Zahlreiche Familienurkunden liegen in den 1937 und 1938 von den jeweiligen Ämtern bestätigten Abschriften vor. Dass sich diese Ahnenforschung ausschließlich auf den protestantisch-„arischen" Familienzweig der Ehrharts konzentrierte, war kaum ein reines Hobby, sondern diente eher der Stärkung des „halbarischen" statt des „halbjüdischen" Zugehörigkeitsgefühls und des Stolzes auf die Herkunft aus altem schwäbischen Patriziergeschlecht. Sicher hoffte sie auch, die Familie mit diesem Nachweis ihrer nichtjüdischen Herkunft besser vor weiterer Verfolgung schützen zu können.[330]

Am 6. Februar 1940 wird Ise Seidenberger vom Arbeitsamt der Verlagsanstalt Carl Gerber zugewiesen und beginnt am 1. Oktober 1941 in der Schwesterfirma, dem Münchner Buchverlag von Dr. Hans Hohenester zu arbeiten.

Bis Kriegsende wird sie vom Verlag freigestellt, als sie am 7. November 1944 in der Berliner Straße 1/II ein „Verpflichtungsbescheid" aufgrund der „VO zur Sicherstellung des Kräftebedarfs für Aufgaben von besonderer staatspolitischer Bedeutung vom 13. Februar 1939" erreicht. Sie muss sich fünf Tage später zusammen mit ihrer Schwester als „Hilfskraft zum Wagenwaschen" bei den Münchner Stadtwerken melden.

Betriebsausflug 1942, Ise Seidenberger, 7. von links (mit Sonnenbrille)

Für die Zeit vom 13. November 1944 bis zum Tag von Münchens Befreiung Ende April 1945 – ihr Vater ist inzwischen in Theresienstadt inhaftiert – erhält sie einen Bruttolohn von 807,83 RM, netto ergab das 718,77 RM.[331]

Unsere Tante konnte ihr musikalisches Talent, ihr absolutes Gehör, ihr traumhaftes Klavierspiel, mit dem sie uns Kinder später bei ihren Besuchen beeindruckte, nie, wie sie gehofft hatte, beruflich umsetzen. Das BLEA bescheinigte ihr die „verfolgungsbedingte Aufgabe der Berufsausbildung als Sängerin".[332] Als „Halbjüdin" war kein Platz für sie im Kulturbetrieb der Nazis.

Es war nicht nur die Beendigung einer Berufsausbildung. Es war das Scheitern ihres Traumes.

Sie wurde nicht Sängerin. Sie wurde nicht Pianistin.

Nach dem Krieg arbeitete sie als Sekretärin in der Kanzlei des Vaters bis zu dessen Tod.

Die beiden Schwestern Inge und Ise (sitzend)

Im November 1957 nahm sie eine Stelle als Sekretärin in der Forschungsstelle für Geochemie an der Technischen Hochschule München bei Prof. Dr. F. Hegemann an. Nach einem Jahr kehrte sie als Chefsekretärin zurück in den Carl Gerber Verlag, später Schwaneberger Verlag von Herrn Hohenester. Für diesen Verlag besuchte sie bis zum Rentenbeginn immer wieder die Buchmesse in Frankfurt und wohnte bei uns in Neu-Isenburg. Unsere Eltern mussten ihre spärliche Rente Monat für Monat auf ein existenzsicherndes Niveau anheben.

Ise blieb Zeit ihres Lebens unverheiratet und wohnte allein in der Leopoldstraße 48. Eine Beziehung zu einem verheirateten Beamten zerbrach in den 1930er Jahren, als dieser sich überlegte, dass es für seine Karriere bekömmlicher wäre, sich wieder seiner Frau und vor allem Partei und SS zuzuwenden. Nach dem Krieg meldete er sich wieder. Man hätte ja nicht ahnen können, dass es nur zwölf Jahre dauerte, soll er sich entschuldigt haben. Unsere Tante nahm den immer noch Verheirateten wieder auf und verbrachte manch heimlichen Urlaub mit ihm. Am Tage vor ihrem Tod stand der gepackte Koffer für eine weitere Reise zu zweit bereit. Sie hatte sich schon gefreut. Der Tod kam dazwischen.

In ihren betrieblichen Zeugnissen werden ihr „überragender Stil in Wort und Schrift, ihr großes Allgemeinwissen und ihre Sprachkenntnisse", vor allem auch ihre „literarischen Kenntnisse" gelobt, sie wird als „sehr gebildeter Mensch" charakterisiert, aber auch ihre Gabe „nicht alles kritiklos hinzunehmen". Sie hatte eine wunderbare Ironie und konnte sich verbal mit bissigem Humor wehren. Es war ein Hochgenuss, den weihnachtlichen Wortgefechten zwischen unserem eher sozialdemokratisch gesinnten und auch gerne spöttischen Vater und der konservativen, eher an Wittelsbachern und Franz Josef Strauß orientierten Tante zu lauschen. Für uns Jugendliche war dies eine frühe Schulung in politischer Bildung und in der Fähigkeit, mit Ironie und überzeichnendem Spott durchaus niveauvolle Kontroversen auszutragen. Von der Einsamkeit und der tiefen Trauer unserer Tante erfuhren wir erst nach ihrem Tod.

„Dem deutschen Volksgenossen der deutsche Rechtswahrer! Dem Juden der jüdische Konsulent!" – Konsulententätigkeit 1938

Mit Eingangsstempel vom 26. Oktober 1938 trifft ein Schreiben des OLG-Präsidenten in der Kanzlei des Großvaters im Roman-Mayr-Haus in der Kaufingerstraße 3 ein:

„Betrifft Zurücknahme der Zulassung

Der Herr Reichsminister der Justiz hat (...) Ihre Zulassung als Rechtsanwalt (...) mit Ablauf des 30. November 1938 zurückgenommen. Sie werden daher am 1. Dezember 1938 in den Rechtsanwaltslisten gelöscht; eine weitere Mitteilung hierüber erhalten Sie nicht."[333]

Die Kanzlei in der Kaufingerstraße wird vom 10. November bis zum 2. Dezember 1938 verschlossen und versiegelt[334] und muss anschließend endgültig eingestellt werden. Erst als zugelassener Konsulent wird unser Großvater einige Zeit später wieder ein Büro in der Promenadestraße betreiben können.

Grundlage für den Entzug der Rechtsanwaltszulassung ist die „5. VO zum Reichsbürgergesetz vom 27.9.1938". Juden wird zum 1. Dezember 1938 die Ausübung des Anwaltsberufes untersagt.[335]

Das Wüten des BNSDJ hat Erfolg. Von den 17 360 Anwälten im Reichsgebiet waren zum Sichtag des 1. Januar 1938 allein noch 1753 als „Altjuden“ oder „Frontkämpfer“ zugelassen. Jetzt heißt es im §1 der VO pauschal: „Juden ist der Beruf des Rechtsanwalts verschlossen“. Es gibt keine Ausnahmebestimmungen mehr. Die Namen der aus der Zulassungsliste gelöschten Rechtsanwälte werden zur „Totenliste“.[336]

Ernst Seidenberger verliert damit die materielle Existenzgrundlage für die Familie.

Nur drei Tage nach Zugang des Schreibens, reicht Ernst Seidenberger bei dem selben OLG-Präsidenten, der ihm gerade die Zulassung als Rechtsanwalt entzogen hat, ein „Gesuch um Zulassung als jüdischen Konsulent in München für die Landgerichtsbezirke München und Augsburg“ ein.

Sein scharfer juristischer Verstand hat offenbar eine entscheidende „Chance“ entdeckt: Artikel III der Verordnung regelt die Zulassung der sogenannten Konsulenten – allerdings „nach Bedürfnis“ und „auf Widerruf“. Bessere Chancen haben ehemalige Frontkämpfer und in „privilegierter Mischehe“ lebende Anwälte. Wie dargestellt, reicht er geschickterweise seinen Antrag auf Zulassung zum Konsulenten vor dem Scheidungsurteil ein. Die Scheidungsabsicht wird nicht erwähnt. Die Zulassung erreicht ihn erst nach vollzogener Scheidung. Die Ereignisse folgen so knapp aufeinander, dass dies kein Zufall sein kann, sondern Ergebnis überlegten Vorgehens.

Der OLG-Präsident hört den Präsidenten der RRAK seines Bezirks an, aber auch die zuständige Gestapostelle ist in das Genehmigungsverfahren einbezogen. Das Gesuch wird dann dem Justizminister zur Entscheidung vorgelegt. Über dessen Entscheidung wird der Gauleiter der NSDAP informiert.

Der Konsulent muss sich überzeugen, dass sein Auftraggeber Jude ist, da er nur in Rechtsangelegenheiten von Juden tätig werden darf. Von den Gebühren erhält der Konsulent nur 30 Prozent. Der Rest muss an die als „Ausgleichsstelle“ tätige RRAK abgeliefert werden.[337] Der Konsulent muss im Geschäftsverkehr stets seinen „zusätzlichen Vornamen“ Israel führen. Er darf das Anwaltszimmer im Gericht nicht betreten und keine Robe tragen, ab September 1941 müssen einige den Judenstern tragen. Es ist ihm verboten, den Arm zum „Deutschen Gruß“ zu erheben. Alle Schriftsätze sind neben der

Unterschrift mit einer „Judennummer" zu zeichnen. Die Tätigkeit wird von der Gestapo beobachtet.[338]

Trotz dieser entwürdigenden und einschnürenden Rahmenbedingungen stellt Ernst Seidenberger seinen Antrag:

„Zur Begründung führe ich an: (...) Ich bin seit 1909 mit Clara Ehrhart verheiratet. Meine Frau ist Arierin und evangelisch. Ich habe zwei Töchter, die unversorgt sind und die ich zu unterhalten habe. Sie gehören gleichfalls der evangelischen Kirche seit Geburt an. (...) Meine Frau besitzt kein Vermögen.

Ich habe niemals einer politischen Partei angehört, auch keiner politischen oder weltanschaulichen Vereinigung. Ich habe mich niemals kommunistisch, marxistisch, separatistisch oder freimauerisch betätigt.

Ich bin Frontkämpfer (es folgt eine Aufzählung der Kriegsauszeichnungen, P.N.). Ich bin kriegsbeschädigt. Ich habe mir im Feld ein Herzleiden zugezogen (Endokarditis), an dessen Folgen ich noch leide. Ich kann darüber keinen Nachweis vorlegen, weil ich auf Versorgungsansprüche und damit auf Feststellung der Kriegsbeschädigung verzichtet habe (...). Ich habe niemals die leiseste Beanstandung seitens der Anwaltskammer noch bürgerliche Vorstrafen erlitten (...)."

Als Anlage ist dem Schreiben u. a. eine „Erklärung über Personenstand und Abstammung, sowie politische Haltung" beigefügt. Er präzisiert einige bereits aufgeführte Beteuerungen:

„Ich erkläre hiermit auf Pflicht und Gewissen: Ich bin am 19. Febr. 1877 in Nürnberg geboren und bin jüdischer Abstammung. Meine Ehefrau Clara, geb. Ehrhart, ist am 17. Febr. 1886 in Memmingen geboren und einwandfrei nachgewiesener arischer Abstammung. Aus meiner Ehe stammen 2 Kinder: Luise und Inge Beate; meine Kinder sind Mischlinge."[339]

Es schmerzt heute, diese entwürdigenden Beteuerungen zu lesen, die die verbalen, gesetzlichen und politischen Vorgaben der zur Ausgrenzung entschlossenen Behörden nachformulieren müssen, damit der Antrag letztlich Erfolg hat. Vielleicht hegt der Antragssteller auch noch verzweifelte Illusionen über die Würdigungsbereitschaft seiner patriotischen Gesinnung durch die Nazis.

Der Antrag hat jedenfalls das erwünschte Ergebnis: „Namens des Reichsministers der Justiz" wird mit Schreiben des Oberlandesgerichtspräsidenten vom 15. September 1939 „Dr. Ernst Israel Seidenberger (...) als jüdischer Konsulent in München für die Landgerichtsbezirke Deggendorf (...), Landshut, München I, München II, Passau und Traunstein zugelassen."[340]

Mit seinem Gesuch nimmt Ernst Seidenberger in Kauf, dass er in den entwürdigenden und materiell schmalen Rahmen seiner künftigen rechtlichen Tätigkeit gepresst wird.

Auf den Geschäftsbriefen der Kanzlei in der Promenadestraße 15 legt nun der rot eingestempelte Absender für alle deutlich fest: „Dr. Ernst Israel Seidenberger, Konsulent. Zugelassen nur zur rechtlichen Beratung und Vertretung von Juden." Unter den Briefen steht seine „Judennummer" aus der Kennkarte.[341]

Viele jüdische Rechtsanwälte verzichten trotz Berufsverbots auf die Bewerbung als Konsulent – aus gutem Grund. Der Vizepräsident der RRAK, Erwin Noack, feiert die nationalsozialistische Unterscheidung zwischen Anwalt und Konsulent in seinem Aufsatz „Die Entjudung der deutschen Anwaltschaft" in der „Juristischen Wochenschrift": „Der jüdische Konsulent darf unter keinen Umständen als Rechtswahrer oder auch nur als anwaltsähnliche Institution angesprochen werden. Er ist weiter nichts als ein Interessenvertreter für eine jüdische Partei (...). Die vom Gesetzgeber gewählte Lösung ist ein würdiger weltanschaulich bedingter Ausgleich. Dem deutschen Volksgenossen der deutsche Rechtswahrer! Dem Juden der jüdische Konsulent! Mit Stolz kann der deutsche Anwalt sich wieder Rechtsanwalt nennen."[342]

Der Schwerpunkt der Konsulententätigkeit liegt zunächst bei der juristischen Beratung Auswanderungswilliger in Vermögens- und Devisenangelegenheiten. Sie hat die komplizierte und kleinliche finanzielle Schikane (Reichsfluchtsteuer etc.) zu berücksichtigen, die die Nazis auftürmen, um sich möglichst große Teile dieser Vermögen anzueignen.

Auch nach einer gelungenen Emigration obliegt die Verwaltung und optimale Verwertung eines u. U. noch vorhandenen Restvermögens – durch Pfändung, Verkauf etc. – den Konsulenten als Bevollmächtigten der Geflüchteten.[343]

Mit Verbot der Auswanderung gibt es immer weniger juristischen Klärungsbedarf vor Gericht – zumal ab Juli 1943 im Zuge weiterer Entrechtung die Verfolgung der Straftaten von Juden aus der Justiz ausgegliedert und direkt der Polizei übergeben wird.

Mit Beginn der Deportationen geht es den Machthabern vor allem um die Erfassung und „Verwertung" von Geld- und Kapitalvermögen, aber auch um die Liquidierung der zurückbleibenden Sachvermögen (Kunst, Hausinventar etc.). Nur in der ersten Phase, also in der Zeit der noch gestatteten Auswanderung wird es den Konsulenten ansatzweise möglich gewesen sein, die Interessen der Mandanten zu berücksichtigen.

Der Münchner Konsulent Dr. Israel Baer gibt in einem Schreiben Einblick in die Tätigkeit der Konsulenten: „In der Sache W. habe ich heute die Vollmacht erhalten, das Herrenzimmer freihändig zu verkaufen." Die Einrichtung des Ausgewanderten, bestehend aus Schreibtisch, geschnitztem Bücherschrank, Tischen, Stühlen, Porzellangeschirr usw. ging für knapp 2500 RM an eine Frau A.[344]

Die Erteilung der notariellen Vollmachten geschieht nicht aus freiem Willen. Sie ist oft von der Zwangslage diktiert, die Auswanderung zu finanzieren. Die Nazidiktatur greift aber auch zu drastischeren Mitteln, um Enteignung und Verkauf jüdischen Vermögens per Vollmacht durchzusetzen. Vielen wird die Unterschrift im Konzentrationslager Dachau abgepresst.[345]

Der gierig kontrollierende Blick der Nazis wird die ständige, eventuell auch intensive Zusammenarbeit der Konsulenten mit der Gestapo erzwungen haben. Für die Konsulenten ist es eine Frage des Überlebens. Die Gestapo ist an detaillierten Einblicken in die familiäre Vermögenssituation interessiert, ab 1942 mit den verstärkten Bombardierungsschäden auch in die Größe von Wohnraum und Ausstattung der Wohnungseinrichtungen der deportierten Juden.

Das zu vermutende erhebliche Interesse der Gestapo an Ernst Seidenberger wird auch deutlich an einer ungewöhnlichen, rot hervorgehobenen Eintragung in Ernst Seidenbergers Meldekarte, die vier Tage vor seiner offiziellen Zulassung als Konsulent vorgenommen worden war: „Jeder Wohnungswechsel ist der Gestapo Abt. II-N mitzuteilen."[346]

Die Vermutung einer zwangsweise regelmäßigen Zusammenarbeit zwischen Konsulenten und Gestapo wird bestätigt durch einige Formulierungen von Ernst Seidenberger. In dem später noch angeführten Antrag auf Befreiung von der verordneten Zwangsarbeit vom 14.1.1943 bezieht er sich zur Begründung auf seine Konsulententätigkeit: „Einen wesentlichen Teil der Arbeit macht die Abwicklung der verwalteten Vermögen der abgewanderten Juden aus, die in ständigem Benehmen mit der Dienststelle für Vermögenswerte beim Oberfinanzpräsidenten München, der geheimen Staatspolizei und anderen Behörden zu erfolgen hat.“[347]

Auch der bis 1943 als Konsulent in München tätige Anwalt Fritz Neuland sprach nach der Befreiung in einer Zeugenaussage im Gestapo-Prozess gegen Schäfer u. a. davon, in seiner „Eigenschaft als damaliger Rechtskonsulent (...) in den Jahren 1940 bis etwa 1944 wiederholt in den verschiedensten Angelegenheiten, u. a. auch in Deportationsfragen, mit der Abt. II b der Geheimen Staatspolizei München zu tun gehabt“ zu haben.[348]

Letztendlich hat die Gestapo gemäß der 5. VO zum Reichsbürgergesetz die dienstliche Aufsicht über die Konsulenten.[349] Schließlich geht es um stattliche Summen, die sich die Nazis anzueignen gedenken.

Mit der 11. VO zum Reichsbürgergesetz vom 25. November 1941 wird die Enteignung und Verwertung des Vermögens der Deportierten vereinfacht. Die Münchner Finanzbehörden übernehmen direkt Wertpapiere der Deportierten, der Hausrat wird versteigert, die verlassenen Wohnungen werden weiter vermittelt: „Aus dem Vermögen der deportierten Juden aus München und Oberbayern gingen (...) seit Ende des Jahres 1941 bei der Oberfinanzkasse rund 30 Millionen Reichsmark in Form von Bargeld, Banküberweisungen, Wertgegenständen, Mobiliar, Wertpapiererlösen usw. ein. Für über 26 Millionen Reichsmark wurden deutsche Wertpapiere eingezogen (...).“[350]

Mit den von München ausgehenden Deportationen ab April 1942 verengt sich das Schicksal unseres Großvaters in bedrückender Weise. Auch in Mischehe lebende Konsulenten werden nun deportiert. Die verbliebene, immer kleiner werdende Konsulentengruppe muss die Kanzleigeschäfte der Deportierten übernehmen.

Im Oktober 1938 hatte das Reichsjustizministerium zunächst sechs Konsulenten für München festgelegt. Insgesamt sind im „Altreich" 172 Konsulenten tätig.[351]

1940 listet die Israelitische Kultusgemeinde München (IKG) in ihren Mitteilungen noch acht Konsulenten auf.[352]

Die Zulassung als Konsulent gewährte freilich keinen Schutz vor dem Zugriff der Gestapo. Mit Zunahme der Transporte erfolgt über die jeweiligen Verhaftungen nicht einmal mehr eine Mitteilung der Gestapo an die Justizverwaltung.[353] Von den acht Münchner Konsulenten überleben nur Neuland und Seidenberger.[354]

Konsulent Königsberger stirbt 1942 nach schwerer Krankheit eines „natürlichen" Todes, nachdem Schwester, Schwager und Cousine Selbstmord verübt hatten und seine beiden Brüder im KZ ermordet worden waren.

Der „abgewanderte" Konsulent Baer wird zusammen mit seiner Frau am 4. April 1942 nach Piaski deportiert und ermordet. Dr. Ludwig Karl Mayer, der bereits 1938 in Dachau festgenommen worden war, wird ebenfalls nach Piaski deportiert und – ebenso wie später seine Mutter – ermordet.

Hans Bloch beantragt wie unser Großvater, 1938 als Konsulent zugelassen zu werden. Seit dieser Zeit fungiert er als „Vertrauensmann" und Sprecher der Münchner Konsulenten. Spätestens in dieser Eigenschaft werden sich die beiden Anwälte begegnet und ihre Erfahrungen ausgetauscht haben.

Beide leben in „Mischehe". Der 1895 Geborene war ebenso patriotisch gesonnener Kriegsfreiwilliger und dekorierter Frontoffizier wie der 18 Jahre ältere Ernst Seidenberger:

„Wenn mich die Schmach, die uns angetan wird, nicht mehr ruhen lässt, dann denke ich an die Zeit, wo wir auf dem Rücken der Pferde die deutsche Fahne durch Rumänien trugen. Diese Jahre des Kampfes für Deutschland haben meinem Leben die Richtung gegeben, die ich nimmer verlasse. Und so hoffe ich, dass mein Herz stark genug ist, nun auf diesem Wege Kampf, Not und Entwürdigung zu überdauern."[355]

Das Herz ist nicht stark genug.

Am 10. Februar 1942, fast auf den Tag genau drei Jahre vor unserem Großvater, wird Hans Bloch von der Gestapo verhaftet. Noch im gleichen Jahr erhält Blochs Frau ein Schreiben aus dem KZ Mauthausen, in dem ihr die Todesursache ihres Mannes mitgeteilt wird: „Freitod durch elektrischen Strom."[356]

Der Konsulent Albert Oppenheimer wird 1942 in Majdanek ermordet.[357]

Hugo Rothschild, Konsulent bis 1943, wird 1945 in Dachau ermordet.[358]

Rechtsanwalt Neuland bleibt bis Anfang 1943 Konsulent, kann aber Anfang 1945 untertauchen und so die Nazidiktatur überleben.[359]

Die vorübergehende Bestellung von RA Dr. Maron zum Konsulenten 1942 wird plötzlich rückgängig gemacht. Er, der bereits auf eine demolierte und ausgeplünderte Kanzlei zurückblickt, darf die Konsulententätigkeit des deportierten Dr. Ludwig Karl Mayer nicht übernehmen. Der Oberlandesgerichtspräsident teilt ihm im Januar 1943 mit, dass er auch die Arbeit von Königsberger, dessen Stellvertreter er bisher war, nicht übernehmen darf,

„weil ein Bedürfnis, an Stelle des verstorbenen Konsulenten Königsberger einen anderen Konsulenten zuzulassen, nicht besteht. Ihre Bestellung zum Stellvertreter des Konsulenten Königsberger ist durch dessen Tod gegenstandslos geworden. Die Abwicklung seiner Kanzleigeschäfte wird der jüdische Konsulent Dr. Ernst Israel Seidenberger in München, Promenadenstraße 15/II übernehmen."[360]

Nach einer Intervention durch die Gestapo, die ein Interesse an der reibungslosen Vermögensverwertung der Deportierten hatte, wird Dr. Maron 1943 bis zur Ausbombung der Kanzlei 1944 dem Kollegen Seidenberger als Hilfskonsulent zugeteilt.[361]

Ernst Seidenberger übt die Konsulententätigkeit vom 15. September 1939 bis 31. März 1944 aus. Dann zerstört eine Bombe die Kanzlei und vernichtet seine gesamten Akten.[362]

Der Kollege und „Hilfskonsulent" Oskar Maron bestätigt die Zerstörung der Kanzlei: „Beim letzten Fliegerangriff in München sind die von mir bewohnten Räume (wie die des Konsulenten Seidenberger) vollständig zerstört und die Akten vernichtet worden."[363]

Nicht nur die Kanzlei in der Promenadestraße 15, auch die Wohnung in der Promenadestraße 25 und die Wohnung von Mutter und Töchtern in der Leopoldstraße 108 fallen den Fliegerangriffen im Laufe des Jahres 1944 zum Opfer.

Nachdem er von seinen Anwaltskollegen ausgegrenzt worden war, nachdem er die Trennung von seiner Familie erleben musste, wird er jetzt also damit konfrontiert, dass die letzten ihm verbliebenen Kollegen deportiert und ermordet werden.

In dem weiter unten zitierten Antrag auf Beendigung der Zwangsarbeit bei der Firma Kammerer weist er zur Begründung auf seine wachsende Arbeitsbelastung hin: „Lt. abschriftlich mitfolgender Verfügung des Oberlandesgerichtspräsidenten vom 6. Januar 1943 bzw. des Herrn Landgerichtspräsidenten München I vom 9. Januar 1943 ist mir die Abwicklung der Kanzleigeschäfte des verstorbenen Konsulenten Felix Israel Königsberger übertragen worden, die gleichzeitig die Abwicklung der Kanzleigeschäfte der abgewanderten Konsulenten Dr. Julius Israel Baer und Dr. Ludwig Karl Israel Mayer umfasst. Diese Tätigkeit gestaltet sich außerordentlich umfangreich und zeitraubend.“[364]

Es geht um Deportation, wenn in dem während der Nazidiktatur üblichen Sprachgebrauch von „Abwanderung“, „Evakuierung“ oder „Umsiedlung“ die Rede ist. Unser Großvater wird geahnt haben, dass er irgendwann alleine zurückbleiben und dann auch er von Deportation bedroht sein wird. Fast scheint es aber, als befände er sich in der tragischen Not, dass das Sterben seiner Kollegen und die damit verbundene und von der Gestapo offenbar betriebene Konzentration der Konsulentengeschäfte auf seine Kanzlei zur Überlebenschance oder zumindest zum wertvollen Zeitgewinn für ihn gerät.

Von Anfang 1943 bis zur Zerstörung seiner Kanzlei ist Ernst Seidenberger der letzte Konsulent in München.[365]

In Großvaters Nachlass findet sich eine Nachricht an die Devisenstelle, in der er – handschriftlich, inzwischen ohne seine Schreibmaschine – seinen neuen Wohnort in der Hohenzollernstraße 25/0 anzeigt. Das Schreiben vom 30. Dezember 1944 unterzeichnet er – trotz Zerstörung der Kanzlei – mit „Dr. Ernst Israel Seidenberger, Konsulent“.

Als das Schreiben des OLG-Präsidenten mit der Widerrufung seiner Zulassung als Konsulent mit dem Eingangsstempel vom 16. April 1945 bei Familie Seidenberger eintrifft, ist unser Großvater bereits seit zwei Monaten in Theresienstadt inhaftiert.

„Ich besitze keinerlei Privatvermögen" – Sicherungsanordnung zu Einkommen und Vermögen 1939

Mit dem erzwungenen Leben als Konsulent ist auch eine immer drückendere materielle Situation unseres Großvaters und seiner Familie verbunden.

Am 18. September 1939 wird an Ernst Seidenberger eine „Sicherungsanordnung" geschickt, die ihm die freie Verfügung über sein Konto entziehen soll.

Rechtliche Grundlage ist zunächst § 37a des Devisengesetzes vom 1. Dezember 1936. Die Anordnung konnte zur Devisenkontrolle bei „Verdacht auf Auswanderung" erlassen werden. Faktisch war sie ein Instrument zur Enteignung jüdischen Einkommens und Vermögens.

Die „Sicherungsanordnung" von 1939 entzieht den Juden die freie Verfügung über ihre Einkommensverwendung und über eigenes Vermögen.[366]

Wie durch einen von den Nazibehörden kontrollierten Trichter müssen nun sämtliche Geldbewegungen von anderen Konten über ein „Sicherungskonto" laufen, über das der Kontoinhaber nur noch beschränkt entscheiden darf.

Ohne Genehmigung wird dem Kontoinhaber zunächst nur die Verfügung über einen monatlichen Freibetrag von 100 RM gestattet. Von der Ausgabensperre ausgenommen sind im Wesentlichen Steuerzahlungen an den Staat, Abzahlung von Inlandsschulden, ärztliche oder juristische Rechnungen und Ausgaben, die für eine geplante Auswanderung anfallen. Jegliches Bargeld oder Schecks müssen auf das Sicherungskonto eingezahlt werden. „Der Besitz von Barmitteln über den Freibetrag hinaus ist nicht statthaft." Das Sicherungskonto gilt auch für die Ehefrau und die minderjährigen Kinder. Zuwiderhandlungen werden „mit hoher Freiheits- und Geldstrafe" bedroht.

Mein Großvater versteht es wohl auch hier, offensichtlich fehlende Koordination innerhalb der Nazibürokratie zu nutzen, war doch in dem der Finanzbehörde eventuell nicht bekannten Ehevertrag festgehalten, dass alle Unterhaltsansprüche mit der Vermögensübertragung abgegolten wären. Die im Folgenden zitierten Dokumente belegen aber auch den hartnäckigen Einzelkampf des Großvaters um das materielle Überleben seiner Familie. Die Wiedergabe der kleinlichen, aber letztlich existenziell wichtigen Auseinandersetzung mit dem Oberfinanzpräsidium (OFP) lässt die Belastung des Großvaters auch auf diesem Felde erahnen.

Da die Anordnung des OFP wiederholt an die ursprüngliche Kanzleiadresse in der Briennerstraße 55 adressiert wird, obwohl Ernst Seidenberger seine Kanzleianschrift in der Promenadestraße 15 stets korrekt angibt, erreicht sie die Kanzlei verzögert. Am 7. November 1939 folgt ein scharfes Mahnschreiben des OFP aus der Arcostraße 2 mit Androhung eines Strafverfahrens, da „ (...) binnen 5 Tagen nach Zustellung ein ‚beschränkt verfügbares Sicherungskonto' zu errichten und mir die Errichtung desselben durch eine Bestätigung der betreffenden Bank anzuzeigen (war)."[367]

Unser Großvater rechtfertigt sich: „(...) Ich besitze auch keinerlei Privatvermögen, aus welchem Einnahmen und Einkünfte fließen könnten. Ich habe lediglich mehrere Lebensversicherungen, die erst bei meinem Tode fällig werden und zu Gunsten meiner nichtjüdischen Kinder abgeschlossen sind. Da alle meine Einnahmen auf mein Konsulentenkonto fließen, so bitte ich von der Sicherungsanordnung Abstand zu nehmen, zumal das Konsulentenkonto selbst wiederum unter Aufsicht der Reichsrechtsanwaltskammer steht und, wie amtsbekannt, der größte Teil der Einnahmen an die Reichsrechtsanwaltskammer abgeführt werden muss. Da ich überdies meinen Kindern und meiner geschiedenen arischen Ehefrau unterhaltspflichtig bin, so bleibt für eine Vermögensbildung keinerlei Raum."[368]

Ernst Seidenberger hat mit seiner Eingabe zunächst Erfolg: „Ich habe davon Kenntnis genommen, dass Sie derzeit nur unerhebliche Vermögenswerte besitzen: die Errichtung eines beschränkt verfügbaren Sicherungskontos ist deshalb nicht erforderlich."[369]

Offensichtlich würde der Zugriff auf das Vermögen durch die Finanzbehörde mit den Interessen an den Konsulenteneinnahmen kollidieren. Wie dargestellt, müssen 70 Prozent der Gebühren regelmäßig an die RRAK abgeführt werden. Nennenswertes Vermögen kann unter diesen Umständen sicher nicht gebildet werden. Das macht den Zugriff des Staates vorübergehend uninteressant.

Bereits am 7. März 1940 korrigiert die Finanzbehörde erneut ihre Haltung. Man hat eine neue Formel für die Ausplünderung gefunden. Der Schraubstock für die Verelendung wird weiter angezogen. Nur die Bürokratie holpert noch. Das Schreiben geht nach vorübergehender Adressenkorrektur jetzt wieder an die Briennerstraße: „In Abänderung meines Bescheides (...) ordne ich an: Binnen 5 Tagen haben Sie gemäß meiner Sicherungsanordnung vom 15. September 1939 ein beschränkt verfügbares Sicherungskonto zu errichten. Ihr Konsulentenkonto ist gem. Ziff. IV meiner Sicherungsanordnung zu behandeln. Von Ihrem Konsulentenkonto fließt der Überschuss an Ihr beschränkt verfügbares Sicherungskonto aus dem Sie den monatlichen Freibetrag für Ihre Lebenshaltung abheben können (...)“[370]

Der Freibetrag, über den Ernst Seidenberger frei verfügen kann, wird auf 300 RM festgesetzt. Über diesen Betrag hinaus darf die gesamte Familie ohne Genehmigung zum Beispiel nur Steuern, Gebühren und andere staatlichen Abgaben sowie Arztrechnungen, Anwaltsgebühren bezahlen. Jeder Zahlungsvorgang muss mit Rechnungen belegt werden.

Wieder verweist Ernst Seidenberger, vielleicht um Zeit zu gewinnen, auf die „längst überholte Adresse“ und bittet erst einmal um Zusendung der Formblätter. Es scheint, als kämpfe er um jeden Tag, der seiner Familie und ihm die Existenzsicherung ermöglicht.

Er muss den beiliegenden Fragebogen über seine Vermögensverhältnisse ausfüllen – eine traurige Illustration seiner sich verengenden materiellen Situation:

Zwei Versicherungen mit dem Rückkaufswert von 15 232 RM, die zugunsten seiner Kinder ausgestellt sind, stellen sein „Aktiv-Vermögen“ dar. Sein Jahreseinkommen gibt er für 1939 mit 8000 RM und für 1940 „voraussichtlich“ mit 16 000 RM an. Dieses unterliegt der Konsulentenabgabe und der Besteuerung.

In seinem „Ein-Kopf-Haushalt" bestreitet er 105 RM für „Wohnungsmiete, Heizung, Gas, Wasser, Elektrizität und 300 RM für Lebensunterhalt und Bekleidung.

Für Unterhaltsleistungen an geschiedene Frau und Kinder benötigt er 950 RM. 50 RM verbucht er für „Sonstiges", so dass er auf einen Bedarf an laufenden monatlichen Ausgaben von insgesamt 1405 RM kommt. Das sind 1105 RM mehr als der ihm zugebilligte Freibetrag.

Noch einmal bittet er am Anfang April 1940 in seiner Anlage zu dem auszufüllenden Fragebogen, ihn von der Sicherungsanordnung auszunehmen: „In der Anlage reiche ich den von mir ausgefüllten Fragebogen zurück und gestatte mir dazu Folgendes zu bemerken: (...) Ich ersuche, den bewilligten Freibetrag von RM 300, falls die Sicherungsanordnung aufrecht erhalten bleibt, nach Massgabe der folgenden Darlegung zu erhöhen: Ich bin von meiner arischen Frau geschieden und bin ihr gegenüber ebenso unterhaltspflichtig, wie gegenüber meinen nichtjüdischen beiden Töchtern. Da getrennte Haushalte geführt werden, ist der Verbrauch ein über das normale Maß hinausgehender (...). Für meine geschiedene arische Frau und die bei ihr lebende Tochter, die noch erhebliche Beträge für ihre Berufsausbildung auszugeben hat und für deren Unterhalt ich aufkomme, den Betrag von monatl. RM 700. Für meine weitere Tochter, die sich studienhalber in Berlin aufhält und deren gesamter Unterhalt gleichfalls mir obliegt, monatlich RM 250. Ich ersuche demgemäss mir einen Freibetrag von RM 1400 monatlich zu bewilligen, dessen wesentlichster Teil nicht für mich, sondern für meine arische bzw. nichtjüdische Familie verwendet wird."[371]

Aus dem schnöden Bescheid des Oberfinanzpräsidenten vom 6. April 1940 ergeht, dass der Freibetrag auf 400 RM festgesetzt wird. Das deckt noch nicht einmal das Existenzminimum.

Einige Tage später bittet der OFP unseren Großvater zum persönlichen Vorsprechen in die Arcostraße. Das Ehescheidungsurteil sei mitzubringen.[372]

Im Mai 1940 listet Ernst Seidenberger noch einmal detaillierter seinen Monatsverbrauch auf:[373]

Wohnungsmiete einschl. Feuerschutzabgabe	RM 183.–
Heizung	RM 35.–
Hausmeister	RM 8.–
Gas und Elektrisch	RM 45.–
Telefon	RM 25.–
Hausangestellte Lohn	RM 40.–
Hausangestellte Krank.kasse u. Inv.Vers.	RM 6,90
Durchschnittliche Ausgaben für Arzt u. Apotheke	RM 50.–
	RM 392,90

Dazu 1. der monatliche Verbrauch für Haushalt
Dazu 2. Kleidung

Am 6. Mai korrigiert der Oberfinanzpräsident erneut seine Position: „Ich genehmige die monatliche Überweisung von RM 250 an Inge Beate Seidenberger, Berlin W15, Xantenerstraße 21 und RM 700 an Klara Ehrhart, München, Leopoldstraße 108."[374]

Im Kampf um die materielle Situation der Familie stellt unser Großvater 1942 einen weiteren Antrag auf „Kinderermäßigung". Im Steuerformular hieß es dazu bereits lapidar: „Für Kinder und andere Angehörige, die Juden sind, kann Kinderermässigung nicht beantragt werden."[375] Seine Tochter ist aber keine Jüdin und erhielt zudem vom Vater Unterhalt: „Ich habe diese meine Tochter (Inge) während des ganzen Jahres 1942 unterhalten müssen. Sie befindet sich bei ihrer erkrankten Mutter, der sie wegen deren Erkrankung Haushaltshilfe leisten und eine Hausangestellte ersetzen muss. Sie muss während dieser Zeit ihre Berufsausbildung unterbrechen. Der aufgewendete Betrag macht mind. 2500 RM aus."[376]

Auch dieser Weg, der Familie durch beharrlichen behördlichen Kampf zusätzliche Einkünfte zukommen zu lassen, scheitert. Der zuständige Sachbearbeiter stellt, mit Bleistift am Aktenrande notiert, fest, dass die Tochter volljährig, also nicht in Berufsausbildung sein könne.

Der erneute Antrag auf Kinderermäßigung im folgenden Jahr wird ebenfalls mit Verweis auf die Volljährigkeit abgelehnt.

„Ohne jede Rücksicht auf eigene Wünsche!" – Zwangsarbeit 1942

Während unser Großvater als Konsulent tätig ist und um seine materielle Existenz kämpft, erreicht ihn im Jahre 1942 die Einberufung zur Zwangsarbeit.

Die „nutzbringende" Verwendung der noch in München vorhandenen jüdischen Arbeitskräfte ist der Münchner Gauleitung ein wichtiges Anliegen. Alle „arbeitsfähigen männlichen Juden" im Alter zwischen 18 bis 65 Jahren sollen zum Arbeitseinsatz befohlen werden, seit Februar 1941 auch die Frauen – und zwar „ohne jede Rücksicht auf eigene Wünsche".[377]

Im Sommer 1943 arbeiten bereits bei 50 bis 60 Münchner Unternehmen Juden und „Mischlinge" als Zwangsarbeiter.[378]

Ernst Seidenberger muss bei dem Unternehmen „August und Rudolf Kammerer Telefon- und Apparatebau GmbH"[379] arbeiten, das seit 1941 jüdische Zwangsarbeiter beschäftigt. Seine „halbjüdischen" Töchter Inge und Ise werden, wie bereits erwähnt, zwei Jahre später zur Straßenbahnreinigung bei den Münchner Stadtwerken verpflichtet.[380]

Da der Altersdurchschnitt der jüdischen Gemeinde durch Auswanderung und Deportation drastisch ansteigt, reißt die „Arisierungsstelle" alle formalen Schranken der Dienstverpflichtung ein.[381] Unser Großvater überschreitet bereits die formal festgelegte Altersgrenze von 65 Jahren als er zusätzlich zur Konsulententätigkeit bei Kammerer seine Arbeit aufnehmen muss.

Das Telefon- und Batteriewerk bezieht in dieser Zeit hauptsächlich staatliche Rüstungsaufträge. Es gehört den Brüdern August und Rudolf Kammerer.

Wer sind die Brüder Kammerer?

Nach Aktenlage galten beide zwar gelegentlich als „unbeherrscht" gegenüber ihren ungefähr 60 bis 70 zwangsverpflichteten Arbeitern jüdischer Herkunft. Sie titulierten diese zuweilen als „Saujuden", „Dreckjüdin", „Judenschickse".[382] Die Spruchkammerverfahren der Nachkriegszeit kamen aber letztlich zu dem Ergebnis, dass die ursprünglich als „Mitläufer" eingestuften Unternehmer als „Ent-

Zwangs-arbeit

lastete“ zu gelten haben, August wird sogar „aktiver Widerstand“ gegen das NS-Regime zugebilligt.

Die jüdischen Zwangsarbeiter seien im Wesentlichen gut behandelt worden. Es sei kein Unterschied zwischen jüdischen und christlichen Arbeitern und Arbeiterinnen gemacht worden.[383] Die Firma galt als „Grüß-Gott-Bude“, da der Hitler-Gruß innerbetrieblich weitgehend vermieden worden sei.[384] Diebstähle wurden von der Geschäftsleitung nicht zur Anzeige bei der Gestapo gebracht. Von Deportation bedrohte Arbeiterinnen und Arbeiter wurden in eigenen Räumlichkeiten versteckt, zumindest habe man sich um Aufschub der Deportation bemüht.[385]

Am 24.6.1948 kam die Spruchkammer zu folgender Einschätzung: August Kammerer „hat in zahlreichen Fällen, um jüdischen Verfolgten zu helfen, schwerste eigene Verfolgung riskiert. So insbesondere bei der Errettung des jüdischen Rechtsanwalts Schülein.“[386]

Vor allem der nach seinem KZ-Aufenthalt in Dachau im Juni 1940 zwangsverpflichtete Benno Schülein, der bis 1933 eine florierende Anwaltskanzlei betrieb, setzte sich vehement für die Kammerers, besonders für August ein, mit dem ihn seit der Machtübernahme der NSDAP eine „freundschaftliche Beziehung“ verband. Er entlastete aber auch den Bruder:

„1943 liess mich Rudolf Kammerer in sein Büro kommen und sagte mir, wenn es nottue, werde er mich retten.“[387]

Als die Deportation drohte, organisierte August Kammerer 1943 über acht Monate in seinem Haus ein Versteck für den Gefährdeten und versah ihn mit einem Werksausweis auf einen falschen Namen.[388] Auf diese Weise trugen die Brüder Kammerer dazu bei, dass Schülein, dessen Geschwister sämtlich ermordet wurden, die Nazizeit überlebte.

August Kammerer war zudem „seit Ende 1943 Mitglied einer Widerstandsbewegung, der er wertvolle Dienste durch Nachrichten über die zu besetzenden Rundfunkanlagen (...) leistete.“[389]

In seinem Berufungsantrag vom 13. Dezember 1946 benannte Benno Schülein als Entlastungszeugen für Rudolf Kammerer auch seinen Rechtsanwaltskollegen Ernst Seidenberger.[390]

Für die Zeit vom 23. Juni bis zum 4. November 1942 sind die kleinen ockerfarbenen Lohntüten, in denen Ernst Seidenberger sein spärliches Entgelt empfing und auf denen seine Arbeitszeit festgehalten ist, noch erhalten.[391] Sein Antrag auf Beendigung der Zwangsarbeit ist datiert vom 14. Januar 1943. Also muss er auch zu dieser Zeit noch für das Unternehmen gearbeitet haben. Nach anderen Quellen hat er dort sogar bis zum 31. Mai 1943 gearbeitet.[392]

Zumindest in diesem Zeitraum muss der 66jährige neben seiner Konsulententätigkeit in Nachtschicht „eine (...) Arbeit von täglich 8 Stunden (leisten), die schon rein körperlich mit Rücksicht auf mein Alter nicht durchzuhalten ist.", wie unser Großvater in seinem später zitierten Antrag festhält.

Wöchentlich muss er zwischen 32 und 37 Stunden arbeiten. Ab 15. Oktober steigert sich die Arbeitsbelastung auf 63 ½ Stunden pro Woche. Die Entlohnung beträgt ca. 55 Pfennige pro Stunde. Sie folgt einem Tarif, der sich an dem der polnischen Zivilarbeiter orientiert – mit einem zusätzlichen Abzug von 15 Prozent.[393]

Es ist anzunehmen, dass er auch keine öffentlichen Verkehrsmittel, die ihn zur Arbeit am Tassiloplatz bringen, benutzen kann, da diese ihm als Juden verboten sind. August Kammerer soll allerdings bisweilen einzelne jüdische Beschäftigte mit dem Auto nach der Schicht nach Hause gefahren haben.

In dieser Zwangslage zwischen körperlicher Überanstrengung, Sicherung des Überlebens der Familie und erzwungener bürokratischer Kooperation mit den Mördern bei der Aneignung jüdischen Vermögens entschließt sich mein Großvater am 14. Januar 1943 zu dem bereits erwähnten Antrag an den Beauftragten des Gauleiters in München, Möhlstraße 24: „Seit Juli 1942 im Arbeitseinsatz bei der Firma A. & R. Kammerer, Telefonfabrik in München, stelle ich hiermit das Gesuch mich vom Arbeitsdienst zu befreien." In dürren, dem zulässigen Sprachgebrauch angepassten Worten formuliert er die Gründe für seinen Antrag. Anlass und Begründung liefert die wachsende Arbeitsbelastung durch den Tod der Konsulenten Felix David Königsberger sowie die „Abwanderung" der Konsulenten Dr. Julius Baer und Dr. Ludwig Karl Mayer.

Dann fährt er fort: „Es sind ca. 1000 Akten, in die ich mich neu einarbeiten muss, zu erledigen und zu vertreten. Dazu kommen meine eigenen Kanzleigeschäfte (...). Einen wesentlichen Teil der Arbeit macht die Abwicklung der verwalteten Vermögen der abgewanderten Juden aus, die in ständigem Benehmen mit der Dienststelle für Vermögensverwertung beim Oberfinanzpräsidenten München, der Geheimen Staatspolizei und anderen Behörden zu erfolgen hat. Der geschilderte Umfang der anfallenden und in absehbarer Zeit nicht zurückgehenden Arbeit, die noch Jahr und Tag geleistet werden muss, macht es schlechterdings unmöglich, neben der meine Arbeitskraft voll in Anspruch nehmenden Konsulententätigkeit eine weitere Arbeit von täglich 8 Stunden zu leisten, die schon rein körperlich mit Rücksicht auf mein Alter nicht durchzuhalten ist."[394]

Der Antrag wird genehmigt. Daraus ist zu schließen, dass in dieser Zeitspanne die effektive Konzentration der Konsulententätigkeit in der Kanzlei des noch verbliebenen Ernst Seidenberger der Gestapo und den beteiligten Nazibehörden wichtiger war als seine Dienstverpflichtung bei der Firma Kammerer.

„Den Judenstern habe ich nicht getragen" – Alltag der Münchner Juden

„Zwei Bänke stehen im Tiergarten, eine normal grün, eine gelb (Juden durften sich damals nur noch auf gelb angestrichene Bänke setzen), und zwischen beiden ein Papierkorb. Ich setze mich auf den Papierkorb und befestige selbst ein Schild an meinem Hals (...): ‚Wenn nötig, mache ich dem Papier Platz.'"[395]

Dieser Traum eines etwa 60jährigen jüdischen Rechtsanwalts aus Berlin spiegelt die Realität kaum entwürdigender und deprimierender wider als sie tatsächlich ist. Verwaltung und Polizei bedienen sich zunehmend der Israelitischen Kultusgemeinde München, der Zweigstelle der Reichsvereinigung der Juden in Deutschland in der Lindwurmstraße 125. Diese muss die Münchner Juden über alle Entrechtungsschritte informieren.[396] Mit Stand vom 1. März 1942 verschickt die von der Gestapo dazu beauftragte IKG ein Merkblatt, das

die bestehende Rechtslage für Juden in Handlungsanweisungen zusammenfasst:
„1. Juden müssen zu ihrem Vornamen den Zusatznamen Israel bzw. Sara führen (...).
2. Juden haben eine Kennkarte zu führen und ständig bei sich zu tragen (...).
3. Für Juden besteht Ausgangsverbot in der Zeit vom 1. Oktober bis 30. März zwischen 20 Uhr und 4 Uhr (...) und vom 1. April bis 30. September zwischen 21 und 5 Uhr.
4. Juden ist der Besitz und die Benutzung von Rundfunkgeräten verboten.
5. Juden ist der Besuch von Theatern, Lichtspieltheatern, Museen, Sportveranstaltungen u.s.w. verboten.
6. Juden ist die Benutzung der Straßenbahn und der städtischen Autobusse verboten.
7. (x) Juden dürfen sich in der Öffentlichkeit nicht ohne Judenstern zeigen. Der Judenstern ist ein schwarz ausgezogener Sechsstern aus gelbem Stoff mit der Aufschrift ‚Jude'. Er ist jederzeit sichtbar auf der linken Brustseite fest aufgenäht auf dem obersten Kleidungsstück zu tragen.
8. (x) Juden müssen an ihrer Wohnungstür einen Judenstern aus Papier aufgeklebt anbringen.
9. (x) Juden ist das Tragen von Orden und Ehrenzeichen sowie sonstigen Abzeichen verboten.
10. Juden dürfen ohne Genehmigung der zuständigen Polizeibehörde das Gebiet ihrer Wohngemeinde nicht verlassen. (...)
11. (x) Juden dürfen Kraftdroschken nur mit polizeilicher Genehmigung benützen.
12. (x) Juden ist die Benützung öffentlicher Fernsprechstellen verboten.
13. Juden ist der Aufenthalt im Hofgarten und in sonstigen öffentlichen Anlagen verboten. (...)
15. (xx) Juden dürfen nur in den ihnen zugewiesenen Lebens- und Genußmittelgeschäften und nur zu den festgesetzten Zeiten einkaufen.
16. (x) Juden ist die Verfügung über ihr bewegliches Vermögen grundsätzlich verboten. (...)
17. (xx) Juden dürfen einen Wohnungswechsel nur mit Genehmigung oder auf Weisung des Herrn Beauftragten des Gauleiters vornehmen

und nur mit dessen Zustimmung eine neue Unterkunft beziehen. (...)
(x) Gilt nicht für Juden in privilegierten Mischehen (=Mischehen, aus denen nicht als Juden lebende Kinder vorhanden sind, gleichgültig ob der Mann oder die Frau der jüdische Teil ist und ob die Ehe noch besteht, oder kinderlose Mischehen, wenn die Frau der jüdische Teil ist, während der Dauer der Ehe) und für Juden ausländischer Staatsangehörigkeit mit Ausnahme der Staatsangehörigkeit eines besetzten oder eingegliederten Gebietes.
(xx) Gilt nicht für Juden in privilegierten Mischehen, findet aber im übrigen auf ausländische Juden Anwendung."[397]

Eine dieser Bestimmungen ist die vom Innenministerium erlassene Verordnung vom 1. September 1941, dass alle Juden, die das sechste Lebensjahr vollendet haben, in der Öffentlichkeit deutlich sichtbar einen gelben Stern mit der Aufschrift „Jude" tragen müssen.

Die öffentliche Stigmatisierung durch den „Judenstern" vollendet die soziale Ausgrenzung und schafft eine weitere Voraussetzung für die nachfolgende Deportation und Ermordung der so Gezeichneten.

„Mein Vater musste nie einen Judenstern tragen", betonte unsere Mutter immer wieder. Wir Söhne sahen in dieser Aussage einen ihrer zahlreichen Verdrängungsversuche der rassistischen Zuordnung des Vaters durch die Nazidiktatur, während wir doch eigentlich immer wieder ungeduldig auf ein Zeichen nachträglicher Solidarität mit den Verfolgten hofften. Die Erinnerung hatte unsere Mutter nicht getrogen. Das verdeutlichen die oben zitierten, im § 3 der VO festgehaltenen Ausnahmegenehmigungen für „privilegierte Mischehen", die auch nach einer Scheidung noch gelten sollten.

Plötzlich ist Ernst Seidenberger also „privilegiert" gegenüber den anderen Juden in München. Klemperer, der in einer „Mischehe" ohne Kinder lebt, muss den Stern tragen. „Er ist als ‚Privilegierter' sternlos", bemerkt er über einen Mitbürger.[398]

Alle Münchner Juden dürfen inzwischen ihre Einkäufe bei den Metzgern ausschließlich am Dienstag zwischen 15 und 17 Uhr und in den übrigen Geschäften nur am Freitag von 15 bis 17 Uhr tätigen. Aber nur in den persönlich zugewiesenen Geschäften, wo ihre Lebensmittelkarte Gültigkeit besitzt. Juden, die im Süden der Stadt München wohnen, dürfen nur im Norden einkaufen und umgekehrt. Die beabsichtigte Schikane und Demütigung wirkt, denn sie haben keine Fahrräder mehr, sie können die Straßenbahn nicht nutzen. Wie können sie in den knapp vorgegebenen Zeiten die Geschäfte erreichen?

Das Münchner Stadtgebiet darf ohne Genehmigung der Gestapo nicht mehr verlassen werden.

Im November 1941 müssen Juden alle elektrischen Geräte abliefern, ebenso ihre Schreibmaschinen, Fahrräder, Kameras und Ferngläser. Sie dürfen keine Bücher mehr verkaufen.

Opa Ernst darf sein Telefon behalten. Für Konsulenten gibt es Ausnahmebestimmungen.[399]

Und welches Verhalten empfiehlt die ILG München ihren Stern tragenden Mitgliedern? Rettung durch Wohlverhalten?

„Die Kennzeichnung der Juden verlangt noch mehr als bisher ein völlig unauffälliges Auftreten in der Öffentlichkeit. Es ist insbesondere folgendes zu beachten:
1. Nicht auf der Straße stehen bleiben!
2. Allein, höchstens zu zweien gehen!
3. Rauchen in der Öffentlichkeit unterlassen!
4. Nur in den zugewiesenen Geschäften und nur zu den vorgeschriebenen Einkaufszeiten einkaufen!

Das Verhalten jedes Einzelnen muss von höchstem Verantwortungsbewusstsein für sich und die jüdische Gemeinschaft getragen sein.“ [400]

Mit aller Gewalt wird das Tragen des Sterns durchgesetzt. Anwälte, die sich widersetzen, dass „der nationalsozialistische Staat (...) eine deutliche Kennzeichnung und eine scharfe Trennung der Nichtarier von den arischen Volksgenossen, insbesondere in der Rechtspflege (verlangt)“ oder gegen das „Recht, zu wissen, welcher Rasse der einzelne Rechtswahrer angehört,“ opponierten, verschwinden in Schutzhaft oder in Theresienstadt.[401]

Das „Privileg“, dass Großvater keinen Stern tragen musste, wird Anfang der 1950er Jahre dazu führen, dass er für die Zeit der Zwangsarbeit bei Kammerer keine Entschädigungszahlung erhalten wird.[402]

„Keine neuen Räume mehr zur Berufsausübung" – Ernst Seidenberger findet keine Ruhe

Berufsverbot und Scheidung zwingen Großvater zu permanenten und kurzfristigen Wechseln seiner Wohn- und Kanzleiorte – eine wilde Odyssee durch München. Vielleicht versucht er auch, die Hoffnung auf das nahe rettende Kriegsende vor Augen, eine zeitverzögernde Inszenierung von Ortswechseln für die Nazibürokratie zu betreiben.

Nach seiner Ankunft in München 1903 wohnte unser Großvater zunächst in der Haimhauser Straße 19. Nach dem Ersten Weltkrieg zog Familie Seidenberger in die Gedonstraße 12/0, dem Geburtsort unserer Mutter.

Von dort zieht die Familie 1931 in die Mauerkircherstraße 29/0, die man 1936 aus den bereits dargelegten Gründen verlässt, um in die Leopoldstraße 108/II zu ziehen. Eigentümerin ist die Münchner Wohnungsbaugesellschaft GmbH, eingetragen in der Meldedatei aber die Eigentümerin Ehrhart. Offenbar wurde die Wohnung mit der Scheidung auf Clara Seidenberger, geborene Ehrhart überschrieben.

Mit der Scheidung von seiner Frau vollzieht unser Großvater die Trennung vom Wohnort der Familie und findet im März 1939 in der Elisabethstraße 31 im 1.Stock ein neues Quartier.[403] Dort lebt er knappe zwei Jahre, dann muss er am 21. Januar 1941, dem gleichen Tag wie seine Mitbewohnerin Frau Lesser, die Wohnung verlassen. Mein Großvater zieht in die Germaniastraße 7/IV und nach einem knappen Jahr weiter in die Promenadestraße 25/II, unweit seiner damaligen Konsulentenpraxis.

Auch die Orte seiner Kanzlei wechseln.

Aus seiner langjährigen Kanzlei in der Brienner Straße 55/III,[404] die er bereits vor dem Ersten Weltkrieg, zunächst mit dem Kollegen Schwarz gemeinsam, führte, zieht er für die Jahre 1938, bis wahrscheinlich Anfang 1939 in die Nachfolgekanzlei in der Kaufinger Straße 3/III um. Hier ist er kaum tätig, da die Kanzlei in der Pogromnacht geschlossen wird.

Nachdem im Münchner Adressbuch vorübergehend nur noch die Wohnung in der Leopoldstraße erscheint, betreibt er ab 1939 seine Konsulentenkanzlei in der Promenadestraße 15/II.[405] Dieser Kanzleiort, wo er zum Schluss gemeinsam mit dem „Hilfskonsulenten“ Dr. Maron arbeitet, wird sein letzter Arbeitsplatz vor der Verhaftung sein.

Am 1. April 1944 muss unser Großvater, wie bereits aufgeführt, seine Konsulententätigkeit faktisch beenden. Er ist aufgrund der Ausbombung seiner Kanzleiräume, der Vernichtung sämtlicher Akten „(...) sowie angesichts der Unmöglichkeit, andere Räume zur Berufsausübung zu finden, praktisch aus dem Beruf ausgeschaltet (...).“[406]

Offenbar meldet er die Unmöglichkeit, seine Konsulententätigkeit weiter ausüben zu können, nicht gleich an die zuständigen Behörden, so dass die Aberkennung der Konsulententätigkeit erst nach seiner Verhaftung und Deportation 1945 erfolgt – eingeleitet durch Anfragen diverser Behörden nach seinem Wohnort.

An die ausgebombte Promenadestraße 15 wird am 28. März 1945 die Mitteilung der Aberkennung seiner Konsulententätigkeit geschickt. Da ist er längst nach Theresienstadt deportiert worden.

Eher wohl verzweifelt, zieht er nach Bombardierung von Kanzlei und Wohnung in der Promenadenstraße zurück in die Leopoldstraße 108, wo die geschiedene Clara und die Töchter nach wie vor wohnen.

Sein Risiko erhöht sich damit in allen Lebenslagen. Es droht ihm nicht nur eine Denunziation wegen der Beziehung zu einer „Arierin“. Er darf auch den hauseigenen Luftschutzkeller nicht betreten.

Der mit Großvater befreundete Dr. Steigerwald, der im nahe gelegenen Schwabinger Krankenhaus arbeitet und frühzeitig über Luftangriffe informiert ist, warnt ihn vor drohenden Gefahren.[407] Das ist das Signal für Ernst Seidenberger, sich zum nächstgelegenen öffentlichen Luftschutzbunker aufzumachen.

Es gibt Gründe, die gemeinsame Nutzung des Luftschutzkellers zu vermeiden; denn auch der Luftschutzkeller ist ein Ort von Schikane. Niemand weiß, wie die Nachbarn reagieren. Göring hatte als Oberbefehlshaber der Luftwaffe bereits am 7. Oktober 1940 angeordnet, es solle in Luftschutzräumen auf „Abtrennung (der Juden) von den übrigen Bewohnern geachtet werden, entweder durch Schaffung eines besonderen Raumes für sie oder durch Trennung in demselben Raum.“[408]

Wohl während der großen Luftangriffe im Sommer 1944 wird dann auch die Leopoldstraße ausgebombt. Die Familie zieht in eine kleine Wohnung in der Berliner Straße 1. Dort wird später auch Opa Ernst in den ersten Tagen nach seiner Rückkehr aus Theresienstadt aufgenommen werden, bevor die Familie ihre Nachkriegswohnung in der Widenmayerstraße 49/0 findet.

Für unseren Großvater wird es immer schwieriger in dem für Juden nahezu versperrten und durch Bombardierung reduzierten Wohnungsmarkt eine Unterkunft zu finden.

„Wer genügend Mittel besitzt, hat (...) erstaunlicherweise die Erlaubnis, sich in einer der vielen Fremdenpensionen Münchens ein Zimmer zu mieten, bis er etwas Passendes und der Partei Genehmes gefunden hat."[409]

Obwohl die verbliebenen Finanzreserven sicher Grenzen setzen, kommt unser Großvater kurz vor Weihnachten bei der Pensionsbetreiberin Betty Wiesner[410] im Erdgeschoss der Hohenzollernstraße 25 unter.

Wir wissen nicht, nach welchen Irrwegen er dort eine Unterkunft findet. Vielleicht können ihm ehemalige Mandanten, vielleicht die Familie helfen; denn in München entscheiden Gestapo oder „Arisierungsstelle", welche Pensionen überhaupt noch für Juden ausgewiesen werden.[411]

In dieser kleinen Pension erfolgt im Januar 1945 die Verhaftung durch die Gestapo.

„Was soll ich in Amerika? Ich bin Rechtsanwalt!" – Keine Flucht aus Deutschland

Warum emigrierte Familie Seidenberger nicht rechtzeitig? Warum ist nicht zumindest Opa Ernst geflohen?

Sicher waren es viele marternde Gedanken, die den Ausreisewilligen durch den Kopf gingen und viele daran hinderten, rechtzeitig zu fliehen. Wir wissen nichts über die Grübeleien und Pläne unseres Großvaters. Unsere Mutter sagte, Exil sei niemals in der Familie erwogen worden.

Wären nicht die Vereinigten Staaten eine Möglichkeit gewesen? Zahlreiche Verwandte hätten bei der Einwanderung behilflich sein können, die teilweise bereits seit dem 19. Jahrhundert unter dem Namen „Seidenberg" in der Hopfen- und Tabakbranche in den USA tätig waren. Dort lebte auch die Witwe des bereits erwähnten, 1910 emigrierten jüngeren Bruders Richard.

Der Kontakt war jedenfalls vorhanden: Nach dem Krieg sind nach Aussage meiner Mutter immer noch Hilfspakete aus den USA bei der Familie Seidenberger eingetroffen.

Wurde die Zunahme der Verfolgungsmaßnahmen unterschätzt? War die Hoffnung auf eine nur kurze Naziherrschaft und auf das „Hinterher" zu stark, um rechtzeitig ins Ausland aufzubrechen?

Familie Seidenberger war eine bürgerliche Familie. Ernst Seidenberger war assimiliert. Er war ein konservativer Deutscher, war konvertiert und lebte nicht in jüdischer Tradition. Zumindest bis Mitte der 1930er Jahre schien das patriotische Engagement im Krieg noch gewissen Schutz vor Ausgrenzung zu versprechen.

Die Verfolgungsmaßnahmen drangen zunächst nur allmählich in den Alltag. Gerade die assimilierten, vorwiegend auch älteren jüdischen Bürger gaben sich lange Zeit verzweifelten Hoffnungen und fatalen politischen Fehleinschätzungen hin.

Einige jüdische Organisationen taten das ihrige, um die „Fehlwahrnehmung der Bedrohung"[412] unter den 525 000 Juden in Deutschland zu bestärken.

Der Vorstand des Central-Vereins deutscher Staatsbürger jüdischen Glaubens verkündete am 30. Januar 1933: „Auch in dieser Zeit werden die deutschen Juden ihre Ruhe nicht verlieren, die ihnen das Bewußtsein untrennbarer Verbundenheit mit allem wirklich Deutschen gibt. Weniger denn je werden sie ihre innere Haltung zu Deutschland von äußeren Angriffen, die sie als unberechtigt empfinden, beeinflussen lassen."[413]

Plötzlich erlebten diese bisher sozial anerkannten Menschen durch die tatsächlichen Verfolgungsmaßnahmen das Ende ihres bürgerlichen Lebens.

Es gab frühzeitige Warnzeichen. Der spätere Kanzleikollege Oskar Maron, der zunächst noch seine Auswanderung nach Italien vorbereitete, erhielt bereits 1933 von der „Bayerischen Landessiedlung, Abteilung für Auswandererberatung" eine befürwortende Stellungnahme mit einem zynisch anmutenden, aber realistischen Ausblick auf die weitere Entwicklung:

„Die Ernsthaftigkeit der Auswanderungsabsicht wird dadurch glaubhaft, dass der Antragssteller als Nicht-Arier mit der Zurücknahme seiner Zulassung als Rechtsanwalt rechnen muss."[414]

Spätestens mit der Pogromnacht 1938 dürften viele Illusionen über die tatsächliche Entwicklung und das vermeintlich rasche Ende des „Dritten Reiches" zerstoben sein.

Woher soll jetzt noch Hilfe kommen?

„Die rücksichtslose und brutale Aggressivität, mit der in dieser Nacht jüdischer Besitz zerstört, jüdisches Eigentum gestohlen, jüdisches Leben ausgelöscht wurden, machten die Gefahren eines Verbleibens in Deutschland unübersehbar deutlich."[415]

Folglich erreichte in der Zeit unmittelbar nach der Pogromnacht die jüdische Auswanderung ihren Höhepunkt: Während 1933 37 000 Juden emigrierten, stieg diese Zahl – nach vorübergehendem Rückgang – auf 40 000 (1938) und 78 000 (1939).[416]

Bis 1942 flohen knapp 8000 der insgesamt 11 000 Juden aus ihrer Heimatstadt München.

Zwei Drittel der jüdischen Rechtsanwälte emigrieren zwischen 1933 und 1941 aus Bayern, die anderen nicht – aus unterschiedlichen Gründen und Motiven.

Die in Deutschland verbliebene jüdische Bevölkerung wurde im Laufe der 1930er Jahre zu einer Gemeinschaft älterer Menschen. Über die Hälfte der 1939 in Deutschland lebenden Juden waren bereits über 45 Jahre alt, 1943 waren 30 Prozent der Münchner Juden bereits über 60.[417] Ernst Seidenberger gehörte zu dieser Gruppe. Das Alter hinderte am Weggehen, wie Sebastian Haffner schrieb: „Das Verschwinden und Versinken all dessen, wofür und womit er gelebt hat, ist für einen alten Mann schwerer zu ertragen als für einen jungen."[418]

Auch Fremdsprachenkenntnisse in Englisch, Französisch oder Spanisch waren damals noch nicht so verbreitet. Ein Neuanfang in einem Land, dessen Sprache man nicht verstand, schien in fortgeschrittenem Alter fast aussichtslos.

Ernst Seidenberger hatte an seiner Schule, dem humanistischen „Neuen Gymnasium" in Nürnberg, kein Englisch gelernt. In Französisch hatte er nicht besonders gut abgeschlossen.

Victor Klemperer schrieb dieses Ohnmachtsgefühl des Fremdsprachenunkundigen nieder:

„Ich bin so qualvoll hilflos. Weil ich ein Neuphilologe bin, der keine Fremdsprache spricht. Mein Französisch ist vollkommen eingerostet, ich habe Angst, auch nur einen Satz zu schreiben oder zu sprechen (...) Ich kann nichts Brauchbares." „Was drüben beginnen? Wer wird mich haben wollen? Mein Englisch."[419]

„Was soll ich in Amerika? Ich bin Rechtsanwalt!", sagte der Vater von Renate Harprecht.[420]

Die Qualifikation eines deutschen Juristen war im Ausland nahezu wertlos. Gerade für Rechtsanwälte gab es eine berufsspezifische Notwendigkeit, die Fachsprache zu beherrschen. Die bedrohliche Dequalifizierung im Ausland gefährdete die Sicherung des Überlebens. Nur rund elf Prozent der emigrierten Rechtsanwälte konnten im Ausland wieder in ihrem Beruf tätig werden. Viele arbeiteten in unqualifizierten Berufen.[421] Als Angestellter eines Warenhauses, als Industriearbeiter, Buchhändler oder landwirtschaftlicher Arbeiter mit einem geringen Einkommen war es nur unter den größten Mühen möglich, eine vierköpfige Familie zu ernähren.

„Es waren ausschließlich Leute, die vor wenigen Monaten noch dem Mittelstand angehört hatten und die jetzt gezwungen waren, als Hausierer durch die Straßen zu laufen, um nicht verhungern zu müssen (...). Ich sah einen ehemaligen angesehenen Rechtsanwalt mit einem Brett, auf dem Kuchenstückchen ausgebreitet lagen, von Kaffeehaus zu Kaffeehaus eilen, ich sah Männer, die vor Jahresfrist noch in Amt und Würden waren, auf dem Fahrrad Brot, Gemüse, Eier ausfahren (...) Ein ehemaliger Notar berichtete mir, er habe den Redaktionen (...) Artikel angeboten, er habe sich um Übersetzungsarbeiten beworben, er habe in Dutzenden von Geschäften und Fabriken um eine bescheidene Stellung oder um Hilfsarbeit gebeten, er habe auch versucht, als Orangenpflücker einige Pfund zu verdienen, jetzt sei er am Ende seiner Kraft. Am nächsten Tag erhängte er sich an einem Baum."[422]

Die Auswanderungsformalitäten waren kompliziert und teuer. Die rechtzeitige Auswanderung scheiterte daher oft an den systematischen bürokratischen Schranken, die die Nazidiktatur errichtete und die letztlich die Demütigung und planmäßige Verelendung der Exilwilligen, vor allem aber die Bereicherungsmöglichkeit des Deutschen Reiches zum Ziel hatten.

Die IKG München klagte:

„Die Gestapo, die Polizei, das Paßamt, die Auswanderungsberatungsstelle, das Finanzamt, das Stadtrentenamt, die Vermögensverwaltungsstelle, das Devisenamt, die Devisenüberwachungsstelle und das Zollamt – alle diese Ämter beschäftigen sich mit dem Auswanderer, alle sie beschäftigen den Auswanderer, wochenlang, monatelang. Und alle hatten sie Neben- und Unterstellen, hatten ihre Stadien und Verfahrensarten."[423]

Die IKG weigerte sich jedoch, den zum Katholizismus übergetretenen Juden, was ja auf unseren Großvater zutraf, bei der Auswanderung irgendwie behilflich zu sein und verwies diesbezüglich auf den Vatikan.[424]

Die materielle Belastung der Fliehenden wurde immer drückender. Wer seinen Hausrat zur Finanzierung der Flucht verkaufen wollte, sah sich aufgrund des Überangebots und des politischen Drucks mit sinkenden Preisen konfrontiert.

Darüber hinaus sicherte eine Fülle von fiskalischen Ausplünderungsmaßnahmen dem NS-Staat den Zugriff auf die Vermögen der auswanderungswilligen Bürger jüdischer Herkunft.

Für Umzugsgut musste eine Abgabe bei der Deutschen Golddiskontbank eingezahlt werden, die oft dem Neukaufpreis der entsprechenden Gegenstände entsprach.[425]

Nur 10 RM durften in bar ausgeführt werden. Das restliche Geldvermögen (zum Beispiel Einkünfte aus Renten, Versicherungszahlungen etc.) kam auf ein Sperrkonto.

Vermögen über 50 000 RM wurden mit der „Reichsfluchtsteuer" in Höhe von 25 Prozent belegt.[426] Der NS-Staat schöpfte auf diese Weise bis 1941 über 900 Millionen Reichsmark ab. Beim Umtausch des Restvermögens in Devisen galt nicht nur eine absolute Beschränkung, sondern auch der „Sperrmarkkurs", das heißt für den Devisenkauf wurde die RM 1:10 abgewertet. Schiffspassagen mussten aber in Devisen bezahlt werden. Die Kosten der Auswanderung überstiegen bei weitem die Möglichkeiten vieler Auswanderungswilliger. Nach einer Schätzung des Reichswirtschaftsministeriums lagen die mit der Auswanderung verbundenen realen Werteinbußen der Betroffenen bereits 1935 bei 80 Prozent.[427]

Wer ausreiste, verlor schließlich die deutsche Staatsbürgerschaft bzw. Staatsangehörigkeit mit der Folge, dass das zurückbleibende Vermögen vom Deutschen Reich beschlagnahmt werden konnte.

Die durch diese Umstände und Maßnahmen verursachte Verarmung der Flüchtlinge war in Zeiten „erlaubter" Auswanderung aus dem Deutschen Reich ein von den Nationalsozialisten durchaus erwünschtes Ziel:

„Je ärmer und damit belastender für das Einwanderungsland der einwandernde Jude ist, desto erwünschter ist die Wirkung im deutschen propagandistischen Interesse."[428]

Die Mittellosigkeit der jüdischen Auswanderer war ein Anlass der Zielländer, ihre Zuwanderungspolitik zu verschärfen. Gesicherte Vermögensverhältnisse und für den internen Arbeitsmarkt erwünschte Qualifikationen waren – damals wie heute – erbarmungslose Voraussetzungen, um die sich verkleinernde Einwanderungsquote nutzen zu können. Immer weniger Flüchtende konnten das Zielland frei wählen. Überall wurden die Einreisebestimmungen durch Festlegung von Aufnahmequoten verschärft. Verschiedene Exilländer schieden nach und nach durch die deutschen Eroberungen aus. Der Transit über die Pyrenäen nach Spanien und Portugal wurde immer restriktiver. Um ein Affidavit in den USA zu erhalten, mussten Verwandte oder Freunde für den Flüchtling bürgen. Auch die in mehreren Briefen an seinen Cousin George dokumentierten Bitten unseres Vaters um ein Affidavit in die USA scheiterten letztlich. Ab Sommer 1940 war es nahezu unmöglich in die USA zu fliehen. Chile und Brasilien schlossen im gleichen Jahr ihre Grenzen. In Palästina errichtete Großbritannien Barrieren. Letztlich blieb nur noch die abenteuerliche Route nach Shanghai.

„Niemand will sie, weil man die Nachteile der Verjudung klar erkannt hat", höhnte der „Völkische Beobachter" über das Scheitern der Flüchtlingskonferenz von Evian 1938 und die sich schließenden Grenzen.[429]

Mit einem Geheim-Runderlass des RSHA vom 23. Oktober 1941 wurde die Auswanderung von Juden aus Deutschland endgültig verboten.[430] An ihre Stelle trat nun die planmäßige Deportation und Ermordung.

Ab November 1941 wurden die ca. 3000 in München verbliebenen Juden in mindestens 43 Transporten nach Kaunas (Litauen), Piaski (Polen), Ausschwitz (Polen) und Theresienstadt (Tschechien) deportiert. Nur wenige Hundert überlebten.

Klemperer reflektierte am 28. November 1941 das traurige Dilemma der noch verbliebenen Alternativen:

„Wir erwogen wieder. Ergebnis wie immer: bleiben. Gehen wir, so retten wir das Leben und sind zeitlebens abhängige Bettler. Bleiben wir, so sind wir in Lebensgefahr, behalten aber die Chance, hinterher ein lebenswertes Dasein zu führen. Trost bei alledem: Das Gehen hängt kaum noch von uns ab.“[431]

Viele, die es geschafft hatten zu fliehen, zerbrachen an Heimatlosigkeit und Einsamkeit. In einem der letzten Briefe aus dem Exil drückte der kranke und verarmte Schriftsteller Karl Wolfskehl, Weihnachten 1947 all seine Verzweiflung „in der furchtbaren Fremde“ aus:

„Wer kann herkommen mich holen? Ich will, ich muß fort (...). Ich habe kein Geld. Aber ich will ja nur sterben. Bei Euch. Nicht in der furchtbaren Fremde (...). Ich bin schwach und allein. Aber ich will fort nur zu Euch. Handelt, wenn Ihr liebt (...). Es geht mir schlecht. Holt mich. Ich bin Dein Karl W.“[432]

„Im Inneren gähnt die Leere“ – Verfolgung und Einsamkeit

Ob die von unserer Mutter auf das Jahr 1939 datierten Aufzeichnungen ihres Vaters exakt aus diesem Jahr stammen, ist nicht ganz sicher. Aber es muss in diesen Jahren um 1939 gewesen sein. Unser Großvater hat einen Punkt absoluter Trostlosigkeit erreicht.

Das Exil ist keine Perspektive. Von den Kollegen ist er ausgegrenzt und verlassen worden, hinausgeworfen aus allen beruflichen

Zusammenhängen. Er lebt getrennt von Frau, Familie und gewohntem Zuhause. Die Kanzlei ist geschlossen, er muss einer entwürdigenden Konsulententätigkeit nachgehen, zusätzlich verurteilt zur vorübergehenden Zwangsarbeit.

Die Zahl seiner Konsulentenkollegen wird durch Deportationen reduziert.

Das Gefühl seiner existenziellen Einsamkeit ist aber nicht nur Ergebnis von Verfolgung und fehlender Solidarität.

In ihm sitzt auch die tiefe Zerrissenheit zwischen seiner jüdischen Herkunft und dem brennenden Wunsch, von der deutschen Gemeinschaft aufgenommen zu werden, die ihn jetzt endgültig und mit bisher nicht gekannten brutalen Methoden zurückweist. Der Traum ist ausgeträumt.

Die Machthaber in Deutschland bereiten inzwischen den nächsten Schritt vor: Deportation nach Theresienstadt! In dieser Situation schreibt er das hier auszugsweise zitierte Dokument als Selbstvergewisserung für sich, er will aber auch seiner Familie seinen „inneren Entwicklungsgang" mitteilen. Abschließend findet er tragische Worte über seine ihn lebenslang begleitende, nun aber allumfassende Einsamkeit:

„Das hervorragende Merkmal der so gewordenen Persönlichkeit sehe ich in der schon früh geübten Flucht in die Einsamkeit, in der ich ein ganzes Leben hindurch geblieben bin (...) und aus der ich nicht wieder herausgefunden habe. Damit verbunden ist eine Übung im Schweigen dergestalt, dass ich langsam, aber sicher in das Schweigen hinein gefunden und jeden Drang zur Mitteilsamkeit verloren habe – immer wieder bezogen auf die wesentlichen Vorgänge einer einsamen Seele. Der dadurch geschaffene leere Raum zwischen dem Ich und der Umwelt zieht sich als Gesetz der Persönlichkeit um und durch das Leben mit allen Folgen guter und beeinträchtigender Art. Es war dadurch ein Schutzwall entstanden im neutralen Raum, innerhalb dessen ein Innenleben eigenster Art sich absonderte, sich entwickelt und gefestigt hat, das die Persönlichkeit geprägt und ausgebildet, freilich auch irgendwie verbildet hat, das aber schließlich keine Abweichungen mehr gestattete, nachdem nach diesem Gesetz einmal angetreten war.

Diese Lebensmitgift war kein Segen. Sie hat zwar die Lostrennung aus ererbten Banden ermöglicht und gefördert, hat gleichzeitig aber das hemmungslose und volle Einlenken und Einbauen in andere Bindungen und Gemeinschaften erschwert.

Der Lebensballon stieg auf, warf ständig Ballast ab, um sich in der Höhe zu halten und frei zu schweben, es fehlte aber die Kraft, im Augenblick der Gefahr, den Fallschirm zu öffnen und dorthin nieder zu gehen, wo ein Weiterwandeln im erträumten und ersehnten Lande möglich sein sollte. Er stieg auf und nieder und fand nicht den richtigen Landungsplatz. Seine Höhe verminderte sich und er verschwand schließlich im Nebel, der sich auf ihn senkte.

Eines aber blieb – die Treue zu dem, was in das Leben geführt hatte. Treue zum Beruf und seinem Ethos, zu Vaterland und seinem Boden, zu Frau und Kindern und festhalten an ihnen allen, so schwer es das Leben auch machte, über alle Fährnisse und allem Abfall derer hinweg, die es gewählt und sich eingegliedert hatten. Den schwersten Erschütterungen, die bis an den bittersten Rand der Verzweiflung führten, hielt diese Treue stand, wenn sie wiederum auch in die Einsamkeit – die Grundtatsache dieses Lebens – zurückwarfen. Sie war aber gleichzeitig die Kraft, die das Durchhalten ermöglichte. Denn eine nicht durch Anlage vereinsamte Seele hätte all die aufgezwungene Vereinsamung nie ertragen.

Das Leben rundet sich. An seinem Ende steht wieder das große Alleinsein, in das die Jugend und Entwicklung geführt hatte, um auf ihr neu aufzubauen. Der Bau schien zu stehen, ihm sind erst die Fenster und Türen eingeschlagen worden, die kalte Luft schlug zerstörend herein, er zerfiel bis auf die Fassade, die ungenügend den alten Bau vortäuscht. In seinem Inneren gähnt die Leere."[433]

1945: Verhaftung und Deportation nach Theresienstadt

„Ich trage alles standhaft, so schwer es ist" – Verhaftung und Lager Moosach

Im Januar 1992 schickte mir meine Mutter einen kurzen Brief aus München:

„Lieber Peter!

Ich schrieb diese Karte Deines Großvaters, meines Vaters, für Dich ab – und muß Dir gestehen, daß ich hier sitze, bitterlich weinend ob dieser schmerzlichen Vergangenheit, des Versäumten, des zu wenig Gegebenen.

Mein Vater war im Januar 1945 kurz vor seinem 68. Geburtstag (19. Febr.) (verhaftet worden, P.N.) – wie hat er das geschafft? – ich bin nun älter als er damals. Mein Gott! Es gäbe noch soviel zu reden, zu erdenken, zu bedenken – laß es uns nicht versäumen. In Liebe Deine Mam"

Auf dem Briefumschlag hatte sie notiert: „Peter – Reisegefährte, Gesprächspartner einer unvergesslichen Woche."

„Unvergesslich" war ihr nun geworden, was sie in den Jahrzehnten zuvor verdrängen, beschweigen und aus ihrem Gedächtnis löschen wollte: Das Schicksal ihres Vaters und damit auch ihr eigenes Erleben.

Am 26. Januar 1945 wird Ernst Seidenberger von dem Gestapo-Mann Gerhard Grimm in seiner damaligen Unterkunft bei der Pensionsbetreiberin Betty Wiesner im Erdgeschoss der Hohenzollernstraße 25, wo er seit dem 22. Dezember 1944 wohnt, verhaftet.[434]

Er muss wohl den drohenden Zugriff der Gestapo erwartet haben. Bereits 1943 hatte er das Inventar seiner Kanzlei notiert.[435]

Aus einem Schreiben kann er auf die bedrohliche Entwicklung schließen: Am 6. Januar 1945 hatte ihn ein kurzes Schreiben des Präsidenten der RRAK in Berlin erreicht. Der „Konsulent Dr. Ernst Israel Seidenberger" wird aufgefordert innerhalb einer Woche die Schließung seines Postscheckkontos zu belegen und seine Wohnanschrift mitzuteilen.[436]

Die Karte, die meine Mutter für mich abgeschrieben hatte, um mir bei der Entzifferung der hastig geschriebenen Worte behilflich zu sein, wies als Absender das „Arbeitslager Moosach" auf.

Großvater wurde nicht mehr nach Milbertshofen im Norden Münchens gebracht, von wo die meisten Juden in die Vernichtungslager oder nach Theresienstadt deportiert worden waren. Dieses Lager war Mitte August 1942 geschlossen und an die BMW AG zur Unterbringung von Zwangsarbeitern verkauft worden. Er kam auch nicht in die zweite Sammelunterkunft auf dem Gelände des Klosters der Barmherzigen Schwestern in Berg am Laim, das am 1. März 1943 aufgelöst worden war.[437]

Die Deportation und Ermordung der Münchner Juden war bereits weit fortgeschritten.

Im Abschlussbericht der Arisierungsstelle von Obersturmführer Hans Wegner war München bereits 1943 euphorisch für „judenfrei" erklärt worden. Im Mai 1943 lebten im gesamten Stadtgebiet noch 483 Juden, davon 358 in „privilegierter Mischehe".[438]

Im Jahre 1945 soll auch diese letzte Gruppe deportiert werden.

Mit der abnehmenden Mandantenzahl und der Zerstörung der Kanzlei kann auch die Konsulententätigkeit meinen Großvater nicht mehr vor der Deportation schützen.

In der Karte aus Moosach, an seine inzwischen geschiedene Frau Clara Ehrhart gerichtet, wohnhaft in der Berliner Straße 1/III. Stock, heißt es: „Ich bin im Arbeitslager Moosach mit der Linie 6 und 7, umsteigen Leonrodplatz bis Feldmochingerstraße, dann diese entlang bis Bahnhofstraße. Erwarte hier Abtransport. Schreiben an mich nicht möglich, auch nicht Besuch, aber Lebensmittel (...) möglich im Paket mit Adresse. Bin dankbar dafür, sage es den Kindern. Kann sonst nichts sagen, trage alles standhaft, so schwer es ist. Erhalte Dich den Kindern ... Wenn Möglichkeit besteht, schreibe ich. Einstweilen diese Grüße. Bin ohne Geld, kann nichts kaufen. Gott schütze Euch. E."[439]

Unverzüglich steigen Inge und ihre Schwester Ise, offenbar ohne die Begleitung der Mutter, in die Straßenbahn und fahren entlang der vom Vater angegebenen Wegstrecke in den nordöstlichen Stadtteil Moosach. Sie bringen Lebensmittel. Sie sehen den Vater und werfen, so wird es später meine Mutter erzählen, das kleine Paket über den Zaun.

Der Vater ist hungrig. Eine Unterhaltung ist nicht möglich.

Einen Tag später, am 20. Februar, schreibt er wieder mit Bleistift eine kurze, absenderlose Postkarte, die sich diesmal direkt an die Kinder richtet. Dem traurigen Inhalt ist der zynische Aufdruck der Machthaber vorangedruckt:

„Der Führer kennt nur Kampf, Arbeit und Sorge. Wir wollen ihm den Teil abnehmen, den wir ihm abnehmen können."

„Liebe Kinder!

Es war gestern ein wehmutvolles letztes Begegnen. Ich danke Euch für Eure Fürsorge, mache mir nur Gedanken, daß ich Euch verkürzt habe. Jedenfalls habe ich in meinem Heißhunger alles gleich aufgezehrt. So wird der Mensch! Nun geht es heute nacht noch oder morgen früh dahin, den genauen Zeitpunkt erfährt man nicht. Ich nehme nichts mit, als die unwandelbare Liebe zu Euch, dem Letzten, was mir geblieben ist. Haltet auch Ihr zu mir und bleibt mir. Mein Segen begleitet Euch Tag und Nacht. Ich schreibe sobald ich kann, unwandelbar, Euer Futter."[440]

„Nun geht es heute nacht dahin". Doppelsinnige Worte?

Durch seinen Heißhunger habe er, so erläutert mir später meine Mutter den Inhalt, die gemeinsame Zeit am Absperrzaun „verkürzt".

Diese Karte soll die Familie nach Aussage meiner Mutter mit Verzögerung erhalten haben. Ein SS-Mann, der sich wohl auf das nahe Ende der Naziherrschaft vorbereitete, soll das Schreiben der Familie persönlich vorbeigebracht haben. Vielleicht war es auch ein den Transport begleitender Gestapo-Mann.

Nach dem Krieg wird Ernst Seidenberger das Treffen mit den Töchtern in einer Zeugenaussage zur Entlastung des wachhabenden Friedrich Lamm im Lager Moosach bestätigen:

„Ich vergesse ihm insbesondere nicht, daß er mir entgegen bestehendem Verbot noch die Möglichkeit gegeben hat, meine Kinder zu sehen und mich von ihnen vor dem Abtransport zu verabschieden. Er hat auch – wiederum verbotswidrig – gestattet, daß ich von meiner Familie mit Lebensmitteln versehen wurde (...)“[441]

Auf einem kleinen Blöckchen, das ihn auch später in Theresienstadt begleiten wird, notiert unser Großvater in kurzen Stichworten den Ablauf der Ereignisse seit seiner Verhaftung:[442]

„26.1.1945	Verhaftung.
26/27.1.	Gestapo
27.1.–20.2.	AEL Moosach
20.–21.2.	Gestapo
21.2.	Abtransport (...)“

Nach dem Krieg wird er, im Alter von 73 Jahren, als Zeuge gegen den Gestapoangehörigen Gerhard Grimm die genaueren Umstände seiner Verhaftung und Überführung in das „Arbeitserziehungslager“ Moosach ausführlich schildern:

„Von den Angeschuldigten bin ich mit Gerhard Grimm in nähere Berührung dadurch gekommen, dass er mich am 26.1.45 in meiner damaligen Wohnung verhaftet hat. Als Anlass der Verhaftung eröffnete er mir, dass ich in das KZ Theresienstadt abtransportiert werden sollte. Er hat keinerlei Haftbefehl vorgezeigt. Er hat mich dann körperlich durchsucht, ebenso mein Gepäck und mein Zimmer. Da ich total fliegergeschädigt war, hatte ich nur wenige in einem kleinen Handkoffer aufbewahrte Gegenstände mein eigen zu nennen. Nichtsdestoweniger äusserte Grimm, das ist doch allerhand, was die Juden noch besitzen.[443] Bei der Durchsuchung hat Grimm mir zunächst das in meinem Besitz befindliche Bargeld, meiner Erinnerung ca. 1800 RM, abgenommen und zwar bis auf den letzten Pfennig, den er noch aus der Tasche holte, so dass ich vollkommen mittellos zurückblieb und nicht einmal in der Lage gewesen wäre, mir ein Stück Brot zu kaufen. Er hat dann neben dem Bargeld mir noch eine Reihe von Gegenständen abgenommen (... es folgt eine detaillierte Aufzählung, auf die noch einzugehen sein wird, P.N.).[444] Ich bin bei meiner Verhaftung über das Gestapogefängnis im Wittelsbacher Palais in das Arbeitserziehungslager Moosburg[445] durch die Straßen Münchens transportiert worden in Gesellschaft einer Reihe von anderen aneinandergefesselten Häftlingen. In Moosach verblieb ich unter den unwürdigsten Umständen bis zu dem am 21.Februar 1945 erfolgten Abtransport nach Theresienstadt, nachdem ich vorher nochmal 2 Tage im Gestapogefängnis untergebracht war (...).“[446]

Spätestens am Tage seiner Verhaftung erfährt also Ernst Seidenberger von Gestapomann Grimm, wohin es gehen soll: Nach Theresienstadt!

Aber davon schreibt er der Familie nichts, darf er vielleicht auch nicht.

Er ahnt jedoch, welche Bedrohung auf ihn zukommt. Aus Moosach schreibt er einige hastig und ahnungsvoll gekritzelte Zeilen auf einen Briefumschlag, den er, unklar wann und wie, den Töchtern übergeben lässt:

„Ich erteile meiner Tochter Luise Seidenberger Vollmacht, mich in allen Angelegenheiten zu vertreten. Dr. Ernst Seidenberger. München, 13.II.45.“

In die Innenseite findet sich noch eine kleine Notiz, ein Abschied: „Dank für Wünsche, alles Gute.“[447]

Das „Arbeitserziehungslager“ Moosach – heute befindet sich an der Stelle des ehemaligen Lagers das Schulzentrum Gerastraße – existierte von August 1941 bis zum Ende der Naziherrschaft. Diese Verfolgungsstätte diente unter direkter Aufsicht der Gestapo und oft in Zusammenarbeit mit den profitierenden Unternehmen der Disziplinierung von Tausenden ausländischen, aber auch deutschen Arbeitskräften bzw. Zwangsarbeitern. Einzelne Arbeitskräfte konnten „wegen Nichterfüllung der Arbeitspflicht“ aus ihrem Arbeitsbereich direkt in das Lager eingewiesen werden:

„Die AEL sind ausschließlich zur Aufnahme von Arbeitsverweigerern und arbeitsunlustigen Elementen, deren Verhalten einer Arbeitssabotage gleichkommt, bestimmt. Die Einweisung verfolgt einen Erziehungszweck (...).“[448]

Im einem Schreiben an das BLEA wird Ernst Seidenberger 1952 auf die Schwierigkeiten verweisen, für seinen dreiwöchigen Lageraufenthalt in Moosach vom 26. Januar bis zum 21. Februar 1945

Zeugen zu benennen oder einen anderen Nachweis zu erbringen, da die Häftlinge überwiegend aus ausländischen Zwangsarbeitern bestanden und eine Verständigung nicht möglich war.

Am 21. Februar – Ernst Seidenberger befindet sich seit fast einem Monat in Haft und wird an diesem Tag deportiert – wird eine Verfügung der Gestapo München an den Gerichtsvollzieher zugestellt, dass „das gesamte Vermögen des Dr. Ernst Israel Seidenberger zugunsten des Deutschen Reiches eingezogen“ wird.[449] Zu diesem Zeitpunkt hat er bereits kein Vermögen mehr.[450] Als Adresse trägt die Gestapo „Johann-von-Werth-Straße 25“ ein. Die Verfügung hätte ihn, unabhängig von der bereits vollzogenen Inhaftierung, gar nicht erreichen können, da er dort nie wohnte. Diese Hausnummer existiert in dieser Straße nicht.[451]

Fehler bei der Eintragung? Schlamperei der letzten Kriegsmonate? Oder absichtlich eine fiktive Adresse? Man kann davon ausgehen, dass die Gestapo keinen besonderen Wert mehr darauf legte, derartige Schreiben tatsächlich zuzustellen. Es war ein formalbürokratischer Akt gegenüber einem Menschen, den man sowieso im eigenen Machtbereich wusste und dessen Vermögen man auf jeden Fall habhaft werden würde, sofern er überhaupt noch über nennenswerte Beträge verfügte.

Aber die Bürokratie des Terrors funktioniert perfekt in einem auf Befehl und Gehorsam aufgebauten System: Der beflissene Gerichtsvollzieher stempelt die Verfügung ab und unterschreibt: „Zugestellt am 21.Februar 1945“ – trotz der bereits erfolgten Verhaftung, trotz der falschen Adresse.

Das Finanzamt wird diese fiktive, die Deportation verbergende Adresse sogar noch am 7. April 1945 aufrechterhalten.[452] Zu diesem Zeitpunkt befindet sich Ernst Seidenberger bereits seit sechs Wochen in Theresienstadt.

Am 1. März 1945 wendet sich der Präsident der RRAK erneut „postlagernd“ an den Konsulenten Ernst Seidenberger. Offenbar ist der Kontakt abgebrochen. Man macht sich Gedanken – wahrscheinlich auch über die ausbleibenden Konsulentenabgaben:

„Aus gegebener Veranlassung besteht die Notwendigkeit, folgende Auflagen zu machen:

1. Anschriftenänderungen (bei Terrorangriffen u.s.w.) sind mir jeweils unverzüglich mitzuteilen.
2. (...) ersuche ich, in allen Fällen der Behinderung der Berufsausübung über 1 Monat hinaus, die Bestellung eines Vertreters zu beantragen, damit die Durchführung der Ihnen erteilten Einziehungsaufträge sowie die Erhebung der eigenen Kosten sichergestellt wird. In Fällen, in denen am Zulassungsort ein jüdischer Konsulent ausser Ihnen nicht mehr vorhanden ist, wird es notfalls möglich sein, einen jüdischen Konsulenten aus einem anderen Bezirk zu beantragen.

Ich weise in diesem Zusammenhang besonders darauf hin, daß der Vertreter gehalten ist, Ihren Briefkopf auch weiterhin zu gebrauchen, und lediglich als amtlich bestellter Vertreter zu zeichnen hat."[453]

Die RRAK ist über die „Behinderung der Berufsausübung" durch die Gestapo offensichtlich nicht informiert. Schon längst gab es „am Zulassungsort" keinen jüdischen Konsulenten mehr.

Es gibt keinen Vertreter mehr, der den Briefkopf unseres Großvaters weiter verwenden könnte. Es gibt überhaupt keine Konsulenten mehr in München. Ernst Seidenberger ist bereits in Theresienstadt.

Die Nazibehörden können sich nicht mehr koordinieren, was den jeweiligen Verfolgungseifer nicht beeinträchtigt. Die Gestapo meldet Verhaftungen von Konsulenten im Reichsgebiet längst nicht mehr an andere Behörden. Alles muss in den ersten Monaten des Jahres 1945 sehr schnell gehen.

Trotzdem zeigt sich die Nazibürokratie bis zur letzten Minute um korrekte Erfüllung bemüht.

Am 28. März 1945 verkündet der OLG-Präsident in München, der sich inzwischen nach Fürstenfeldbruck zurückgezogen hat und insofern, bemüht um die eigene Zukunft, wohl auch keine Zeit mehr hatte, sich über das tatsächliche Schicksal seines Adressaten informieren zu lassen: „Ich widerrufe hiermit Ihre Zulassung als jüdischer Konsulent. Namens des Reichsministers der Justiz."[454]

Gleichzeitig fahndet die OFD weiterhin – getreu der Gestapo-Verfügung vom Februar 1945 zur Vermögensbeschlagnahmung – bis in den April 1945 nach dem bei der Dresdner Bank vermuteten Vermögen. Schließlich stellt die Behörde fest: „Es kann nicht mehr festgestellt werden, ob der in der Verfügung Genannte hier veranlagt (...) war, da die Unterlagen durch Feindeinwirkung vernichtet sind."[455]

Die nationalsozialistische Bürokratie überdauerte jedoch blind und gehorsam historische Einbrüche. Unter „Erledigungsvermerke" notierte ein pflichteifriger Sachbearbeiter des Finanzamtes am 11. Juli 1945, zwei Monate nach der Befreiung und eine Woche bevor unser Großvater seinen Entschädigungsantrag stellte: „Obige Bearbeitung ist nicht mehr erfolgt."[456] Es stört den Sachbearbeiter dabei offensichtlich nicht, dass auf dem „Bearbeitungs-Laufzettel" der Vollzug der Vermögensbeschlagnahmung alternativ mit „verfallen (Jude)" oder mit „eingezogen (Reichsfeind/Jude)" anzukreuzen war. Letzteres wurde für unseren Großvater ausgewählt.

Gut für den bis in den Juli 1945 funktionierenden Beamten, dass er den Vorgang nicht noch rasch und gewohnheitsmäßig mit „Heil Hitler" abgeschlossen hatte.

Für Ernst Seidenberger ist das Arbeitserziehungslager Moosach Durchgangslager in das Ghetto Theresienstadt.

Er wird aus dem Lager zunächst zurück in das Gestapo-Gefängnis in der Innenstadt gebracht. Dort muss er die Nacht verbringen.

„Mit dem am 21. Februar zusammengestellten Transport bin ich nach Theresienstadt ausgesiedelt worden. Gleichzeitig wurde mein Vermögen eingezogen."[457]

Eduard Fahlbusch

Mit dem letzten Transport aus München unter der Nummer II/35 wird Großvater am 21.02.1945 zusammen mit 31 weiteren Häftlingen, darunter 18 Frauen, deportiert. Acht von ihnen kommen ebenfalls aus München.

Die Verhafteten werden zunächst zum Hauptbahnhof gebracht. Maximal 30 Kilogramm Gepäck und 50 RM in bar darf jeder „Transportteilnehmer" mit sich führen. Ein eigener Waggon wird an den Zug angehängt. Die Begleitmannschaft der Gestapo steigt zu. Der Gestapobeamte Eduard Fahlbusch ist „Führer des Transportes" in das Konzentrationslager.[458]

Die Fahrt nach Theresienstadt dauerte ca. einen Tag, sagte Fahlbusch in einem späteren Gerichtsverfahren aus.[459] Tatsächlich dauert sie in Folge der Kriegseinwirkungen länger. Die Bahnstrecken sind z.T. zerstört, Truppentransporte müssen vorgelassen werden.[460] Nach den Aufzeichnungen unseres Großvaters trifft er am 23. Februar 1945 mittags in Theresienstadt ein.

„Ich bedaure, dass ich zu hart war. Bitte beurteilen Sie mich." – Der Täter Gerhard Grimm

Der Gestapo-Mann Gerhard Grimm, der meinen Großvater verhaftet hatte, hatte auch den Transport Nr. II/35 nach Theresienstadt zusammengestellt.[461]

Jede Transportmaßnahme erfolgte aufgrund einer Anordnung des RSHA in Berlin, das wiederum den Weisungen des Chefs der deutschen Polizei im RMdI unterworfen war. In München stellte die Gestapo-Leitstelle in der Briennerstraße die einzelnen Transporte nach der Maßgabe des RSHA zusammen.

Die Münchner Gestapoleitstelle im Wittelsbacher Palais war 1943/44 mit ca. 170 Beamten besetzt, hinzu kamen ca. 130 Angestellte. Das Referat II/B für „Judenangelegenheiten", das die eigentlichen Deportationen organisierte, umfasste ca. 12 Personen.[462] Hier wurden die Zahlen- und Altersvorgaben des RSHA mit konkreten Namen der zu deportierenden Menschen gefüllt. Dabei stützte sich die Leitstelle in der Regel auf die Personenvorschläge der IKG, einer Zweigstelle der ‚Reichsvereinigung der Juden in Deutschland'. Die Deportationslisten wurden anderen Dienststellen und Behörden zur Kenntnis gebracht: der Gauleitung und der ihr angeschlossenen „Arisierungsstelle“, dem OFP, dem Arbeitsamt, dem Wohnungsamt, dem Einwohnermeldeamt etc.[463] Sowohl die der Gauleitung zugeordnete „Arisierungsstelle“ in München als auch die Oberfinanzbehörde intervenierten mehrmals bei der Zusammenstellung der Listen, wenn sie Möglichkeiten sahen, jüdisches Vermögen für den nationalsozialistischen Staat zu rauben.

So sagte der damalige Abteilungsleiter der „Arisierungsstelle“ Hans Wegner – sicher auch zur eigenen Entlastung – vor dem Untersuchungsrichter 1954 aus:

„An den Verschickungen der Juden waren nicht nur das RSHA, sondern auch das Oberfinanzpräsidium interessiert, wie ich anneh-me deshalb, weil das Vermögen der verschickten Juden staatlich eingezogen und vom Finanzamt verwertet wurde (...) Der damalige Oberfinanzpräsident Weissensee oder dessen Vertreter soll damals mehrfach schriftlich Anträge auf weitere Verschickung von Juden an das RSHA gestellt haben.“[464]

Unmittelbar nach seiner Rückkehr aus Theresienstadt, am 17. Juli 1945, wurde unser Großvater aktiv und reichte eine Eingabe an den OFP und den CIC München[465] ein, „da im damaligen Zeitpunkt noch keine deutsche Polizei funktionierte.“[466]

Es ging ihm dabei nicht nur um Wiedergutmachung für die von Grimm geraubten Gegenstände und Geldsummen:

„Es geht mir darum, den genannten Grimm, der ein mehr als berüchtigter Beamter der Gestapo war und in der rigorosesten und wie sich jetzt herausstellt, eigennützigsten Weise sein Amt missbraucht hat, zur Verantwortung zu ziehen und vor allem auch die von ihm – nicht nur bei mir – unterschlagenen Besitztümer sicherzustellen und den Eigentümern wieder zuzuführen. Ich darf mir daher die Anregung erlauben, dass bei Grimm und auch bei seinen unmittelbaren Angehörigen, vor allem seiner Frau, Haussuchungen gehalten und sein Besitz mit Beschlag gelegt wird.“[467]

In seiner Zeugenaussage führt Ernst Seidenberger erneut aus, dass Grimm ihm nicht nur Bargeld in Höhe von 1800 RM entwendet hatte, als dieser am 26. Januar die Verhaftung in der Münchner Pension vornahm. Er eignete sich auch eine Taschenuhr, einen Füllfederhalter, ein silbernes Taschenmesser, zwei Brieftaschen und andere Gegenstände an. Großvater schloss diese Aussage zur „Sache Grimm" mit den Worten: „Ich weiß bestimmt, daß Grimm einer der gefürchtetsten Gestapobeamten war, gerüchteweise hat verlautet, daß er auch in anderen Fällen Unterschlagungen in größerem Ausmaß begangen hat."[468]

Gerhard Grimm äußerte sich in der Öffentlichen Sitzung des Spruchkammerverfahrens im Januar 1949 zur Verhaftung Ernst Seidenbergers und dem Vorwurf der Unterschlagung. Zugleich umriss er damit seinen Verantwortungsbereich im Jahre 1945, der darin bestand, die zu Deportierenden von der Verhaftung bis zum Transport zu überwachen.[469] Sich als ausführendes Organ darstellend, nicht als handelnder und selbstverantwortlicher Mensch, rechtfertigte er auch 1949 seine Tätigkeit noch sachzwangorientiert:

„Als alleinstehender Jude mußte Herr Seidenberger noch umgesiedelt werden. Es mußten mit ihm noch drei andere Juden festgenommen werden. Diese Festnahme mußte ich vollziehen. Die Vermögenswerte mußten sichergestellt werden und es wurde alles ordnungsgemäß an den Oberfinanzpräsidenten abgeliefert."[470]

In seinem Lebenslauf hielt der in der Vogesenstraße 37 in München wohnhafte Grimm nach dem Krieg fest:

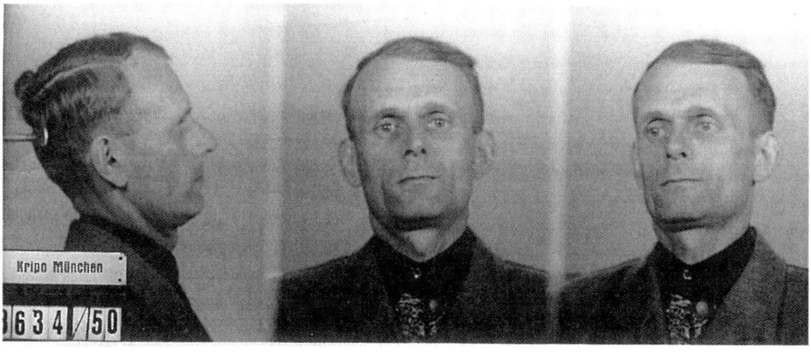

Gerhard Grimm

„Am 1.12.1910 wurde ich in Freiburg/Br. als 4. Kind der Lehrerseheleute Albert und Therese Grimm (...) geboren und katholisch erzogen. Von 1917–1921 besuchte ich die Volksschule in Bruchsal und anschließend von 1921–1927 das Gymnasium in Tauberbischofsheim."

Er brach dann die Schule ab und begann eine Ausbildung als Gebrauchsgrafiker. „Da ein Unterkommen zu damaliger Zeit in dieser Berufssparte nicht möglich war, blieb ich arbeitslos bis zum Jahre 1934. Um endlich meinen Eltern nicht mehr zur Last zu fallen, nahm ich eine mir durch das Arbeitsamt München angebotene Anstellung bei der damaligen Politischen Polizei in München an und trat dortselbst als Zeitangestellter am 2.3.1934 ein."

Hier hangelte Grimm sich hoch, bis er 1943 Kriminalangestellter wurde. Beamter habe er aus gesundheitlichen Gründen nicht werden können. Sehr ausführlich schilderte Grimm seine gesundheitlichen Beeinträchtigungen – Magengeschwüre, offene Lungentuberkulose, nur noch 50 Prozent Arbeitsfähigkeit – diente doch der Bericht auch seinem Bemühen, aus der Inhaftierung entlassen zu werden. Immer wieder habe er aus gesundheitlichen Gründen dem Dienst fernbleiben müssen.

„Ein Versuch im Jahre 1940 das Arbeitsverhältnis bei der Stapo München zu lösen, wurde mir abgelehnt mit der Begründung, daß jeder Mann unbedingt benötigt würde (...).

Am 2.3.1935 verehelichte ich mich mit der Kunstgewerblerin Helene Denkhaus aus Mühlheim/Ruhr. Aus der Ehe entsprangen 5 Kinder (...) Die Ehe wurde am 10.10.1946 zu meinen Gunsten geschieden."[471]

Die Spruchkammer München stufte den „Gestapo-Kriminalangestellten" Grimm als „Hauptschuldigen" ein. Der hier auszugsweise zitierte „Politische Lebenslauf", den er der Kammer vorlegte, entwirft demgegenüber das Bild eines bedrängten und bedeutungslosen, oft auch widerwilligen „Mitläufers", als den er sich im Entnazifizierungsbogen 1947 darstellte: „Am 1.4.1933 trat ich, um überhaupt Arbeit zu erhalten, in die NSDAP ein (...). Im Jahre 1939 und 1942 lehnte ich wiederholt das mir angetragene Amt eines Blockleiters der NSDAP in der Ortsgruppe Trudering ab. Erst 1943 als man mich wiederholt bedrängte (...) nahm ich das Amt eines Zellenleiters (...) an. (...)

Mit Rücksicht auf mein schweres Leiden konnte ich monatlich nur etwa 1-mal die Ortsgruppenbesprechungen besuchen (...), Versammlungen habe ich niemals eröffnet oder geleitet und auch keine Reden gehalten. Parteiversammlungen besuchte ich nur selten, da ich infolge meines Leidens Massenveranstaltungen nicht besuchen sollte und selbst auch kein Interesse an dem ewigen Gerede fand (...). Ich habe während meiner Tätigkeit als Zellenleiter niemand Vorwürfe gemacht, wenn er den deutschen Gruß nicht anwandte, im Gegenteil fand ich und meine Familie am Gruß „Grüß Gott" viel mehr Gefallen. Auch war ich gegen Nichtparteigenossen genauso hilfsbereit wie gegen Parteigenossen. (...). Meine erste Wahl war im Jahre 1933. Ich wählte NSDAP. Vorher hatte ich mich politisch nicht betätigt und keine Interessen an politischen Dingen.

Am 20.4.34 trat ich auf Veranlassung der Polizei zur SS-Sturm Casella ein. Durch mein damaliges Magenleiden war ich jedoch meist nicht dienstfähig und wurde daher im August 1935 zur SS-Reserve und im Herbst 1935 als Unterscharführer zur SS-Dienststelle-Staatspolizei überstellt. (...) (Ich wurde) im Laufe der Jahre (...) bis zum Hauptscharführer (Herbst 1944) befördert. Als solcher sollte ich Ende 1944 die SS-Führerprüfung ablegen, was ich ablehnte, weil ich weder Führer werden noch bei der Polizei bleiben wollte."

Für die Jahre 1943 bis 1945 gab er als Aufgabenbereich an, dass er bei der Gestapo als „Kriminalangestellter" für „Kirchenfeindliche Sekten" zuständig gewesen sei. Seine vorherrschende Tätigkeit in diesem „Referat für kirchliche und jüdische Angelegenheiten", kurz „Judenreferat" verschwieg er dezent. Seine Tätigkeit sei immer eine untergeordnete und von Vorgesetzten weisungsabhängige gewesen.

Im Juli 1948 schrieb er aus dem „Krankenhaus der Internierungs- und Arbeitslager Bayerns" in Garmisch, wo er sich seit einem Jahr befand, ein Gesuch an den Bayerischen Ministerpräsidenten Hans Ehard. Er bat um Abtrennung seines Verfahrens von demjenigen gegen die „Arisierungsstelle" München. Hartnäckig arbeitete er weiter an dem Bild des kleinen, unschuldig verfolgten Angestellten. Immerhin wird zwischen den Zeilen nun seine tatsächliche Wirkungsstätte, das „Judenreferat" der Gestapo, deutlich: „Ich empfinde die Handhabung ungerecht zumal meine Vorgesetzten und sämtliche Judensachbearbeiter der Stapo München bereits entlassen und teils entnazifiziert sind und ich als kleiner Angestellter vermutlich auf die gemeine Intrige einer mir noch unbekannten Person hin unbearbeitet bleibe. Ich habe nachweislich vielen Mitmenschen geholfen, sie vor Inhaftierung, Anzeige und Aussiedlung bewahrt und hatte dadurch meine eigene Freiheit gefährdet (...). Es ist ein großes Unrecht, wenn man als kleiner Angestellter zusehen muss, wie ehemals grosse ‚Führer' entlassen werden. Ich bitte Sie im Interesse meiner 5 Kinder im Alter von 6–12 Jahren helfend einzugreifen. Verzeihen Sie mir, dass ich Sie mit meiner Sache bei Ihrer vielen Arbeit belästige. Ihrer wohlwollenden Verbescheidung entgegensehend zeichne ich hochachtungsvoll Gerhard Grimm."[472]

Der „kleine Angestellte" war im „Judenreferat" der Gestapo München – immerhin die zweitstärkste Gestapo-Behörde nach Berlin – verantwortlich für Zusammenstellung von Transporten, Abholung der jüdischen Bürger aus den Wohnungen und Beschlagnahmung der Vermögensgegenstände. In einer Auflistung der Verantwortlichkeiten berechnete der Generalstaatsanwalt München, dass Gerhard Grimm 3655 Deportierte zuzurechnen wären, von denen maximal 150 zurückkehrten.[473]

Andere Zeugen beschrieben nach Kriegsende diesen „kleinen Angestellten", der nach dem Krieg die Deportation und Ermordung der Juden immer noch als „Umsiedlung" und „Aussiedlung" bezeichnete und lieber mit „Grüß Gott" als mit „Heil Hitler" gegrüßt haben will. Anna Wimmer sagte aus: „Grimm ist mir als Hauseinwohner bekannt. Er trug bei besonderen Anlässen die SS-Uniform (...). Man wußte durch seine Äußerungen, daß man einem fanatischen Nazi gegenüberstand."[474]

Karl Steinhäuser erinnerte sich: „Er gebrauchte stets den Hitler-Gruß und verbat sich jedes Grüß Gott." Auch Ingeborg Reifenberg bezeugte: „Mein Vater schrieb vor Weggang zur Vertuschung seiner Flucht einen fingierten Brief, der darauf hindeutete, daß er Selbstmord begehen wolle. Ich übergab Grimm diesen Brief und als er ihn (...) gelesen hatte, schrie er mich sofort in erregter Weise an, das ist eine gemeine Lüge, wo ist ihr Vater. Ich entgegnete ihm dies verneinend, daraufhin sagte er zu mir, Sie machen sich sofort fertig. Ich wollte ihm etwas darauf entgegnen und bekam als Antwort dessen, von Grimm einen Schlag ins Gesicht, so daß ich taumelte (...). Ich wurde nun durch Grimm als verhaftet erklärt (...)." Gerhard Schwalb sagte später aus: „Grimm war als einer der gemeinsten und gefürchtetsten Gestapobeamten bekannt."[475]

Ein von einem jüdischen Arzt ausgestelltes Attest, das die Freistellung vom Transport forderte, wurde von Grimm zerrissen. Irma Manz, die sich an diesen Vorfall in ihrer Zeugenaussage erinnerte, wurde anschließend von Grimm auf die Deportationsliste gesetzt.[476]

Der jüdische Überlebende Kurt Kahn beschreibt Grimm als „wildes Tier": „Am 21. Februar 1945 sollte ich mit meinem Vater und Bruder (...) nach Theresienstadt verschickt werden. Wir gingen aber nicht mit und hielten uns versteckt. Durch Verrat wurde ich (...) von dem Gestapo-Beamten Gassner und Herrn Theodor Koronczyk verhaftet. Nach ca. 8tägiger Haft wurden wir von dem Gestapo-Gefängnis in die Dietlindenstraße zum Verhör bei Herrn Grimm vorgeführt. Bei dem Verhör hatte ich den Eindruck, dass Grimm nicht ein Mensch, sondern ein wildes Tier ist. Er wollte unter allen Umständen und mit allen Mitteln aus mir herauspressen, wo sich mein Vater (und) mein Bruder (...) befinden. Nachdem ihm dies mit seiner blöden Fragerei nicht gelingen wollte, beorderte er mich in ein Nebenzimmer, um mich dort mit Schlägen, Fusstritten und Fausthieben zu einer Aussage zu zwingen. Die gemeinen Redensarten, die er dabei führte, kann ich hier nicht wiedergeben (...) Es war nur ein Glück, dass es mir möglich war, mich mit Frl. Schwalb (gemeinsam mit K. verhaftet, P.N.) vor der Vernehmung zu verständigen, sodass sich unsere Aussagen, die selbstverständlich falsch waren, deckten. Sonst hätte mich Grimm vielleicht erschlagen. Ehe wir in das Gefängnis zurückgebracht wurden, erklärte mir Grimm: ‚Wenn ich die anderen bis in drei Tagen nicht habe, erschlage ich euch zwei (...).' Ich wurde dann noch am gleichen Tag auf Anordnung von Grimm in das Arbeitslager der Gestapo nach Moosach eingeliefert (...).[477]

Die Spruchkammer fasste zusammen: „Grimm (...) ist brutal und rücksichtslos und nur darauf aus, Geständnisse aus den Menschen herauszupressen. Er ist nicht mehr Mensch, sondern Bestie im Blutrausch."[478]

Er war aber auch schlichtweg korrupt: „Wenn ich mir auch bewusst bin, dass die von Grimm begangenen Handlungen auf kriminellem Gebiet liegen, so erscheinen sie mir doch für seine Person charakteristisch, zumal mir gerüchteweise auch andere ähnliche Handlungen zu Ohren gekommen sind,"[479] sagte Ernst Seidenberger aus.

„Auch bemerkte ich öfters, dass ein Personenwagen vorfuhr, aus dem Gegenstände und Koffer in das Haus (von Grimm, P.N.) getragen wurden; dies geschah meist in der Dämmerung."[480]

„Ferner konnte ich beobachten, dass Grimm nach Beendigung der Vorarbeiten für die Abwanderung (Körpervisitation u. dergleichen) die von ihm abgenommenen Gegenstände an sich nahm und mittels ebenfalls abgenommener Koffer mit nach hause nahm."[481]

Grimm bereicherte sich bei Hausdurchsuchungen in kolossaler Weise. Er betrieb Raub in großem Maßstab. Er scheute sich nicht, noch wenige Monate vor Einzug der Amerikaner derartige Diebstähle durchzuführen und das Raubgut nach Hause zu bringen.

Vor Gericht behauptete Grimm von sich, „daß ich (...) alle jene scheußlichen Verbrechen verurteile, die mir erst nach dem Zusammenbruch des 3. Reiches bekannt wurden und mich umsomehr entsetzt haben, als sie an unschuldigen Menschen verübt wurden, nur weil diese einer anderen Rasse angehörten oder sich zu einer anderen politischen Gesinnung bekannten."[482]

In seinem Abschlussplädoyer steigerte er seine Zerknirschung noch und rief dem Gericht entgegen:

„Hohe Kammer, ich bedaure, daß ich zu hart war und bedaure auch, daß Menschen durch falsche Erlasse und durch diese Härte Unannehmlichkeiten hatten. Ich bin bereit es gut zu machen; bitte beurteilen Sie mich!"[483]

Grimm wurde 1948 zu sechs Jahren Arbeitslager verurteilt. Er musste zehn Prozent seines künftigen Einkommens in den Wiedergutmachungstopf einzahlen und die Kosten des Verfahrens tragen. Bald konnte er seinen Verpflichtungen nicht mehr nachkommen und meldete seine Zahlungsunfähigkeit an. Mehrere Gnadengesuche, in denen er immer wieder auf seinen Gesundheitszustand verwies, blieben erfolglos. Ein Berufungsverfahren auf Betreiben des Verurteilten wurde am 26. Mai 1950 verworfen, das Strafmaß aber – unter Anrechnung seiner Lagerhaft seit Mai 1945 – auf vier Jahre reduziert. Damit konnte er entlassen werden.

Im Jahr darauf stellte Grimm einen Antrag auf die ihm als „Hauptschuldigen" zuvor aberkannte Rente: „Ich bin 80 % arbeitsunfähig (...). Als ehemaliger Angestellter zahlte ich von 1934 bis 1945 Angestelltenversicherung (...)." Da war er dann doch wieder der kleine Angestellte, den niemand mehr fragen sollte, wo er denn angestellt gewesen war. Er erhielt die zuvor aberkannte Rente zugesprochen.

Dem Gestapo-Angestellten Grimm kam zugute, dass die Nachkriegsgesellschaft die Verbrechen der Nazi-Diktatur oft nicht mehr als solche kennzeichnete und bestrafte, sondern im Interesse des gesellschaftlichen Friedens Wiederaufbau betrieb und die Geschehnisse lieber verdrängen und verschweigen wollte. 1950 entschied der Bundestag, dass die Entnazifizierung beendet sei. Mit dem berüchtigten „131er-Gesetz"[484] wurde den im Zuge der Entnazifizierung entlassenen Beamten der Rentenanspruch zuerkannt. Dazu gehörte dann u. a. auch das Personal der Gestapo. Auch die neuen Front- und Interessenlinien des Kalten Krieges förderten die Nachsicht gegenüber nationalsozialistischen Verbrechen. Den Tätern die menschliche Normalität zu bescheinigen und dem historischen Geschehen seine Außergewöhnlichkeit zu nehmen, war vor allem aber auch das Bestreben vieler Vertreter der juristischen Zunft, die mit wenigen Ausnahmen ihre Berufspositionen während der Naziherrschaft in die Nachkriegsjustiz hinüberretten durften.

Unser Großvater erhielt dazu hinreichend Anschauungsmaterial, zum Beispiel aus den Gestapo-Prozessen in München: „Es muss vorweg einmal die Frage erörtert werden, ob ein Staat im Kriege nicht überhaupt rechtmäßig handelt, wenn er eine ihm feindlich gesonnene Bevölkerungsgruppe von der übrigen Bevölkerung trennt und sie – wie Ausländer – an bestimmten Orten konzentriert.

Die Juden waren in ihrer Gesamtheit Gegner des NS-Staates und mussten es sein. Dies war sicherlich die Schuld der Maßnahmen, die von der Staatsführung getroffen waren, aber gleichgültig durch wessen Verschulden, eine Gefahr war nun einmal vorhanden. Nachdem die weitere Verfolgung der Auswanderungspläne im Kriege nicht mehr möglich war, schritt der Staat zur Isolierung des jüdischen Bevölkerungsteils, weil er von diesem eine Gefahr für den reibungslosen Lauf der Kriegsmaschine sah. Daher erfolgte die Abschiebung aus dem Kern des deutschen Siedlungsgebietes und die eine Überwachung erleichternde Konzentrierung an bestimmten Orten der besetzten Ostgebiete. Die Umsiedlung unter dem Gesichtspunkt der Gefahrenabwehr war eine polizeiliche Aufgabe. Als solche haben sie die Beschuldigten durchgeführt. Sie haben darin keine rassische Verfolgungsmaßnahme erblickt, weil die Internierung feindlicher Ausländer etwas durchaus Geläufiges war (...).“[485]

Mit diesen Kollegen, die den Rechtsanwalt Ernst Seidenberger nur wenige Jahre zuvor im Stich gelassen und den Verfolgungsmaßnahmen preisgegeben hatten und die jetzt, nur kurze Zeit nach der Befreiung, die Konzentrationslager als „Internierung feindlicher Ausländer“ und als „etwas durchaus Geläufiges“ bezeichneten, mit derartigen Kollegen musste Ernst Seidenberger nach dem Krieg erneut zusammenarbeiten. Es wird ihm nicht gleichgültig gewesen sein, dass in dieser Weise argumentierende Anwaltskollegen und Täter wie Grimm, die Massenmord und das von meinem Großvater selbst erfahrene Leid als „Unannehmlichkeiten“ bezeichneten, wieder in die normale Renten- und Pensionsberechtigung zurückkehren durften.

„Wehe dem, der allein ist!“ – Theresienstadt

Theresienstadt (Terezín) wurde ursprünglich Ende des 18. Jahrhunderts am Zusammenfluss von Elbe und Eger ca. 60 Kilometer nordwestlich von Prag als militärische Festung und Garnisonsstadt erbaut.

Die „Kleine Festung“ wurde ab Juni 1940 von der Gestapo Prag als Polizeigefängnis übernommen. In der Anfangszeit wurden dort vor allem tschechische Widerstandskämpfer inhaftiert.

Die „Große Festung“, das eigentliche Ghetto, unterstand seit 1941 der „Zentralstelle für jüdische Auswanderung“ in Prag, einer Behörde der SS. Theresienstadt hatte ein „Doppelgesicht“: Einerseits Sammel- und Durchgangslager in die Vernichtungslager, „Wartelager des Todes“; andererseits wurde es von den Nazis der Weltöffentlichkeit propagandistisch als „Altersghetto“ präsentiert, das sich die NS-Diktatur von deportierten älteren Juden mit „Heimeinkaufsverträgen“ bezahlen ließ. Gleichwohl war dieses sogenannte Jüdische Siedlungsgebiet nichts anderes als eine weitere Station zur „Endlösung der Judenfrage“: Ein „Durchgangsghetto, um von dort aus weiter in den Osten transportiert zu werden“, wie in den Protokollen der Wannsee-Konferenz festgehalten wurde.[486]

Nach einem Beschluss der Wannsee-Konferenz und einem Erlass des RSHA vom 21.5.1942 wurden u.a. Juden über 65 Jahre, Träger von Kriegsauszeichnungen aus dem Ersten Weltkrieg und jüdische Ehegatten aus nicht mehr bestehenden „Mischehen“ in das Ghetto deportiert.

Anfang 1942 trafen die ersten Transporte dort ein.

Die „jüdische Selbstverwaltung“ des Ghettos wurde von der SS an den „Ältestenrat“ mit dem „Judenältesten“ als Vorsitzendem delegiert.

Zahlreiche Kulturveranstaltungen im Lager dienten einerseits – ebenso wie Kunstgeld und Einkaufsläden – der Propaganda als Beispiel für die komfortablen Lebensbedingungen in der jüdischen „Siedlung“. Andererseits aber waren Theater, Malerei und Musik auch Momente der Kraftschöpfung und des Kampfes um Eigenständigkeit und Selbstbewusstsein für die Inhaftierten.

Die Propagandafunktion, gekrönt von entsprechenden „Verschönerungsaktionen", wurde besonders auch gegenüber den Delegationen des Roten Kreuzes im Juni 1944 und im April 1945 deutlich. Um der Delegation den „Verbleib" der aus dem Ghetto deportierten Juden zu verschleiern, wurde für diese – für den Fall der erwarteten Ortsbesichtigung – in Auschwitz-Birkenau vorübergehend ein „Familienlager" eingerichtet. Die KZ-Häftlinge trugen Zivilkleidung, lebten dort in Familien und erhielten Schulunterricht. Nachdem der Besuch der Delegation im Sommer 1944 nicht mehr zu befürchten war, wurden die Insassen des „Familienlagers" mit wenigen Ausnahmen ermordet.

Bis Kriegsende wurden insgesamt 141 000 Personen nach Theresienstadt deportiert. Im Lager selbst starben ungefähr 35 000 Menschen. 88 000 Menschen wurden weiter in Vernichtungslager wie Auschwitz deportiert und ermordet.[487]

Im Oktober 1991 schickte mir meine Mutter ein kurzes Schreiben: „An Worten – um Empfindungen auszudrücken – da fehlt es in diesen Tagen nach Prag – Theresienstadt. Ich wandere durch Prag und weiß um die Schönheit – ich gehe und gehe – durch Theresienstadt und spüre zu spät, zu bitter, all das Leiden, das nie wieder gut zu machen sein wird. In Liebe Deine Mam"

In Gedanken wanderte meine Mutter noch durch Prag. Wir waren gerade von einer einwöchigen Reise in die tschechische Hauptstadt zurückgekehrt, wo wir gemeinsam Theresienstadt und die Adressen ihres Vaters im Ghetto aufgesucht hatten.

Nach anfänglich ängstlichem Stocken hatte sie immer intensiver das Gespräch über die Zeit des Nationalsozialismus gesucht. Ein bedürftiges Nachholen angesichts des Schweigens in der Familie und der verdrängenden Stille während der Nachkriegszeit, aber auch angesichts der fehlenden Worte gegenüber den eigenen Kindern bis in die späten 1980er Jahre. Aus der Tiefe stiegen Schuldgefühle auf, dass die Familie und sie selbst den Vater alleine gelassen hätten. Schuldgefühle, die man vergeblich bei den Tätern finden möchte, besetzen immer wieder die empathischen Seelen der Opfer und Betroffenen – manchmal über Generationen hinweg.

Wusste unser Großvater, was ihn erwarten würde, als der Gestapomann Grimm ihm bei seiner Verhaftung verkündete, er komme nach Theresienstadt?

Natürlich gab es Gerüchte. Auch aufgrund seiner zahlreichen jüdischen Mandanten, deren Zahl sich zunehmend verkleinerte, ist anzunehmen, dass Ernst Seidenberger von Theresienstadt wusste.

Bereits am 5. Juli 1942 notierte die Sozialarbeiterin und Schriftstellerin Else Behrend-Rosenfeld in ihrem Tagebuch an ihrem Arbeitsplatz im Münchener Sammellager Berg-am-Laim:

„Die Deportationen haben wieder eingesetzt! (...) Ich erfuhr es durch einen Anruf (...) Die Reichsvereinigung habe mitgeteilt, daß (in Theresienstadt) ein großes Ghetto errichtet werde. Vor allem sollten alle Alten über fünfundsechzig Jahre, die Schwerkriegsbeschädigten aus dem vorigen Krieg, die jüdischen Mischlinge und die im letzten Weltkrieg mit Tapferkeitsmedaille oder dem Eisernen Kreuz besonders ausgezeichneten Juden dorthin gebracht werden. (...) Es scheine, als wolle man dort eine Art Elite-Ghetto aufziehen."[488]

Auch Viktor Klemperer hielt bereits am 9. Juli 1942 seine Ahnung vom Theresienstädter Lager fest:

„Wann habe ich den Namen Theresienstadt zuerst gehört? (Die Existenz des Ortes, der nahe bei Leitmeritz liegen soll, kleine ehemalige Festung, winziges Städtchen, war mir völlig unbekannt). Es muß in diesem Winter gewesen sein, daß Kreidls von Prager und Wiener Evakuierungen nach Theresienstadt erzählten. Es kann keine zwei Monate her sein, daß auch von reichsdeutschen Transporten die Rede war. Jetzt gebraucht Trude Scherk (...) das Wort wie eine ganz bekannte Vokabel, eine nicht erst zu erklärende gemeingermanische Institution: Man kommt eben nach Theresienstadt, und wenn man über siebzig ist, bleibt man auch dort. Und Kätchen gebraucht Zahlen mit fünf Nullen: Für so viele Juden sei in Theresienstadt Raum geschaffen."[489]

Großvater war nicht der einzige, der im Februar 1945 „auf Transport" geschickt wird. Die Deportationen aus München waren Teil der letzten reichsweiten Aktion gegen die noch in Deutschland lebenden Juden, vor allem gegen jüdische Partner in „Mischehen", „Mischlinge" und „Geltungsjuden". Das RSHA konnte die Maßnahme im Januar noch veranlassen, aber nicht mehr „beenden".[490]

Die Niederlage der Nazidiktatur zeichnet sich um diese Zeit unabwendbar ab. Die alliierten Truppen nähern sich den Zentren des Deutschen Reiches. Die deutschen Städte versinken in Trümmern. Es wird ein Überlebenswettlauf mit der Zeit.

„Das Ende mit Schrecken steht vor der Tür. *Sie* gehen drauf, aber vielleicht, wahrscheinlich behalten sie Zeit, uns vorher zu vernichten", notiert Klemperer in diesen Tagen.[491]

Je deutlicher der Krieg seinem Ende zugeht, desto enger zieht sich die Schlinge der Verfolgung zu. Chaos breitet sich aus, der Mordwille der Nazis verstärkt sich. 700 000 bis 800 000 Lagerhäftlinge werden über die Straßen Deutschlands getrieben, nachdem Himmler im Januar 1945 die Lager im Osten hatte evakuieren lassen. 250 000 von ihnen werden die letzten Monate nicht überleben.

Als unser Großvater mit dem letzten Transportzug aus München mit der Transportnummer 1390-II/35, mit 31 Personen in Theresienstadt eintrifft, leben dort 17 000 Häftlinge. Die großen Deportationswellen nach Ausschwitz, der Beginn der geplanten Liquidation des Ghettos, hatten die Zahl der Insassen im Herbst 1944 auf ungefähr 11 000 Menschen gesenkt. Jetzt treffen neue Transporte ein.[492] Zusätzliche Häftlingsströme treibt die SS aus den bereits geräumten KZs im Osten in das Ghetto, um den Massenmord zu Ende zu führen und um Spuren zu verwischen.

Eva Mändl Roubickova, 1921 in einer deutschsprachigen jüdischen Familie im damaligen Nordböhmen geboren, seit 1941 in Theresienstadt inhaftiert, zeichnet das Geschehen dieser Tage fast zeitgleich mit Ernst Seidenberger auf. Unmittelbar vor dem Eintreffen des Transportes II/35 notiert sie in ihrem Tagebuch:

„Donnerstag, 1. Februar 1945: Täglich kommen mehrere Transporte aus allen Teilen Deutschlands (...), lauter jüdische Teile aus Mischehen.

Sonntag, 11. Februar 1945: (...) Alle Mischehen werden getrennt (...).

Samstag, 24. Februar 1945: Täglich Transporte aus Deutschland. Alle ohne Sterne, privilegierte Ehen."[493]

Die Züge fahren seit Juli 1943 bis in das Ghetto hinein, um die Organisation der Ankunft und der Weiterfahrt in den Tod zu beschleunigen.

Am Freitag, den 23. Februar hält das „Sachgebiet Sondereinsatz" in einem „Bericht über den angekommenen Transport aus München", den Transport des Großvaters fest: „Der Transport kam gegen Mittag in der Siedlung an und wurde mit Arbeiten um 13.30 Uhr begonnen. Nach ärztlicher Untersuchung, Präsenzaufnahme wurde der Transport in die Entwesung gebracht, da bei einigen Personen Kopf- und Kleiderläuse festgestellt wurden.

Es kamen insgesamt 31 Personen an, hiervon 18 Frauen und 13 Männer. Die Personen werden in L 219 / Männer und in Q 302 / Frauen untergebracht (...). Die Fragebogen, Postvollmachten und Berufskartei wurden aufgenommen. Die Transportarbeiten werden um 20 Uhr beendet."[494]

Unser Großvater ist in Theresienstadt angekommen.

Im gleichen Transport erreicht auch Ernst Grube, ein 12jähriger Junge, gemeinsam mit seinem älteren Bruder, der sechs Jahre jüngeren Schwester und seiner Mutter Theresienstadt: Jeder in dem kleinen Münchner Transport habe gefürchtet, dass sie ermordet werden sollten, berichtete er in unserem Gespräch im Jahre 2016. Warum sonst noch eine Deportation – so kurz vor dem absehbaren Kriegsende?[495]

Ernst Grube kann sich an keine ärztliche Untersuchung bei Eintreffen des Transportes in Theresienstadt erinnern. Der Zug hätte nach Ankunft mehrere Stunden auf einem Nebengeleis gestanden, Kleider- und Gepäckkontrolle, Duschen, Zuweisung in eine Quarantänebaracke und einige Tage später in die jeweiligen Lagerbaracken.[496]

Auf der vergilbten Meldekarte im Staatlichen Zentralarchiv in Prag, die ich in den 1990er Jahren einsehen konnte, wird am 23. Februar 1945 als Religion des Dr. Ernst Seidenberger, der „ohne Dokument" in Theresienstadt erschienen sei, „römisch-katholisch" festgehalten. Er sei „geschieden" und habe zuletzt in München, Hohenzollernstraße 25 gewohnt. Auch seine „Wohnung in Theresienstadt" wird aufgelistet. Er hält das „Quartier" auch in seinen Aufzeichnungen in seinem kleinen Schreibblock fest:[497]

23.2. Mittags Theresienstadt, sofortige Entlausung
24.2. Quarantäne – Quartier Bahnhofstraße 6

2.3.	2. Entlausungsbad
10.3	Ende Quarantäne
12.3.	Entlausungsbad
13.3.	Ärztliche Untersuchung, Myocardschaden
14.3.	Zahnarzt
16.3.	Umzug Bahnhofstraße 6 nach Neue Gasse 4
16.3.	Zahnarzt
4.4.	Arzt, 2x (...) Eine Spritze Endojodin[498], Orthopädische Senkfußeinlagen
9.4.	Arzt – Endojodin
13.4.	Fußeinlage

Ernst Seidenberger wird herumgeschickt, schikaniert, einquartiert, umquartiert. Zahlreiche ärztliche Untersuchungen offenbaren seinen schlechten gesundheitlichen Zustand. Man kann vermuten, dass nicht nur seine physische Konstitution gebrechlich war. Auch die seelischen Verletzungen der letzten Jahre werden in Theresienstadt ihren Höhepunkt erreichen. Die bohrende Demütigung durch den Verlust jeglicher Bürgerlichkeit, die Ignoranz gewalttätiger Barbaren gegenüber seinen bis ins 19. Jahrhundert zurückgehenden patriotischen Gefühlen, die Missachtung seiner Individualität in den alltäglichen Lebensverhältnissen in Dreck und Hunger hinterlassen bleibende Spuren.

Erneut muss er sein Überleben organisieren, jetzt auf noch niedrigerem Niveau.

Irgendwann hält er seine immer tiefere Verzweiflung, das ganze Leid der letzten zwölf Jahre, den schließlich erreichten Höhepunkt der Verlassenheit im Ghetto in zwei mit Bleistift geschriebenen knappen Zeilen auf einem braunen Stück Papier fest:

„Liebe habe ich nicht gefunden, so suche ich den Frieden.

‚Wehe dem, der allein ist' (Prediger 4,10)."[499]

Das ist die existenziell traurige Botschaft von Opa Ernst aus Theresienstadt an denjenigen, der seinem Leben nachspürte – auch wenn die Zeilen nicht in dieser Absicht formuliert worden waren.

Nachdem er in der Bahnhofstraße 6, dann in der Neuen Gasse 4[500] Quartier bezogen hat, soll er, so erzählte es unsere Mutter, in der

Bibliothek des Ghettos gearbeitet haben. Vielleicht kann er sich in den früher gepflegten Geist bürgerlicher Bildung und in die Liebe zu den Büchern flüchten.

In der Tat finden sich in seinem Nachlass drei Bücher, die den Stempel der Theresienstädter Bücherei tragen:[501]

Leo Baeck, Das Evangelium als Urkunde der jüdischen Glaubensgeschichte, Jüdischer Buchverlag, Berlin, 1938.

Johann Heinrich Voß, Vergils Äneide.

Petit Larousse illustré aus dem Jahre 1912.

Die 1942 zeitweise als „Wanderbibliothek" geführte Bücherei wurde im Rahmen der jüdischen Selbstverwaltung – gleichwohl auf Anordnung des SS-Lagerkommandanten Seidl – von dem Mitschüler Franz Kafkas, dem Prager Professor Dr. Emil Utlitz geleitet. Der rasch bis auf ca. 120 000 Bände angeschwollene Bestand speiste sich aus geraubten privaten und öffentlichen Bibliotheken der aufgelösten Kultusgemeinden und aus den im Zuge der Gepäckkontrolle bei den eintreffenden Transporten beschlagnahmten Büchern. Unter tragischen Bedingungen wurde so eine „der größten jüdischen Bibliotheken der Welt" geschaffen. Damit war sie zugleich „Bestandteil des Illusionstheaters (der SS), um die Welt zu betrügen."[502] Die Bücherei existierte noch bis Juli 1945.

Die Häftlinge scheinen offenbar relativ gut über den weiteren Verlauf des Krieges informiert zu sein. Die brodelnde Gerüchteküche lässt allerdings noch keine präzisen Informationen zu. Einige seiner aufgezeichneten Daten muss unser Großvater nachträglich durch Klammern korrigieren.

Es ist ihm eventuell entgangen – oder hielt er es nicht für aufzeichnungswert? –, dass Anfang April eine zweite Rot-Kreuz-Kommission in Begleitung eines großen SS-Gefolges das Lager besichtigt. Auch Adolf Eichmann erscheint zu diesem Ereignis.[503] Unser Großvater in unmittelbarer Nähe des 1962 in Israel hingerichteten Organisators des Massenmordes!

Wie beim ersten Besuch im Sommer 1944 gelingt es der SS, der IRK-Delegation ein Potemkinsches Dorf vorzuspiegeln: Im Bericht des IRK ist von einem „kleinen jüdischen Staat" die Rede. Auf soziale Errungenschaften wird verwiesen.[504]

Die seit über drei Jahren inhaftierte Eva Roubicková notiert in diesen Tagen:

„Montag, 19. März 1945: Jeden Tag ein bis zwei, manchmal auch drei Flugalarme. Jedesmal Hunderte Flugzeuge über Theresienstadt (...).

Sonntag, 25. März 1945: Wieder einmal Verschönerung, es wird eine ausländische Kommission erwartet (...).[505]

Donnerstag, 29. März 1945: Überall herrscht eine Stimmung, als ob jeden Tag Kriegsende sein wird. Theresienstadt in einem Freudentaumel. Mich berührt das alles sehr wenig. (...)

Donnerstag 5. April 1945: Morgen kommt die Kommission. Es sind schöne Lastautos gekommen mit Schokolade, Reis, Zucker, Käse.

Samstag, 14. April: Acht weiße Autobusse mit rotem Kreuz gekommen, schwedische Chauffeure mit allen Leuten unterhalten, viele Zigaretten mitgebracht. Die Dänen fuhren von Tausenden beneidet unter Musikbegleitung heim."[506]

Dieses Ereignis notiert auch Ernst Seidenberger. Es scheint ein Signal für die unmittelbar bevorstehende Befreiung zu sein. Das Archivgut der SS wird in der ersten Aprilhälfte verbrannt. Himmler nimmt Verhandlungen auf, um das Lager in die Leitung des Internationalen Roten Kreuzes zu übergeben – was am 3. Mai auch geschieht.[507]

Vibriert das Lager vor dem gefühlten Kriegsende und der nahenden Befreiung?

Vieles erscheint erst im Nachhinein übersichtlich in seiner historischen Abfolge. Immer wieder werden in dieser von Gerüchten schwirrenden Lage Unsicherheiten über den exakten Zeitablauf der Ereignisse deutlich. Großvater korrigiert immer wieder einzelne Daten:

15.4. Dänen-Abtransport
17.4. Arzt Orthopäde (...)
22.4. Rotes Kreuz (...). Versorgung 8./9.5.
29.4. (Kapitulation)[508]
1.5. Waffenstillstand – Hitler x (handgemaltes Kreuz, P.N.)
3.5. (Abzug SS)
5.5. Kapitulation, Hissung der tschechischen Fahne, SS ab

Auch dieser Zeitabschnitt wird parallel von Eva Mändel Roubicková notiert. Auch bei ihr werden die Unklarheiten über den Zeitpunkt der endgültigen Befreiung deutlich, wenngleich sie das Kriegsgeschehen, das vom unmittelbar bevorstehenden Ende der Naziherrschaft kündet, die Eskalation des Elends und die unsicheren Gerüchte ausführlicher festhält:

„Mittwoch, 18. April 1945: Große russische und amerikanische Offensive vor Berlin (...) Wien in russischen Händen. In der Nacht auf Mittwoch plötzlich Alarm: „Wir sind frei!" Ganz Theresienstadt in einem Taumel, alles umarmt sich, Hymne wird gesungen. Rahm[509] hält Appell, bittet um Ruhe, Murmelstein[510] dementiert alles. Wir sind nicht unter Rotem Kreuz, alles ist beim Alten (...) Die Deutschen bereiten sich zum Abmarsch vor, alle Papiere werden verbrannt, alle Vorräte und wertvollen Sachen weggeschafft (...).

Sonntag 22. April 1945: (...) Nachmittags großer Transport gekommen. Etwa 2000 Männer und Frauen aus allen möglichen Konzentrationslagern, in entsetzlichem Zustand, fast verhungert, verdurstet, fürchterlich anzuschauen (...), abgemagert bis auf die Knochen, alle mit Fieber, gestreifter Uniform, abgeschnittenen Haaren (...), die meisten mussten getragen werden, erzählen grauenhafte Sachen.

Montag, 30. April 1945: Die letzten Kämpfe um Berlin (...). Hitler liegt im Sterben, Mussolini hingerichtet.

Freitag, 4. Mai 1945: Ist es möglich, dass wirklich Schluss ist? Einfach unglaublich. Die Deutschen sind angeblich schon weg von hier, niemand weiß etwas, verrückte Stimmung, alles in Erwartung ...

Samstag, 5. Mai 1945: Schluss! Konec!"

Es ist ein lebensbedrohlicher Wettlauf mit der Zeit.

Die am 28. Oktober 1937 in Frankfurt a.M. geborene Edith Erbrich, die als Siebenjährige zusammen mit ihrer Schwester und ihrem Vater nahezu gleichzeitig mit unserem Großvater seit dem 14. Februar 1945 in Theresienstadt inhaftiert war, berichtete in unserem Gespräch von dem in den letzten Wochen geplanten Bau von Gaskammern. Edith Erbrichs Vater musste an den als „Lebensmittellager" getarnten Räumlichkeiten mit bauen, die allerdings nicht mehr fertiggestellt werden konnten.[511]

„Im Februar 1945 befahlen die Deutschen die Errichtung zweier Örtlichkeiten, eines riesigen Saals mit Türen, die sich hermetisch verschließen ließen, und einer gedeckten Grube von gewaltigen Ausmaßen: Beide Anlagen hätten dazu verwendet werden können, die gesamte jüdische Einwohnerschaft an Ort und Stelle zu vernichten, falls der Entschluss gefasst worden wäre, das Lager vor dem Eintreffen der sowjetischen Truppen zu liquidieren.“[512]

Ernst Grube, der im Juni 1945 auch mit der gleichen Rückholaktion nach München zurückkehren konnte wie mein Großvater, beschrieb die letzten Kämpfe, die in dieser Region besonders lange stattfanden, vom nahenden Geschützdonner der Front, von deutschen Truppen, die immer wieder in das Ghetto hineinschossen. Aber „positiv waren die Flieger ..., die über Theresienstadt geflogen sind ... amerikanische oder russische, die für uns dann ein Moment der Hoffnung waren: Ah, jetzt kann's ja nicht mehr lang dauern“, erzählte Ernst Grube. Erst mit dem Einzug der Roten Armee war für ihn als Kind klar, dass sie befreit worden waren.[513]

„Plötzlich waren die Aufseherinnen weg. Da wussten wir, dass wir befreit waren“, erinnerte sich Edith Erbrich.[514]

Am 3. Mai übernimmt das Rote Kreuz die Verantwortung über das Lager. „Das haben wir nur daran gemerkt, dass sich das Essen plötzlich verbessert hat. Plötzlich gab es Ovomaltine.“ Für den kleinen Ernst Grube damals eine einschneidende Veränderung.

Die letzten SS-Männer verlassen am 5. Mai das Ghetto. Am 8. Mai, also am letzten Kriegstag werden die Inhaftierten befreit. Die Rote Armee übernimmt die Kontrolle über Theresienstadt.

Die Schriftstellerin Gerty Spies, auch sie zu gleicher Zeit in Theresienstadt wie unser Großvater, erlebt es euphorischer als der junge Ernst Grube: „Als es endlich so weit war, liefen unzählige Gefangene – darunter auch ich – zu der Straße, die von Leitmeritz nach Prag führt. Alles, was uns von dieser Straße und der Freiheit trennte, war, als ich hinkam, bereits von den Gefangenen niedergetreten worden. Fahnen und Transparente begrüßten die Russen, die langsam, in endloser Reihe auf ihren Panzern an uns vorüberfuhren. Immer wieder stürzten Gefangene aus der Reihe, um den Vorüberfahrenden die Hand hinaufzureichen.[515]

Befreiung Theresienstadts durch sowjetische Truppen.

Großvater notiert knapper, ohne erkennbaren Jubel:

„6.5. Proklamation Theresienstadt frei unter Schutz des Roten Kreuzes (...)
7.5. Kapitulation
8.5. Kampftätigkeit
8./9.5. Durchzug der Russen nach Prag
9.5. Flugtätigkeit tschechischer Regierung über Theresienstadt, Zunahme der Epidemie
10.5. Russen. Kost! Tschechen (...) Internationales Rotes Kreuz, über Th. Sowjetflüge
11.5. Russen
13.5. Russ. Besetzung, russ. Kommandant, Quarantänefälle (...)
15.5. Flecktyphus, Russ. Sanitätszug, Wanzenplage, Verbesserung der Kost, Kartoffel – Graupen!“

Ehemalige Häftlinge aus den befreiten Konzentrationslagern drängen weiterhin nach Theresienstadt. Anfang Mai bricht im Lager Flecktyphus aus. Die Sterblichkeit nach der Befreiung ist hoch. Eine sowjetische Sanitätskolonne kommt zur Unterstützung und leistet lebensrettende Hilfe. Vom 14. bis 28. Mai wird eine vollkommene Quarantäne über das Lager verhängt. Niemand darf nach Hause.[516]

Ernst Seidenberger hält weiter fest:

„26.5.	Russ. Kriegsgesetze, Kostverbesserung, Kartoffelsuppe, Erbsen, 2 Salatköpfe, 500 g Kartoffeln (...) Zivilgef.[517] (...)
28.5.	Nachm. Ausflug nach Leitmeritz. 1 Bier, Hühnersuppe, Besuch bei Generalvikar, Kaffeehaus
30.5.	Repatr. Kommission (...) Spritze Endojodin!
3.6.	Abzug der russ. Armee
9.6.	Ausreisepapier
10.6.1945	56 Kilogramm brutto, Gemüse
12.6.	Leitmeritz – Eis, Friseur
15.6.	Leitmeritz
22.6.	Abfahrt der Frankfurter (...) im Auto
24.6.	Rücktransport (...) Neustadt, (...), 2 Autounfälle
27.6.	(...) 105 Pfund“

Leitmeritz! Der erste Ausflug in Freiheit nach Aufhebung der Quarantäne: Bier! Hühnersuppe! Und einige Tage später sogar ein Eis! Großvater geht zum Friseur.

Endlich wieder genug essen dürfen. Ein eigener Friseur, dem man sagen kann, wie man die Haare frisiert haben möchte– das Gefühl der Befreiung!

Er ist nicht der Einzige:

„Manche gingen bis Leitmeritz. Die Gegend war von ihren Einwohnern teilweise fluchtartig verlassen worden. Die umherschweifenden Häftlinge fanden daher oft menschenleere Häuser, herrenlose Pferde, leerstehende Läden vor (...). Es waren schöne, heiße Sommertage.“ beschreibt Gerty Spies diese letzten Wochen in und um Theresienstadt.[518]

Leitmeritz ist ein kleines, am rechten Elbufer gegenüber der Mündung der Eger gelegenes Städtchen mit einem idyllischen mittelalterlichen Stadtkern. Die Vergangenheit ist überall noch spürbar: Sieben Jahre zuvor: Eingliederung von Leitmeritz in das Deutsche Reich und anschließende Siegesparade 1938. Jetzt, im Sommer 1945, werden die

Deutschen in das einstmals ersehnte Deutsche Reich zurückgeschickt. Ganz in der Nähe die Lager Richard 1 und 2, Außenlager des KZ Flossenbürg mit unterirdischer Rüstungsproduktion. Ganz nah auch die Eger, in die auf Befehl der SS-Kommandantur im November 1944 die Urnen mit der Asche der verstorbenen Häftlinge geschüttet wurden. Spuren der Verbrechen sollten noch rasch verwischt werden.

Am 10. Juni 1945 wiegt Ernst Seidenberger „brutto", also wohl mit Kleidung, 56 Kilogramm. Zum einzigen Mal notiert er hier auch das Jahresdatum, fast als sei die Gewichtsangabe für ihn ein historisches Ereignis, vielleicht Beweis der Anklage, aber auch Triumph des Überlebens, vielleicht von subjektiv einschneidender Genugtuung als der Tag des Abzugs der SS und der Kapitulation; denn mit der Befreiung kam auch das Ende einer Ernährung, wie sie Edith Erbrich dokumentiert: „Im Konzentrationslager Theresienstadt waren in der Zeit, in der wir dort waren, die Rationen so gering, wie man es sich nicht vorstellen kann. Zu den Essensausgaben mussten wir unsere Marken mitnehmen. Obst und Gemüse gab es überhaupt nicht, auch keine Milchprodukte. Nicht mehr als 25g Pferdefleisch pro Person. Kaffee aus gebrannten Gerstenkörnern. Linsen- oder Graupensuppe aus Suppenpulver mit Wasser (...). Zweimal pro Woche wurde Brot verteilt (...). Einmal binnen zehn Tagen gab es Zucker – jeweils ein Säckchen mit 100 Gramm. (...) Nur manchmal erhielten wir ein Stückchen Margarine und manchmal einen Löffel Marmeladen-Aufstrich."[519]

„Es war einmal ein König und der hatte Hunger. Er ging zum Schalter und sagte ‚Zweimal!' Das ist das ganze Märchen, das ist das ganze Theresienstadt. Die Kinderphantasie von der doppelten Portion."[520]

„Die Timidität des Landjudentums" – Die Wege der Familien Rosenmann, Neumaier und Seidenberger kreuzen sich

Wir müssen in unserer Erinnerung einen Schritt zurückgehen, ehe wir die Befreiung Ernst Seidenbergers schildern können.

Die nationalsozialistische Bedrohung und Verfolgung machte auch vor der Familie unseres Vaters, den Rosenmanns nicht halt. Onkel und Tante unseres Vaters, Moritz und Hede Rosenmann waren zur selben Zeit im Lager Theresienstadt inhaftiert und kehrten mit unserem Großvater im selben befreienden Transport 1945 nach München zurück.

August und Caroline Neumaier mit Fritz

Erst 1947 sollten unsere Eltern durch ihre Heirat die beiden Familien verbinden. Die 1883 geborene Mutter unseres Vaters, Caroline Neumaier, unsere „Oma Lina“, war eine geborene Rosenmann und kam aus einer jüdischen Familie. Auch sie lebte in „privilegierter Mischehe“. Sie war seit 1906 mit dem aus Bad Reichenhall stammenden August Neumaier, Leiter der Flaschenbierabteilung der Löwenbräu-Brauerei in München, verheiratet. Drei Kinder katholischen Glaubens gingen aus dieser Ehe hervor: Der älteste, Fritz, der bereits Ende der 1920er Jahre nach Schweden ausgewandert war und dort einen erfolgreichen Uhrenhandel eröffnet hatte; der jüngste, Kurt, von dem noch die Rede sein wird und der mittlere Bruder, unser Vater Heinz.

Unser „Opa Gustl“ soll ein alter Sozialdemokrat gewesen sein. Jedenfalls gab es in dieser Familie unter der Nazidiktatur keine Diskussionen über Scheidung. Zusammenleben und -bleiben schienen ein selbstverständliches Gebot familiärer Solidarität.

Wenige Tage vor Kriegsende schrieb am 4. Mai 1945 unser Vater an seinen in New York geborenen Cousin George, dass seine Mutter Caroline den Krieg gut überstanden habe, vorübergehend und sehr kurz Zwangsarbeit in einer Fabrik leisten musste, dass ihr „arischer“ Mann sie aber aus kurzer Gestapo-Haft zurückholen und dann von München aufs Land bringen konnte. In den letzten Wochen des Krieges soll Oma Lina in einer Gastwirtschaft am Ammersee, zu der der Löwenbräu-Angestellte Gustl sicher gute Beziehungen gehabt hatte, untergebracht worden sein, um sie dann – so überliefert es die Familienerzählung – im Fuhrwerk der Brauerei wie in einem Triumphzug in das befreite München zurückzuholen. Das eine oder andere Tragerl Bier wird für diese Dienste den Besitzer gewechselt haben.

Mein Bruder und ich hatten zu unserer Oma Lina eine warmherzige Beziehung. Wenn Oma Lina uns in den 1950er Jahren in Neu-Isenburg besuchte, sauste sie oft, trotz ihres Alters und schweren orthopädischen Schuhwerks, mit uns Enkeln beim „Fangermandeln“ unermüdlich und schwer schnaufend durch Wohnzimmer und Küche. Sie brachte akribisch polierte, golden glänzende und uns daher doppelt wertvoll erscheinende „Zehnerl“ mit, die beim „Käsekästchenspiel“ für jedes auf dem Papier geschlossene Kästchen in unsere kleinen Taschengeldkassen einflossen.

Auch in ihrer Familie soll die Einteilung des Geldes, also die finanzielle Verwaltung des Familieneinkommens unter ihre Oberhoheit gefallen sein. Sie soll ihrem Mann, dem Brauereidirektor August, ein regelmäßiges und streng bemessenes Taschengeld zugeteilt haben. Vielleicht kannte sie diese traditionelle familiäre Arbeitsteilung, die es in vielen jüdischen Familien auf dem Land gegeben hatte, aus der Familie Rosenmann. Wenn der Mann, bei Viehhändlern wie ihrem Vater Götz üblich, häufig außer Hause tätig sein musste, übernahm die Frau die Binnengeschäfte in der Familie.[521]

Von früher hat sie jedoch nie erzählt.

Ursprünglich stammten die Rosenmanns aus Kleinlangheim, Kreis Kitzingen am Main.[522] Die Mitglieder der jüdischen Gemeinde in dem kleinen fränkischen Ort waren vorwiegend im Handel tätig – nicht zuletzt aufgrund des Ausschlusses der Juden von landwirtschaftlicher und handwerklicher Tätigkeit. In Kleinlangheim befanden sich wie in vielen süddeutschen Dörfern bis gegen Ende des 19. Jahrhunderts große Viehmärkte. Der 1838 in Kleineibstadt geborene Vater von

Doris und Götz Rosenmann

Caroline, Götz Rosenmann, handelte mit Kleinvieh, Vieh – sogar mit Pferden, ergänzte unser Vater in seinen Briefen an George. Vorübergehend war er auch – in enger Verbindung mit dem Viehhandel – als Milchhändler und „Charcutier", also als koscherer Fleischer tätig. Oft war auch der Handel mit Leder und Tierhäuten Teil des Viehhändlergeschäfts. Verheiratet war er mit Doris, geborene Muhr.

Die Familie blieb nicht in Kleinlangheim. Das bayerische Judenedikt von 1813 hatte die Mobilität der Juden auch in Franken nahezu zum Stillstand gebracht. Siedlungs- und Berufsstruktur erstarrten, da die Ansiedlung auf dem Niveau von 1813 festgeschrieben wurde. Erst mit dem „Emanzipationsedikt" von 1861, das die Ansiedlungsfreiheit der jüdischen Bürger in Bayern ermöglichte, wurde die Urbanisierung, die in Preußen bereits in Gang gekommen war, in die Wege geleitet. Dann aber mit Macht.

Das „Landjudentum" strömte in die Städte. Der Anteil der in Dörfern und Kleinstädten lebenden Juden sank nach der Aufhebung des Judenedikts von 88 Prozent im Jahre 1840 auf nur noch 22 Prozent im Jahre 1910.[523] Zwischen 1837 und 1910 halbierte sich in Kleinlangheim der jüdische Bevölkerungsanteil.[524] Auch die Rosenmanns wurden Teil dieses Menschenstroms vom Land in die Stadt.

Was erzählt die Familienlegende über den Auszug der Rosenmanns aus Kleinlangheim?

Unser Vater schilderte das Ereignis 1981, also etwa hundert Jahre später, in einem Brief an seinen amerikanischen Cousin George Wald:

„Unsere gemeinsamen Großeltern von der mütterlichen Seite lebten (...) in Kleinlangheim (nicht weit von Würzburg). Sie bekamen 11 Kinder, von denen drei starben. Der Großvater (Vorname Götz) war Pferde- und Viehhändler und starb verhältnismäßig früh an Urämie. Die offenbar tapfere Großmutter zog mit ihrer Kinderschar nach München (ca. 300 Kilometer weit entfernt, wahrscheinlich beängstigende Großstadt). Das muß etwa um 1890 herum gewesen sein, weil meine Mutter damals noch ein kleines Mädchen war, das vor der ersten Lokomotive, die sie bei dieser Reise sah, dem Familienverband davonlief und wieder eingefangen werden mußte. Ob Deine Mutter (Ernestine, P.N.) noch dabei war, weiß ich nicht mit Sicherheit. Sie war wohl die Älteste, danach gab es Knaben, namens Jakob, Siegmund, Moritz, ein Mädchen Henriette, wieder Knaben Bernhard und Wilhelm, dann kam meine Mutter Caroline als jüngste."
In den polizeilichen Meldeakten im Städtischen Archiv München wird die kleine Johanna genannt, die drei Jahre nach ihrer Geburt 1889 starb. Die beiden anderen von unserem Vater erwähnten früh verstorbenen Geschwister dürften die Geburt kaum überlebt haben, so dass sie in den Meldebögen gar nicht erst auftauchen.[525]

Ob Doris, die Großmutter unseres Vaters den Umzug mit ihren acht Kindern in die Großstadt München ganz ohne ihren Mann in die Wege leitete, muss inzwischen bezweifelt werden.

Fest steht, dass der Ortswechsel gegen Ende des 19. Jahrhunderts stattfand. Es spricht einiges für das Jahr 1886.[526] Bereits 1887 war die Familie in München am Kapuzinerplatz 1, zweiter Stock gemeldet.

Wir wissen nichts über die konkreten Motive für die Ortsveränderung. Es müssen gewichtige Gründe gewesen sein; denn der in die bisherigen Lebensverhältnisse einschneidende Umzug der Familie Rosenmann aus einem kleinen Dorf mit ungefähr 1200 Einwohnern in die Großstadt München war eine schwere Prüfung vor allem für unsere Urgroßmutter Doris. Der nach dem Tod des Mannes Alleinerziehenden kam sicher zugute, dass die Frauen von Viehhändlern in der Regel an harte mithelfende Tätigkeiten auf dem Feld oder im Stall gewohnt waren, manchmal auch die Buchhaltung oder andere Geschäftstätigkeiten übernehmen mussten.[527]

Neben den gesundheitlichen Problemen des Vaters Götz, der einige Jahre nach dem Umzug verstarb, hatte sich sicher die materielle Situation der Familie in Kleinlangheim verschlechtert.

Der Industrialisierungsschub und der die erreichbaren Märkte vergrößernde Ausbau des Eisenbahnwesens ab den 1870er Jahren bedeuteten einen dramatischen Wandel für die Landwirtschaft und besonders den Viehhandel. Die Nachfrage nach Fleisch wuchs erheblich an. Ein Konzentrationsprozess war die Folge, um die größeren Mengen und gewachsenen Räume beliefern zu können, die kleineren Händler mussten aufgeben. Die Zahl der Viehhändler sank zwischen 1882 und 1914 um ein Viertel. Die Erfolgreichen erhöhten ihren Handelsumschlag. Die Wirtschaftskrise von 1873 verschärfte die materielle Not der kleinen Bauern und Händler zusätzlich. Nicht nur die ökonomische Lage wurde schwierig. Auch das Ansehen der Viehhändler war zeitweise so gering, dass sich um das Jahr 1900 nur 17 Prozent der Söhne von Viehhändlern entschlossen, das Geschäft des Vaters fortzuführen. Wer wollte schon auf Heiratsanzeigen antworten, in denen sich alleinstehende, ältere Frauen bereitfanden, „Witwer oder Viehhändler“ zu heiraten. Gleichwohl blieb der Anteil der jüdischen Viehhändler in Südwestdeutschland nach wie vor hoch und wurde 1917 auf ca. 80 Prozent der Rinder und Pferde vermarktenden Händler geschätzt.[528]

Unser Vater schrieb weiter in dem oben erwähnten Brief an seinen Cousin:

„Die Familie war kleinbürgerlich-puritanisch-sittenstreng, in der einer heftig auf den andern aufpasste, ich nehme an, vor allem die Brüder, die über die Unschuld ihrer Schwestern wachten.“

Offenbar war ein strenger Familienzusammenhalt gegeben. Das war auch notwendig:

Die Jüngste, Karoline, war gerade drei Jahre, die anderen zwischen acht und sechzehn und die älteste, Ernestine 18 Jahre alt, als der kleine Familientross in München ankam.

Wohnzimmer in der Klugstraße 21

Wahrscheinlich mussten die Älteren von Anfang an zum Familieneinkommen beitragen, während die Mutter, gegen die Konkurrenz der in die Stadt zuwandernden Menschen ankämpfend, einer Näh- oder Hausarbeit nachzugehen versuchte. Erschwerend kam hinzu, dass keines der Rosenmann-Kinder eine höhere Schulbildung genießen konnte – ganz im Unterschied zu den Seidenbergers und den Ehrharts.

Man blieb im Stadtteil zunächst eng zusammen.

Vom Kapuzinerplatz zog man in die Häberlstraße 9/4, dann, nach dem Tode des Vaters, im Oktober 1895 in die Reichsrat-Zennettistraße 13/1, um sich dann wieder in der Häberlstraße 8 anzusiedeln. Dort wurde auch unser Vater Heinz 1910 geboren. Ein Jahr später zog er mit seinen Eltern, Caroline und August Neumaier in die Klugstraße 21. Als Direktor bei Löwenbräu konnte „Opa Gustl" dort eine Werkswohnung der ehemaligen, von Löwenbräu übernommenen Gerner-Brauerei beziehen.[529]

Das eng Nachbarschaftliche der Familie mag materielle Gründe gehabt haben. Vielleicht war es aber auch ein Zeichen der tiefen Verunsicherung der in die Großstadt zugezogenen Landjuden, die unter der vermuteten Verachtung der Großstädter gegenüber den ehemaligen Viehhändlern litten.

Wenn unser Vater noch in recht hohem Alter – zuletzt kurz vor seinem Tod – gehemmte Gefühlsäußerungen häufig mit der „Timidität des Landjudentums" begründete, dann mag dies verdeutlichen, wie tief diese versunkenen Familienerfahrungen saßen.[530]

Vermutete Herablassung und Einschüchterung gegenüber den Landjuden wuchsen sich in den nächsten Jahrzehnten zur Bedrohung aller Juden aus, nicht nur in München, auch im Heimatort Kleinlangheim. Als Viehhändler wäre unser früh verstorbener Urgroßvater Götz mit seiner Familie schnell in das Visier der in Franken besonders erstarkten NSDAP geraten. An- und Verkäufer von Vieh, die meist auf Kredit an die Bauern lieferten, waren ein herausragendes Hassobjekt antisemitischer Propaganda: „Die Nationalsozialisten kreierten ein Schreckensbild vom geldgierigen jüdischen Viehhändler', das dem des ‚internationalen Finanzjudentums' im nichtbäuerlichen Milieu glich."[531]
Oft wurden bereits 1933 jüdische Viehhändler am Betreten der städtischen Schlachthöfe gehindert. Ab 1938 wurden „judenfreie Viehmärkte" durchgesetzt. Vor allem gegen die Viehhändler richteten sich auf dem Lande die von den Nazis angezettelten Übergriffe, „während im städtischen Umfeld jüdische Rechtsanwälte im Zentrum dieser Gewaltaktionen standen."[532]

In beiden Berufen war unsere Familie vertreten.

Am 13. Dezember 1945 schrieb unser Vater an seinen Cousin George: „Aunt Laura (Hahn) and her sisters (...) were all too weak or too old to survive Auschwitz." Es war noch schlimmer: Die Schwester unserer Urgroßmutter Doris, die in Kleinlangheim verbliebene Friedericke Hahn, geborene Murr, verlor fast ihre ganze Familie. Töchter, Sohn und ein Teil ihrer Enkel wurden zwischen 1942 und 1945 in Auschwitz, Bergen-Belsen, Izbica (Polen) und Maly Trostinec (Minsk, Weißrussland) ermordet.[533]

Wie im Kapitel „Annäherungen" bereits erwähnt, erweiterte sich mein Kenntnisstand über die Familie Rosenmann im Herbst 2017 erheblich, als sich im Zuge meiner Nachforschungen überraschend der Kontakt mit Elijah Wald ergab.[534] Jede Mail, die nun aus den USA eintraf, verhalf dazu, ein durch familiäres Beschweigen reduziertes, mir bis dahin teilweise sogar nahezu unbekanntes Bild dieses Teils der Familie freizulegen:

George Wald

Elijah ist der Enkel von Ernestine. Ernestine, die älteste Schwester unserer Oma Lina, wanderte, kaum aus Kleinlangheim in München eingetroffen, bereits im Oktober 1891 über einen Zwischenaufenthalt in Frankfurt am Main in die USA aus.[535] Dort heiratete sie Isaak Wald, einen jüdischen Einwanderer aus Galizien. Ihr Sohn, George Wald, war somit der bereits erwähnte Vetter und treue Brieffreund unseres Vaters. Noch im September 1933 war Ernestine zu Besuch bei ihrer Schwester Caroline in München, wie unser Vater in einem Brief vermerkt. Kurz zuvor war George, der in Deutschland für einige Jahre seiner Forschungstätigkeit nachging, die ihm 1967 den Nobelpreis in Medizin einbrachte, wieder in die USA zurückgekehrt.[536]

Der Zweitälteste der Rosenmann-Geschwister, Jakob heiratete 1893 Jacobine Löffler, ebenfalls jüdischen Glaubens. Mit der Heirat erhielt er zunächst das Münchner Heimatrecht. Später wohnte er aber mit der Familie wieder in Burghaslach, nahe Kleinlangheim, wo Vater Götz zwei Häuser besessen haben soll. Jakob war zeitweise ein erfolgreicher Fabrikant von Waschmitteln. Er muss es wohl zu Wohlstand gebracht haben. Ein Chauffeur steuerte den Wagen, mit dem Jakob im Herbst 1925 auf glatter Fahrbahn einen tödlichen Autounfall erlitt.[537]

Mit der Machtübernahme der Nazis emigrierten seine Kinder: Gerhard nach Südafrika,[538] Julius und seine christliche Frau sowie Marie in die USA. Vergeblich versuchten sie, ihre Mutter Jacobine und ihre Schwester Hedwig zur Flucht zu überreden. Jacobine fühlte sich vielleicht zu alt und Hedwig hatte inzwischen Josef Samuel Wormser geheiratet. Ein verhängnisvolles Zögern. Am 8. September 1942 wurden Mutter, Tochter und Schwiegersohn nach Theresienstadt deportiert, wo Jacobine 1943 an einer Lungenentzündung starb. Hedwig und Josef mussten am 29. Januar 1943 weiter den Eisenbahnschienen nach Auschwitz folgen, wo sie umgebracht wurden.

Der in der Häberlstraße 5/1 wohnende Bruder Bernhard heiratete 1913 die aus Nürnberg stammende Jüdin Wilhelmine Blumenthal (13.5.1891–1979). Die Kinder, Gertrude und Walter emigrierten kurz vor der Pogromnacht 1938 in die USA.

Jakob, Bernhard, Siegmund, vielleicht auch Henriette blieb wahrscheinlich die Verfolgung erspart. Unser Vater berichtete George: „Der größere Teil der Geschwister unserer Mutter war bereits gestorben, ehe Hitler ihnen etwas antun konnte."[539]
Den Geschwistern Moritz und Wilhelm konnte Hitler allerdings noch etwas antun:

Der 1875 in Kleinlangheim geborene Onkel Moritz, von Beruf Vertreter, und die zwanzig Jahre jüngere Tante Hede (Hedwig, geb. Levy[540]) – so wurden sie auch von meinem Bruder und mir genannt – wohnten in der Häberlstraße 9/III. Im August 1942 – fünf Monate nach Verhaftung ihrer Tochter und knappe zweieinhalb Jahre vor der Verhaftung meines Großvaters – wurde das Ehepaar mit dem Transport II/24 nach Theresienstadt deportiert.[541]

Verschwommene Erinnerungen an Onkel Moritz tauchen aus meiner Kindheit auf. Wir besuchten das alte Ehepaar einmal in München. Ich war zu dieser Zeit höchstens vier Jahre alt, da Moritz am 17.10.1953 in München starb: Im Nebel der Erinnerung saß er still in der Ecke eines spärlich beleuchteten Zimmers in seinem Rollstuhl mit einer warmen braun-karierten Decke über den Knien und vermittelte mir durch seine düstere Unbeweglichkeit einen unheimlichen und unnahbaren Eindruck. Er hatte von klein auf Kinderlähmung und war im Rollstuhl nach Theresienstadt deportiert worden. In der

Liste des Transports II/24 wird er „ohne Beruf" geführt, seine Frau als Hilfsarbeiterin. Im Ghetto sicherte Hede ihrem gelähmten Mann das Überleben. Sie arbeitete – so wurde in der Familie erzählt – in der Küche des Ghettos und konnte ihn auf diese Weise mit Extra-Rationen versorgen.

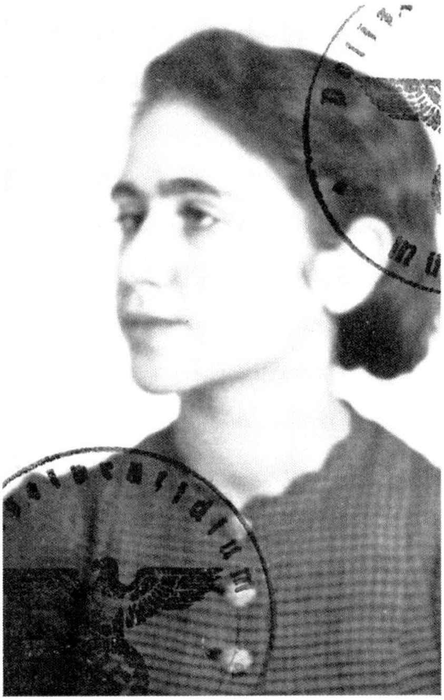

Liselotte Rosenmann

Die Aufzeichnungen der bereits erwähnten, zeitgleich in Theresienstadt inhaftierten Eva Mändel Roubickova bestätigen, dass die Arbeit in der Küche beim Sattwerden half: „Fanny und ich haben Küchendienst. (...) Wir sind glücklich, dass wir mehr Essen bekommen und noch etwas mit nach Hause nehmen können (...) Diejenigen, die Bekannte unter den Köchen haben, bekommen drei- bis vierfache Portionen."[542]

Moritz und Hede hatten zwei Kinder: Liselotte und Günther.

Am 20. Dezember 1924 wurde Liselotte Rosenmann geboren. Nach einem hoffnungsvollen Beginn in einer Lehre als Hutmacherin wurde sie am 6. August 1941 für ein halbes Jahr zur Zwangsarbeit in die Flachsröste Lohhof, wo etwa 80 Jüdinnen untergebracht waren, geschickt.

Nach Lohhof bei München „hat man bisher nur junge Mädchen und jüngere Frauen ... zur Arbeit geschickt. Die Arbeit in den Fabrikräumen in Lohhof gilt für ziemlich schwer, und auch die Arbeit auf dem Feld, den ganzen Tag in der prallen Sonne, ist ziemlich berüchtigt."[543]

Nach kurzem Zwischenaufenthalt bei den Eltern wurde sie am 10. März 1942 im Internierungslager Berg-am-Laim in der Clemens-August-Straße 9 inhaftiert.

In den frühen Morgenstunden des 4. April wurde sie zunächst in das Sammellager Milbertshofen und anschließend mit 774 anderen Juden im 2. Transport von München nach Piaski bei Lublin deportiert. 83 Kinder, u. a. aus dem Antonienheim und der ehemaligen jüdischen Volksschule, waren betroffen: „Der zwei Jahre alte Sami Stein aus Fischbach, der zusammen mit seiner Mutter abgeschoben wurde, war der Jüngste unter den Verschleppten."[544]

In Regensburg kamen weitere 213 Personen hinzu. Am 6. April traf der Zug in Piaski ein.

Offenbar war schon bei der ersten Deportation Münchner Juden Hitler selbst beteiligt: „Die Aktion ist vom Führer genehmigt, die Orte, wohin die Juden abgeschoben werden, sind von ihm selbst bestimmt worden", hieß es in einem Schreiben des Deutschen Gemeindetages an den Münchner Oberbürgermeister Karl Fiehler am 28. Oktober 1941.[545]

„Der Deportationszug endete im 15 Kilometer weiter östlich gelegenen Trawniki, da Piaski keinen Bahnanschluss hatte. Die Strecke ins Durchgangslager musste zu Fuß bewältigt werden (...) Untergebracht wurden die Verschleppten in den Wohnungen der (vormals) ortsansässigen Juden: Teilweise zu Zehnt und mehr in einem Zimmer, meist ohne Licht und Heizmöglichkeit. Typhus, Erfrierungen und (...) Hunger waren lagerweit verbreitet. Trinkwasser, Decken und brauchbare Bekleidung rar. Wasserklosetts unbekannt."[547]

Von den Deportierten nach Piaski gelangten „noch etwa ¼ Jahr Postkarten nach München. Aus diesen war zu entnehmen, daß sie zunächst im dortigen Ghetto untergebracht wurden und zu regelmäßiger Arbeit eingeteilt waren. Dann hörte man, daß einzelne plötzlich ‚verstorben' waren und schließlich wurde es auch hier wieder still um diese Gruppe, von der meines Wissens (...) niemand mehr zurückgekommen ist."[548]

Liselotte Rosenmann, die 17jährige Cousine unseres Vaters, wurde wahrscheinlich in Piaski selbst oder in einem der umliegenden

Die ostpolnische Kleinstadt Piaski hatte in den 1920er Jahren ca. 4000 Einwohner, davon waren etwa die Hälfte Juden, die dort in Holzbauten ohne fließend Wasser und Kanalisation unter ärmlichen Verhältnissen lebten. Zwei Jahre nach dem deutschen Überfall wurde der jüdischen Wohnbezirk eingezäunt. Deportierte polnische Juden wurden im Zuge der sogenannten Aktion Reinhardt ermordet, um Platz für die aus Deutschland Deportierten zu schaffen. Piaski entwickelte sich mit dem Beginn des systematischen Mordens im Februar 1942 zum „Vorzimmer der Vernichtung". Die katastrophalen Lebensbedingungen in Piaski waren der Ausgangspunkt zum Transport in die umliegenden Vernichtungslager Belzec, Sobibor und Treblinka. Im Sommer 1942 wird das „Durchgangs-Ghetto" Piaski, wie es die Täter benannten, geräumt.[546]

Vernichtungslager ermordet.[549] Es gibt keine Namenslisten, keine sicheren Belege, die nähere Auskunft über den Todeszeitpunkt geben könnten. „Nach heutigen Kenntnissen hat niemand diesen Transport überlebt."[550]

Ihr älterer Bruder Günther, am 5. Juni 1921 geboren, konnte im August 1937 noch in die USA emigrieren, wo er als gelernter Konditor und späterer Backwarenhändler zu Wohlstand kam. Nach Gründung einer Familie ereilte ihn früh ein Herzinfarkt Er soll mehrere vergebliche Versuche unternommen haben, seiner Schwester eine Auswanderung zu ermöglichen. Die Eltern, Moritz und Hede, sollen dagegen gewesen sein: Sie sei noch zu jung.

Noch im Dezember 1945 schrieb unser Vater hoffnungsvoll an seinen Cousin George in die USA, dass Liselotte am Leben zu sein scheint: „Her parents were informed that she escaped the concentration camp of Auschwitz. According to this information she is living in a castle in eastern Poland but was not able to return until now. Let us hope that this information is really true." Im September 1946 haben die Eltern noch immer keine Nachricht vom Verbleib ihrer Tochter. Wenn sie noch leben würde, hätte sie sich inzwischen gemeldet, vermutete unser Vater.[551]

Ein weiterer Onkel unseres Vaters, der drei Jahre ältere Bruder von Oma Lina, Wilhelm Rosenmann erlitt das Schicksal, das Opa

Ernst erspart blieb. Der 1880 in Kleinlangheim geborene Wilhelm war seit 1911 mit der „arischen“ Franziska, geborene Friedl verheiratet. In Familienbriefen trägt sie den Namen „Tante Fanny“.[552] Er und unsere Großmutter Caroline waren die einzigen Geschwister, die nichtjüdische Partner heirateten.

Wilhelm Rosenmann

Drei Kinder gingen aus der Ehe hervor: Elsa Martha, die kurz nach der Geburt verstarb, Herta Gabriele und Ernst, alle in München geboren.
Auch Wilhelm wohnte zunächst in der Häberlstraße 8/III. Von dort zog er 1911 in die Valleystraße 46/IV. Seit Januar 1921 betrieb der ausgebildete Textilkaufmann dann in der Valleystraße 48/II, wo die Familie ab 1932 wohnte, eine Agentur für Wäsche und Textilien.[553] Franziska blieb auch nach der Scheidung zunächst dort wohnen.

Unmittelbar nach der Reichspogromnacht wurde Wilhelm verhaftet und in Dachau inhaftiert.

Über die weitere Entwicklung gibt es zwei unterschiedliche Versionen in der Familienüberlieferung.

Mein Vater erzählte mir, dass Wilhelm, als er nach einmonatiger Haft kurz vor Weihnachten 1938 aus dem Konzentrationslager nach Hause zurückkehrte, die Tür verschlossen vorfand. Mit den Worten: „Für Juden und Kommunisten ist kein Platz mehr in dieser Wohnung!“ habe seine „arische“ Frau die Scheidung verlangt.

Wenn diese Familienüberlieferung zutreffen sollte, ist allerdings schwer nachvollziehbar, dass eben diese geschiedene „Tante Fanny“ mit ihrer Tochter Hertha seit der Ausbombung ihrer Wohnung, vermutlich also seit Dezember 1944, bei Familie Neumaier in der Klugstraße 21 wohnte.[554]

Hertha, die Tochter von Wilhelm, erzählt in einem Brief an Georg Wald eine andere Version der Ereignisse:

„My parents had married 1911 after they had known each other for nine years. He was the only man in her life and she was Catholic. I was born 1913, the first world war began 1914. My father came to the army but not on the front. My mother had to work during the whole war. When my father came home, his Jewish boss refused to give him his job again. This was the begin (sic!) of our family's disaster, because from this moment he never tried to get a permanent occupation. He was 38 years old and not so keen on working. Then my brother was born in 1922. He tried this and that till his brother Moritz gave him during the inflation the money to buy a little textile shop, but he did not earn, how we say, the salt for the soup. So my mother had to work again, and during the 27 years she was married she had to care alone for the family and also for him nearly all the time. What he earned, he needed for his private necessaries. After 27 years she was divorced and she had to work till she was 60. I cannot tell you the embarrassing details, we had to suffer from everything a man could find out to treat his family with the worst methods, also with physical and bodily power. My mother retired when she was 60 in 1945. I lived with her till she died in 1957. She had done so much for us that I wanted to take care of her in her old age."[555]

Zwei unterschiedlich geprägte Erzählungen. Die Geschichte unseres Vaters wurde ihm zweifellos überliefert durch seine Mutter Caroline, die ihrem Bruder Wilhelm nahestand. Unser Vater hat dabei sicher auch die politische Bedrängung des verfolgten Wilhelm für bemerkenswert erachtet.

Die zweite Version war von der mit der Mutter leidenden und sich mit ihrer Lage identifizierenden Tochter Hertha formuliert. Ihr Verständnis für die Scheidung war sicher Ergebnis der offenbar über Jahre drückenden familiären Belastungen durch die materielle Situation und ein in dieser Beziehung vielleicht wenig hilfreiches Verhalten des Vaters. Der frühe Tod der Schwester Elsa belastete die Familie zusätzlich.

Zwar wurden nach der Scheidung noch Pakete an Wilhelm nach Theresienstadt geschickt, aber das private Zerwürfnis wog offenbar schwerer als die Bedrohung.

Inwieweit nicht nur die Auswirkungen des Ersten Weltkriegs, die Hyperinflation der beginnenden 1920er Jahre, die schwere Wirtschaftskrise ab 1929, sondern auch die wirtschaftlichen und politischen Einschränkungen und Verbote der Nazidiktatur den Einzelhandel eines jüdischen Bürgers erdrosselten und die Möglichkeiten des ungelernten Wilhelm überforderten, wird in den privaten Quellen nicht nachgezeichnet.[556]

Im Januar 1939 musste Wilhelm sein Gewerbe abmelden, kurz darauf wurde die Ehe geschieden. Damit endete für den Weltkriegsteilnehmer Wilhelm die „privilegierte Mischehe".

Er verließ die Wohnung, zog in die Schwanthalerstraße 46/II und nur ein halbes Jahr später, im August 1939 in die Hohenzollernstraße 6/III, ganz in die Nähe der Wohnung, in der im Januar 1945 Opa Ernst verhaftet werden würde.

Mit dem Transport II/18 wurde Wilhelm am 22. Juli 1942, einen knappen Monat vor seinem Bruder Moritz, nach Theresienstadt deportiert.
Am 28.Oktober 1944 musste er sich in der Hamburger Kaserne in Theresienstadt melden. Der Transport „Ev" mit über 2038 Menschen wurde zusammengestellt: Mit der Häftlingsnummer 1371 wurde Wilhelm über Dresden, Bautzen, Wroclaw nach Auschwitz deportiert. Zwei Tage später kam der Zug im Vernichtungslager an, wo Wilhelm Rosenmann ermordet wurde.

Zeitgleich im Oktober 1944 wurde Wilhelms Sohn Ernst zusammen mit unserem Onkel Kurt, beide „Mischlinge 1. Grades", nach Tiefenort (Thüringen) zur Zwangsarbeit deportiert.

Geschichtliche Katastrophen formen Familienschicksale: Der Lebensort der Familie Rosenmann hat sich unwiederbringlich aus Bayern in die USA verlagert. Zahlreiche Nachkommen haben dort zu einer beachtlichen Größe und Verzweigung dieses Familienteils geführt. Unsere Großmutter Caroline war eine der letzten der Familie Rosenmann, die in München lebte – bis sie 1964 starb. Zwischen den zahlreichen Verwandten in den USA und unserem Vater hat es meines Wissens in der Nachkriegszeit außer mit George Wald und seiner Familie kaum Kontakt gegeben.

„Unternimm etwas bei Grimm!" – Kurt Neumaier und Ernst Rosenmann im Lager Tiefenort

Die Verfolgungsgeschichte unserer väterlichen und mütterlichen Familienzweige verknüpft sich auch an einer anderen Stelle:

Ausgerechnet die korrupte Person des bereits erwähnten Gestapo-Mannes Gerhard Grimm bildet diesen Verknüpfungspunkt: Grimm besaß für einige Jahre – wie bereits beschrieben – einen gewissen Anteil an der exekutiven Macht über die Verhaftungen und Deportationen der Münchener Juden. Er war nicht nur an der bereits geschilderten Verhaftung von Ernst Seidenberger beteiligt, sondern auch an den geplanten oder durchgeführten Verfolgungsmaßnahmen gegenüber unserem Onkel Kurt, seiner Frau Gretl sowie deren Vater.

Die Verhaftungs- und Deportationswellen begannen ab Herbst 1944, verstärkt dann ab Anfang 1945, auch „Mischlinge" und in „Mischehe" lebende Jüdinnen und Juden zu erfassen. Die Zielsetzungen für diese Aktionen – Deportationen nach Theresienstadt, Einziehungen zu Zwangsarbeit und Arbeitslager – waren reichseinheitlich geplant.[557] Im Unterschied zu den weiblichen „Halbjüdinnen", wie unsere Mutter und unsere beiden Tanten, blieben die Männer nicht am Heimatort, sondern wurden in entsprechende Arbeitslager deportiert.[558]

Unsere 1914 in Karlsruhe geborene Tante Gretl Neumaier, geborene Geismar, war seit 1941 mit Kurt, dem jüngsten Bruder unseres Vaters verheiratet.

In seinem Strafverfahren nach dem Krieg hielt Grimm im Anhang zu seiner

Gretl und Kurt Neumaier in den 1940er Jahren

Schutzschrift zur eigenen Entlastung fest: „Im folgenden gebe ich einige Fälle wieder, in denen ich aus reiner Menschlichkeit geholfen habe, auf die Gefahr hin durch meine Vorgesetzten gefaßt und selbst bestraft zu werden: Frau Gretel Neumaier, geb. Geismar, wohnt in München, Romanstraße 8, kann bezeugen, daß ich mich ohne ihr Dazutun dafür eingesetzt habe, daß sie von der Putzarbeit bei der Straßenbahn, zu der sie als Halbjüdin verpflichtet war, entbunden wurde und dafür eine ihr zusagende Heimarbeit erhielt. (...) Außerdem habe ich ohne Genehmigung zur Ausnahme vom Arbeitseinsatz nach Theresienstadt den Juden: Herrn Geismar, wohnt in München, Clemensstraße 26/II, Vater der unter Ziff. 1 gen. Frau Neumaier (...) und vielen anderen, deren Namen ich nicht mehr weiß, und deren Einsatz von Berlin ohne Rücksicht auf Gebrechen und Alter befohlen war, verholfen."[559]

Im Jahr 1944 hatte Gretl offenbar entschlossen Kontakt mit dem Gestapo-Mann Grimm aufgenommen.

Gretls Vater, der 1871 geborene Textilvertreter Alfred Geismar, den Grimm erwähnte, wurde in der Tat nicht nach Theresienstadt deportiert und überlebte zusammen mit seiner „arischen" Frau Anna (2.12.1880–28.3.1974) die Nazizeit. Er starb am 13. August 1955.

Herr Geismar

Ob unsere Tante wirklich durch Grimm von der Bus- und Straßenbahnwäsche bei den Münchner Stadtwerken befreit wurde, wie dieser in seinem Entlastungsschreiben behauptete, muss bezweifelt oder zumindest sehr relativiert werden. Tägliche Briefe, die Kurt seit seiner Inhaftierung in Tiefenort bis zu seiner Befreiung an seine Frau schrieb, belegen, dass diese von November 1944 bis mindestens Februar 1945 bei den Stadtwerken arbeiten musste – nahezu zeitgleich mit unserer Mutter und deren Schwester Ise.[560] Sollte Grimm zu einer Beendigung der Zwangsarbeit tatsächlich beigetragen haben, trug er Ende Februar sicher kein allzu großes Risiko mehr.

Gretl Neumaier in den 1930er Jahren

Auch um unseren Onkel Kurt soll sich der Gestapo-Mann Grimm gekümmert haben. Nachdem Kurt – durch die jüdische Mutter ebenfalls zum „Mischling 1. Grades" definiert – noch bis 1944 als Wirtschaftsprüferassistent bei der Firma Karle tätig war und durch Deutschland reisen konnte, erreichte ihn im Oktober 1944 eine „Gestellungs-Anordnung" der Gestapo. Mit Wolldecke, Werkzeug und Arbeitskleidung hatte er sich am 20. Oktober bei der Gestapo in der Briennerstraße einzufinden. Einsprüche galten als „unzulässig", bisherige Arbeitsverhältnisse als „unterbrochen".[561]

Hier geriet er in den Zuständigkeitsbereich des Gestapomannes Grimm. Gerhard Grimm wurde

„gegen Ende des Jahres 1944 (...) mit der Erledigung von Angelegenheiten betraut, die das Referat bzw. Sachgebiet „Juden" betrafen. Hier handelt es sich in der Hauptsache um den damals angeordneten Arbeitseinsatz jüdischer Mischlinge bei der Organisation Todt."[562]

Auch andere Zeugen bestätigten nach dem Krieg diesen zusätzlichen Aufgabenbereich von Grimm. Der Transport der 150 Münchner – so Kurt im ersten seiner Briefe, die er täglich vom Oktober 1944 bis Februar 1945 an seine Frau in der Klugstraße 21 in München schickte – führte in das Arbeitslager der Organisation Todt (OT) in Tiefenort.[563] Ehemalige Salzstollen sollten in dieser Thüringer Region von der OT für unterirdische Rüstungsbetriebe nutzbar gemacht werden. Auch ein Außenlager des KZ Buchenwald war in unmittelbarer Nachbarschaft in Apteroda errichtet worden.

Weihnachtsfeier im Gasthof, OT-Lager Tiefenort. Vorne der spätere gute Freund Alex V. Hinten rechts an der Kulissenstütze Kurt Neumaier.

Der in Tiefenort zu Zwangsarbeit verurteilte Fritz Schlierer erinnerte sich: „Unten im Stollen überfällt Schlierer das Grauen. Russische Zwangsarbeiter werden in sechshundert Meter Tiefe bis aufs Blut geschunden – ohne Aussicht, je wieder das Tageslicht zu sehen. Da haben es die deutschen Zwangsarbeiter viel besser. Sie sind im Theatersaal eines Gasthofes[564] einquartiert, dürfen sich anfangs am Sonntag sogar ohne Wachen im Ort frei bewegen. Doch der Drill ist brutal: Aufstehen morgens um halb vier, ab zum Stollen, Rückmarsch ins Quartier um 18 Uhr. Die Arbeit wird immer härter: Zum Schluss schleppt Schlierer schwere Zementsäcke, stundenlang."[565]

Obwohl Kurt im Büro der OT in Tiefenort bessere Arbeits- und Lebensbedingungen vergönnt waren, forderte er in seinen Briefen seine Frau immer wieder dringlich auf, „in die Höhle des Herrn Grimm"[566] zu gehen, durch den er sich eine Freistellung von dem, wie er stets glaubte, „befristeten Arbeitseinsatz" erhoffte: „Unternimm etwas bei Grimm", beschwor er seine Frau in einem Telegramm.[567]

Nach allem, was man über Gerhard Grimm aus den Prozessakten weiß, dürften die von ihm selbst zu seiner Entlastung angeführten Aktivitäten kaum aus selbstlosen oder humanitären Überlegungen geschehen sein. Eher dürfte ihn die Angst vor der Niederlage Deutschlands und noch erzielbare persönliche Vorteile getrieben haben.

Es mag daher auch bezweifelt werden, ob Gretl Neumaier diesen Einsatz des stets vorteilsbedachten Herrn Grimm „ganz ohne ihr Dazutun“ (Grimm) erreichen konnte. Dazu schweigt der Gestapomann wohlüberlegt.

Es bleibt offen, warum sich Kurts Hoffnungen auf Entlassung gerade auf Gerhard Grimm stützen, den doch unser Großvater in seiner Eingabe nach dem Krieg als einen „mehr als berüchtigten Beamten der Gestapo“ titulierte.

Der mutige Einsatz unserer Tante für ihren Mann wurde in der Familienüberlieferung erstaunlicherweise einmal mit anerkennenden, ein anderes Mal mit eher missgünstigen Untertönen bewertet – je nachdem, wer erzählte. Die einen bewunderten unsere Tante, die sich direkt in die Höhle des Löwen begeben hatte. Unsere Mutter pflegte eher nach dem Preis dieser Kontaktaufnahme zu fragen, den ihre Schwägerin wohl dafür bezahlt haben könnte.

Mit Kurt wurde auch sein „halbjüdischer“ Cousin Ernst Rosenmann in Tiefenort inhaftiert. Kurt hatte stets ein schützendes Auge auf den erst 22jährigen: „Ich werde selbstverständlich (...) für Ernst nach Möglichkeit sorgen.“[568]

Zweifellos war die Zwangsarbeit für „Halbjuden“ ein weiteres Anzeichen dafür, dass nunmehr ein Wettlauf zwischen den Maßnahmen der Nationalsozialisten und dem absehbaren Sieg der alliierten Truppen begann: Kurt und Ernst haben diesen Wettlauf gewonnen. Die sich Thüringen nähernde US-Armee ließ die Naziherrschaft vor Ort rechtzeitig zerbrechen und ermöglichte den beiden Zwangsarbeitern, sich nach München durchzuschlagen.

Ernst wusste zu dieser Zeit noch nicht, dass sein Vater Wilhelm ein halbes Jahr früher in Auschwitz ermordet worden war.

1947 zog es Ernst weiter nach Dachau, wo er am 13. Juni 2005 verstarb.

In den frühen 1990er Jahren traf er sich nach langer Zeit der Trennung mit seiner Schwester Hertha und mit Jack, dem in Südafrika lebenden Enkel von Jakob. Sie besuchten gemeinsam das Konzentrationslager Dachau.[569]

Rückkehr nach München

„Dann fängt erst alles an gut zu werden, wenn Du da bist.“ – Rückkehr aus Theresienstadt

Theresienstadt war befreit!

Trotz aller Euphorie und Erleichterung war unser Großvater sicherlich auch besorgt, vielleicht auch ungeduldig. Die Frankfurter hatten ihre Bürger schon nach Hause geholt. Einige Theresienstädter brachen auf eigene Faust und zu Fuß in ihre Heimatstädte auf. Zwischen vier und 21 Tagen benötigten diese „Rückwanderer“.[570] Der Amtsgerichtsrat Karl Maas war einer von ihnen. Wie Ernst Seidenberger war der in Mischehe Lebende erst im Februar 1945 nach Theresienstadt deportiert worden. Unmittelbar nach seiner Rückkehr in seine Heimatstadt Frankfurt a.M. teilte er Verwandten mit: „Im Februar 1945 schaffte man auch uns fort. Wir kamen in das KZ Theresienstadt (...). Wir waren nahe dem Hungertode. Die Russen haben uns wieder herausgefüttert. Typhus, Tuberkulose und Entkräftung forderten trotzdem noch sehr, sehr viele Todesopfer. Die Russen (...) haben (...) Tausende gerettet. Ich selbst bin am ersten Tag nach Aufhebung der Sperre losmarschiert und habe in 6 Tagen in abenteuerlicher Fahrt die 700 Kilometer bis Frankfurt geschafft.“[571]

Von einem Rücktransport nach München hörte man immer noch nichts. Kurz vor der Abfahrt der Frankfurter traf ein Kuvert der Familie Seidenberger ein, das sie am 16. Juni 1945 abgeschickt hatte. Unsere Mutter schrieb an ihren Vater:

„Mein lieber, lieber Paps!
Nach endlosen Versuchen ist es nun endlich soweit. Herr Troberg, den Du kennen lernen wirst als Leiter des Transports, hat mit mir zusammen gearbeitet. Er wird Dir viel von mir und unserem Tun erzählen können. Alles wartet auf Dich, täglich kommen die Leute zu mir ins Büro wegen Dir. Leider kann ich nicht wie ursprünglich geplant mitfahren, um Dich zu holen, wir haben nur Erlaubnis für

höchstens 3 Personen. Komm nur gleich zu uns, wir bringen Dich schon unter fürs Erste und Fischer sorgt dann weiter. Fischer hat sich fabelhaft eingesetzt, ihm ist viel zu danken, er freut sich auch so auf Dich.

Mein lieber, lieber Paps, hoffentlich hattest Du Geduld zu warten. Ich sprach alle, die sich von Euerm Lager durchgeschlagen haben. Schwedt und Regensburger erzählten von Deiner so begreiflichen Ungeduld, sie kamen prima durch.

Wenn Du nur schon da wärst, morgen gehe ich wieder zu Fischer, Troberg, usw., damit wir alles für die Heimkehr regeln können. Ich zähl die Stunden von der Abfahrt unsrer Autos und denke Tag und Nacht an Dich. Dann fängt erst alles an gut zu werden, wenn Du da bist.

Viele (unleserlich) und viel Liebes. Deine Bobby."[572]

Auch die ältere Schwester Ise schloss sich in kurzen Zeilen der Hoffnung an, der Vater habe „die Geduld auszuharren und nicht auf eigene Faust loszumarschieren! Das ist unsere große Angst jetzt im letzten Moment. Auf gutes Wiedersehen, Ise."

Opa Ernst war immer noch in Theresienstadt.

Mit dem Absender „Berliner Straße 1/III wie einst" knüpfte die noch geschiedene Ehefrau Clara an den zukunftsfrohen Ausblick vor 1933 an:

„Liebes, liebes Futterlein![573]
Endlich, endlich (...) ist es heute (...) Gewissheit, daß Ihr am Montag oder Dienstag in Münchens Omnibus geholt werdet. Ich zähle – wie täglich schon – die Stunden und Minuten bis Du wieder bei uns bist und so Gott will bleiben wirst. Möchte uns der Himmel nach all dem unsagbaren Leid noch einige gute Jahre zusammen schenken. (...)

Auch Wohnung müssen wir gleich suchen. Wenn Du nur erst da bist, wird alles leichter gehen. Ich zittere nur bei dem Gedanken, daß Du, wie Du in Deiner 2. Karte, für die ich Dir sehr danke, ankündigst, schon allein losgetippelt bist. Es wäre zu unsicher und zu anstrengend. Hoffentlich klappt alles. Ich komme vorher nicht zur Ruhe. Und dann beginnt mein Leben wieder (...) Sinn zu haben. Bobby hat viel mit einstigen Mandanten gesprochen, die Dich alle sehnlichst erwarten. Die beiden Mädels haben nichts unversucht gelassen für Dich. (...)

So warten und hoffen wir. Bleib gesund und komme gleich zu uns. Fischer war tadellos im Helfen, alles mündlich (...). Mutti."

Und dann startete endlich am 21. Juni 1945, fast auf den Tag genau fünf Monate nach Großvaters Verhaftung, der sehnlichst erwartete Rückführungstransport.

Der Münchner Oberbürgermeister Karl Scharnagel hatte sich um die Organisation des Rücktransports bemüht. Er war bereits von 1925 bis 1933 Münchner Oberbürgermeister bis ihn die Nazis absetzten. Erst wenige Monate zuvor hatten ihn US-Truppen aus dem KZ Dachau befreit und ihn erneut in das Amt eingesetzt, das er bis 1948 ausübte. Am 18. Juni 1945 wies er bei der städtischen Fahrbereitschaft München in der Königinstraße 36 einen Zwölf-Tonner-LKW und einen Drei-Tonner an, außerdem drei PKW. Einen davon, einen Austin IIA, sollte Max Troberg steuern, der die Rückführung der Internierten leitete. Dazu musste der Zulassungsvermerk für die Kraftfahrzeuge auf über 250 Kilometer erhöht werden. Der Oberbürgermeister setzte sich bei der Fahrbereitschaft persönlich für einen neuen Reifen für den LKW ein. Treibstoff wurde organisiert. Fürsorglich wurde der OB auch beim Städtischen Wirtschaftsamt vorstellig: „Da diese Leute schon seit Jahren mit keinerlei Rauchwaren bedacht wurden, ersuche ich zu prüfen, ob dem Transportleiter Herrn Troberg eine entsprechende Menge an (...) Zigarren und Zigaretten mitgegeben werden kann."

Die „Russischen Militärbehörden" mussten um Durchfahrtsgenehmigung ersucht werden.

Der Oberbürgermeister von München ersuchte den Bürgermeister von Neustadt um Amtshilfe: „Da Ihre Stadtgemeinde ungefähr in der Mitte des ca. 500 Kilometer langen Weges liegt, ist beabsichtigt, den Personen (ca.150) innerhalb Ihrer Gemeinde eine kurze Rast und gegebenenfalls Unterkunft zu bieten."[574]

Aber auch die Familienangehörigen der Internierten wurden aktiv. Unsere Mutter arbeitete zu dieser Zeit bei dem für die Betreuung ehemaliger Verfolgter zuständigen Bayrischen Hilfswerk. Dort lernte sie auch unseren Vater kennen, der in der Entnazifizierungsabteilung der US-Militärregierung eine Stelle gefunden hatte.[575] Sie lag, so erzählte sie es mir, Troberg in den Ohren und bat besonders Fischer-Weppler, den Leiter des Bayerischen Hilfswerks,[576] die Rückholung zu beschleunigen. Letzterer wurde zum guten Freund der Eltern und 1947 zu ihrem Trauzeugen.

Troberg und Fischer-Weppler waren maßgeblich an der Organisation des Rücktransports beteiligt.

Die Münchner Schriftstellerin und Künstlerin Minni Vrieslander war gleichzeitig mit unserem Großvater nach Theresienstadt deportiert worden.[577] In jubelnder Stimmung fuhr sie nun auch mit unserem Großvater aus Theresienstadt nach München zurück. In ihrer im Juli 1945 im Bayerischen Rundfunk gesendeten Rede, die sie „Herrn Troberg in tiefer Dankbarkeit" widmete, beschrieb sie die Heimfahrt:

„Wir fahren heim! (Unsere Rückkehr aus Theresienstadt)

(...) Der Wonne-Monat Mai hat dann auch die Erfüllung gebracht. Das Ende des Krieges, und damit unsere Erlösung! Auf dem schwarzen Brett war es zu lesen, ganz deutlich: ‚Theresienstadt ist frei!' Kein Irrtum Frei!!"

Das Warten hält an. Es müssen Fragebögen ausgefüllt werden, woher man gekommen ist. Im Rückwanderungsbüro in der Magdeburger Kaserne werden die Inhaftierten nach den Städten der Rückkehr sortiert.

„Endlich! (...) Am 21. Juni (...) vor der einst so gefürchteten Kommandantur die Wägen mit den Schildern 11 A. – München! Wie ein Lauffeuer gings von Mund zu Mund (...). Herr Troberg, Leiter des Transports sprach gütige, warmherzige Worte über die bevorstehende Heimfahrt. Man konnte die Tränen nicht zurückdrängen. (...) ‚Morgen früh um 4 Uhr', sagte der Chauffeur im echten Münchner Dialekt ‚geht's hoam.' (...) Man saß dicht aneinander gepresst, vorn noch die vielen Koffer ...Beim Morgengrauen wurde angekurbelt. Geräusch des Motors, einmal, noch einmal, immer stärker! Abfahrt! Unweigerlich, fort von Theresienstadt, in die Freiheit! (...) Leitmeritz – Elbbrücke – die feinen, feinsten Schattierungen des Grün, – Wiesen – sommerliche Kornfelder – friedlich grasende Kühe – Wie tat das dem Auge wohl! Natur – Landschaft – Weite – Wie lange entbehrt! (...)

10 Stunden saß man bereits dort oben ... Eine kleine Pause: Reifen geplatzt, dann die Kupplung entzwei (...). Eger! Wallensteins Tod kam mir in den Sinn (...). Tschechische Grenze! Sonne und Wind – und Wälder, deutsche Tannenwälder – darüber der lachende Himmel des Junitages! Allmählich wurde es dunkler, die Stunde der Rast rückte näher. Neustadt – die erste Stadt auf deutschem Boden! (...) Herzliches Willkommen und Begrüßung der Amerikaner, der Stadtverwaltung, die für uns ein prachtvolles Mahl bereit hatte, das an die guten, die besten Zeiten gemahnte, in Schalen gesüsster Milch-Kaffee, und auf den Tischen prangten festlich bunte Blumen! Für uns!! Am nächsten Morgen ein richtiges Frühstück! Lang entbehrte Genüsse, aber darum konnte man sich auch so kindlich dafür begeistern! Gute Menschen, freundliche Gesichter nach den Jahren der Verfolgung. Neustadt wird uns unvergesslich sein, als Symbol der Rückkehr ins Leben, zur Daseinsfreude nach all dem tiefen Leid!“[578]

Ganz ähnlich erinnerte sich auch die Münchner Schriftstellerin Gerty Spies einige Jahre später an diesen Rücktransport: „(...) Und da – an diesem späten Sommerabend – die Russen waren schon lange da – weckte jemand, rüttelte mich und schrie mir ins Ohr: ‚München ist gekommen!‘ (...) Hinaus aus Theresienstadt? (...) Traum einer Ewigkeit! – Wie ging es zu, daß ein Traum aufhörte, Traum zu sein? (...) Da schwanden wie machtlose Bilder Kasematten und Gräben dahin, Barrieren und Stacheldraht – alles nicht mehr wahr. Der Tag erwachte um uns – fremde Welt, viel, viel zu weite Welt – wie paßten wir noch hinein! (...) Sperre. Die Russen nahmen's genau. Wir wurden gezählt, unsere Pässe gesammelt, der Transportleiter mußte verhandeln, es dauerte lang, die Sonne brannte. – Und dann die Amerikaner. Sie fanden es lustig, ließen uns die Pässe hoch in die Luft halten, nickten und lachten – los! Spät am Abend kamen wir in Neustadt an der Waldnab an. Über dem bergigen Städtchen stand der Mond. Jemand spielte auf der Mundharmonika. Ein lauer Wind kam von den Bergen. Über giebligen Häusern thronte ein Schloß – oder war es eine Ruine? Ich weiß es nicht mehr. Das Kopfsteinpflaster spielte Berg und Tal im Mondschatten. Man hörte Wasser rauschen. Es war wie im Märchen. Denke ich heute zurück, diese Nacht erscheint mir noch immer die schönste meines Lebens. Ich erlebte, daß die Welt nicht gestorben war. Sie ging weiter, und in mir ging es weiter. Der Faden war nicht zerrissen."[579]

War Opa Ernst in ähnlich euphorischer Stimmung? Entgegen ihrer brieflichen Mitteilung, durfte seine Tochter den Transport doch begleiten, um den Vater abzuholen. Er traf sie allerdings erst in Neustadt, da der deutschen Begleitung nicht erlaubt war, die US-Besatzungszone zu verlassen. Merkwürdigerweise gibt es über den Ablauf dieser ersten Begegnung nach Jahren der Ausgrenzung und der Lebensgefahr, in der der Vater schwebte, keine familiäre Überlieferung.

„Es gibt wieder Kraft zu hoffen" – Ankunft in München

Die Aufregung nahm zu, als man sich am 24. Juni der Stadt München näherte. Am 30. April hatte die 42. Rainbow-Division der US-Armee das Rathaus am Marienplatz besetzt. München war also seit zwei Monaten von der Nazidiktatur befreit.

Minni Vrieslander schilderte die Annäherung an die Heimatstadt: „(...) Ja – wir näherten uns der Stadt! Die Amerikaner, die in grossen Wagen an uns vorbeifuhren, grüssten, winkten. Sie sahen wohl die Aufschrift an den mit Zweigen geschmückten Autos, Return of Theresienstadt, Camp of Concentration!' Schwabing! Bekannte Straßen, und wieviel Erinnerungen. Zu dürr und karg sind die Worte, um solche Momente, solche Empfindungen zu erschöpfen, zu gestalten! Das Gefühl der Dankbarkeit, so stark, daß es einen fast erdrückte! Kaulbachstraße! Dort ein Haus mit offenen Türen im wahrsten Sinne des Wortes. Helfer und Helferinnen trugen das Gepäck hinunter, geprüfte Schwestern bemühten sich um die Kranken und Kränklichen. Wieder: Ein köstliches Abendbrot, überreichlich selbst für uns hungrige Mägen (...). Todmüde sank man in die weissen, frisch bezogenen Betten!"[580]

In der gleichen Wagenkolonne näherte sich Gerty Spies der Stadt:

„Alte Städte, zerstörte Bahnhöfe, endlose Landstraßen – glühender Sonnenuntergang – München! (...) Mein Herz hämmerte Sturm: Ruinen, Ruinen – die Ungererstraße! – oder war sie es nicht? – Der

Feilitzschplatz! Grausiger als je geahnt! – … Hier hatten die Freunde gewohnt (…). Wir rasten ratternd die leere, linealgerade Kaulbachstraße hinunter. Tief drunten in ihrem Schacht bewegten sich Menschen. – Ich merkte mit einmal, daß ich aufgesprungen war. ‚Sie winken!', schrie ich, ‚sie winken!'"[581]

In der Kaulbachstraße konnten sich unser Großvater und unsere Mutter erneut in die Arme schließen und gemeinsam in die Wohnung der Familie gehen: „(Die) Familie war in der Berliner Straße 1 notdürftig und aufs primitivste in getrennten Räumen untergebracht (…)", geht aus einem Schreiben des Leiters der Betreuungsstelle für die von den Nürnberger Gesetzen Betroffenen und der KZ-Betreuungsstelle vom 12. Juli 1945 an den Stadtrat Hamm hervor.[582]

Es ging dem Großvater schlecht. Er war geschwächt. Der 1,68 Meter große Mann wog 55 Kilogramm. Sein Haar war in der Haft grau geworden. So stand es in seinem Antrag auf Ausstellung eines Ausweises „für ehemalige Insassen von Konzentrationslagern und ähnlichen Nazi-Haftanstalten", ausgestellt von der US-Militärregierung in München am 20. Oktober 1945.[583]

In dem Schreiben der Betreuungsstelle heißt es weiter: „Als Herr Justizrat Seidenberger am 24. Juni d. J. von dem KZ-Lager Theresienstadt nach München überführt wurde, befand er sich in einer außerordentlich schlechten seelischen und körperlichen Verfassung (…). Nach Auffassung seines behandelnden Arztes wurde es für notwendig gehalten, ihn unter ärztliche Beobachtung in ein Krankenhaus zu überführen." Der Leiter des Amtes setzte sich für die Familie des Rückkehrers, „der seit Jahren sein persönlicher Freund ist", für eine angemessene Wohnung ein. Er verwies darauf, dass Herr Dr. Seidenberger „durch zweimaligen Fliegerangriff total fliegergeschädigt (ist). Er besitzt kein einziges Stück Möbel." Ein geplanter Wohnungstausch mit der Unertlstraße 4/2 scheiterte. Überall stießen Beschlagnahmeaktionen des Wohnungsamtes auf erbitterten Widerstand von Nazi-Funktionären oder ihren Mitarbeitern. Im Falle der Unertlstraße schien es ein Fräulein Muhrenwald zu sein, „die 5 Jahre bei dem SS-Sturmbannführer Varenkamp Sekretärin war und mit ihm in einer Hausgemeinschaft zusammen wohnte." Das Wohnungsamt lasse sich „von Berichten leiten (…), die ausschließlich aus SS- und SA-Kreisen herrühren" schließt der Verfasser resigniert. Vielleicht waren auch Mitarbeiter des Wohnungsamtes nicht immer Freunde der Beschlagnahmungsaktionen zugunsten der bis vor kurzem Verfolgten.

In der Kaulbachstraße 65 herrschte Gedränge. Aufgestaute Spannungen entluden sich.

Rückkehrer aus den Lagern im Osten suchten in der süddeutschen Stadt einen temporären Aufenthalt. Viele von ihnen hatten bis auf ihr bloßes Leben alles verloren. Den aus den Konzentrationslagern Zurückgekehrten wurden Radios, Kochplatten und Schuhe zur Verfügung gestellt. Kohlen wurden aus verschütteten Kellern geborgen.

Das Wohlfahrtsamt bemühte sich um Einschränkung der Ausweisvergabe nur noch an Berechtigte. Der Ausweis sollte nur noch an „Inhaber von Judenkarten" ausgegeben werden, „also nicht an Mischlinge und jüdisch Versippte" – sprach das für eine Kontinuität der Verfolgersprache oder eine noch nicht gefundene Sprachsensibilität während des Neuanfangs?

In einer handgeschriebenen Liste des Wohlfahrtsamtes, die die Verteilung von Lebensmitteln und Geldzuwendungen an Bedürftige festhält, finde ich neben dem Namen Geismar, der Familie unserer Tante Gretl, die Eintragung unserer Mutter: „Seidenberger, Inge" hat zwischen dem 16. und 30. Juni 1945 82,48 Mark erhalten.[584] Da war unsere Mutter 25 Jahre alt.

Im September wurde Familie Seidenberger eine repräsentative Wohnung in der Widenmayerstraße 49/0 zugewiesen. Auch die nach dem Krieg wieder eröffnete Kanzlei findet in der großen Wohnung ihren Platz. Eine Zeitenwende! Einige

Widenmayerstraße 49

Häuser weiter, in der Widenmayerstraße 27 residierte noch vor wenigen Monaten die „Arisierungsstelle“ und in die „neugemietete standesherrliche Wohnung“ Widenmayerstraße 23 war 1933 der bayerische Justizminister Hans Frank, der spätere „Schlächter von Polen“ mit seiner Familie eingezogen.[585]

Am 18. Oktober 1945, einen Monat nach dem Einzug in die neuen Räumlichkeiten, heirateten unsere Großeltern ein zweites Mal. Familie Seidenberger war wieder in einer Wohnung vereint.

Nach der Hochzeit unserer Mutter 1947, die verbunden war mit ihrem Auszug, lebten unsere Großeltern und unsere Tante Ise bis zum Tode von Clara 1958 in der Widenmayerstraße.

Wie war der Neuanfang? War es Aufbruch? Oder eher betäubende Leere nach all dem Erlebten und oft nicht Mitteilbaren – nicht einmal innerhalb der Familie?

Die mit dem Großvater aus Theresienstadt zurückgekehrte Gerty Spieß schrieb unmittelbar nach der Befreiung ein Gedicht:[586]

April 1945
Es duftet die Erde, der Frühling ist da.
Zugvögel verkünden: Der Friede ist nah.

Mein Herz ist so dumpf, ach, so ohne Verlangen!
Drei Jahre ein Sklave! Drei Jahre gefangen!

Mein Sehnen, mein Hoffen, nach Freiheit mein Schrei –
Ist alles verklungen, ist alles vorbei.

Da naht sie, die Freiheit, mit schwingendem Schritt
Die Grüße der liebenden Welt bringt sie mit.

Sie rührt an die Seele mit blühendem Stab
Des Jauchzers gewärtig, und findet – ein Grab.

Über 3000 Münchner Juden wurden zwischen 1933 und 1945 in den Lagern im Osten ermordet. Trotz lückenhafter Kenntnisse aufgrund der verschwundenen oder durch die Gestapo rechtzeitig vernichteten

Akten der Gestapo-Leitstelle München lassen sich für München insgesamt 43 Transporte nachweisen. Die überwiegende Zahl führte nach Theresienstadt.

Alle Personen des Transports II/35 vom Februar 1945 haben überlebt.[587]

Mit der ersten Rückholaktion vom 23. Juni 1945 kamen 107 Personen, mit dem zweiten Konvoi 42 Personen nach München zurück. Elf ehemalige Theresienstadt-Häftlinge schlugen sich auf eigene Faust nach München durch. Das bedeutet, dass von den ca. 1550 Theresienstädter Häftlingen aus München nur diese 160 nach München zurückkehrten.[588]

Opa Ernst war wie durch ein Wunder einer der Geretteten. Er hat überlebt!

In seinem Nachlass finde ich ein mit Bleistift auf einem kleinen zerknitterten Zettel notiertes Zitat seines Lieblingsdichters Hebbel:

Was der Mensch auch gewinne,
er muss es zu teuer bezahlen.
Wär's auch nur mit der Furcht,
ob er's nicht wieder verliere.

Neuanfang

„Meine Kanzlei ist wieder eröffnet." – Wiederzulassung als Rechtsanwalt

Der alte, grünlich verblichene Aktendeckel, den ich 2015 im Münchner Staatsarchiv in den Händen hielt, ist auf dem Deckblatt mit rotem Stift, in großen Lettern und zweimalig unterstrichen beschriftet: „Jude". Es ist die Einkommenssteuerakte meines Großvaters.[589] Als sei die Akte von den ehemaligen Machthabern für die Ewigkeit beschriftet, als gäbe es kein Entrinnen aus dieser Zuordnung und als habe sie immer noch Gültigkeit für jeden, der heute etwas über Großvater erfahren will.

Nach Zulassung durch die Militärregierung teilte Ernst Seidenberger dem Finanzamt mit:

„Meine Kanzlei ist erst wieder seit 1. Oktober 1945 eröffnet, da ich vordem im Konzentrationslager war."[590]

In die Einkommenssteuererklärung für dieses Jahr trug er ein: „verheiratet seit 1909". Die Scheidung wurde für ihn offensichtlich zum erzwungenen und daher später von ihm getilgten Intermezzo.

Schrittweise gelang es unserem Großvater wieder in die Gesellschaft zurückzukehren.

Mit der Proklamation Nr. 2 stellte die US-Militärregierung am 19. September 1945 den Staat Bayern wieder her. Der spätere CSU-Mitbegründer und Oberbürgermeister von München, Dr. Karl Scharnagel, bat den Rechtsanwalt Seidenberger in einem dreieinhalbseitigen Schreiben, in dem er einige Grundsatzgedanken zu einer politischen Sammlungsbewegung entwickelte, um Mitarbeit. Dabei solle der „christliche Gedanke und der christliche Einfluß" in Erziehung und im öffentlichen Leben ausschlaggebend sein.[591] Es ist nicht dokumentiert, wie Ernst Seidenberger auf diese Aufforderung reagierte.

Dr. Wilhelm Högner, wenige Monate zuvor noch verfolgter Sozialdemokrat, wurde neuer bayerischer Ministerpräsident und zugleich Justizminister. Er bestellte einen Ausschuss von fünf Rechtsanwälten.

Dieser Fünferausschuss ernannte im Februar 1946 zu seiner Unterstützung einen weiteren „Siebenerausschuss", in dem auch Dr. Maron und Dr. Seidenberger Platz nahmen, um an der „Entnazifizierung" der Rechtsanwaltschaft mitzuarbeiten.

Letztlich entschied zwar die Militärregierung, wer kurzfristig wieder als Richter, Staatsanwalt, Notar oder Anwalt tätig werden durfte.[592] Die Ausschüsse versahen jedoch die öffentlichen Kläger und Spruchkammern auf der Grundlage des „Gesetzes zur Befreiung von Nationalsozialismus und Militarismus" mit Gutachten über die Kandidaten.

Die amerikanische Militärregierung führte den Fragebogen zur Entnazifizierung ein, in dem die Mitarbeit in nationalsozialistischen Organisationen anzugeben war. Auf dieser Grundlage fiel dann ab 1946 die Zuständigkeit für die Entnazifizierung an deutsche Spruchkammern.

Unser Vater arbeitete zu dieser Zeit bei der Militärregierung in München, um mittels dieses Fragebogens und ausführlicher Gespräche mit den Betroffenen „Hauptschuldige", „Belastete", „Minderbelastete", „Mitläufer" und „Entlastete" zu identifizieren. Unsere Mutter arbeitete im Büro des BHW. Der kurze Frühling der „Entnazifizierung" begann. Noch schämten sich einige öffentlich der Verbrechen und die Täter wurden gesucht und, soweit man ihrer habhaft werden konnte, bestraft, ehe der beginnende „Kalte Krieg" und die Harmoniebestrebungen des Wiederaufbaus neue Frontlinien und Rücksichten schufen. Gerade in der Justiz konnten bald Täter und Mitläufer wieder ihre Plätze als Richter und Staatsanwälte einnehmen, ohne dass sie zur Rechenschaft gezogen worden wären.

1946 stellte die Militärregierung gegenüber dem bayerischen Justizminister offiziell fest: „Keine Einwände gegenüber der Ernennung von Seidenberger, Ernst." Auch der Ehefrau Clara wurde am 9. November die Entlastung bestätigt.

Mit diesen Voraussetzungen konnte der von der Militärregierung vorgeschriebene Eid geleistet werden, der endlich wieder die Gleichbehandlung aller Menschen einforderte:

„Ich schwöre bei Gott dem Allmächtigen, daß ich jederzeit das Gesetz ohne Furcht oder Begünstigung mit Gerechtigkeit und Billigkeit auf alle Personen gleich welchen Glaubens, Rasse, Farbe oder politischer Einstellung anwenden und handhaben werde, daß ich den deutschen Gesetzen und allen Verordnungen der Militärregierung Folge leisten werde, sowohl dem Geiste wie auch den Buchstaben nach und ständig versuchen werde, allen Personen gleiche Gerechtigkeit dem Gesetze nach zuteil werden zu lassen. So wahr mir Gott helfe."[593]

Glaubte Großvaterer an eine zuverlässige politische und moralische Veränderung in der Nachkriegszeit, als er diesen Eid auf die neuen demokratischen Gleichheitsprinzipien in Deutschland sprach?

In der Justiz waren die „Unbelasteten" eine Minderheit. „Wenn ich mein Dienstzimmer verlasse, betrete ich feindliches Ausland", stellte Generalstaatsanwalt Fritz Bauer nüchtern fest.[594]

Auch außerhalb der Gerichte in der Stadt stieß man auf den alten Geist. Noch im November 1945 standen in den Straßen Münchens die Schilder, die auf den „Völkischen Beobachter" als der „führenden Zeitung" Deutschlands hinwiesen. Die aufgestellten großen Stadtpläne präsentierten das Münchner Stadtwappen mit Hakenkreuz.[595]

Im Nachlass des Großvaters findet sich ein abgegriffener „Bildbericht aus fünf Konzentrationslagern", im Auftrag des Oberbefehlshabers der alliierten Streitkräfte direkt nach Kriegsende vom US-Informationsamt herausgegeben. Drastische Fotos informierten die deutsche Öffentlichkeit, auch die Familie Seidenberger über den überwundenen Schrecken.

An der Feldherrnhalle am Odeonsplatz, wo einst der Hitlerputsch endete, hatte jemand in großen Buchstaben die Aufschrift hingepinselt: „KZ Dachau, Velden, Buchenwald – ich schäme mich, daß ich ein Deutscher bin."[596]

Zur gleichen Zeit schrieb ein Münchner Bürger an den bayerischen Ministerpräsidenten:

Die Menschen, die „im KZ waren (...) platzen heute vor Gesundheit aus allen Nähten (...), so daß wir keinen kranken Juden kennen, der nicht auch unter anderen Umständen krank gewesen wäre (...). Aber wie elend sehen dagegen unsere deutschen Landsleute aus!"[597]

Ein Stadtrat sprach sich anlässlich einer Stellenbewerbung im Schwabinger Krankenhaus gegen die Berufung eines jüdischen

Arztes, der Dachau überlebt hatte, aus: „Haben wir keinen anderen als diesen Ostjuden?“[598]

Vor allem gegen die „ostjüdischen“ DPs richtete sich erneut die Schmährede: aus den Konzentrationslagern befreite und mit den von der SS organisierten Todesmärschen nach Deutschland getriebene Häftlinge, ehemalige Zwangsarbeiter und Kriegsgefangene, frühere Partisanen, aber auch polnische Juden, die den Holocaust durch Flucht in die Sowjetunion überlebt hatten und sich nun im München der Nachkriegszeit sammelten. Verstärkt wurde der Strom der DPs durch die nach dem Krieg in Osteuropa, vor allem in Polen stattfindenden Pogrome. Im Oktober 1946 registrierte man in der amerikanischen Besatzungszone 141 000 DPs.[599] München wurde zum Zentrum der Versprengten und Flüchtigen. Bald bildeten sie die Mehrheit der jüdischen Gemeinde . Die alten, seit der Jahrhundertwendezeit zwischen West- und Ostjuden bestehenden Vorbehalte köchelten erneut hoch.

Die Möhlstraße in Bogenhausen, wo vor 1938 zahlreiche, wohlhabende jüdische Bürger gelebt, deren Villen sich führende Nazis angeeignet hatten und wo nach der Befreiung viele Hilfsorganisationen zur Betreuung der jüdischen Bürger einzogen, entwickelte sich in den Nachkriegsjahren zu einem Zentrum jüdischen Lebens. Geschäfte boten ihre Waren an, Cafés und andere Treffpunkte wurden gegründet. Wie in allen Städten der unmittelbaren Nachkriegszeit entwickelten sich natürlich auch Schwarzmarktstrukturen, die bis Anfang der 1950er Jahre zu Konflikten mit Anwohnern und konkurrierenden Geschäftsleuten führten und erneut Vorwände für einen wieder auflebenden Antisemitismus lieferten.[600]

Von der „Münchner Schieberzentrale“, von der „autonomen DP-Republik in München-Bogenhausen“, der „Republik der Schmuggler und Hehler“ berichtete der SPIEGEL in deutlich antisemitisch unterlegter Diktion.[601] „Rückwanderer aus Israel, wo ihnen die Arbeit zu viel war“ wurden ebenso beschimpft wie „Hitlers Opfer“, die ihre aus den USA in Hilfssendungen zugeschickten „Mangelwaren und Genußmittel (...) unmöglich selber vertilgen konnten“ und daher verkauften: Das Hassbild des handelnden und schachernden Juden prägte schon wieder den missgünstig-antisemitischen Blickwinkel.

In dieser Situation verteidigte der Rechtsanwalt Seidenberger offensichtlich unerschrocken betroffene jüdische Geschäftsleute, so zum Beispiel den ehemaligen KZ-Häftling Boris Zuckermann, einen führenden Geschäftsmann in der Möhlstraße. Während Ernst Seidenberger auf die Rechtmäßigkeit der Ortsansässigkeit der jüdischen Ladenmieter hinwies, zitierte der SPIEGEL zustimmend die Behauptung des Anwalts der Gegenpartei, dass „die Beklagten mit Rücksicht auf Nation und Rasse eine Vollstreckung zu verhindern wüßten".

Schon wieder stand also der vor Gericht engagierte Anwalt im Lichtkegel antisemitischer Auseinandersetzungen, die sich nicht nur in der Presseberichterstattung niederschlugen, sondern auch die Hoffnung auf einen Neuanfang trübten.

Der sozialdemokratische Polizeipräsident Franz Xaver Pizer berichtete im Stadtrat im Dezember 1947 über „Dirnenunwesen" und Schwarzhandel, für die er die Verantwortlichen zu kennen behauptete und fügte hinzu:

„Der Herr Präsident des jüdischen Zentralkomitees, Herr Dreger (...), hat die erfreuliche Botschaft in Aussicht gestellt, daß im kommenden Frühjahr ein sehr großer Teil unserer jüdischen Mitbürger abwandern will (Zuruf: Bravo!) (...). (Ich) habe den Vorschlag gemacht, hier besonders an Kaltherberge[602] zu denken. Das wurde mir zugesagt. (Zuruf: Auch die Möhlstraße!). Wir alle hoffen und wünschen, daß endlich jene Menschen ihre wohlverdiente Heimat bekommen werden."[603]

Der CSU-Abgeordnete Georg Stang stieß ins gleiche Horn: Es sei nun „leider einmal so und die Tatsache kann nicht aus der Welt geschafft werden, dass manche Angehörige dieser Rasse und dieser Religion (...) sich nicht so benehmen, wie es notwendig wäre."[604]

Rassistischer Antisemitismus wurde wieder offen formuliert und die alte Forderung nach „Abwanderung" der jüdischen Mitbürger offensiv erhoben. Wer sprach dagegen von den Ursachen und der Verantwortung für diese große Zahl entwurzelter und verarmter Juden aus Osteuropa, die das jüdische Nachkriegsleben in München prägten und diese Stadt vorübergehend zum Mittelpunkt jüdischen Lebens in Deutschland machten?[605]

Zum nicht überwundenen, traditionellen Antisemitismus trat die Judenfeindschaft aus dem Motiv der Erinnerungsabwehr, der „sekundäre Antisemitismus“ der Nachkriegszeit, der in den durch die „Kriegsniederlage“ hervorgerufenen Emotionen von Scham und Schuld seine Ursache fand.[606]

Gleichzeitig schwächten sich die Entnazifizierungsbemühungen ab, indem sie sich zunehmend den antikommunistischen Strategieinteressen der westlichen Siegermächte unterordneten.

Der damalige Militärgouverneur General Patton erwies sich nicht nur als antikommunistischer, sondern auch als antisemitischer Haudegen. Die Prioritäten der US-Besatzungspolitik sollten endlich geändert werden, so Patton, denn die bisherige Politik hätte zur Verfolgung einer „ziemlich guten Rasse“ und zur Auslieferung Deutschlands an „mongolische Barbaren“ geführt: „Diese Nazifrage ist so ziemlich dasselbe wie ein Wahlkampf zwischen Demokraten und Republikanern“.[607] Diese Äußerung kostete ihn sein Amt.

Privat fehlte es Familie Seidenberger zunächst an allem: Einrichtung für Wohnung und Kanzlei, Kleider, Wäsche. Ernst Seidenberger schrieb im Juli 1945 drei gleichlautende Schreiben an das Oberkommando der Militärregierung für Bayern in der Holbeinstraße, an das Hauptquartier der Military Police in der Ludwigstraße und an den CIC. Er wollte seine Kleidung, frühere Bettwäsche und andere lebensnotwendige Dinge zurückerhalten, die er in diversen Schrankkoffern und Kisten in Großkarolinenfeld in der Nähe von Rosenheim bei Ernst Brandt zum Schutz vor Luftangriffen untergebracht hätte. Nun hätte er erfahren, dass dort US-Truppen eingezogen und die Koffer verschwunden wären: „I am of jewish origin and have just returned from the concentration-camp of Theresienstadt. My daughters were forced to work beyond their profession under the most dishonouring circumstances. The clothings, linen and other things we had secured in Grosskarolinenfeld are the last we own, in fact the remainders of all we possessed after 12 years of nazi-terrorism and 6 years of war and air-raid-troubles (...).”[608]

Auch um einen „Barock-Schreibtisch“ bemühte er sich in einem Schreiben an Frau Hedwig Schulz. „Ich besitze von Frau Emmi Lesser Vollmacht zur Erledigung ihrer Angelegenheiten. Im Zuge dieser

Emmi Lesser

Abwicklung möchte ich Sie höfl. ersuchen mir mitzuteilen, wo sich derzeit die von Frau Lesser Ihnen zur Aufbewahrung übergebenen Gegenstände befinden (...).“[609]

Im Biographischen Gedenkbuch der Münchner Juden findet sich ein Eintrag zu Frau Emmi Lesser, am 6. Mai 1888 geborene Heilbronner. Von Beruf war sie Sprach- und Geschichtslehrerin. Der von ihr geschiedene Mann war vor der Nazizeit verstorben. Sie wohnte bereits seit 1935 in der Elisabethstraße 31 im ersten Stock. Mein Großvater ist im März 1939 zugezogen, sie haben offensichtlich in derselben Wohnung gewohnt. Unter dieser Adresse waren nur zwei Menschen jüdischer Herkunft gemeldet.[610] Möglicherweise hatte er bei ihr – angesichts des sich für Juden zunehmend verengenden Wohnungsmarktes – eine Möglichkeit zur Untermiete gefunden, vielleicht war sie seine Mandantin, vielleicht waren sie aber auch freundschaftlich verbunden. Im Zuge der verschärften Kündigungen jüdischer Mietverhältnisse in München mussten die letzten beiden jüdischen Bewohner im Haus am 21. Januar 1941 gleichzeitig ausziehen.[611] Am 4. April 1942 wurde Frau Lesser nach Piaski deportiert und dort ermordet. Es war der gleiche Transport, mit dem auch die Cousine unseres Vaters, die junge Liselotte Rosenmann in den Tod geschickt wurde.

Der Schreibtisch ging in das Erbe des Großvaters über und ist noch heute im Besitz der Familie.

Im September 1945 richtete Großvater einen Antrag an das Wirtschaftsamt der Landeshauptstadt in der Leopoldstraße, in dem er um dringend benötigte Möbel für die neue Kanzlei in der Widenmayerstraße bat: „Ich war im Jahre 1944 bereits mit meiner Kanzlei und auch mit meiner Privatwohnung total ausgebombt und bin deshalb nicht mehr in Besitz der notwendigen Gegenstände für die Einrichtung meiner Kanzlei, die ich dringend benötige. Wenn es möglich wäre, mir aus Heeresgut diese Gegenstände oder wenigstens einen Teil von ihnen in gutem Zustand zu überlassen, wäre ich umso dankbarer, als ich zu den in der verflossenen Zeit nach jeder Richtung hin Geschädigten gehöre. Ich darf deshalb wenn irgend möglich um Berücksichtigung bitten und bin selbstverständlich bereit, die etwa festzusetzende Vergütung zu leisten."[612]

Überall musste er um Sachmittel zur Ausstattung von Wohnung und Kanzlei bitten. Neun Jahre später, Ende 1956 erhielt er endlich eine „Soforthilfe für Rückwanderer" in Höhe von 6000 DM.[613] Immer noch befleißigten sich die Behörden der Sprache der alten Machthaber, als habe es sich nicht um planmäßige Deportationen in Ghettos und Konzentrationslager gehandelt, sondern um eine Wanderungsbewegung, in der sich die Betroffenen mal zur „Ab-" und mal zur „Rückwanderung" entschließen konnten.

Zur Grundausstattung von Wohnung und Kanzlei war das Geld zu diesem Zeitpunkt nicht mehr notwendig.

Zu Beginn des Jahres 1946 wurden Ernst Seidenbergers Berufsrechte wieder umfassend anerkannt.[614]

Die Münchner Rechtsanwälte Oskar Maron, Siegfried Neuland, Benno Schülein, Ernst Seidenberger und andere Kollegen wurden wieder als Rechtsanwälte am LG München I zugelassen, im Juli 1948 auch am OLG.

Kurz vor Weihnachten im Jahr 1946 lud der Präsident des OLG alle Münchner Rechtsanwälte in den großen Sitzungssaal des Rathauses ein. Die RAK sollte wieder gegründet werden. Neben den Rechtsanwälten Maron und Schülein wählten die Mitglieder auch Ernst Seidenberger in den Vorstand. Er übte diese Funktion bis zu seinem Tode aus.

In der Festschrift zum 100jährigen Bestehen der RAK 1978 wird die Vorstandsarbeit meines Großvaters gewürdigt: „Seine von Altersweisheit geprägte, aus schwerer Lebenserfahrung gewonnene Art prädestinierte ihn geradezu zum Vermittler bei Streitigkeiten oder Meinungsverschiedenheiten unter Kollegen. In den Sitzungen des

Vorstandes vermochte er durch seinen trockenen Humor, vorgetragen mit einer tiefen, ruhigen Stimme und mit listigem Augenblinzeln, stets auszugleichen und Spannungen zu entschärfen."[615]

1950 wurde ihm auch der Zugang zum Berufungsgericht der Alliierten Kommission offiziell zertifiziert:

„United States Court of the Allied High Commission For Germany

To all to whom these presents may come greeting:

This Is To Certify That Dr. Ernst Seidenberger Has been duly admitted to practice before the United States Court of the Allied High Commission for Germany."[616]

Mein Großvater engagierte sich wieder – bei der Entnazifizierung, im Vorstand der RAK, er war unter die Kollegen zurückgekehrt und konnte an allen Gerichten wieder seinen Beruf ausüben.

Er verteidigte jüdische Bürger – trotz eines bisweilen noch judenfeindlichen Klimas.

Hat er über all die Jahre nicht resigniert? Mit wem sprach er über die nur wenige Monate zurückliegende Zeit? Oder waren es Erinnerungen, die er nicht teilen konnte und wollte, weil der Unterschied, zwischen dem, was er erlebt hatte und dem, was andere darin sehen und davon verstehen könnten, ihm zu groß erschien?

„Wie soll man einem Verfolgten, dessen Eltern in Auschwitz ermordet wurden, sagen, dass ihm dafür 250 DM zustehen?" – Mitarbeit am bayerischen Entschädigungsgesetz

Mitte September 1945, der Umzug von der Berliner Straße in die großzügige Wohnung in der Widenmayerstraße am Isarufer war in vollem Gange, erreichte die Kanzlei ein Schreiben der Bayerischen Landesjustizverwaltung. Der Erste Staatsanwalt Römer bat Ernst Seidenberger, dieser möge aus seiner Erfahrung heraus Vorschläge für einen geplanten Gesetzentwurf machen. Der Gesetzentwurf trug zunächst den sperrigen Titel „Nichtigerklärung der aus rassischen, religiösen und politischen Gründen erfolgten Vermögenseinziehungen", und wurde später knapp „Wiedergutmachungsgesetz" genannt.

Der komplizierte und fragwürdige Begriff der „Wiedergutmachung" umfasste zunächst alles: Rückerstattung geraubter Werte, Schadenersatz und Entschädigung. Bekanntlich ließen sich die materiellen Werte allenfalls ansatzweise, das physische und psychische Leid gar nicht „wiedergutmachen".

Der Präsident des BLEA Karl Heßdörfer umriss 1980 rückblickend das Elend der „Wiedergutmachung": „Wie soll man einem Verfolgten, dessen Eltern in Auschwitz ermordet wurden, ohne Scham zu empfinden, sagen, dass ihm dafür von Rechts wegen für entgangenen Unterhalt 150 oder 250 DM zustehen? Oder: Darf man einen Verfolgten, der zur Selektion in Auschwitz an der Rampe stand, im Ernst fragen, ob er etwa an Alpträumen leidet?"[617]

Mit dem von Staatskommissar Auerbach nach dem demütigenden Gerichtsurteil im August 1952 verübten Selbstmord endete ein umfassendes Verständnis von „Wiedergutmachung", das Rückerstattung, Entschädigung, Entnazifizierung, Bestrafung und öffentliches Gedenken miteinander verbinden und möglichst unbürokratisch offensiv durchsetzen wollte.[618]

Zunächst galt die Priorität der Rückerstattung geraubten Eigentums.

„Es wird sich in erster Linie darum handeln, festzustellen, welche noch vorhandenen Werte zurückgegeben werden können", schrieb Staatsanwalt Römer in seinem Begleitschreiben. Es folgte eine persönliche Besprechung in den Räumen des Justizpalastes.[619] Ernst Seidenberger äußerte sich in einer ausführlichen Stellungnahme, die er zugleich seinem Kollegen Benno Schülein mit der Bitte um Beurteilung zusendete.

Die in dieser Stellungnahme zum Wiedergutmachungsgesetz enthaltene ausführliche Aufzählung der Tatbestände, die zu Vermögensverlusten oder -vernichtung führten, ist nicht nur aufschlussreich, weil sie die ausgeklügelten Bereicherungsmaßnahmen des NS-Staates gegenüber der jüdischen Bevölkerung wiedergibt, sondern auch, weil sich darin persönliche Erfahrungen und Betroffenheit des Großvaters vielfältig niederschlagen:

„*a. Unmittelbare Vermögenseinziehungen und finanzielle Sonderbelastungen*

1. Sühneabgabe
2. Alle steuerlichen Benachteiligungen, worunter ich zähle
   Allgemeine Einreihung in Steuerklasse 1,
   Wegfall der Freibeträge bei der Vermögens- und Erbschaftssteuer,
   Reichsfluchtsteuer (...)
3. Verluste durch den Zwangsverkauf von Aktien und deren Umtausch in Reichschatzanweisungen
4. Zwangsverkauf der Grundstücke und Anwesen
5. Enteignung aller in jüdischen Händen befindlichen Unternehmungen
6. Wegnahme von sonstigem Besitztum, die insbesondere illegal angeordnet war durch die sog. Treuhandstelle, später Amt für Arisierung; hier handelte es sich um vollkommen gesetzwidrige und willkürliche Handlungen, die lediglich dazu dienten, jüdischen Besitz in andere Hände entschädigungslos zu
   spielen. Darunter fallen u. a. der Ablieferungszwang für Schreibmaschinen, Fahrräder, Kraftwagen, Rundfunkgeräte, elektr. Geräte, Pelze, Wohnungseinrichtungen, Wäsche etc. weiter die Entsetzung aus den Wohnungen, die gleichzeitig verbunden war mit sehr erheblichen Abgaben an die genannte Treuhandstelle, die angeblich zur Wiederinstandsetzung der Wohnungen dienen sollten, in Wahrheit aber zum weitaus größten Teil von der Treuhandstelle einbehalten wurden.
7. Zwang sämtliche Gold-, Silber- und Schmuckgegenstände abzuliefern (...)
8. Zwangspensionierungen (...)
9. Verwertung der Lebens- und Rentenversicherungen, die meistens zum Rückkaufwert eingezogen wurden.
10. Indirekte Abgaben anderer Art, wie beispielsweise die Abführung des Gebühreneingangs der Konsulenten an die Reichsrechtsanwaltskammer bis zur Höhe von 70 Prozent
11. Kündigung aller Krankenversicherungen unter Verfall aller aus den Versicherungsansprüchen erworbenen Ansprüche.

b. Indirekte Schädigungen auf jedem Gebiet, so insbesondere

1. Verdienstentgang durch die Entziehung der Berufsausübung, sei es als Angestellter, als Unternehmer, Arzt, Rechtsanwalt usw.
2. Aufwand für Auswanderungskosten, die in sehr erheblichem Ausmaß auch bei solchen Nichtariern entstanden sind, die infolge des Kriegsausbruchs nicht mehr zur Auswanderung kamen, aber den Aufwand zu machen hatten.
3. Ideelle und zum Teil zu materiellen Schädigungen führende Massnahmen, wie die zwangsweise Führung der Zusatznamen Israel und Sara. Hier wäre evtl. an eine Bereinigung der standesamtlichen Register zu denken.
4. Häufig waren Scheidungen von Mischehen unter dem Zwang der Verhältnisse, um weitgehende Nachteile von dem nichtarischen Teil (es muss wohl heißen: „nichtjüdischen", P.N.) und Kindern, die Mischlinge waren, abzuwenden. Auch hier ergab sich in vielen Fällen eine materielle Schädigung. Es könnte erwogen werden, ob solche Scheidungen nicht ohne weiteres auf Antrag der beteiligten Eheleute rückgängig gemacht werden könnten. (...)"[620]

Im Interesse einer raschen Abwicklung sollten Spruchkammern, statt ordentlicher Gerichte geschaffen werden. Widersprechende Rechtsprechung und langwierige Wege durch die Instanzen hätten auf diese Weise vermieden werden können. Vielleicht befürchtete Ernst Seidenberger aber auch, dass die neuen Richter doch wieder die alten sein könnten und dass diejenigen, die für die „Arisierungen" tätig waren, nach 1945 wohl kaum angemessen Recht im Interesse der zuvor Verfolgten sprechen würden. Diese von vielen geteilte Befürchtung bestätigte sich nach 1945 oftmals, wenn es um Entschädigungen oder Wiedergutmachungsfragen ging.

„Keine Betreuung jüdischer Menschen durch das BHW?" – Streit zwischen BHW und Jüdischer Gemeinde

Am 15. Mai 1945 wurde im Auftrag der US-Militärregierung zunächst der „Hilfsausschuss für die durch die Nürnberger Gesetze Betroffenen" ins Leben gerufen, um den Verfolgen erste Überlebenshilfen zu gewähren.[621] Einige Monate später, am 26. Oktober, begründete der bayerische Ministerpräsident Wilhelm Hoegner das Amt des „Staatskommissars für die Betreuung der Juden in Bayern" und beauftragte zunächst Hermann Aumer und ab Oktober 1946 den ehemaligen Auschwitz-Häftling Philipp Auerbach mit der Leitung des nunmehr umbenannten und erweiterten „Staatskommissariats für die rassisch, religiös und politisch Verfolgten".

Auf der Grundlage des von der Militärregierung beschlossenen Gesetzes zur „Befreiung von Nationalsozialismus und Militarismus", dem sogenannten Entnazifizierungsgesetz verfügte Bayern als erstes der späteren Bundesländer über ein derartiges Amt.

Im gleichen Jahr wurde das „Bayerische Landesamt für Vermögensverwaltung und Wiedergutmachung", das Landesentschädigungsamt (BLEA) geschaffen, das die materielle Rückerstattung geraubten Vermögens und Wiedergutmachung für erlittenes psychisches und physisches Leid sowie sonstige materielle Verluste anstrebte.

Auf dem Gebiet der Fürsorge wurde das dem Staatskommissariat unterstellte „Bayerische Hilfswerk für die Betreuung der durch die Nürnberger Gesetze Betroffene" (BHNG, später BHW) gegründet. Dieses Versorgungswerk wurde in der Möhlstraße 14 eingerichtet. Im täglichen Bedarf, von Kleidung, Möbeln bis hin zur Hilfe bei der Wohnungssuche wurden nicht nur die in der Stadt lebenden Juden, sondern auch die christlichen Partner in früheren „Mischehen", ehemalige „Mischlinge", aber auch getaufte Juden, Sinti und Roma, unterstützt – Gruppierungen also, die die jüdischen Hilfsorganisationen oft nicht betreuten. Der „Verfolgtenausweis" berechtigte zu Fürsorgeleistungen.[622]

Der Verwaltungsausschuss dieser Institution bestand neben Hermann Aumer bzw. Philipp Auerbach aus Dr. Spanier,[623] Dr.

Seidenberger und zwei Herren des „Zentralkomitees für die befreiten Juden in Bayern". Der Satzungsentwurf für das BHNG war von Spanier und Seidenberger unterzeichnet. Mein Großvater war somit eines der Gründungsmitglieder des Hilfswerks.[624]

Die Leitung übernahm schließlich Herr Fischer-Weppler, Teilhaber einer „Gemüsefirma" – von unserer Mutter später immer liebevoll als „Eierhändler" tituliert. Wie im letzten Kapitel dargestellt, hatte er sich für die Rückholung der Münchner Häftlinge aus Theresienstadt eingesetzt. Ende 1948 schied er aus der Geschäftsführung des Hilfswerkes aus.

Vorher übernahm er aber noch die Rolle des Trauzeugen bei der Heirat unserer Eltern.

Damit gab es also nach der Befreiung von der Nazidiktatur eine Doppelhochzeit: Großvater konnte seine „arische" Frau wieder heiraten und unser „halbjüdischer" Vater entfloh der offenbar unglücklichen Ehe mit der Schutz gewährenden „arischen" Partnerin und heiratete unsere „halbjüdische" Mutter.

Bei meinen Nachforschungen entdeckte ich ein weiteres Familienmitglied im Verwaltungsausschuss des BHW, in dem vier Teilnehmer saßen, die sieben Jahre später einen Interessenskonflikt über die zu verteilenden Gelder ausfochten:

„1. Herr Dr. Julius Spanier (Vorsitzender des Ausschusses und gleichzeitig Vertreter der Münchner jüdischen Kultusgemeinde)

2. Herr Justizrat Dr. Ernst Seidenberger (Vertreter der Christen jüdischer Abstammung)

3. Herr Vizepräsident Heinz Meier (Vertreter des Bayerischen Landesentschädigungsamtes ...)

4. Herr Kurt Neumaier (Vertreter der Christen jüdischer Abstammung und der Mischlinge-Halbjuden)"[625]

Letzterer ist der bereits erwähnte jüngste Bruder unseres Vaters, unser Onkel Kurt.

Erneut befremdet es, wie selbstverständlich die rassistischen Zuweisungen und Benennungen in den Nachkriegsschreiben beibehalten wurden – ohne Anführungszeichen, ohne ein „sog." oder sonstige Infragestellungen dieser Begrifflichkeit.

Auch die an dieser Stelle nachgezeichnete erbitterte Auseinandersetzung zwischen BHW und jüdischer Gemeinde ist schwer nachvollziehbar. Ohne diese im Einzelnen hier zu dokumentieren,[626] sollen hier nur einige familienbezogene Aspekte angeführt werden.

1952 forderte der damalige Präsident des Landesverbandes der IKG Weinberger, die Zuschüsse des bayerischen Staates an das BHW für die ehemals rassisch verfolgten Juden in Zukunft direkt an den Landesverband fließen zu lassen, da deren Betreuung ausschließlich Aufgabe der IKG sein sollte:

„Wir sind gezwungen zu unterstreichen, dass auf Grund eines Beschlusses des Landesverbandes (der IKG in Bayern, P.N.) dieser nicht mehr wünscht, dass das Bayerische Hilfswerk jüdische Menschen betreut."[627]

Als Begründung für diese Forderung wurden bürokratische und undemokratische Strukturen im BHW angeführt, aber auch die Vermeidung von „Doppelbetreuung" der Betroffenen. Ein Kern der Auseinandersetzungen berührte aber offensichtlich auch die angemessene Würdigung der verfolgten „Christen jüdischer Abstammung", derjenigen, die in „Mischehe" oder als „Mischlinge" die Nazizeit überlebt hatten. Konsequent wurde die Auflösung des BHW gefordert. Die „rassisch Verfolgten katholischen Glaubens", also Menschen wie mein Großvater oder Onkel Kurt, sollten doch besser von der Caritas betreut werden. Eine vergleichbare kirchliche Betreuung solle auch für die „rassisch Verfolgten protestantischen Glaubens" gelten, also zum Beispiel für unsere Mutter und ihre Schwester.

Angesichts der Rassenideologie der Nazis, deren Verfolgungsabsicht durch Konversion niemand entkommen konnte, erscheint dies als kleinlicher und unverständlicher Streit.

Das BHW fühlte sich verständlicherweise von dieser Argumentation getroffen. Zweifel sind allerdings auch hier erlaubt, ob die Gegenrede die Dimension des wenige Jahre zurückliegenden Massenmords angemessen berücksichtigt.

Unter der Oberfläche brodelte zudem der alte Konflikt zwischen „West-" und „Ostjuden". Diesmal in Gestalt des Verteilungsstreites um Hilfs- und Wiedergutmachungsmittel an „deutsche Juden" und an osteuropäische bzw. „ausländische Juden“, die zahlreich unter den DPs in München und Umgebung vertreten waren.[628]

Die eher liberal denkende und auf wenige hundert Menschen zusammengeschmolzene Gruppe der deutschen Juden war durch den Zustrom der eher orthodox geprägten Juden aus Osteuropa in die Minderheit geraten. Wer sollte die Richtung der Gemeinde bestimmen? Zudem flossen die internationalen Hilfen zunächst an den deutschen Juden vorbei an die DPs und sorgten für Neid und Ärger.

Nur mühsam sollte die ablehnende Haltung gegenüber den ostjüdischen Überlebenden in den kommenden Jahren überwunden werden.

Das Verwaltungskuratorium des BHNG formulierte zunächst sein Unverständnis gegenüber dem Ansinnen der IGK. Dann verschärfte sich die Tonlage.

Dem Vorstand des Landesverbandes der israelitischen Kultusgemeinden wurden – auch unter Verweis auf den Auerbach-Konflikt – fehlende Legitimation, Korruption, Intransparenz und persönliche Motive vorgeworfen. Vor allem aber wird die Befürchtung deutlich, die Unterstützungsgelder könnten einseitig verteilt werden.

Die Kritiker vermuteten, dass der angestrebte Betreuungskreis der jüdischen Gemeinden überwiegend Personen betreffen würde, die von den Nürnberger Gesetzen gar nicht betroffen waren. Man befürchtete, dass die Mittel unter Vernachlässigung sozialer Gesichtspunkte vorwiegend an „ausländische Juden“ und nicht mehr an bedürftige deutsche fließen würden.

Die „Fraktion um Julius Spanier und Ernst Seidenberger“ vom BHW zeigte sich darüber besorgt, dass die jüdische Gemeinde in Zukunft diejenigen benachteiligen könnte, die die die Nazizeit in Mischehen überlebt hatten. [629]

Dies war auch die Befürchtung von unmittelbar Betroffenen wie Ernst Seidenberger und Kurt Neumaier. „Wie aber wird es werden, wenn jetzt die deutschen Glaubensjuden, die zum großen Teil in Mischehen leben und denen die christlichen Eheteile das Leben gerettet haben, von der jüdischen Gemeinde betreut werden sollen! Die jetzigen Herren der Gemeinde, die aufgrund ihrer Mentalität grundsätzlich Mischehen ablehnen, werden diese Gruppe entweder gering unterstützen, oder die christlichen Eheteile an uns verweisen. Diese Form wäre unmöglich, da die Betreuung von Familien nur in einer Hand liegen kann. Für die Betreuung der christlichen Eheteile der umgekommenen Juden hat die jetzige Gemeinde überhaupt kein Verständnis."[630]

Die Position des Hilfswerks blieb gegenüber der jüdischen Gemeinde klar und unversöhnlich: „Dem Vorstand der jetzigen Gemeinde und dem jetzigen Landesverband können wir in keiner Weise Konzessionen irgendwelcher Art machen. (...) Die Juden jüdischer Religion, die Juden christlicher Religion, Mischehen und Mischlinge haben gemeinsam das ungeheure Leid der Nazizeit erlitten und können daher verlangen, dass ihr Schicksal von einer Stelle aus gelenkt wird und dass von einer Stelle aus geholfen werden muss."[631]

„1938 gab die Einstellung der Regierung in der Frage der Judenverfolgung noch keinesfalls Anlass zu Befürchtungen." – Der Kampf um Entschädigung und Wiedergutmachung

Auf „Wiedergutmachung" hatte Anrecht, wer „unter der nationalsozialistischen Gewaltherrschaft wegen seiner politischen Überzeugung, aus Gründen der Rasse, des Glaubens oder der Weltanschauung verfolgt wurde und hierdurch Schaden an Leben, Körper, Gesundheit, Freiheit, Eigentum, Vermögen oder in seinem wirtschaftlichen Fortkommen erlitten hat."[632]

Die Folgen des Rechtsstreits um Entschädigung und Wiedergutmachung für die erlittene Verfolgung, zogen sich bis weit über den Tod meines Großvaters hinaus. Sie sind relativ unübersichtlich und unvollständig dokumentiert und sollen hier auch nicht erschöpfend wiedergegeben werden. Die Dokumente des Streits um Wiedergutmachung verdeutlichen nicht nur den sozialen und materiellen Einbruch des Verfolgten. Der bürokratisch zähe Ablauf, die zeitliche Streckung der Auszahlung der Gelder, die die Großeltern teilweise nicht mehr selbst erlebten, und vor allem die stellenweise kleinlichen, entwürdigenden und gehässigen Argumente derjenigen, mit denen der Großvater um sein Recht streiten musste, werfen ein exemplarisches Licht auf diese Debatte der Nachkriegszeit.

„Schaden im beruflichen und wirtschaftlichen Fortkommen"

Der grundsätzliche Antrag von Ernst Seidenberger zielte auf die „Anmeldung von Ansprüchen gem. Gesetz zur Wiedergutmachung nationalsozialistischen Unrechts" wegen „Schaden an Freiheit, an Eigentum und Vermögen und im wirtschaftlichen Fortkommen."[633]

Schließlich gab das BLEA dem Antrag statt und begründete den Beschluss damit, dass „nach den vorliegenden Unterlagen der Antragssteller aus rassischen Gründen verfolgt worden (ist) und dadurch Schaden im beruflichen und wirtschaftlichen Fortkommen erlitten (hat)."

Ernst Seidenberger hatte angeführt, dass er durch das Verbot, nichtjüdische Mandanten zu vertreten, seit 1933 sinkende Einnahmen hatte, seine Kanzlei 1938 schließen musste, er fortan nur noch als Konsulent tätig sein durfte und schließlich mit der Zerstörung seines Büros im Frühjahr 1944 seine Tätigkeit vollständig einstellen musste.

Er berechnete für den Zeitraum von 1933 bis 1945 ca. 145 000 RM entgangenes Berufseinkommen, das er, hätte er seinen Beruf ungehindert ausüben können, in diesem Zeitraum mehr verdient hätte. 45 000 RM entfielen davon auf die ihm entgangenen Gebühren während seiner Konsulententätigkeit.[634]

Kurz nach dem Tod ihres Mannes bezeugte Clara im August 1957 gegenüber dem BLEA den Einkommenseinbruch der einstmals wohlhabenden bürgerlichen Rechtsanwaltsfamilie durch die Verfolgungspolitik der Nationalsozialisten. Dokumente gab es keine mehr: Sowohl die Kanzlei ihres Mannes als auch die Privatwohnung der Familie seien ausgebombt worden. „Ich weiss aber, dass im Büro ein Buchhalter, eine Sekretärin, eine Stenotypistin und ein Lehrmädchen

Urlaub in Italien: Ise, Clara, Inge (oben), Ernst Seidenberger (von links nach rechts)

tätig waren, außerdem beschäftigte mein Mann immer einen juristischen Mitarbeiter (Referendar). Das Büro war in der Briennerstraße 55 (...). Vielleicht dient zur weiteren Beurteilung des damaligen Lebensstandards, daß wir immer zu viert sowohl im Winter, wie Ostern und den grossen Ferien auf Reisen waren, im Sommer nahezu immer im Ausland, was damals noch nicht so üblich war, wie heute."[635]

Die Einkommensverluste der verfolgten Anwälte waren in der Tat beträchtlich. Das Einkommen ihres Mannes vor der Nazizeit schätzte unsere Großmutter auf mindestens 40 000 RM im Jahr. Dieser Betrag sank im Jahre 1933 auf etwa 10 000 RM und auf nur noch 4000 RM im Jahre 1938 ab, also auf etwa ein Zehntel des früheren Einkommens.[636]

Nach der unvollständigen und nicht immer nachvollziehbaren Dokumentation in der Steuerakte verdiente Großvater anschließend als Konsulent in den Jahren 1940 bis 1942 ca. 15 000 RM im Jahr.

Daraus hatte er die Abgabe in Höhe von ca. 70 Prozent an die RRAK zu zahlen. 1942 betrug sein Umsatz 33 406 RM; davon musste er 20 059 RM an die RRAK abliefern, blieben also 13 347 RM vor dem Steuerabzug. Als Jude wurde er nach der höchsten Steuerklasse besteuert. 1943 sank der Umsatz aufgrund der durch Deportationen abnehmenden Zahl an Mandanten auf 6355 RM.[637]

Nach der Befreiung, im Jahre 1947 stiegen die Einkünfte von Ernst Seidenberger auf 30 000 RM an, obwohl sich seine Kanzlei erst wieder im Aufbau befand.[638]

Noch bis in den April 1957, zwei Monate vor seinem Tod, kämpfte Ernst Seidenberger um die Entschädigung für entgangene Einnahmen durch die Konsulentenabgaben. Die Finanzbehörde akzeptierte 1958, dass Ernst Seidenberger „glaubhaft" 45 000 RM an Konsulentenabgabe abführen musste. Zusätzlich mit der „Judenvermögensabgabe" wurden 47750 RM anerkannt, die ihm eigentlich als Einkommen hätten zufließen müssen.

Einen Vergleichsvorschlag von 8500 DM lehnte das Land Bayern wiederum ab, da diese Summe „ein volles Anerkenntnis" dargestellt hätte. Das Land schlug einen Vergleich in der Höhe von 7000 DM vor. Unsere Großmutter, die inzwischen Witwe geworden und um eine Beilegung des Streits bedacht war, erklärte sich zu einem Vergleich bereit. Endergebnis: 7500 DM.

Bezogen auf das berechnete, entgangene Einkommen wurde Ernst Seidenberger endlich auch eine Rente in Höhe von 600 DM ab dem 1. Januar 1957 zugewiesen. Er konnte sie noch ein halbes Jahr genießen. Für die Zeit vor der Auszahlung wurden Einmalzahlungen in Höhe von insgesamt 30 000 DM vereinbart. Die Witwenrente für seine Frau Clara betrug nach dem Tod ihres Mannes 360 DM.

Die Anträge auf Erstattung der Lebens-, Kranken- und Sterbeversicherungen wurden abgelehnt, da die Verträge wegen der Kriegsfolgen bei den betroffenen Unternehmen nicht belegt werden konnten. Für die Zeit nach der Ausbombung der Kanzlei und den damit verbundenen beruflichen Folgen wurde keine Entschädigung anerkannt, „weil der nach diesem Zeitpunkt liegende Schaden auch ohne Verfolgung entstanden wäre."[639]

Die „Sühneabgabe“ für die Reichspogromnacht

Mit der VO im Frühjahr 1938 musste das gesamte Vermögen im Besitz jüdischer Bürgerinnen und Bürger angemeldet werden. Dadurch waren für den NS-Staat die Grundlagen geschaffen, darauf zuzugreifen.

Im Anschluss an die Reichspogromnacht des 9. Novembers 1938 mussten mit der „Judenvermögensabgabe“ alle Juden mit einem Vermögenseigentum über 5000 RM 25 Prozent ihres Vermögens in fünf Raten abführen.[640] Jüdische Bürgerinnen und Bürger sollten sie als „Sühne“ für die Zerstörungen in jener Nacht leisten – eine Gesamtsumme von einer Milliarde RM.

Im Juli 1946 schrieb Ernst Seidenberger an den Staatskommissar Hermann Aumer:

„Ich ersuche hiermit, die Rückerstattung der von mir seinerzeit an das Finanzamt München-Nord entrichteten Sühneabgabe zu vermitteln. Die Unterlagen sind bei mir durch Fliegerschaden verbrannt. Auch beim Finanzamt sind Unterlagen nicht mehr vorhanden (...). Die Abgabe hat, wie ich an Eidesstatt versichere, den Betrag von RM 2750 ausgemacht und ist von mir restlos in dieser Höhe entrichtet worden.“[641]

Sechs Jahre später war immer noch nichts geschehen. 1954 stellte Ernst Seidenberger erneut einen Antrag auf „Erstattung der Judenvermögensabgabe“ und bat „mit Rücksicht auf mein Alter“ um eine beschleunigte Bearbeitung. Auch diese Auszahlung erlebten Ernst und Clara nicht mehr. Die Entschädigungssumme für die „Judenvermögensabgabe“ in Höhe von 2750 RM wurde anerkannt und zusammen mit dem Ausgleich für „Nachteile im wirtschaftlichen Fortkommen“ an unsere Mutter und ihre Schwester ausbezahlt.

Vermögensenteignung bei Verhaftung und Deportation

Im November 1938 war die SA in die Kanzlei von Ernst Seidenberger eingedrungen und hatte Büromaterialien und andere Gegenstände zerstört oder gestohlen.

Als Großvater 1945 verhaftet wurde, wurde er, wie dargestellt, von dem verhaftenden Inspektor Grimm ausgeraubt. Er nahm an sich:

„Alles Bargeld, ca. 1800 RM, es kann auch mehr gewesen sein und zwar bis auf den letzten als Kleingeld in meinen Taschen vorgefundenen Betrag, so dass ich die Ausreise ohne jeden Pfennig antreten musste. Eine flache Taschenuhr, die offenbar sein besonderes Gefallen erregte, obwohl sie nicht echt Gold war, aber trotzdem für heutige Verhältnisse einen erheblichen Wert hatte und obwohl ich darauf aufmerksam machte, dass ich eine andere Uhr nicht besitze. Einen wertvollen Füllhalter, Marke „Montblanc Meisterstück", das beste und teuerste, was an Füllfederhaltern in Deutschland zu haben war. Ein silbernes Taschenmesser. Eine Taschenlampe. Ein Erläuterungsbuch zum BGB (...), das ich am Tag vorher nach langem Suchen käuflich erwerben konnte und das mir damals wie heute für die Berufsausübung völlig unentbehrlich ist, da in den Buchhandlungen nichts mehr dergleichen zu erwerben ist; ich habe – wie bereits erwähnt – durch Fliegerschaden meine ganze umfangreiche juristische Bücherreihe verloren. ca. 100 Rasierklingen (Friedensware). Zwei Brieftaschen, davon eine aus Juchtenleder mit Monogramm E.S. und eine weitere schwarze mit dem gesamten Inhalt, meist rein persönlicher Art und den sämtlichen darin enthaltenen Lebensmittelkarten, auch solchen, die ich mir aus früheren Perioden erspart hatte, einschließlich Raucherkarte. Eine Aktenmappe aus Leder, in welcher meine sämtlichen zur Ausübung der Praxis notwendigen Akten, die ich wegen der Fliegergefahr ständig bei mir trug, verwahrt waren, neben all meinen persönlichen Papieren unentbehrlicher und nicht wieder zu ersetzender Art, die sich auf meinen ganzen Lebenslauf beziehen und nicht wieder zu beschaffen sind. Meine Kennkarte. Zwei Geldbörsen."

Großvater war entsetzt über die illegale Konfiszierung: „Über all diese Gegenstände habe ich keinerlei Empfangsbestätigung erhalten. Ich habe von den über meine Vermögensbeschlagnahme bei der dortigen Stelle geführten Akte Kenntnis erhalten und daraus ersehen, dass eine Brieftasche, welche weiß ich nicht, um ganze 55 Pfg versteigert wurde, der Wert der einen Tasche ist heute allein ein hundertfaches dieses Betrages. Ausserdem ist als Inhalt dieser Brieftasche ein Barbetrag von RM 233 verzeichnet, während in Wahrheit mindestens der umstehend genannte Betrag mir weggenommen worden war."[642]

Die klaren Vorstellungen unseres Großvaters, welche Dinge ihm entwendet worden waren und für die er dementsprechend entschädigt werden oder die er wieder erstattet bekommen wollte, mögen aus heutiger Sicht stellenweise etwas kleinlich erscheinen. Doch zum einen waren die materiellen Ressourcen der Familie Seidenberger in dieser Zeit knapp bemessen. Zum anderen waren mit dem einen oder anderen Gegenstand emotionale Erinnerungen verknüpft, Erinnerungen an die Zeit einer erfolgreichen Kanzlei während der Weimarer Republik. Darüber hinaus ging es darum, sich nach allen Entwürdigungen und Gefährdungen das Leben zumindest in Bruchstücken wieder neu zusammenzusetzen. Das verstärkte den Wunsch nach Rückerstattung der „Identitätsausrüstung".[643] Vor allem aber bedeutete ein derartiger Antrag die Wiedererlangung der Würde. Nicht mehr der ohnmächtig Verfolgte bestimmte das Selbstbild, den ein korrupter Gestapobeamter jederzeit demütigen und bestehlen konnte, sondern der Staatsbürger, der Anwalt, der seine Rechte wieder wahrnehmen konnte und der jedes moralische und juristische Recht zu dieser Handlung auf seiner Seite hatte.

Tatsächlich sind die entwendete Brieftasche und eingezogenes Bargeld in Höhe von RM 233 dokumentarisch vermerkt. Es ergibt sich ein groteskes Bild scheinbar korrekter nationalsozialistischer Bürokratie: In der Vermögenseinziehungsakte der OFD München wird die Einziehung des Vermögens von „Ernst Israel Seidenberger, Konsulent" unter der (nicht existierenden) Adresse Johann-von-Werthstraße 25 festgehalten. Die Gestapo verfügte die Vermögenseinziehung.[644] Ernst Seidenberger unterschrieb den „Vermögenserfassungsbogen" am 17. Februar 1945 („Jude?" „Ja"). Peinlich genau und gierig forderte der Erfassungsbogen die Angabe des gesamten Wohnungsinventars, der Kleidung, der Wäsche etc. Nichts sollte der nationalsozialistischen Aneignung entgehen.

Ernst Seidenberger gab aber nichts mehr an. Er hatte nichts mehr anzugeben. Mit Wirkung zum 21. Februar 1945, dem Tag seiner Deportation wurde das Vermögen, das nicht mehr existierte, eingezogen.

Da trat die Brieftasche in den Mittelpunkt der Aufzeichnungen der Gestapo-Aktion.

Nach Schätzung durch einen Sachverständigen wurde die Brieftasche im Hauptzollamt in der Schwanthalerstraße 45 versteigert. Der Ertrag in Höhe von 55 Pfennigen wurde in einer mehrseitigen „Verkaufsniederschrift“ festgehalten: „Der Verkauf fand zur Verwertung der zugunsten des Deutschen Reiches eingezogenen Gegenstände statt.“[645]

Das Bargeld, das der Gestapomann Grimm nach Angaben unseres Großvaters aus dem bei der Verhaftung beschlagnahmten Gesamtbetrag zur Ablieferung abgezweigt hatte, wurde ebenfalls dokumentiert:

„Bei der Evakuierung vom 21.2.45 (gemeint ist die Deportation nach Theresienstadt, P.N.) wurden von der Gestapo aus dem Besitz des Juden Seidenberger, Dr. Ernst Israel (Gestapo-Nr.1265) RM 233 sichergestellt“.

In einem „Einzahlungsschein“ heißt es: „Ich bitte die Zollkasse des Hauptzollamtes München, Schwanthalerstr., den Betrag von 233 RM anzunehmen (...). Evakuierung 21.2.1945, aus Judenbesitz Seidenberger Dr. Ernst Isr. Gestapo-Nr. 1265. München 24.02.45, Der Oberfinanzpräsident. München, Dienststelle für Vermögensverwertung“[646]

Ernst Seidenberger hatte „Glück“, dass die Vermögenseinziehungsakte die „Sicherstellung des Vermögens“, wie der Raub durch die Gestapo benannt wird, für den Zeitpunkt der Verhaftung vor der Deportation dokumentiert. Nach dem Krieg sprach die OFD München jegliche Entschädigung ab, wenn der Vermögensverlust erst durch Beschlagnahmung des Deportationsgepäcks im Konzentrationslager entstand. Die meisten Konzentrationslager lagen außerhalb der Grenzen des Deutschen Reiches. Damit entfiel juristisch die Rückerstattungsgrundlage.[647]

Der bürokratische Eifer auf Kosten der verfolgten NS-Opfer findet seine juristische und politische Fortsetzung im Detail.

Bis in die 1960er Jahre ziehen sich die rechtlichen Auseinandersetzungen um die Entschädigungsansprüche.

Auf einmal liegt mir in den Akten die unverwechselbar linksgeneigte Unterschrift meiner Mutter vor. Der dort formulierte Entschädigungsanspruch bezieht sich auf die „dem Verfolgten bei der Schließung seiner Kanzlei weggenommenen Gegenstände im Werte von ca. RM 1000 und wegen der ihm bei der Verhaftung abgenommenen Gegenstände im Werte von ca. RM 2000."[648]

Beide, unser Großvater und unsere Großmutter waren schon seit einigen Jahren verstorben, so dass auch hier die Ansprüche auf die Erben, unsere Mutter Inge und ihre Schwester Ise übergegangen waren. Aber auch die beiden Töchter mussten den Rechtsstreit fortsetzen.

Die OFD erhob Widerspruch gegen diese Rückerstattungsansprüche und gab einen Einblick in das kleinliche Gezerre um Wiedergutmachungsfragen:

„Bisher konnte nicht ermittelt werden, ob die bei der Verhaftung des Verfolgten weggenommenen Gegenstände in der Hand des Gestapobeamten verblieben sind. Das Versteigerungsprotokoll weist jedenfalls nur die Verwertung eines einzigen Gegenstandes – einer Brieftasche – aus, dessen Erlös RM –.55 war. Die (...) aufgeführte juristische Fachliteratur fiel einem Fliegerschaden zum Opfer."[649]

In einem Vergleich beschloss die Wiedergutmachungsbehörde im Juni 1965 die Auszahlung von 500 DM, um „Ersatz zu leisten für die Vermögenswerte, die dem Verfolgten Dr. Ernst Seidenberger laut der Anlage zu dessen Entschädigungsanmeldung vom 10.1.1949 anlässlich der Schließung seiner Anwaltskanzlei in München, Kaufingerstr. 3 im November 1938 und anlässlich seiner Verhaftung im Januar 1945 weggenommen worden sind."

20 Jahre sind seit dem ersten Antrag auf Entschädigung vergangen. Der Antragssteller und seine Frau haben auch diese Auszahlung nicht mehr erlebt.

Entschädigung für Zwangsarbeit und KZ-Haft

Die von Juni 1942 bis Mai 1943 ausgeübte Zwangsarbeit als Hilfsarbeiter bei der Firma Kammerer Telefonbau wurde nicht als entschädigungswürdig anerkannt.[650] Als Entschädigungsvoraussetzung galt das Tragen des Judensterns, das rechtlich als Freiheitsentzug gewertet wurde.[651]

Ende 1952 fragte die Wiedergutmachungsbehörde bei Ernst Seidenberger an: „Nach den uns zur Verfügung stehenden Unterlagen ist nicht ersichtlich, ob Sie Träger des Judensterns waren. Sollten Sie, was sehr wahrscheinlich ist, den Judenstern getragen haben, so bitten wir das durch zwei Zeugenaussagen in Form einer eidesstattlichen Erklärung zu belegen."[652]

Ernst Seidenberger, der in einer „privilegierten Mischehe" gelebt hatte, informierte wahrheitsgemäß: „Den Judenstern habe ich nicht getragen."[653]

Daher erging der Beschluss des BLEA: „Für die behauptete und nachgewiesene Zwangsarbeit kann eine Entschädigung nicht gewährt werden, da der Antragssteller in seinem Schreiben vom 4. Dezember 1952 selbst angibt, nicht Sternträger gewesen zu sein. Eine Entschädigung der vom Antragssteller geltend gemachten Zeit vom 23.7.1942–31.5.1943 kann nicht vorgeschlagen werden, da nach der 1. VO zur Ergänzung und Änderung der 1. VO zum Entschädigungsgesetz, Entschädigung nur in Verbindung mit Judensterntragen gewährt werden kann."[654]

Das Entschädigungskriterium des „Sterntragens", ursprünglich als unbürokratische Erleichterung der Wiedergutmachung für rassisch Verfolgte gedacht, wendete sich gegen Ernst Seidenberger.

Entschädigung für die nachgewiesene Zwangsarbeit bei der Firma Kammerer wurde nicht geleistet.

Vom 26. Januar bis Anfang Mai 1945 war Ernst Seidenberger zunächst im Lager Moosach, anschließend in Theresienstadt inhaftiert. Nach der Befreiung verhinderten Quarantänemaßnahmen wegen Flecktyphus bis Ende Juni das Verlassen des Lagers. Dementsprechend beantragte er für diese fünf Monate Entschädigung. Aber auch hier ging es bei der Wiedergutmachungsregelung kleinlich zu. Es wurden nur drei Monate anerkannt. Stichtag war wohl die Befreiung Theresienstadts.

Er erhielt 450 DM. Für einen Tag Aufenthalt in einem Konzentrationslager sah das Entschädigungsgesetz 5 DM Haftentschädigung vor.

Zwangsverkauf des Grundstücks in Garmisch-Partenkirchen

Garmisch-Partenkirchen war über mehrere Generationen ein vertrauter Ort familiärer Treffen. Für unsere Mutter war der Ort ein Zentrum der umsorgten Kindheit, des Liebes- und Erwachsenenlebens. Familie Seidenberger traf sich in den 1920er und 1930er Jahren regelmäßig in der „Post" am Marktplatz. Die Familienlegende deutet romantische Begegnungen zwischen dem damaligen Hotelbesitzer und unserer Großmutter an. Unsere Mutter verbrachte während des Krieges ihre Urlaubstage mit ihrem damaligen Lebensgefährten, dem Wehrmachtsoffizier Rolf, im Hotel „Wittelsbacher Hof" – ein Jugendstilhotel, in dem sich unsere Familie auch nach dem Krieg immer wieder traf.

Auch Opa Ernst hatte Verbindungen zu Garmisch-Partenkirchen. 1948 stellte Ernst Seidenberger einen Rückerstattungsantrag für seine Grundstücke Gamsangerweg 2 und Kankerweg 4b.[655] Gesetzliche Grundlage für diesen Antrag war das Gesetz Nr. 59 der Militärregierung, das sogenannte Rückerstattungsgesetz.

Antragsgegner waren das Land Bayern und die Marktgemeinde Garmisch-Partenkirchen.

1925 hatte Ernst Seidenberger die Grundstücke für 7000 RM erworben. 1938 erfolgte die „Entziehung" durch den „Reichsfiskus", der die Grundstücke für die Wehrmacht zum Kaufpreis von 34 250 RM erworben hatte. Von diesem Betrag musste unser Großvater noch 4158 RM Wertzuwachssteuer und 1400 RM Provision zahlen. Die Wehrmacht errichtete auf dem Baugrund fünf Wohnhäuser für Offiziere.

Die gerichtlichen Auseinandersetzungen über die Rückerstattung zogen sich hin bis in das Jahr 1952, weil, im Unterschied zur Gemeinde, das bayerische Finanzministerium jeden Vergleich ablehnte und alle Instanzen nutzte – von der Wiedergutmachungsbehörde über die Wiedergutmachungskammer beim LG, den Wiedergutmachungssenat des OLG bis hin zum United States Court of Restitution Appeals in Nürnberg, den das Finanzministerium schließlich im Februar 1952 anrief.

Um was ging es? Wie begründete sich die Hartnäckigkeit des Finanzministeriums in diesem Rückerstattungsverfahren?

Der entscheidende Streitpunkt war, ob der historische Umstand der NS-Herrschaft bei dem Verkaufsgeschäft eine Rolle spielte oder ob es sich um eine „normale" Eigentumsübertragung handelte. Diese in der Nachkriegsrechtsprechung beliebte Argumentation,[656] die Kaufakte der NS-Zeit isoliert von den politischen Gewaltverhältnissen betrachtete und für gültig erklärte, vertrat das Land Bayern bis in die letzte Instanz. Zugespitzt formuliert: Konnte ein Grundstücksbesitzer jüdischer Herkunft im Jahre 1938 sein Grundstück an die kaufinteressierte deutsche Wehrmacht in Augenhöhe und nach den freien Regeln von Angebot und Nachfrage verkaufen?

Der Antragssteller Ernst Seidenberger argumentierte, er „habe 1938 sein Grundstück in Partenkirchen (...) auf Grund rassischer Verfolgung verkaufen müssen. Ohne die Herrschaft des Nationalsozialismus hätte er niemals verkauft. Der bezahlte Kaufpreis von 34 250 RM sei nicht angemessen gewesen."

Er betonte, dass „ausschließlich die Verhältnisse des ‚Dritten Reiches', unter denen zu leben ich damals gezwungen war, das Motiv für den Verkauf abgaben, zumal mir bekannt war, dass gesetzgeberische Maßnahmen hinsichtlich des nichtarischen Grundbesitzes bevorstanden (...)," dass also „der Veräusserer das Rechtsgeschäft (niemals) ohne das Vorhandensein des Nationalsozialismus getätigt hätte." Er habe vielmehr das Grundstück als Grundlage eines späteren Alterssitzes erworben.

Zusätzlich gab er zu bedenken, „ (...) dass das gesamte Wehrmachtseigentum innerhalb Bayerns an das Land Bayern gefallen ist (...). Es hat also das Land mein Grundstück samt den darauf stehenden Gebäuden ohne jede Gegenleistung erworben, sodass es (...) kein unbilliges Verlangen ist, wenn das Land auch dafür einzustehen hat, wenn auf dem auf es übergegangenen Eigentum Verpflichtungen ruhen."[657]

Als Vergleich schlug er die Rückerstattung in Höhe von einem Drittel des heutigen Wertes, mindestens aber 35 000 DM oder aber ein bebautes Ersatzgrundstück vor.

Das Finanzministerium bestritt das Anfechtungsrecht und ging davon aus, dass der Verkauf an die Wehrmacht nicht unter Zwang erfolgt sei, dass also „kein Fall der Entziehung“ vorliege.

Ernst Seidenberger widersprach: „Die sog. Freie Verfügung war (...) mehr als problematisch, weil mir die Ausübung des Berufs entzogen war und ich die Kaufsumme zur Bestreitung des Lebensunterhalts für mich und meine Familie mangels anderer Einkünfte verwenden musste (...).“[658]

Ungebremst übernahm das zuständige bayerische Finanzministerium die Sachzwanglogik der aufrüstenden Wehrmacht: Der Verkauf hätte „unwiderlegbar auch ohne die Herrschaft des Nationalsozialismus stattgefunden.“

Andere Grundstücke waren „in der notwendigen zentralen Lage“ nicht vorhanden. „Die Wehrmacht musste diese Grundstücke also unter allen Umständen erwerben. Der Antragssteller ist auch von dem Vermittler Braun auf die Tatsache hingewiesen worden, daß das in Frage stehende Grundstück, wenn es nicht freiwillig verkauft würde, zu Gunsten der Wehrmacht enteignet werden könne. Damit hat der Vermittler offensichtlich auf die Möglichkeit einer Enteignung auf Grund des Gesetzes – ‚betr. Die Landbeschaffung für Zwecke der Wehrmacht‘ vom 29.3.1935 – hingewiesen. Wie der Antragssteller mussten auch noch 5 andere Eigentümer in unmittelbarer Nachbarschaft des Antragsstellers ihre Grundstücke verkaufen. (...) Alle diese Eigentümer wurden nicht anders behandelt als der Antragssteller. Damit ist zwingend bewiesen, daß die Herrschaft des Nationalsozialismus, das heißt im vorliegenden Fall eine judenfeindliche Einstellung, keine Rolle bei dem Ankauf des Grundstücks gespielt hat (...)“ Die „Eigenschaft des Antragsstellers als rassisch Verfolgter (hatte) keinen Einfluß auf den Entschluss zum Verkauf oder die Gestaltung des Vertrags.“

Ernst Seidenberger verwies darauf, dass die Verhandlungen mit den anderen Eigentümern erst zu einem Zeitpunkt stattfanden, als er bereits verkauft hatte. Seine jüdische Herkunft machte ihn unter den gegebenen Verhältnissen offensichtlich zum schwächsten Glied in der Kette.

In der Sitzung der Wiedergutmachungskammer im Februar 1951 hob Ernst Seidenberger noch einmal hervor, dass „die judenfeindliche Einstellung des Nationalsozialismus" Einfluss auf den Verkauf des Grundstückes hatte und dass er das Grundstück aus eigenem Interesse nie verkauft hätte.

Daraufhin eskalierte mit einer in den 1950er Jahren noch oder schon wieder artikulierbaren Dreistigkeit die Argumentation des Finanzministeriums, indem es behauptete, 1938 hätte es noch keine Verfolgungsgefahr und Anlass für entsprechende Befürchtungen gegeben:

„Der Antragssteller hat lediglich die Behauptung aufgestellt, daß er im Mai 1938 nicht verkauft hätte, wenn er nicht mit einer Enteignung des jüdischen Grundbesitzes in nächster Zeit gerechnet hätte. Mit irgendwelchen Tatsachen (...) hat er diese Behauptung aber nicht belegen können (...); denn zweifellos stand diese behauptete Befürchtung des Antragsstellers zu dieser Zeit im Gegensatz zu der sonst damals herrschenden allgemeinen Auffassung. Zur Zeit des Verkaufs gaben die allgemeine Entwicklung und die seinerzeitige Einstellung der Regierung in der Frage der Judenverfolgung noch keinesfalls Anlaß zu solchen Befürchtungen. Die Behauptung allein (...) kann somit in keiner Weise als rechtlich ausreichender Beweis gewertet werden."

Das war auch für das OLG zu dick aufgetragen. Das Urteil dieser Instanz gab Ernst Seidenberger recht: „Die Behauptung des Antragsgegners, eine derartige Befürchtung des Antragsstellers in der damaligen Zeit stünde im Gegensatz zu der damals herrschenden allgemeinen Auffassung, widerspricht der Erfahrung. Im Mai 1938 waren die Judengesetzgebung und die Massnahmen, die Juden aus dem wirtschaftlichen und aus dem kulturellen Leben in Deutschland zu verdrängen, in immer steigendem Masse schon so weit gediehen, daß der Antragssteller als erfahrener Rechtsanwalt die Entwicklung, die bereits am 3. Dezember 1938 die einschneidende Verordnung über den Einsatz des jüdischen Vermögens brachte, voraussehen konnte. Seine Befürchtung über die Enteignung jüdischen Grundbesitzes erscheint umso naheliegender und begründeter, als erst am 26.4.1938, also drei Wochen vor dem Verkauf, die Verordnung über die Anmeldung des Vermögens von Juden, im RGBl. veröffentlicht worden war."

Das Land Bayern blieb hartnäckig, aber es scheiterte im Februar 1952 auch vor dem United States Court of Restitution Appeals in Nürnberg.

Da das Grundeigentum inzwischen von der Vermögensverwaltung des Landes Bayern auf die Bundesfinanzverwaltung übergegangen war, erhielt unser Großvater aus den Mitteln der Bundesrepublik Deutschland 24 000 DM und von der Gemeinde Garmisch-Partenkirchen 5000 DM.

Das Urteil dieser letzten Instanz entsprach damit im Wesentlichen einem Vergleichsvorschlag, den die Wiedergutmachungskammer beim LG München I bereits am 30.11.1950 gemacht hatte.[659]

Aus den Offizierswohnungen der Wehrmacht wurden später Bundeswehrwohnungen. Inzwischen erneut verkauft, entstanden in den letzten Jahren an dieser Stelle schmucke Ein- und Mehrfamilienhäuser. Gegenüber strömen jeden Morgen Schülerinnen und Schüler in eine Garmischer Realschule.

„Sie haben sich um den Wiederaufbau der Münchner Rechtsanwaltschaft besondere Verdienste erworben." – Späte Ehrungen

Die Geburtstagswünsche zum 75. und später dann zum 80. Lebensjahr zeigen: Ernst Seidenberger war wieder ein angesehener Rechtsanwalt in München geworden.[660]

Am 31. Mai 1952 verlieh ihm Bundespräsident Theodor Heuss das Verdienstkreuz. Sein früherer Kollege aus der gemeinsamen Konsulentenkanzlei Oskar Maron gratulierte:

„Ich müßte Dich schlecht kennen, wenn ich nicht wüßte, daß derartige äußere Anerkennungen Dich nicht mehr sehr beeindrucken werden, aber nimm es halt als Zeichen unserer Anerkennung und dieser bist Du sicher."

Der Präsident des LG München I, gratulierte ebenso zur Auszeichnung: „Sie haben das Verdienstkreuz wie kaum ein anderer Rechtsanwalt verdient, denn Sie haben sich um den Wiederaufbau der Münchner Rechtsanwaltschaft und damit um den Wiederaufbau der Rechtspflege (....) besondere Verdienste erworben. Auch als Mitglied des Entnazifizierungsausschusses für Rechtsanwälte haben

Sie sich sehr verdient gemacht und sich dabei durch besonders ausgeprägten Gerechtigkeitssinn ausgezeichnet."

Opa Ernst

Edmund Jonas[661] teilte seine Freude über die Ordensverleihung ganz direkt mit: „Meine Freude ist umso grösser, als diese Ehrung einem „Theresienstädter" zuteil geworden ist."

Herausragend wurde das 50. Dienstjubiläum des zu dieser Zeit bereits 76jährigen Anwalts am 3. Mai 1953 begangen. Der bayerische Justizminister Otto Weinkamm beglückwünschte: „Sehr geehrter Herr Justizrat! In diesen Tagen wird es 50 Jahre, daß Sie als Rechtsanwalt zugelassen worden sind. Die bayerische Justizverwaltung nimmt dies zum Anlaß, mit einem kleinen Blumengebinde dieser langjährigen erspriesslichen Tätigkeit im Dienste des von Ihnen stets hochgehaltenen Rechts, insbesondere auch im Vorstand der Rechtsanwaltskammer München zu gedenken."

Dass für unseren Großvater diese 50 Jahre nicht einfach eine „langjährige ersprießliche Tätigkeit" gewesen sein mögen und dass es ihm zeitweise verwehrt war, „im Dienste des stets hochgehaltenen Rechts" tätig zu sein – das wurde in den 1950er Jahren gerne noch dezent mit einem kleinen Blumengebinde überdeckt. In der annotierten Aktennotiz wird der Jubilar allerdings knapp und deutlich als „rassisch Verfolgter" charakterisiert.

Auch der LG-Präsident München I gratulierte zum 50jährigen Rechtsanwaltsjubiläum mit Worten, die über allen historischen Verwerfungen und Schrecken schweben. Er setzte seine Glückwünsche fort: „ (...) Lieber wäre es mir ja gewesen, ich hätte erfahren, daß Sie sich zur Ruhe setzen wollen, da Sie ja nicht mehr einer der jüngsten Anwälte Münchens sind. Einen angenehmen Ruhestand hätten Sie sich wahrlich redlich verdient, denn Ihr ganzes Leben ist ja nur Mühe und Arbeit gewesen. Aber ich weiß, daß Sie ohne Arbeit nicht sein können, daß Sie weiter werkeln werden, bis einst Ihr Leben erfüllet ist. Deshalb wünsche ich Ihnen von ganzem Herzen, daß es Ihnen vergönnt sein möge, daß Sie bei voller körperlicher und geistiger Gesundheit den Rechtsanwaltsberuf, den Sie im Laufe der vielen Jahre so liebgewonnen haben, daß Sie ohne ihn nicht sein können, noch recht lange ausüben (...) können."

Aus „Mühe und Arbeit" bestand also das Leben von Ernst Seidenberger, „gewerkelt" hat der fleißige Anwalt und ohne seinen Beruf konnte er nicht sein.

Der LG-Präsident ließ sich davontragen von Glückwunschformulierungen für einen fleißigen Handwerker, dessen Leben „erfüllet" sein möge. Einige knappe selbstkritische Worte zum Verhalten der Richterzunft in den Jahren als „der verehrte Herr Justizrat" von den Kollegen verraten und allein gelassen worden war, wären vielleicht denkwürdiger gewesen.

Auch die RAK, die die jüdischen Kollegen 1933 ohne ein Wort des Unmuts oder gar Widerstands ausschloss und jede Verbindung mit ihnen abbrach, wollte historische Brüche lieber nicht reflektieren und beglückwünschte: „Unser Kollege kann auf ein Leben voll reicher Arbeit und Erfolg zurücksehen."[662]

Immerhin: Der LG-Präsident München II, wünschte dem alten Kollegen aus „jahrzehntealten Beziehungen, die ja bereits im Jahre 1917 mit unserer gemeinsamen Tätigkeit am Gericht der 2. Infantrie-Brigade begonnen (...) haben (...) viele Jahre in der Frische, die Sie sich trotz schwerer Schicksale bis heute bewahrt haben".

Auch der OLG-Präsident in München, Dr. Welsch, verschwieg nicht die Jahre der Verfolgung:

„Sie können an diesem Festtag mit Stolz und Genugtuung auf ein halbes Jahrhundert erfolgreicher Berufsarbeit zurückblicken. Sie werden dabei aber auch zurückdenken an die schweren Zeiten, die Sie als Opfer einer verbrecherischen Ideologie mitmachen mußten."

Die RAK wählte die traditionsreiche Torggelstube, um das Dienstjubiläum unseres Großvaters am 7. Mai zu feiern – mit „Ochsenschweifsuppe", „Königin Pastetchen", „Roastbeef engl. gebr. mit pommes frites Salat" und abschließendem „Soufflee Paquitta", wie es in etwas holpriger Schreibweise vermerkt ist.

Bereits eine Woche zuvor hatte ihn der „Club Münchner Anwälte" in die Torggelstube zu einem gemeinsamen Abendessen eingeladen. Als Geschenk erhielt der Belesene, wie unsere Tante Ise zwecks späterer Danksagung mit Bleistift auf dem Einladungsschreiben akribisch dokumentierte, eine Balzac-Gesamtausgabe. Diese kleinen, blauen ledergebundenen Bändchen erinnern heute in meinem Bücherschrank an diese Ehrung.

„Er ist ein guter Mensch gewesen" – Krankheit und Tod

Das Dankesschreiben, das Ernst Seidenberger 1957 für die Glückwünsche zu seinem 80. Geburtstag an das Bayerische Justizministerium richtete, ist ein Beispiel für seine ruhige, versöhnliche Argumentation, obwohl er in hohem Alter noch so viel erleben und ertragen musste. Es ist aber auch ein Beispiel für die feine Formulierungskunst des belesenen und gebildeten Mannes, der jede Floskel zu vermeiden suchte und das überaus Höfliche vom Unterwürfigen zu trennen verstand.

„Sehr verehrter Herr Staatssekretär! Sie haben, gleichzeitig im Namen des Herrn Ministers, in so freundlich anerkennenden Worten und beglückwünschend meines 80. Geburtstages gedacht. Ich darf für die mir von Ihnen übermittelten Wünsche, die an meine langjährige anwaltschaftliche Tätigkeit über Gebühr freundlich erinnern, den ergebensten Dank aussprechen mit der Versicherung, dass ich diese Worte an die erste Stelle der mir von vielen Seiten zuteil gewordenen Ehrungen setze. Mich persönlich zu bedanken bin ich leider infolge meines immer noch stark reduzierten Gesundheitszustandes, dessen zu gedenken Sie ja auch nicht unterlassen haben, nicht imstande. Ich bitte sich also mit diesem schriftlichen Dank zu begnügen, den ich gleichzeitig dem Vermittler Ihrer Glückwünsche weiterzugeben bitte. Mit vorzüglicher Hochachtung Ihr ergebener Dr. Ernst Seidenberger."

Der Verweis auf den schlechten Gesundheitszustand kündete davon, dass Ernst Seidenberger drei Monate später starb.

Seine Frau Clara fand in ihrem Dank für das Beileidsschreiben des bayerischen Justizministers würdigende Worte: „(...) Der Verstorbene war so mit seinem Berufe verwachsen, daß er auch während seines Krankenlagers in den Akten ruhende Probleme zu lösen versuchte und körperliche Hemmungen ignorierte. Er half, wo er konnte, auch wenn es über seine Kräfte ging. Er ist ein guter Mensch gewesen.“[663]

Bereits im Jahr zuvor war er schwächer geworden. Großmutter berichtete in ausführlichen Briefen unserer Mutter nach Neu-Isenburg, wo die Familie seit 1949 lebte, über den Gesundheitszustand ihres Mannes – und später auch über ihr eigenes Schwächerwerden.

Gelegentlich ließen aktuelle Ereignisse, wie der Ausbruch des Korea-Krieges oder die Zuspitzung der Ost-West-Konfrontation alte Ängste wieder aufleben und schlugen sich in besorgten Zeilen nieder: „Hoffentlich gibt's keinen Krieg, unser Bedarf fürs Leben wäre reichlich gedeckt“ und „Die Kriegsfurcht ist überall.“[664]

Der geschwächte Großvater, von dem berichtet wurde, dass er jetzt öfter einschlafen und den Kopf auf die Tischplatte sinken lassen würde, fügte den Schreiben manchen kleinen Kommentar hinzu: „Immerhin, ich lebe noch“.

Er musste Abschied nehmen.

„In 10 Tagen ist die 10jährige Gründungsfeier der nach den bösen Jahren wieder entstandenen Anwaltskammer und Futter ist sehr traurig, dass er nicht dabei sein kann (...) Der Schülein bekommt an diesem Tag dann auch den Bundesorden überreicht (...) Tut mir leid für Futter, dass er nicht dabei sein kann.“[665]

Er lobte die Weihnachtsgabe – da war er schon seit zwei Monaten fast nur noch bettlägerig – und will sie „in der mir noch verbleibenden Spanne als schönes Andenken bewahren“[666]

An einem heißen Tag im Juni 1957 saßen mein Bruder und ich in der Widenmayer Straße 49 im Parterre auf dem Fensterbrett und ließen die Beine in den Vorgarten baumeln. Wir alberten und kicherten vor uns hin. Da kam unsere schwarz gekleidete Tante und herrschte uns an: „Man lacht nicht, wenn ein Mensch im Hause gestorben ist.“ Diese Beschämung hat die kleine Sommerszene in mein Gedächtnis eingebrannt. Unser Opa Ernst war gestorben.

Schluss

Im Justizpalast München hängt seit 1998 eine Gedenktafel, auf der geschrieben steht:

„Die Rechtsanwaltschaft im Oberlandesbezirk München gedenkt der Rechtsanwältinnen und Rechtsanwälte, die während der Herrschaft des Nationalsozialismus 1933–1945 als Juden entrechtet, verfolgt, vertrieben oder ermordet wurden."

Es folgen die Namen, darunter auch der unseres Großvaters Ernst Seidenberger.

Von den 225 Rechtsanwälten jüdischer Herkunft, die 1933 im OLG-Bezirk München zugelassen waren, kehrten 1945 18 zurück.

Für meine Mutter war es nicht einfach, diese Gedenktafel zu besuchen. Jahrelang hatte sie den Besuch vermieden.

Erst gemeinsam mit mir entschloss sie sich eines Tages, den Justizpalast aufzusuchen. Nach vergeblicher Suche bot sich der Pförtner als Auskunftsperson an. Sie wollte ihn aber nicht fragen und übertrug mir dieses Ansinnen. Der denke doch dann, sie sei auch eine „von denen". „Von denen" – damit meinte sie die unter der Nazidiktatur Ausgegrenzten, Verfolgten und Ermordeten, denen man diese Ehren- und Erinnerungstafel gesetzt hatte, damit meint sie: „Die Juden".

Anlässlich der Buchpräsentation des vom Bayerischen Justizministerium und den RAK München, Nürnberg, Bamberg und Zweibrücken herausgegebenen Buches von Reinhard Weber, „Das Schicksal der jüdischen Rechtsanwälte in Bayern nach 1933" wurden die Angehörigen der verfolgten Anwälte im Oktober 2006 zu einer feierlichen Gedenkveranstaltung in den Max-Joseph-Saal der Residenz München eingeladen. Unsere Mutter war in den Tagen vor der Veranstaltung nicht mehr ansprechbar. Sie wollte keinesfalls teilnehmen. Sie fürchtete, sie könnte gesehen werden, im Hause könnte man erfahren, dass ihr Vater jüdischer Herkunft war. Wir beruhigten sie, wir trösteten sie, wir versuchten, sie zu überreden. Schließlich kam sie mit.

Nachdem die würdige Feier beendet war und sie das Buch in Händen hielt, in dem ihr Vater abgebildet und Stichworte zu seinen Lebensstationen festgehalten sind, sagte sie leise: „Ich bin froh, dass

Großeltern, Eltern, der Autor und sein Bruder 1951 in Neu-Isenburg

ich mitgekommen bin. Eigentlich bin ich stolz auf meinen Vater – wie er das alles geschafft hat!"

Dieses Buch soll mit den Worten meines Großvaters schließen, mit denen er den Brief an seine Töchter 1936 beendete. Für die vorliegenden Aufzeichnungen waren diese Schlussbemerkungen Motivation und Verpflichtung:

„Meine Kinder sollen immerhin wissen, wie es in wesentlichen Dingen um mich stand. Vielleicht erklärt ihnen das manches, vielleicht eröffnet sich ihnen das Verständnis nie, vielleicht bringt es ihnen für ihr eigenes Leben Nutzen.

Es geht mir nicht darum, den äußeren Ablauf meines bescheidenen Daseins aufzuzeichnen. Aufzeigen will ich nur den tragischen Bruch, der durch dieses Leben geht und vor dem der Himmel sie und die, die nach ihnen kommen, bewahren möge."[667]

Abkürzungsverzeichnis

AG	Amtsgericht
AEL	Arbeitserziehungslager
BArch	Bundesarchiv
BayHStA	Bayerisches Hauptstaatsarchiv
BEG	Bundesentschädigungsgesetz
BHNG	Bayerisches Hilfswerk für die Betreuung der durch die Nürnberger Gesetze Betroffenen
BHW	Bayerisches Hilfswerk
BLEA	Bayerisches Landesentschädigungsamt
BMI	Bundesministerium des Innern
BMJ	Bundesministerium der Justiz
BNSDJ	Bund Nationalsozialistischer Deutscher Juristen
BRAK	Bundesrechtsanwaltskammer
CIC	Counter Intelligence Corps (Nachrichtendienst der US-Armee)
DAV	Deutscher Anwaltverein
DLA	Deutsches Literaturarchiv Marbach
DNVP	Deutschnationale Volkspartei
DP/ DPs	Displaced Person(s)
EWK	Einwohnermeldekartei
FA	Finanzamt
GAP	Garmisch-Partenkirchen
Gestapo	Geheime Staatspolizei
Hg.	Herausgeber
IKG	Israelitische Kultusgemeinde
IRK	Internationales Rotes Kreuz
JR	Justizrat
Kgl.	Königlich
KKD	Kennkarten-Doppel
KZ	Konzentrationslager
LG	Landesgericht
LMU	Ludwig-Maximilians-Universität München
MInn	Ministerium des Innern
NSDAP	Nationalsozialistische Deutsche Arbeiterpartei
o. D.	ohne Datum
OFD	Oberfinanzdirektion

OFP	Oberfinanzpräsidium, Oberfinanzpräsident
OLG	Oberlandesgericht
OMGB	Office of Military Government for Bavaria
o. S.	ohne Signatur
OP	Offizierspersonalakte
OT	Organisation Todt
PA	Personalakt
PMB	Polizeilicher Meldebogen
RA	Rechtsanwalt
RAK	Rechtsanwaltskammer
RGBl	Reichsgesetzblatt
RjF	Reichsbund jüdischer Frontsoldaten
RM	Reichsmark
RMdI	Reichsministerium des Innern
RMdJ	Reichsministerium der Justiz
RRAK	Reichsrechtsanwaltskammer
RSHA	Reichssicherheitshauptamt
RV	Reichsverband
RVJD	Reichsvereinigung der Juden in Deutschland
SA	Sturmabteilung
SD	Sicherheitsdienst
SpkA	Spruchkammerakt
SS	Schutzstaffel
Stanw	Staatsanwaltschaft
StadtA	Stadtarchiv
StadtAM	Stadtarchiv München
StAM	Staatsarchiv München
VO	Verordnung
YV	Yad Vashem
ZA	Zeugenaussage

Abkürzungsverzeichnis der in den Anmerkungen genannten Familienmitglieder

H.N.	Heinz Neumaier
I.N.	Inge Neumaier
P.N.	Peter Neumaier
E.S.	Ernst Seidenberger
G.W.	George Wald

Anmerkungen

1 Aly 2017, 23 f. – Strnad 2011, 6.

2 Jegliche Anwaltstätigkeit wurde Juden ab 1938 endgültig verboten. Einige durften nur noch unter der Berufsbezeichnung „Konsulent" jüdische Mandanten betreuen. Die Reduzierung der anwaltlichen Tätigkeit und die zahlreichen damit verbundenen Demütigungen werden in Kapitel fünf näher dargestellt.

3 Die handschriftlich abgefassten Seiten setzen Seite 8 mit Seite 5 fort. Dies lässt vermuten, dass Ernst Seidenberger mehrere Entwürfe verfasst hat. Diese Seiten liegen zusätzlich in der für mich besser lesbaren Abschrift meiner Mutter vor. Hier sind allerdings einzelne Fehler bei der Übertragung festzustellen. Soweit lesbar, beziehe ich mich bei beiden Briefen auf das Original. Orthografie und Zeichensetzung entsprechen dem Original und wurden nur verändert, wenn es für die Verständlichkeit notwendig ist.

4 George Wald (18.11.1906, New York–13.4.1997, Cambridge, Massachusetts), Sohn von Ernestine Rosenmann, der ältesten Schwester unserer Großmutter väterlicherseits Caroline. George Wald erhielt 1967 den Nobelpreis für Medizin. Er war politisch sehr engagiert gegen die Aufrüstung im Kalten Krieg. Als Pazifist lehnte er die Interventionen der USA in Vietnam, Nicaragua etc. ab. Briefe in Harvard University Archives, HUGFP 143: „Papers of George Wald, 1927–1997", Neumaier, Heinz, Box 28, in Privatbesitz von Peter und Thomas Neumaier und von Elijah Wald.

5 Da die „Zulassungsmarken" Voraussetzung für die Zusendung von Paketen nach Theresienstadt waren, handelte es sich wohl um abgelöste Marken aus Theresienstadt, die mein Großvater aufgehoben hatte. Sonstige Post aus Theresienstadt durfte nur auf vorgeschriebenen Postkarten verschickt werden. Zum Postverkehr und dem System von „Zulassungsmarken": http://www.ghetto-theresienstadt.info/pages/p/post.htm, abgerufen am 16.5.2018.

6 Vgl. auch die ähnlichen Erfahrungen von Amelie Fried mit diesem (schwäbisch abgewandelten) Begriff, Fried 2010, 17.

7 Ab 1938 durften Juden nicht mehr immatrikuliert werden. „Halbjuden" konnten an der TH verbleiben, erhielten jedoch einen Studentenausweis in gelber Farbe: https://www.tum.de/.../Broschuere_Die_TUM_in_der_NS-Zeit.pdf, abgerufen am 12.4.2018.

8 Im April 1944 wurden „Mischlinge" aus der DAF ausgeschlossen, was ihren Zugang zu Arbeitsstellen weiter erschwerte.

9 Unser Vater Heinz, sein Bruder Kurt und dessen Frau Gretl waren „Halbjuden", katholisch getauft und vorübergehend Mitglieder im „Paulus Bund". Der im Juli 1933 gegründete „RV christlich-deutscher Staatsbürger nichtarischer oder nicht rein arischer Abstammung", dann 1934 „RV nichtarischer Christen", ab 1935 „Paulus-Bund" verstand sich zunächst als christlich-konservative Sammlungsbewegung „nichtarischer" Christen. Nach der Umbenennung in „Vereinigung 1937" traten die beiden Brüder und meine Tante aus dem Verband aus. Anlass sei gewesen, dass der Bund zunehmend mit der Gestapo zusammenarbeitete und 1937 „Volljuden" ausschloss. Damit erwies sich der Verband letztlich als ein reines Produkt der staatlichen Instanzen. Siehe auch Vuletić 1999, 200–276. – Meyer 1999, 12 und 286.

10 Siehe zum Beispiel H.N. an G.W., 3.3.1937, Brief in Privatbesitz.

11 Im April 1946 erhielt Heinz Neumaier vom damaligen Bayerischen Wirtschaftsminister Ludwig Erhard die „Bestallungsurkunde" zum Wirtschaftsprüfer. Er eröffnete zusammen mit seinem Bruder Kurt eine Wirtschaftsprüferkanzlei in der Klugstraße 21, bevor er mit seiner Familie 1949 nach Neu-Isenburg bei Frankfurt a.M. zog, um für den Rest seines Arbeitslebens bei den in schwedischem Konzernbesitz befindlichen Deutschen Zündholzfabriken GmbH zu arbeiten. Zuvor, Mitte 1946, bewarb er sich für die Leitung des Amtes für Vermögensverwaltung und Wiedergutmachung in Bayern. Er zog seine Bewerbung aufgrund anderer beruflicher Pläne zurück, sie war aber auch von Auseinandersetzungen um seine Person begleitet. Es ging letztlich um die Frage, ob Verfolgte, die von den Nürnberger Gesetzen betroffen waren, eine derartige Stelle hinreichend „neutral" ausfüllen könnten. Die bayerische Landesregierung begegnete dem BHW und der bayerischen Entschädigungsbehörde immer wieder mit Misstrauen. Der Vorwurf lautete, die Behörde arbeite zu sehr im Sinne der Antragssteller, also der NS-Verfolgten, und sei von Sozialdemokraten und Kommunisten beherrscht. Vgl. BayHStA, StK 14250. – Winstel 2006, 130 und 215 f.

12 Friedländer 2007, 83.

13 Bode 2013, 38 und 96 f.

14 Wassermann 1922, Band 1, 411.

15 „Einer von uns ist anders!" sagte der Klassenlehrer mit Blick auf den neunjährigen „Halbjuden" Joelsen. Walter Joelsen , Zeitzeuge im Gespräch mit Dr. Sibylle Krafft, BR-Online: walter-joelsen-gespraech100-2.pdf, abgerufen am 21.1.2018.

16 Schrafstetter 2015, 139.

17 Meyer 1999, 180.

18 http://www.am-spiegelgasse.de/, abgerufen am 9.1.2018.

19 Vgl. auch Fried 2010, 31.

20 Traditionelle Bezeichnung für Handwerker, die Mühlen erbauten oder reparierten.

21 Anlass für ihren Brief war mein Angebot, die Postkarten und Dokumente ihrer Mutter dem Archiv in Theresienstadt zu übergeben. Sie nahm das Angebot bereitwillig an. Ein Besuch in Theresienstadt war ihr nicht möglich, denn ihr Mann, Alex V. (vgl. Kapitel sechs) lehnte dies strikt ab. B.V. an den Autor, 9.1.1996, Brief in Privatbesitz.

22 Eugen Dühring, fanatisch antisemitischer Philosoph und Nationalökonom im Deutschen Kaiserreich, zitiert nach Müller-Hohagen 2010, 159.

23 Meyer 1999,162 f.

24 Ebenda, 464.

25 Vgl. Deutsches Historisches Museum Berlin, Schautafel: Die Nürnberger Gesetze, https://www.dhm.de/lemo/bestand/objekt/d2z09371, abgerufen am 10.10.2017.

26 Akten der Partei-Kanzlei, Internes Schreiben Gussmann an Hauptverbindungsamt, Spangenberg vom 10.2.1943, zitiert nach Meyer 1999, 237. Zu den geplanten Maßnahmen siehe ebenda, 98 f.

27 Vgl. zu den folgenden Ausführungen Welzer 2002, 74 f.

28 Ebenda, 200.

29 Herz 2010, 37.

30 Vgl. Baumann 2002, 202–203 und 242.

31 Petrowskaja 2014, 30.

32 Giordano, Vorwort zu Hecht 1984, 9–18, hier: 12.

33 Alle Zitate aus E.S. an Töchter, Brief 1939, Nachlass E.S. erfolgen in diesem Kapitel ohne weitere Quellenangabe.

34 Feuchtwanger 1999, 53. – Martin Feuchtwanger (1886,–1952), Schriftsteller, Journalist und Verleger, jüngerer Bruder des Schriftstellers Lion Feuchtwanger.

35 I.N. an P.N. o. Datum (1990), Brief in Privatbesitz.

36 StadtAM, PMB S 374 und StanM I 547/1922, Sterberegister. Isaak Seidenberger wurde auf dem Neuen Israelischen Friedhof Nürnberg in der Schnieglinger Straße 155 beigesetzt, StadtA Nürnberg, Standesamt, Grab- und Sterbekarteien C 41/II Nr. 74.

37 Brief E.S. an Töchter 1936/1937, Nachlass E.S.

38 Marchivum, Standesamt MA, Zug. 2/2009 Nr. 00013, Reg. Nr. 197/1873, Heiratseintrag Isaak Seidenberger, Louise Stern. – Standesamt Mannheim, Familienbogen Isaak Seidenberger, Lucas Maier, Josef Stern.

39 Zacharias Seidenberger (9.10.1804 – 6.2.1881), der Bruder von Maier Seidenberger war Eigentümer des Nachbarhauses Nummer 7.

40 Grabstein 851. Nicht nur das Haus lag nebenan, auch das Grab von Zacharias Seidenberger befindet sich neben Maier-Seidenbergers Grab. StadtA Nürnberg, Sterberegister des Standesamtes Nürnberg C 27/II Nr. 1430, Eintrag 2265.

41 Grab 701; www.landesarchiv-bw.de, abgerufen am 8.9.2015.

42 www.alemannia-judaica.de/wiesloch_friedhof.htm, abgerufen am 4.4.2017.

43 Zur Unternehmensgeschichte „M. Seidenberger Söhne" siehe www.albert-gieseler.de, abgerufen am 8.8.2015.

44 http://www.morgenweb.de/region/schwetzinger-zeitung-hockenheimer-tageszeitung/schwetzingen/wie-der-hopfen-einst-die-stadt-wachsen-liess-1.149687, abgerufen am 8.8.2015. Auch zu den folgenden Informationen zum Hopfenhandel.

45 Hier und folgend: http://www.nuernberginfos.de/industrialisierung-in-nuernberg/hopfenhandel-nuernberg.html, abgerufen am 8.8.2015. – Kolb 2007, 12.

46 http://www.morgenweb.de/region/schwetzinger-zeitung-hockenheimer-tageszeitung/schwetzingen/wie-der-hopfen-einst-die-stadt-wachsen-liess-1.149687, abgerufen am 8.8.2015.

47 Ebenda.

48 StadtA Nürnberg, Standesamtlicher Geburtsregistereintrag C 27/IV Nr. 1877, Eintrag 501; Städtisches Melderegister C21/III Nr.175 und 282.

49 Dazu auch Weber 2012, 10.

50 Marchivum, Grabstein C2-A-02-11 und C1-A-03-03, Grabmonumente: http://www.stadtarchiv.mannheim.de/jh/person.php?id=2225, abgerufen am 10.8.2015.

51 I.N. an P.N. 1990, Satzfolge geändert, Brief in Privatbesitz.

52 http://www.morgenweb.de/region/schwetzinger-zeitung-hockenheimer-tageszeitung/schwetzingen/wie-der-hopfen-einst-die-stadt-wachsen-liess-1.149687, abgerufen am 8.8.2015.

53 Schwetzinger Wochenblatt – Badische Hopfenzeitung, Nr. 111, 13. Mai 1883.

54 The New York Times vom 16.11.1896, https://timesmachine.nytimes.com/timesmachine/1896/11/16/106851617.pdf, abgerufen am 17.8.2018. Joseph Seidenberger (11.10.1831 (Schwetzingen) –15.11.1896 (New York), Emil war ein Großcousin von E.S.

55 Siehe FN 12. – Drecoll 2008, 276 f.

56 Kaplan 2003, 227.

57 Brief E.S. an Töchter 1936/1937, Nachlass E.S.

58 Kaplan 2003, 235.

59 Neues Gymnasium Nürnberg 2014, hier: 149 und 174.

60 Brief E.S. an Töchter 1939, Nachlass E.S.

61 Brief E.S. an Töchter 1936/1937, Nachlass E.S.

62 Vgl. Lässig 2004, 105.

63 Brief E.S. an Töchter 1939, Nachlass E.S.

64 Die Nummerierung der Klassen begann mit dem Gymnasium. Die neunte Klasse ist also die Abschlussklasse vor dem Abitur (5.4.1895). Kopien der Zeugnisse wurden freundlicherweise aus dem Archiv des heutigen „Neuen Gymnasium Nürnberg“ zur Verfügung gestellt.

65 Kaplan 2003, 251. Um die Jahrhundertwende war der Anteil der jüdischen Männer in der Deutschen Turnerschaft dreimal so groß wie ihr Anteil an der Gesamtbevölkerung, ebd.

66 Max Nordau (1849–1923), Anhänger des politischen Zionismus, forderte (zum Beispiel in seinem Aufsatz „Was bedeutet Turnen für uns Juden?“) dazu auf, sich durch Turnen zu ertüchtigen und die „jüdischen Muskeln“ wieder zu entdecken. Vgl. Fleckenstein; Tillian-Fink (Hg.) 2017, 48 f. und 176.

67 Dies galt für ganz Bayern, auch für die Weltkriegsteilnehmer, die an der LMU in München ihr Abitur nachholten. Jedem in die Freikorps-Truppen eintretenden Studenten wurde die Ablegung des nachträglichen Abiturs erlassen. Vgl. Klemperer 2015, 69.

68 Brief E.S. an Töchter, 1936/1937, Nachlass E.S.

69 Ebenda.

70 Ebenda.

71 An der Kgl. Bayer. LMU München war er von 1895 bis 1896 eingeschrieben, an der Kgl. Friedr.-Wilhelms-Universität zu Berlin bis 1896/97, an der Grossherzogl. Badischen-Ruprecht-Karls-Universität Heidelberg 1897, an der Kgl. Bayer. LMU München noch einmal von 1897 bis 1898 und an der Kgl. Bayer. Friedrich-Alexander-Universität Erlangen schließlich von 1898 bis 1899). Zeugnisse, Nachlass Ernst Seidenberger.

72 Brief E.S. an Töchter, 1936/1937, Nachlass E.S.

73 Kaplan 2003, 273.

74 Zeugnisse, Nachlass E.S. Zunächst am Amtsgericht von 1899 bis 1900, dann am Kgl. Landesgericht von 1900 bis 1901, am Bezirksamt von 1901 bis 1902 und schließlich in der Rechtsanwaltskanzlei Bergold 1902.

75 Ebenda.

76 Bayerisches Staatsministerium der Justiz, Ersatz-Personalakte, PA S 1880, Abschrift aus den Akten der RAK München, 1.3.1903.

77 Entnazifizierungsfragebogen der US-Militärregierung für Bayern, 17.1.1948, Nachlass E.S.

78 Brief E.S. an Töchter, 1936/1937, Nachlass E.S.

79 Ebenda.

80 Feuchtwanger 1930, Band 2, 36.

81 Hanke 1967, 16 f.

82 Mak 2007, 272.

83 http://www.muenchen.de/rathaus/Stadtverwaltung/Direktorium/Stadtarchiv/Chronik/1903.html, abgerufen am 7.4.2015.

84 Ebenda.

85 Etagenhaus Mauerkircherstraße 29. Das großzügige Mietshaus wurde 1911 von dem Architekten Ludwig Grothe geplant. In den geräumigen Wohnungen gruppierten sich um eine zentrale Halle sechs Zimmer, Küche und Bad sowie zwei Magdkammern. Im Zweiten Weltkrieg wurde es durch Bomben beschädigt und deshalb 1952 abgerissen. Vgl. http://www.nordostkultur-muenchen.de/architektur/mauerkircherstra%C3%9Fe_29.htm, abgerufen am 4.1.2016.

86 Ab dem Jahr 1919 wohnte im ersten Stock der Mauerkircherstraße 29 der jüdische Kommerzienrat Isidor Bach. http://www.nordostkultur-muenchen.de/architektur/mauerkircherstrasse_29_2_neu.htm, abgerufen am 7.4.2015.

87 Seit 1910 in der Mauerkircherstraße13, vier Jahre später unweit in der Poschingerstraße 1.

88 Gespräch I.N. mit dem Autor, persönliche Aufzeichnungen vom 3.1.2009, in Privatbesitz.

89 Clara Seidenberger an I.N., 20.12.1956, Brief in Privatbesitz.

90 Die Einwohnermeldekartei für Clara Ehrhart weist diese Wohnung als Eigentumswohnung aus. Dafür fanden sich allerdings keine weiteren Belege. StadtAM, EWK 65, Clara Seidenberger.

91 Baumann; Heusler 2004, 120. – Im Zuge der „Arisierung" wurde das Kaufhaus von Isidor Bach dem Angestellten Johann Konen übertragen. Nach dem Novemberpogrom emigrierten die Bachs. Herr Bach überlebte im Exil in den USA und der Schweiz. Nachkommen der Familie Bach halten bis heute Anteile an der Firma Konen. Auch die Häuser von Bachs Sohn Alfred und seines Neffen Carl (u. a. Mauerkirchnerstraße. 55) wurden „arisiert". http://www.nordostkultur-muenchen.de/architektur/mauerkircherstrasse_29_2_neu.htm, abgerufen am 7.4.2015.

92 Hanke 1967, 281.

93 Weber 2006, 1. – Friedländer 2013, 24.

94 Vgl. Weber 2006, 7–9.

95 Weber 2006, 1.

96 Friedländer 1998, 42.

97 Weber 2006, 27.

98 Einige Autoren führen den überproportionalen Anteil und die oft herausragenden Qualifikationen jüdischer Anwälte auf die „besondere Kraft juristischer Denkfähigkeit" zurück, die durch die über Generationen betriebenen Studien der religiösen Texte erworben wurde. Vgl. z.B. Werner 1982, 323–328.

99 Weber 2012, 18.

100 Zitiert nach Weber 2006, 11.

101 Vgl. ebenda, 14–23.

102 Zitiert nach ebenda, 31.

103 Zitiert nach ebenda, 32.

104 Zitiert nach ebenda, 28.

105 Ebenda, 118.

106 Zitiert nach Weber 2012, 64

107 Es gab Heimatrecht und Staatsangehörigkeit. Ersteres war nach dem bis 1918 geltenden Zensuswahlrecht ausschlaggebend für die aktive und passive Wahlfähigkeit bzw. für die kommunale Wohlfahrtspflege. Zuzügler aus anderen Bundesstaaten nach Bayern mussten das „Indigenat" erwerben, wenn sie Staats- und Stadtbürger werden wollten. Eine bayerische Staatsangehörigkeit gab es formal noch zwischen 1918 und 1933, wenn sie auch faktisch bedeutungslos geworden war.

108 StadtAM, EWK 65.

109 Eine Liste des ursprünglichen Bestands der Hebbel-Sammlung befindet sich im Nachlass von Ernst Seidenberger.

110 Vgl. Hasler 2007.

111 Erich Mühsam besingt im Jahre 1905 den Monte Veritá: „Der Gesang der Vegetarier – ein alkoholfreies Trinklied": http://www.liederlexikon.de/lieder/immer_langsam_voran/editiong, abgerufen am 1.2.2017.

112 Hasler 2007, 55 f.

113 StadtA Memmingen, Eintrag Adressbuch 1895; Anzeige „Apotheker-Zeitung" Nr. 39/1889, 524.

114 Die mehrfach umgebauten Gebäude vor den Toren des alten Memmingen lassen die alte Fassfabrik und die Liegenschaft „Stadtetter" heute noch erahnen.

115 Informationen zum Hausverkauf und Umzug in den Stadtetter 12 (Riedbachstraße 3): StadtA Memmingen, Familienbogen Otto Ehrhart und Mail Herr Reppe, StadtA Memmingen an P. Neumaier 30.7.2018. Umzug nach München: StadtAM, PMB S 374: seit 1902 Arcisstraße 66/0, dann Schleisheimerstraße117/1 etc.; letzte Eintragung: Herzogstraße 67/II; diese Adresse bestätigt auch eine Fotografie im Nachlass von Inge Neumaier. Der Handel mit Fässern entstand offenbar neu in der Weinstraße 7. Auch die autobiografisch orientierten Geschichten des Schriftstellers Otto Ehrhart in „Bembes macht sich selbständig" sprechen für eine Fortsetzung des Familienlebens in München und damit wohl eher für wirtschaftliche Motive der Geschäftsverlagerung von Memmingen nach München.

116 StadtAM, STANM III 1199/1932.

117 LA BaWü, Generallandesarchiv Karlsruhe 390 Nr. 3855, 1. Band, Pforzheim, ev. Gemeinde (Stadtgemeinde), Standesbuch 1861–1865; https://www2.landesarchiv-bw.de/ofs21/bild_zoom/zoom.php, abgerufen am 10.2.2017.

118 StadtAM, STANM, Standesamt München III 1199/1932, Sterberegistereintrag.

119 Karl Otto Walter (5.5.1889–24.6.1889); Gretchen (12.6.1896–6.7.1896); Hans (12.6.1896–3.10.1896), StadtA Memmingen, Familienbogen Otto Ehrhart.

120 StadtAM PMB S 374. Weitere biografische Daten waren nicht auffindbar. Eine Reihe von Werken wurden von einem Johann Friedrich (Fritz) Ehrhart in den 1930er und 1940er Jahren verfasst: U. a. „Marie wird Mutter"(1941) und „Das Vaterhaus" (1941). Ob es sich dabei um den Onkel unserer Mutter handelte, konnte auch durch Recherche der im Literaturarchiv Monacensia in München vorliegenden Briefe nicht verifiziert werden.

121 StadtA Memmingen, Mail an Autor vom 7.12.2017. – Todesanzeige im Nachlass Inge Neumaier.

122 Einige seiner Werke: „Bobs und Bazi"; „Vom Maler und seinem Hund"; „Troll, der Glücksfischer".

123 Zu den hier nicht betrachteten Stationen des Lebens von Otto Ehrhart vor der Zeit des Nationalsozialismus siehe https://www.literaturportal-bayern.de/autorinnen-autoren?task=lpbauthor.default&pnd=116440228, abgerufen 13.6.2018.

124 DLA Marbach, Briefe Ehrhart, Otto an Ackerknecht, Erwin, 28.9.1931, Ackerknecht, Erwin, 60.3101.

125 StadtA Dachau, Amtliche Meldekartei Otto Ehrhart. – BArch, BS R 9361V/17262, Personalakte Otto Ehrhart, Erklärung für die Reichsschrifttumskammer, i.V. Frau Ehrhart, 3.5.1941.

126 Aufzeichnungen I.N. für den Autor, in Privatbesitz.

127 „Neuer Kreisjägermeister", Litzmannstädter Zeitung vom 25.2.1942, „Die große Heimatzeitung im Osten des Reichsgaus Wartheland", http://bc.wimbp.lodz.pl/dlibra/publication?id=29972&tab=3, abgerufen am 23.5.2018.

128 BArch, BS R 9361V/17262, PA Otto Ehrhart, Fragebogen für die Reichsschrifttumskammer, 2.12.1937 und BArch, BS R 9361V/17262, PA Otto Ehrhart, Fragebogen für Mitglieder des RV deutscher Schriftsteller, 10.9.1933. Dort: „1919 General Kdo. v.Oven Oberkdo. West gegen Spartakus."

129 Heinrich Garais (30.3.1878–20.10.1951), 1928/29 Polizeipräsident von Nürnberg; ab 1933 Ministerialdirektor Innenministerium, Regierungspräsident von Oberbayern. 1937 Eintritt in die NSDAP, 1938 in die SS. Nach dem Krieg als „Mitläufer" eingestuft; Pensionskürzung als „Nutznießer" des NS-Regimes, https://verwaltungshandbuch.bayerische-landesbibliothek-online.de/gareis-heinrich, abgerufen am 1.12.2016.

130 Otto Ehrhart an Clara Seidenberger, 31.8.1934, in Privatbesitz, ebenso die anschließend zitierte „Neue Illustrierte Zeitung" vom 11.1.1934.

131 Otto Ehrhart schickte sein Werk „Das sterbende Moor" auch an Karl Valentin. Dieser bedankte sich: „Sehr geehrter Herr Ehrhart! Ich danke schön für das Buch, habe aber

leider keine Zeit dasselbe zu lesen, schicken Sie mir doch bitte ein ‚gelesenes' Buch." Zitiert nach Beck, Literaturportal Bayern, https://www.literaturportal-bayern.de/autorinnen-autoren?task=lpbauthor.default&pnd=116440228, abgerufen am 23.5.2018.

132 Friedländer 2006, 57. – Friedländer 2013, 180.

133 Die folgenden Briefe: DLA Marbach, Briefe Ehrhart, Otto an Ackerknecht, Erwin, 28.9.1931, Ackerknecht, Erwin, 60.3101. – Ehrhart, Otto an Verleger Piper, Reinhard vom 5.4.1940 vom 22.5., 29.7. und 30.10.1944 und von Ehrhart, Jolanthe o. D. (nachträglich datiert auf 18.6.1946) an Piper, Reinhard, Reinhard Verlag, HS 1998.0005. – Wolhynier waren die Nachkommen deutscher Auswanderer nach Wolhynien, sie gehören zu den „Russlanddeutschen", die als Ergebnis des „Hitler-Stalin-Paktes" zu einem großen Teil aus der Sowjetunion in den Warthegau umgesiedelt wurden.

134 Friedländer 2013, 388.

135 http://ome-lexikon.uni-oldenburg.de/regionen/reichsgau-wartheland/, abgerufen am 10.4.2017. Vgl. Franke, Nils, „Bäume für Auschwitz" in: ZEIT Geschichte Nr. 1/2016 vom 23.2.2016, ZEIT-Online: https://www.zeit.de/zeit-geschichte/2016/01/nationalsozialismus-oekologie-drittes-reich-naturschutz, abgerufen 22.7.2018.

136 http://ome-lexikon.uni-oldenburg.de/regionen/reichsgau-wartheland/. – http://www.zukunft-braucht-erinnerung.de/das-vernichtungslager-chelmno/, abgerufen am 10.4.2017.

137 DLA Marbach. Otto Ehrhart an Piper, 30.10.44. Das am 30.10.1944 geborene Kind starb wohl schon vor der Flucht. Siehe Brief von Jolanthe Ehrhart an Piper, o. D.

138 Aufzeichnungen I.N. für den Autor, in Privatbesitz.

139 Postkarte Unbekannt an Familie Seidenberger, 4.3.1948, Abschrift durch I.N., in Privatbesitz.

140 Auf dem Brief findet sich ein Stempel „18.6.1946 zurück an RP"; das genaue Briefdatum ist also unbekannt. Anzunehmen ist, dass der Brief nach dem Januar 1945 abgeschickt wurde.

141 Jolanthe Ehrhart wusste offenbar nichts von der Scheidung im Hause Seidenberger. Sie ging davon aus, dass die Schwägerin Clara noch mit Ernst Seidenberger zusammenlebte.

142 Das StadtA Memmingen bestätigte dies am 7.12.2016: „31.12.1945 – für tot erklärt. Todesdatum fiktiv".

143 Ein Wehrpflichtiger, der sich freiwillig meldete und mindestens „mittlere Reife" als höherem Schulabschluss nachweisen konnte, musste nur einen einjährigen statt dreijährigen Wehrdienst ableisten. Nach Abschluss der Grundausbildung konnte er Offizier der Reserve werden. Aus diesem Grund wurde das Examen der Mittleren Reife lange Zeit auch als „das Einjährig-Freiwillige" bezeichnet.

144 Brief Ernst Seidenberger an Töchter, 1936/37.

145 BayHStA, Abt.IV, Kriegsarchiv, OP12167. Bestätigung der Kriegsteilnahme durch das Kriegsarchiv am 8.8.1933 im Nachlass E.S. Die in diesem Abschnitt zitierten Dokumente: BayHStA Abt IV Kriegsarchiv, Offiziersakte OP12167 und Erinnerungsblätter deutscher Regimenter, Auszüge aus den amtlichen Kriegstagebüchern, hg. vom bayerischen Kriegsarchiv, Heft 14: Das Kgl. Bayerische Landsturm-Infantrie-Bataillon Wasserburg, München 1922.

146 Weber 2006, 78.

147 Ähnlich halbherzig appellierte auch der 89jährige Generalfeldmarschall von Mackensen im Sommer 1938 an Justizminister Gürtner, diese „Existenzzerstörung wenn auch (sic!) jüdischer Frontkämpfer" stelle einen „Angriff auf das Kriegserlebnis und die Soldatenehre" dar. Zitiert nach Gruchmann 2001, 177.

148 Zitiert nach Göppinger 1990, 73.

149 Zitiert nach Gruchmann 2001, 158.

150 Die Zuordnung nach der Wehrpflicht in Ersatzreserve, Landwehr und Landsturm richtete sich nach dem Alter.

151 Erinnerungsblätter deutscher Regimenter (...) 1922, 10

152 Ebenda, 11.

153 Strangmann 2014, 215–238, hier: 244.

154 Rott 2010, 28. – Hanke 1967, 34.

155 Der in München bekannte Jurist wohnte unweit von Seidenbergers Kanzlei in München (Briennerstraße 5). Überhaupt weist das Schicksal der Rechtsanwälte Vater und Sohn Bloch viele Parallelen zum Leben von Ernst Seidenberger auf, vgl. Strangmann 2014, 239–262.

156 BayHStA, Offiziersakte OP12167.

157 Erinnerungsblätter, 21 f.

158 Ebenda, 32.

159 Ebenda, 30 f.

160 Erklärung von Ferdinand Herz vom 10.8.1938, Nachlass E.S.

161 Diese und die folgenden Dokumente: BayHStA, Abt. IV Kriegsarchiv, Offiziersakte OP12167.

162 E.S. an Töchter 1936/37, Nachlass E.S.

163 Lässig 2004, 63 und 98.

164 Klemperer 1999, Eintragung vom 27.1.1943.

165 Toller 2014, 39.

166 Hanke 1967, 47.

167 Herz 2010, 140 und 161.

168 Zitiert nach Ullrich 2014, 217 und 233.

169 Brief an W. Schwaner, zitiert nach Heikhaus 2014, 24.

170 Haffner 2000, 139.

171 Erinnerungsblätter, 36.

172 Zitiert nach Beckhardt 2014, 173. Siehe auch die dort zitierten Positionen des RjF.

173 Verleihungsurkunde im Nachlass E.S.

174 E.S. an Präsidenten des OLG München, 29.10.1938, Antrag im Nachlass E.S.

175 E.S. an Töchter 1936/1937, Nachlass E.S.

176 Weber 2006, 93.

177 Graf 2014, 534.

178 Zitiert nach Ullrich, Mord in München, in: Die Zeit Nr. 9 vom 19.2.2009, 92.

179 Zitiert nach Weber 2006, 28 f.

180 Klemperer 2015, 144 f.

181 Mann 1979, Eintragung vom 8.11.1918.

182 Zitiert nach Large 2001, 153.

183 Graf 2013, 453.

184 Mann, Eintragung vom 7.11.1918. Offensichtlich geläutert bezeichnet Thomas Mann in seiner Tagebuch-Eintragung am 19.3.1933 die Herrschaft des Nationalsozialismus als „die wütende Vollendung einer Gegenrevolution, in der wir seit 14 Jahren leben."

185 Klemperer 2015, 186.

186 Weidermann 2017, 260 f.

187 Large 2001, 156.

188 Graf 2010, 458.

189 Ebenda, 459.

190 Klemperer 2015, Anm.176. – Weidermann 2017, 283.

191 Landau; Rieß (Hg.) 2004, 379.

192 Zitiert nach Large 2001, 203.

193 Graf 2014, 541.

194 Heinrich 1979, 153. – Decker 2004, 210. – http://www.oskarmariagraf.de/rilke2.htm, abgerufen am 23.7.2015.

195 Bollenbeck, 54 und 59 f. Roman Woerner, Literaturwissenschaftler (5.8.1863–20.10.1945).

196 Fischer 1980, Sp. 287. Die SDS-Ortsgruppe München tagte zeitweise in der Widenmayerstraße 46/0 (StAM, Polizeidirektion München 4353 I, Schutzverband Deutscher Schriftsteller), unweit der späteren Wohnung der Familie Seidenberger.

197 Brief E.S. an Töchter 1936/37. Wir finden den Namen des Rechtsanwalts Siegfried Adler durchgestrichen als Absender auf dem von E.S. benutzten Briefpapier. Das deutet entweder auf eine Gemeinschaftspraxis oder (wahrscheinlicher) auf eine Übernahme der Räumlichkeiten und des Inventars hin. Der bei Weber 2006, 220, genannte Anwalt Siegfried Adler floh in den 1930er Jahren ins Exil.

198 http://www.payer.de/religionskritik/meyrink01.htm, abgerufen am 31.3.2015. Ursprünglich erschienen in Meyrink, Fledermäuse, Leipzig 1916. Gustav Meyrink (1868–1932) war zeitweise Redakteur des „Simplicissimus"; sein bekanntestes Werk war „Der Golem" (1915).

199 DLA Marbach, Konvolut Nachlass von Manfred George, Satzung des SDS vom 17.3.1929, George, Manfred.

200 StAM, Polizeidirektion München 4353 I, Schutzverband Deutscher Schriftsteller.

201 Fischer 1980, Sp. 217.

202 StAM, Polizeidirektion München 4353 I, dort auch die folgenden Zitate.

203 StAM, Polizeidirektion München 4353 I.

204 Fischer 1980, Sp. 284.

205 Kolbe, 343.

206 DLA Marbach, E.S. an Georg-Müller-Verlag, 14.2.1926, A: Langen-Müller/Flaubert-Ausgabe, HS. 1993.0177.

207 DLA Marbach, E.S. an Georg-Müller-Verlag, 6.3.1929, A: Langen-Müller/Hebbel-Ausgabe, HS. 1993.0177.

208 Graf 1966, 396.

209 Am 3.4.2017 dem DLA Marbach übereignet.

210 Franz Gürtner (26.8.1881–29.1.1941), war zunächst Mitglied der Bayerischen Mittelpartei, ab 1937 NSDAP-Mitglied, 1932–1941 Reichsjustizminister.

211 Brief I.N. an den Autor, 1990, in Privatbesitz.

212 Friedländer 1996, 105–107.

213 Raff 2004, Kommentar zu Brief 57, 60 und 80.

214 Ebenda, 134, Brief 65 vom 7.9.1938.

215 Ebenda, 2004, 171, Brief 80 vom 25.1.1939.

216 Zitiert nach Geyer 1998, 284. Der Roman wurde 1924 verfilmt, Bettauer wenige Monate nach der Uraufführung von einem Nationalsozialisten erschossen.

217 Wetzel 1987, 3. Im Jahre 1900 kamen sieben Prozent der Juden in Deutschland aus Osteuropa, 1933 bereits knapp 20 Prozent. 1925 stellten die „Ostjuden" in München 27 Prozent der jüdischen Bevölkerung, in Leipzig bereits 80 Prozent; Friedländer 1998, 379.

218 Friedländer 2001, 33. – Simone Lässig weist darauf hin, dass nach den schon zu Anfang des 19. Jahrhunderts einsetzenden Prozessen von Emanzipation und Verbürgerlichung vieler Juden in Deutschland die traditionellen Spannungen gegenüber den Juden aus Osteuropa auch daraus resultierten, dass letztere sich derart „unbürgerlich" präsentierten, dass sie den erfolgreichen jüdischen Modernisierungsprozess wieder in Frage zu stellen drohten. Es ging also nicht nur um Assimilation, sondern um das eigene jüdische „Modernisierungsprojekt". Vgl. Lässig 2004, 440 f.

219 Friedländer 2006, 34.

220 Zitiert nach Hanke 1967, 63.

221 Bauer; Brenner (Hg.), 149 f.

222 Graf 1966, 193.

223 Zitiert nach Large 2001, 222.

224 Baruch; Wiesemann 1982, 462–489, hier: 464.

225 Hitler 1926, 132 f.

226 Graf 1966, 447.

227 Feuchtwanger 1930, 102.

228 Zitiert nach Süddeutsche Zeitung vom 23.4.2015, S.3.

229 Graf 1966, 256.

230 Zitiert nach München und der Nationalsozialismus 2015, 392.

231 Graf 1966, 511 f.

232 München und der Nationalsozialismus 2015, 397.

233 Zitiert nach Friedländer 2010, 37 f.

234 Vgl. das Kapitel „Annäherungen".

235 Heusler 1998, 20.

236 Heusler 2014, 208.

237 Gruchmann 2001, 174.

238 Heinrich 1979, 106 und 157.

239 Mak 2007, 252.

240 Frank 2005, 158.

241 Hans Frank, Rede zur Gründung der „Front des Deutschen Rechts" am 1.6.1933, zitiert nach Gruchmann 2001, 88.

242 Zitiert nach Weber 2006, 57.

243 Zitiert nach Weber 2012, 45.

244 Boykottaufruf in Bernburg, zitiert nach Aden-Grossmann 2008, 49.

245 Zitiert nach Weber 2006, 65.

246 Göppinger 1990, 49–55 und 60.

247 Zitiert nach Weber 2006, 68.

248 Heinrich 1979, 112.

249 Ebenda, 114.

250 In der „Bekanntmachung zur Ausführung des Reichsgesetzes über die Zulassung zur Rechtsanwaltschaft" vom 18.4.1933 werden für die o. g. Ausnahmefälle die von Frank bis dahin verfügten Vertretungsverbote wieder aufgehoben. Vgl. Weber 2006, 77.

251 Ebenda, 74. Die 440 Rechtsanwälte jüdischer Herkunft machen zu dieser Zeit knapp 18 Prozent aller Rechtsanwälte in Bayern aus. Daten für das gesamte Deutsche Reich finden sich bei Friedländer 1998, 42.

252 Zitiert nach Heinrich 1979, 116.

253 BNSDJ am 14.3.33, zitiert nach Göppinger 1990, 42.

254 Weber 2006, 96–100. – Friedländer 2013, 33.

255 Zur Einkommensentwicklung jüdischer Anwaltskanzleien, vgl. Weber 2006, 111 f.

256 „Hessische Volkswacht" vom 11.8.1933, zitiert nach Weber 2006, 101.

257 Hans Frank, Bayerischer Justizminister in einer Besprechung mit führenden Richtern und Staatsanwälten am 31.3.1933, zitiert nach Weber 2012, 35.

258 Landau; Rieß (Hg.) 2004, 671. Philipp Loewenfeld (1887–1963), Rechtsanwalt in München, war beteiligt am Entwurf der Bayerischen Verfassung 1919. 1933 ging er über die Schweiz in die USA ins Exil.

259 Vgl. das Kapitel „Militärdienst und Erster Weltkrieg".

260 Zitiert nach Walk 1996, 12 f. Diese Bestimmung war schärfer gefasst als die spätere in den Nürnberger Gesetzen. Außer dieser VO fand sich die erste und bis zu den Nürnberger Gesetzen einzige Definition für „Mischlinge" im „Gesetz gegen die Überfüllung deutscher Schulen und Hochschulen" vom 25.4.1933. Dieses Gesetz enthielt Ausnahmeregelungen für Kinder von „Frontkämpfern" und für Kinder, bei denen ein Elternteil oder zwei Großeltern „arischer" Herkunft waren. Vgl. Vuletić 1999, 24.

261 Friedländer 1998, 40.

262 E.S. an Töchter 1936/37, Nachlass E.S.

263 Zitiert nach Selig 1983, 41–43.

264 Die sog. „Geltungsjuden" wurden entgegen den ansonsten angewendeten rassistischen Grundsätzen nach Kriterien der Zugehörigkeit zur jüdischen Religionsgemeinschaft definiert.

265 Vor den Nürnberger Gesetzen existierte die Kategorie der „Halbjuden" juristisch noch nicht. Die „Privilegierung" wurde erst 1938, allerdings ohne klare gesetzliche Grundlage eingeführt. Vgl. das Kapitel „Scheidung 1938".

266 Friedländer 2010, 71.

267 Der Paragraf vier lautete: „Eine Ehe soll nicht geschlossen werden zwischen staatsangehörigen jüdischen Mischlingen, die nur einen volljüdischen Elternteil haben." Zitiert nach: 1. VO zur Ausführung des Gesetzes zum Schutze des deutschen Blutes und der deutschen Ehre vom 14.11.1935, geändert durch VO vom 16.2.1940 (RGBl. I, 394), Erlaß vom 29.5.1941 (RGBl. I, 295). – Friedländer 1998, 166 f.

268 Es gab sogar zionistische Strömungen, die sich gegen Mischehen und für die „Reinhaltung der jüdischen Art" aussprachen und von dieser Position aus die Nürnberger Gesetze befürworteten. Vgl. Beckhardt, 178–180, 200 f., 208.

269 Vgl. Baumann 2002, 139.

270 Göppinger 1990, 154.

271 Ebenda, 176.

272 Ebenda, 181.

273 Ebenda, 212.

274 Mitteilung RAK München an E.S., 24.12.1937, Unterstreichung im Original, Nachlass E.S.

275 2. VO zur Durchführung des Gesetzes über die Änderung von Familiennamen und Vornamen vom 17.8.1938.

276 SOPADE (Parteivorstand der Sozialdemokratischen Partei Deutschlands im Exil), Deutschland-Berichte 5 (1938), zitiert nach Friedländer 1998, 274 f.

277 StadtAM, EWK 65, Ernst Seidenberger.

278 In diesem Kapitel wird aus beiden Briefen von E.S. an seine Töchter von 1936/37 und 1939 zitiert, ohne dies jeweils im Einzelnen in Fußnoten anzuführen.

279 E.S., Brief an Töchter 1939, Nachlass E.S.

280 Vuletić 1999, 74.

281 Herz 2010, 33.

282 Ebenda, 210.

283 An dieser Stelle sind zwei Worte unleserlich.

284 E.S. Brief an Töchter 1936/37, Nachlass E.S.

285 Die protestantische Konfession der Töchter Inge und Ise ergab sich wohl aus der Konfession der Mutter Clara, die aus Memmingen, einer traditionell evangelischen Region in Bayern, stammte.

286 Friedländer 1998, 55 f. – Vgl. auch die antisemitische „Godesberger Erklärung" der „Deutschen Christen" vom April 1939, die von der Mehrzahl der Landeskirchen begrüßt wurde, Ebenda, 82.

287 Leichsenring; Rudolph 2010, 101.

288 Kardinal Faulhaber 1933, zitiert nach Friedländer 1998, 56.

289 StadtAM, EWK 65, Clara Ehrhart.

290 E.S. an Töchter 1936/1937, Nachlass E.S.

291 Joseph Goebbels am 10.6.1938 vor Berliner Polizeioffizieren, zitiert nach Friedländer 1998, 283.

292 Adolf Wagner auf einer Veranstaltung im Zirkus Krone am 8.11.1938, zitiert nach Modert 2004, 145. Wagner (1890–1944) war SA-Obergruppenführer, NSDAP-Gauleiter im Gau München-Oberbayern, 1933 stellvertretender Ministerpräsident, Innen-, und ab 1936 Kultusminister in Bayern.

293 §1 der VO über die Anmeldung des Vermögens von Juden vom 26.4.1938, zitiert nach Selig 1983, 39.

294 Auf den deutschen Botschaftssekretär in Paris, Ernst Eduard vom Rath verübte Herschel Grynszpan am 7.11.1938 ein Attentat, um gegen die Abschiebung seiner Eltern aus dem Deutschen Reich zu protestieren. Dies war Vorwand und Anlass für die Reichspogromnacht.

295 Heusler 1998, 45.

296 Weber 2006, 114 und 121.

297 Heusler 1998, 146.

298 BayHStA, LEA 34336, Anlage zu Antrag 13485, E. Seidenberger, Schaden im wirtschaftl. Fortkommen.

299 „Der Stürmer" Nr.11 vom 18.6.1938, 10.

300 Weber 2006, 121. – Gruchmann 2001, 183.

301 E.S. an Gestapo München, 25.1.1939, Nachlass E.S.

302 E.S. an Gestapo München, 25.1.1939, Nachlass E.S.

303 Zitiert nach Heusler 1998, 72.

304 Heusler 1998, 87.

305 StAM, Staatsanwaltschaft 29.499/3. – Selig 1983, 119, 196. – Hanke 1967, 276.

306 VO über Reisepässe von Juden vom 5.10.1938.

307 Friedländer 1998, 218.

308 Klemperer 1999, 53, Eintragung vom 14.10.1940.

309 Gehrig 2017, 256.

310 Gesetz über Mietverhältnisse mit Juden vom 30.09.1939, RGBl, http://alex.onb.ac.at/cgi-content/alex?apm=0&aid=dra&datum=19390004&zoom=2&seite=00000864&ues=0&x=19&y=12, abgerufen am 20.02.2018. –Meyer 1999, 30.

311 Zitiert nach Friedländer 1998, 313.

312 Meyer 1999, 73 und 81.

313 Dies bedeutet die Vorbereitung zur Vermögensenteignung; denn weiter heißt es in der entsprechenden VO in § 7: „Der Beauftragte für den Vierjahresplan kann die Maßnahmen treffen, die notwendig sind, um den Einsatz des anmeldepflichtigen Vermögens im Einklang mit der deutschen Wirtschaft sicherzustellen." Zitiert nach Baumann; Heusler (Hg.) 2004, 25 f. und 106.

314 Ebenda, 118 und 122.

315 Vereinbarung zur „Regelung der Unterhaltsansprüche und Vermögensauseinandersetzung“ vom 31.10.1938, Nachlass E.S.

316 Das Wohnungseigentum ist merkwürdigerweise weder im Scheidungsurteil noch in anderen Dokumenten vermerkt.

317 E.S. an Bayerische Justizverwaltung, 6.10.1945, Nachlass E.S.

318 Nach einer Umzugsmeldung an den OFP München, Devisenstelle Überwachungsabteilung war wohl kein längerfristiger Aufenthalt beabsichtigt: „Ich zeige an, daß ich, nachdem meine bisherige Wohnung beim letzten Terrorangriff völlig ausgebrannt ist, zunächst Unterkommen in der Leopoldstraße 108/II gefunden habe, Etwaige Zuschriften erbitte ich mir bis zur Mitteilung einer endgültigen Anschrift nach Postamt München 23, Leopoldstraße Postlagernd.“ Mitteilung E.S. an OFP München, 1.5.1944, Nachlass E.S. – Zum Delikt der „Rassenschande“ vgl. Hecht 1984, 89 f.

319 Vgl. das Kapitel „Verhaftung und Deportation nach Theresienstadt“.

320 Vgl. dazu Meyer 1999, 92.

321 Es gab beides: Beispiele für die beharrliche und mutige Weigerung des „deutschblütigen“ Ehepartners, dem Druck der Nationalsozialisten zu widerstehen und an der „Mischehe“ festzuhalten und tragische Fälle, in denen die Scheidung der „Mischehe“ zur Ermordung des jüdischen Ehepartners führte. Vgl. Selig 2001, 212.

322 Strnad 2011, 143.

323 Erlass vom 29.4.1944, zitiert nach Selig 2001, 156.

324 Strnad 2011, 144 f.

325 Schlusszeugnis des Mädchenlyzeums Kleber, Schuljahr 1936/37, Zeugnis in Privatbesitz. Seit dem Schuljahr 1938/1939 führte das Lyzeum den Namen ‚Deutsche Oberschule für Mädchen‘, StadtAM, Schulamt 1254, 09, Auskunft per Mail vom 12.6.2018.

326 Kaplan 2003, 377.

327 Die Lessing-Hochschule war eine private Bildungsinstitution, die Erwachsenen- und Weiterbildung betrieb und an der in der Weimarer Republik herausragende Dozenten lehrten. Die Hochschule wurde von den Nationalsozialisten angeblich 1933 geschlossen. Das Zeugnis unserer Mutter trägt aber das Datum vom 20.3.1940. Der Widerspruch ließ sich nicht aufklären. Näheres unter http://www.lessing-hochschule.de, abgerufen am 26.4.2018.

328 Das Kosmetikunternehmen Hanna Völker bildete in Berlin Kosmetikschülerinnen aus. Im Jahre 2009 feierte es sein 80jähriges Bestehen. Die Caroteen-Creme ist immer noch im Angebot. https://www.beauty.de/cgi-bin/md_beauty/lib/pub/tt.cgi/Hanna_V%C3%B6lker_Kosmetik_wird_80.html?oid=6489&lang=1&ticket=g_u_e_s_t, abgerufen am 26.4.2018.

329 Gehrig 2017, 88.

330 Besonders die Vorfahren ihrer Urgroßeltern mütterlicherseits beunruhigten offenbar unsere Tante. Friederike Kunzer war geborene Loewenstein. Bis zu einem Heinrich Jakob Löwenstein, der Ende des 18. Jahrhunderts in Frankfurt als „Peruquenmacher“ lebte,

erstreckte sich Ises Nachforschung. Die erlösende Bestätigung kam nach längerem Briefwechsel schließlich vom Pfarramt Sulzburg: Der Name Löwenstein gehe ursprünglich auf „Liebenstein" zurück. „Die Vorfahren Löwenstein (...) sind arisch, stets als evangelisch-lutherisch aufgeführt in den Taufbüchern der Stadt Frankfurt a. M. bis zur Mitte des 18. Jahrhunderts", bestätigte am 29.4.1937 ein mitforschender Familienangehöriger. Brief in Privatbesitz. Wichtige Dokumente zur Familie Ehrhart aus dem Nachlass von Inge Neumaier wurden im Mai 2017 dem StadtA Memmingen übergeben.

331 Bescheinigung des Städtischen Zentrallohnbüros, Möhlstraße 2 in München zur Vorlage bei der Wiedergutmachungsbehörde vom 17.10.1949, Bescheinigung in Privatbesitz.

332 BLEA an Luise Seidenberger vom 28.6.1973, Bescheinigung in Privatbesitz.

333 OLG-Präsident an E.S., 26.10.1938, Nachlass E.S.

334 E.S. an Gestapo München, 25.1.1939, Nachlass E.S.

335 Verfügung vom 17.10.1938 durch das RMdJ aufgrund §1 der VO zum Reichsbürgergesetz vom 27.09.1938. – Ladwig-Winters 1998, 57.

336 Ostler 1971, 264 f.

337 Gruchmann 2001, 182. – Weber 2006, 120 und 134.

338 Polizeiverordnung über die Kennzeichnung der Juden vom 1.9.1941. – Göppinger 1990, 97.

339 E.S. an OLG-Präsidenten 29.10.1938, Nachlass E.S.

340 RMdJ an E.S., 15.9.1939, Nachlass E.S.

341 Vgl zum Beispiel E.S. an Beauftragten des Gauleiters vom 14.1.1943, Nachlass E.S.

342 Zitiert nach Weber 2006, 126. – Vgl. ebenso Landau, Peter, Justiz und Rechtsanwaltschaft in der nationalsozialistischen Diktatur, in: BRAK-Mitteilungen 3/2003, 111–113, hier: 111. http://www.brak-mitteilungen.de/media/braKilometeritt_2003_03.pdf, abgerufen am 10.10.2016.

343 Gehrig 2017, 228.

344 StadtAM, JUD-V 172/13 Nachlass Oskar Maron.

345 Modert 2004, 163.

346 StadtAM, EWK 65 Ernst Seidenberger.

347 Gesuch zur Befreiung vom jüdischen Arbeitseinsatz, E.S. an Beauftragten des Gauleiters in München, 14.1.1943, Nachlass E.S.

348 StAM Staatsanwaltschaft 29.499/4.

349 Gruchmann 2001, 184.

350 Kuller 2004, 189 f. Der hinzuzurechnende Raub an ausländischen Wertpapieren, Kunstgegenständen, Schmuck, Grundstücken, den der Reichsfiskus verwertete, konnte nach 1945 nicht mehr exakt ermittelt werden.

351 Gruchmann 2001, 182. – Göppinger 1990, 96.

352 Selig 1983, 109. – Bei Weber 2006, 141, wird für das Jahr 1938/39 auch der Konsulent Dr. Hans Silberschmidt genannt, der am 4.4.1942 deportiert und ermordet wurde.

353 Gruchmann 2001, 184.

354 Ostler 1971, 276.

355 Brief H. Bloch an „Oberst" (genauer Adressat unbekannt) vom 9.8.1933, zitiert nach Strangmann 2014, 256.

356 Strangmann 2014, 258.

357 Weber 2006, 143.

358 Ebenda, 220–269.

359 Ebenda, 248.

360 StadtAM, JUD-V 172/8 Nachlass O. Maron.

361 Ebenda. Zu Maron, dessen Wege sich auch nach dem Krieg mit denen von Ernst Seidenberger kreuzten: Weber 2006, 245. – http://rak-muenchen.de/fileadmin/downloads/06-Mitgliederservice/04-Mitteilungsblatt%20Newsletter/02-Newsletter/2014/04-2014/Maron.pdf, abgerufen am 20.10.2016.

362 BayHStA, LEA 34336, Dr. Seidenberger.

363 StadtAM, JUD-V 172/8, Nachlass O. Maron, Maron an RRAK, 10.5.1944.

364 Antrag E.S. an den Beauftragten des Gauleiters in München vom 14.1.1943, Nachlass E.S.

365 Vgl. auch Weber 2006, 144.

366 Die folgenden Zitate aus der „Sicherungsanordnung" nach Selig 1983, 77 f.

367 OFP an E.S., 7.11.1939, Nachlass E.S.

368 E.S. an OFP München, 18.11.1939, Nachlass E.S.

369 OFP an E.S., 5.12.1939, diesmal an die Promenadestraße 15 adressiert, Nachlass E.S.

370 OFP an E.S., 7.3.1940, Nachlass E.S.

371 E.S. an OFP, 2.4.1940, Nachlass E.S.

372 OFP an E.S., 9.4.1940, Nachlass E.S.

373 E.S. an OFP, 3.5.1940, Nachlass E.S.

374 OFP an E.S., 6.5.1940, Nachlass E.S.

375 Ab Februar 1938 wurde Juden im Einkommenssteuerrecht die Kinderermäßigung abgesprochen. Ab 1939 wurden jüdische Eheleute vom Verheirateten-Tarif ausgeschlossen und grundsätzlich in die höchste Steuerklasse eingestuft.

376 StAM, FinA, 19032, Steuerakte.

377 „Tätigkeits- und Abschlussbericht" der „Arisierungsstelle" bei der Gauleitung München-Oberbayern zum 30.6.1943, zitiert nach Hanke 1967, 286.

378 Ophir; Wiesemann 1982, 483.

379 Die Firma „August u. Rudolf Kammerer Telefon- und Apparatebau GmbH" hatte ihren Firmensitz in München, Tassiloplatz 6. Ab 1952 lässt sich die Firma unter diesem Namen nicht mehr in den Stadtadressbüchern nachweisen. Laut Handelsregister (HRB) vom 14.12.1956 wurde die Gesellschaft aufgelöst, Auskunft StadtAM vom 22.05.2017.

380 Im nächsten Kapitel wird davon berichtet, dass auch unsere „halbjüdischen" Verwandten, Tante Gretel und ihr Mann, Onkel Kurt, der jüngste Bruder unseres Vaters, 1944 zur Zwangsarbeit verpflichtet wurden.

381 Hanke 1967, 287.

382 StAM, SpKA, K 833 (Kammerer, August; Kammerer, Rudolf), ZA Neuland. Auch andere Überlebende beschuldigten die NSDAP- und SA-Mitglieder Kammerer einer eher regimetreuen Haltung, bis hin zur Misshandlung in einzelnen Fällen. ZA z.T. o. D.

383 Ebenda, ZA Schülein, 5.10.1946.

384 Ebenda, ZA Maria D., 7.2.1946.

385 Ebenda, ZA Schülein, 5.10.1946.

386 StAM, SpKA, K 833 (Kammerer, August; Kammerer, Rudolf), SpK-Beschluss vom 24.6.1948.

387 Ebenda, ZA Schülein, 5.10.1946.

Dr. Benno Schülein (1883–1957), seit 1913 Rechtsanwalt in München, 1938 Entzug der Zulassung, „Schutzhaft" im KZ Dachau, Arbeitseinsatz bei Kammerer, von wo er, wie beschrieben, vor seiner geplanten Deportation fliehen und untertauchen konnte. Nach dem Krieg gründete er einen Nothilfefonds für hilfsbedürftige Kollegen oder deren Witwen. Vgl. Heinrich 1979, 213–215. – Weber 2006, 191–193. Mit Ernst Seidenberger war er, das belegt die Korrespondenz, freundschaftlich verbunden. 1947 war er der Scheidungsanwalt unseres Vaters, der in zweiter Ehe unsere Mutter, die Tochter des Rechtsanwaltskollegen Seidenberger heiratete.

388 Ebenda, ZA Schülein, 8.12.1947.

389 StAM, SpKA, K 833 (Kammerer, August; Kammerer, Rudolf), SpK München VI vom 2.4.1949.

390 StAM, SpKA, K 833 (Kammerer, August; Kammerer, Rudolf), RA B. Schülein an Berufungskammer München, 13.12.1946.

391 Lohntüten im Nachlass E.S.

392 BHStA, LEA 34336, Entschädigungsakt Dr. Seidenberger.

393 Hanke 1967, 287.

394 Antrag E.S. an den Beauftragten des Gauleiters in München vom 14.1.1943, Nachlass E.S.

395 Zitiert nach Friedländer 1998,189 f.

396 Heusler 1998, 175.

397 StAM, Stanw. 29.499/3. Das Merkblatt bezieht sich im Wesentlichen auf die „Polizeiverordnung über die Kennzeichnung der Juden vom 1. September 1941".

398 Klemperer 1999, 63, Eintragung vom 11.4.1942.

399 Friedländer 2016, 121 und 317.

400 Mitteilung der IKG München vom 24.9.1941, zitiert nach Selig 1983, 190.

401 Münchner Ehrengericht gegen RA Stiefel, 1936, zitiert nach Weber 2006, 107; vgl. Weber 2012, 95.

402 Vgl. das Kapitel „Neuanfang nach 1945".

403 Zum Hintergrund der mit Frau Lesser geteilten Wohnung in der Elisabethstraße 31 vgl. das Kapitel „Neuanfang nach 1945". In der Elisabethstraße 26 befand sich zeitweise auch der Georg-Mueller-Verlag, mit dem Ernst Seidenberger in seiner Zeit als Syndikus für

den Schutzverband häufig zu tun hatte; möglich also, dass der Verlag bei der zunehmend schwierigeren Wohnungssuche behilflich war. Wenige Häuser entfernt, in der Elisabethstraße 23, wohnte in den 1920er Jahren die spätere Frau von Hans Frank, der unter der Nazidiktatur zunächst bayerischer Justizminister, später Generalgouverneur im besetzten Polen war und im Nürnberger Kriegsverbrecherprozess 1946 hingerichtet wurde.

404 Heute Wittelsbacher Platz 6. Wohn- und Kanzleiadressen: StadtAM, Stadtadressbücher.

405 Heute Kardinal-Faulhaber-Straße.

406 BayHStA, LEA 34336, E. Seidenberger, Anlage zu Antrag 13485 E, Schaden im wirtschaftlichen Fortkommen, o. D.

407 Dr. Steigerwald (1900–1966), seit 1937 NSDAP-Mitglied, SA-Scharführer 1934–1940. Er war ein Freund der Familie und der Hausbesitzer in der Berliner Straße 1, wo Clara Seidenberger und ihre Töchter nach der Ausbombung der Leopoldstraße 108 und der Vater nach seiner Rückkehr aus Theresienstadt wohnten.

408 Zitiert nach Friedländer 2013, 209.

409 Behrend-Rosenfeld 1988, 78.

410 Die Adresse wird mehrmals erwähnt, zuletzt auf der Meldedatei im Staatlichen Zentralarchiv Prag, wo die in Theresienstadt Inhaftierten erfasst wurden. Der Wohnort von Ernst Seidenberger vom 22.12.1944–31.1.1945 wird auch bestätigt durch die hilfreiche Auskunft von Herrn Heusler, StadtAM, Mail vom 10.03.2016.

411 Strnad 2011, 162.

412 Friedländer 2013, 169.

413 Zitiert nach Friedländer 2013, 24. – Vgl. auch Weber 2012, 97.

414 StadtAM, JUD-V 172/8, Nachlass O. Maron, Konsulent.

415 Heusler 1998, 139.

416 Ebenda, 175. – Kaplan 2003, 447.

417 Friedländer 1998, 340. – Hanke 1967, 182.

418 Haffner 2000, 215.

419 Klemperer 1999, Eintragung vom 7.2.1935, 10 und 10.12.1940, 60.

420 Renate Harprecht, „Mein Vater sagte: Was soll ich in Amerika? Ich bin Rechtsanwalt!“, SPIEGEL 5/2015, 54.

421 Weber 2006, 149.

422 Feuchtwanger 1999, 201.

423 Rundschreiben der IKG München vom 24.4.1940, zitiert nach Selig 2001, 46.

424 Ebenda, 253.

425 Baumann; Heusler 2004, 98.

426 Ebenda, 186. Die „Reichsfluchtsteuer“ war die nationalsozialistische Modifizierung der von der Regierung Brüning bereits 1931 eingeführten „Kapitalfluchtsteuer“, die sich auf Vermögen ab 200 000 RM bezog.

427 Drecoll 2008, 130.

428 Mußgnug 1953, 51.

429 www.spiegel.de/einestages/exil-in-der-karibik-a-948627.html, abgerufen am 22.04.2017.

430 Göppinger 1990, 100 f.

431 Klemperer 1999, 185 f.

432 Zitiert nach Susmann 1982, 358.

433 E.S. an Töchter 1939, Nachlass E.S.

434 Zur Verhaftung siehe auch Kasberger 2010, 217.

435 Liste im Nachlass E.S.

436 RRAK an E.S., 6.1.1945, Nachlass E.S.

437 Strnad 2011, 135. – Hanke 1967, 294.

438 Hanke 1967, 296. – StadtAM, Nachlass Michael Meister, „Tätigkeits- und Abschlussbericht" der „Arisierungsstelle" bei der Gauleitung München-Oberbayern zum 30.6.1943 (Abschrift).

439 E.S. an Clara Seidenberger, wahrscheinlich 19.2.1945, Datum schwer lesbar, Nachlass E.S.

440 „Futter" wurde der Großvater in seiner Familie genannt. E.S. an Töchter, 20.2.1945, Nachlass E.S.

441 BayHStA, LEA 34336, Entschädigungsakte, ZA Dr. Seidenberger, 30.12.1947.

442 Die in diesem Kapitel zitierten tagebuchähnlichen Stichworte entstammen den auf einem kleinen Block aufgezeichneten Notizen aus Theresienstadt, Nachlass E.S.

443 In einem späteren Schreiben vom 9.8.1947 an die Berufungskammer charakterisiert Ernst Seidenberger das Benehmen Grimms als „hämisch und zynisch", StAM, SpkA, K 558 Grimm Gerhard.

444 Vgl. das Kapitel „Neuanfang."

445 Hier irrt Ernst Seidenberger, es handelt sich um Moosach. Vgl. auch seine weiteren Ausführungen. Das Lager in Moosburg an der Isar war ein Kriegsgefangenenlager.

446 StAM Staatsanwaltschaften 29.499/2. Siehe auch: E.S. an die Berufungskammer für München, Abt. Ermittlung, vom 9.8.1947, Nachlass E.S.

447 E.S. o. Adresse, 13.2.1945, Nachlass E.S.

448 Anordnung Himmlers über die Errichtung von AEL, Mai 1941, zitiert nach Heusler 1991, 108.

449 Gestapo München an AG München, Gerichtsvollzieherei, 21.2.1945, Nachlass E.S.

450 Nach einer anderen Quelle (StAM, OFD München 9521) wurde durch Verfügung der Gestapo vom 21.02.1945, dem Tag der Deportation nach Theresienstadt, auf dem Konto der Dresdner Bank ein Guthaben in Höhe von 1922,86 RM eingezogen. Als Adresse nannte die OFD erneut die nicht existente Johann-von-Werth-Straße 25. Vielleicht diente die fiktive Adresse auch der Verschleierung des Diebstahls durch den Gestapo-Mann Grimm; denn es könnte sich bei diesem Betrag um die ca. 1800 RM gehandelt haben, die unser Großvater in mehreren Schreiben erwähnte und die sich Grimm bei der Verhaftung aneignete: Vgl. StaAM, OFD München, 9521 Az 0 5205, B III 1266, E.S. an OFP. – Kasberger 2010, 217.

451 Diesen Hinweis verdanke ich Herrn Heusler, StadtAM. Es gab zwei jüdische Rechtsanwälte und einen jüdischen Arzt, die in der Johann-von-Werth-Straße 2 bzw. 4 wohnten. Eine Nummer 25 gab es nicht.

452 StAM, OFD München 9521, FA München West an OFP München, 7.4.1945, Feststellung des einzuziehenden Vermögens des Ernst Israel Seidenberger, zuletzt wohnhaft München, Johann-von-Werthstraße 25.

453 RRAK an E.S., 1.3.1945, Nachlass E.S.

454 OG-Präsident an E.S., 28.3.1945, Nachlass E.S. Ise Seidenberger, die nach der Befreiung als Sekretärin bei ihrem Vater in der Kanzlei arbeitete, datierte den Eingang des Schreibens auf den 16.4.1945. Der Rückzugsort des OG-Präsidenten ergibt sich aus Absender und Poststempel.

455 StAM, OFD München 9521, FA München-West an OFP, 7.4.1945, Feststellung des einzuziehenden Vermögens des Ernst Israel Seidenberger, zuletzt wohnhaft München, Johann-von-Werth-Straße 25.

456 StAM, OFD München 9521, OFD München, Bearbeitungs-Laufzettel Nr.1 vom 16.3.1945 und Erledigungsvermerk vom 11.7.1945.

457 StAM SpKA K 558 Grimm Gerhard, E.S. an OFP München, 17.7.1945.

458 ZA Seidenberger in der gerichtlichen Voruntersuchung gegen Pfeuffer, Johann und 15 andere, E.S. an Untersuchungsrichter beim LG München I vom 17.5.1951, Nachlass E.S. Mit Urteilsspruch vom 16.03.1948 wurde Fahlbusch dank entlastender ZA als „Minderbelasteter" eingestuft. U. a. habe er sich als Gestapo-Begleiter des Transports II/35 menschlich gezeigt und die Deportierten unterwegs in ein Gasthaus einkehren lassen, siehe Schrafstetter 2015, 247. Nach eineinhalbjähriger Internierung in Dachau wurde er entlassen.

459 Heusler 1998, 192.

460 Der Transport ist zwei Tage unterwegs, Strnad 2011, 146.

461 StAM, SpKA K 558 Gerhard Grimm, Vernehmungsprotokoll Fahlbusch, o. D.

462 München und der NS 2015, 292.

463 Heusler 1998, 188–190. – StAM Staatsanwaltschaften 29.499/5, Aus dem Beschluss der 3. Strafkammer des LG München I zu Wegner, Hans, vom 29.04.1954.

464 StAM, Staatsanwaltschaften 29.499/4. Laut Adressbuch München aus dem Jahr 1941 wohnte der OF-Präsident Christian Weissensee in der Widenmayerstraße 49/II, also just in dem Haus, in das Familie Seidenberger nach 1945 einziehen konnte. Weissensee wurde als „Alter Kampfgefährte des Führers" und überzeugter Nationalsozialist bezeichnet, der die Finanzbehörde personell und inhaltlich nationalsozialistisch ausrichtete. Siehe dazu Drecoll 2008, 169.

465 Das CIC wurde während des Zweiten Weltkrieges als polizeiähnliche Spionage-Abwehrabteilung der US-Armee gegründet, Vorgänger der Defense Intelligence Agency. Unmittelbare Aufgabe in Deutschland nach 1945 war die Fahndung nach Kriegsverbrechern.

466 E.S. an Berufungskammer München, 9.8.1947, Nachlass E.S.

467 E.S. an CIC München, 17.7.1945, Nachlass E.S.

468 StAM, Staatsanwaltschaften 29.499. E.S. äußerte sich zwischen 1945 und 1951 mehrmals gegenüber Spruchkammern, Anklagebehörden und OFD zu Grimm. Vgl. E.S. an Polizei-Revier IV, München, 25.6.1948, Nachlass E.S. Eine detaillierte Aufzählung der entwendeten Gegenstände siehe Kapitel über Wiedergutmachung.

469 Kasberger 2010, 214.

470 StAM, SpkA K 558 Grimm Gerhard, Protokoll der Öffentl. Sitzung am 14.1.1949.

471 StAM, SpkA K 558 Grimm Gerhard, o. D.

472 StAM, SpkA, K 558 Grimm Gerhard, o. D.

473 StAM, Stanw 29.499/6, GeneralStanw. an OStanw. München vom 9.3.1953 (Entwurf).

474 StAM, SpKA, K 558 Grimm Gerhard, undatierter Ermittlungsbericht, ZA Anna Wimmer. Dort auch die folgenden undatierten ZA von Karl Steinhäuser und Ingeborg Reifenberg.

475 StAM, SpKA K 558 Grimm Gerhard, Eidesstattliche Erklärung zum Spruchkammerverfahren gegen Grimm, ZA Gerhard Schwalb, 1.7.1947.

476 Kasberger 2010, 215.

477 StAM, SpKA, K 558 Grimm Gerhard, Eidesstattliche Erklärung zum Spruchkammerverfahren gegen Grimm, ZA Kurt Kahn, 24.6.1947.

478 StAM, K 558, Grimm Gerhard.

479 StAM, SpKA, K 558 Grimm Gerhard, Ernst Seidenberger an die Berufungskammer München, 9.8.1947.

480 StAM, SpKA, K 558 Grimm Gerhard, ZA Markus Kaier, Nachbar von Grimm, 11.6.1947.

481 StAM, SpKA, K 558 Grimm Gerhard, T. Koronczyk, Bericht an CIC vom 31.5.1945. In dieser Akte finden sich auch weitere Beispiele für Grimms Unterschlagungen.

482 StAM, SpKA, K 558, Grimm Gerhard.

483 Gerhard Grimm vor Gericht 1948, zitiert nach Kasberger 2010, 224.

484 Benannt nach Art. 131 Grundgesetz.

485 StAM Stanw 29.499/4, Erwiderung Holl in der Strafsache gegen Oswald Schäfer u. 6 andere, LG München vom 7.5.1953. Das vorliegende Plädoyer erhält noch eine zusätzliche zynische Note, wenn man sich den folgenden, bei Strnad geschilderten Sachverhalt verdeutlicht: „Da Theresienstadt zum ‚Reichsgebiet' gehörte, konnte das Vermögen der dorthin deportierten Juden nicht aufgrund der 11. VO zum Reichsbürgergesetz eingezogen werden. Um den Juden dennoch auf pseudolegale Art ihr Vermögen rauben zu können, wurden sie kurzerhand zu „Staatsfeinden' erklärt. Durch die VO über die Behandlung feindlichen Vermögens war das Oberfinanzpräsidium nun zur Einziehung des Vermögens der Juden zugunsten des Reiches legitimiert. Da auch Auschwitz zum Reichsgebiet gehörte, kam bei den späteren Deportationen dorthin dieselbe Methode zum Einsatz. (...) (Auf diese Weise wird zum Beispiel) der nur drei Jahre alte Judis Weissblüth als Staatsfeind abgestempelt." Strnad 2011, 129 f.

486 Reinhard Heydrich, Chef des RSHA am 20.1.1942 bei der Besprechung über die Endlösung der Judenfrage" auf der Wannsee-Konferenz, zitiert nach Benz 2013, 35.

487 Ebd., Benz 2013, 35–42, 205.

488 Behrend-Rosenfeld 1988,165 f.

489 Klemperer 1999, 160 f., Eintragung vom 9.7.1942.

490 http://www.statistik-des-holocaust.de/list_ger_bay_43t.html, abgerufen 20.2.1016. – Strnad 2011, 145. – Friedländer 2013, 441

491 Zitiert nach Friedländer 2006, 473.

492 Springmann; Schellenbacher, 2007, 211–225, hier: 224 f.

493 Roubícková 2007, 198–200.

494 http://www.statistik-des-holocaust.de/II35-SE.jpg, abgerufen am 20.2.2016. Transportnummer 1390-II/35.

495 Gespräch des Autors mit Ernst Grube und Helga Hanusa am 4.5.2016; Ernst Grube berichtet heute in Schulen und auf Veranstaltungen von seinen Erfahrungen während der NS-Diktatur.

496 Gespräch mit Ernst Grube 4.5.2016. – Strnad 2011, 146.

497 Einige Passagen waren schwer oder nicht leserlich. Grammatikalische oder orthografische Korrekturen wurden nur vorgenommen, soweit dies zur besseren Verständlichkeit notwendig war.

498 Jodhaltiges Medikament zur Behandlung der Schilddrüse, seit 1989 nicht mehr hergestellt.

499 E.S., Bleistiftnotiz auf Papier, Nachlass E.S. Vgl. auch das Kapitel „Annäherungen".

500 Im Juli 1943 ließ der neue Lagerkommandant Burger die Kennzeichnung der Straßen und Häuser mit Buchstaben und Ziffern durch die Wiedereinführung von Straßennamen ersetzen. Die Bahnhofstraße firmierte vorher als „L2". Vgl. Benz 2013, 21 u. 65.

501 Die Bücher wurden dem Museum der Gedenkstätte in Theresienstadt übergeben.

502 Bibliothekar Dr. Hugo Friedmann, zitiert nach Benz 2013, 106 und 107. www.ghetto-theresienstadt.info, abgerufen am 21.11.2016.

503 Friedländer 2013, 438.

504 Benz 2013, 198 f.

505 Gemeint ist die zweite „Verschönerungsaktion" in Theresienstadt zum Eintreffen der Kommission des Roten Kreuzes am 6.4.1945. Vgl. Roubicková 2007, 235.

506 Roubicková 2007, 202–204.

507 Erbrich 2014, 50 f.

508 Im Original in Klammern gesetzt, wahrscheinlich als nachträgliche Korrektur hinzugefügt. Der Abzug der SS fand nicht am 3.5., sondern erst am 5.5.1945 statt.

509 SS-Obersturmbannführer, ab 8.2.1944 letzter Kommandant von Theresienstadt, am 30.4.1947 hingerichtet.

510 Rabbiner der IKG Wien, letzter „Judenältester" in Theresienstadt, 1989 in Rom gestorben.

511 Interview mit Edith Erbrich am 6.4.2016. – Erbrich 2014, 53.

512 Friedländer 2013, 438. – Auch Wolfgang Benz äußert die Vermutung, dass in letzter Minute noch eine Gaskammer errichtet werden sollte, Benz 2013, 198.

513 Persönliches Gespräch mit E. Grube am 4.5.2016.

514 Persönliches Gespräch mit E. Erbrich am 6.04.2016.

515 Spies 1984, 90.

516 Benz 2013, 204 und 269.

517 An dieser Stelle Einzeichnung eines gemalten Hakenkreuzes, eventuell, um zu verdeutlichen. dass es sich bei den „Kriegsgefangenen" um inhaftierte Nationalsozialisten handelte. Aufzeichnungen für den folgenden Tag nicht zu entziffern.

518 Spies 1984, 90 f.

519 Erbrich 2014, 41 f.

520 „Märchen" von K. Fleischmann, zitiert nach W. Benz 2013, 226.

521 Kaplan 2003, 242 und 245 f.

522 Nicht aus „Kleinlaupheim", wie es irrtümlich im Biografischen Gedenkbuch der Münchner Juden heißt. Zu Familie Rosenmann: StadtAM PMB S 374.

523 Fischer 2014, 20 f.

524 http://www.jüdische-gemeinden.de/index.php/gemeinden/k-l/1071-kleinlangheim-unterfranken-bayern (abgerufen am 9.9.2018).

525 Herta Rosenmann, Tochter des ermordeten Walter Rosenmann, erwähnt in ihrem Brief an George Wald vom 20.9.1991 („Diagramm of the ancestors"), dass Johanna neben ihren Großeltern Doris und Götz auf dem Alten Jüdischen Friedhof in der Thalkirchner Straße in München bestattet sei. Herta erinnert sich: „When we were children we went often with our father on Sundays to their graves." Im Register des jüdischen Bezirksfriedhofs Rödelsee (Kleinlangheim) wird darüber hinaus eine Kinderbestattung „Kind des Götz Rosenmann" erwähnt. Dort dürften die beiden verstorbenen Geschwister ruhen. Den Hinweis gab Monika Conrad.

526 StadtAM, PMB S 374, Götz Rosenmann und Doris, geb. Muhr. Siehe dort auch Jakob Rosenmann, der 1893 das Heimatrecht in München erwarb. Jakob war wie der Vater von Beruf „Charcutier", dann aber wohl in anderen Branchen tätig. Das im Jahre 1991 von Herta erstellte Familiendiagramm bestätigt, dass Doris und Götz 1886 zusammen nach München zogen. Herta Rosenmann an George Wald, 30.9.1991, Original in Privatbesitz Elijah Wald.

527 Fischer 2014, 79 f.

528 Kaplan 2003, 285 f.

529 Unser Vater Heinz und unser Onkel Kurt betrieben nach dem Krieg in der Klugstraße 21 ihr erstes gemeinsames Wirtschaftsprüferbüro. Ihre Eltern Caroline und August Neumaier wohnten bis zum Tod des Großvaters am 1.6.1954 unter dieser Adresse. Ende 1970 wurden die Brauereigebäude abgerissen.

530 Vgl. das Kapitel „Annäherungen."

531 Fischer 2014, 187.

532 Fischer 2014, 201.

533 Laura Hahn – unser Vater nennt sie in einem Brief an seinen Cousin George „Tante Laura" – arbeitete im jüdischen Krankenhaus in München. Sie wurde 1942 nach Theresienstadt deportiert und 1943 in Auschwitz ermordet. Ihre Schwestern Jutta und Sophie wurden ein Jahr später dort ermordet. Der Bruder Simon und seine Frau Rosa wurden nach Izbica (Polen) deportiert. Zwei weitere Schwestern Jeannette und Ernestine wurden in Maly Trostinec (Minsk), drei Kinder der nächsten Generation dort und in Bergen-Belsen umgebracht.

Herta Rosenmann an George Wald, 30.9.1991, in Privatbesitz Elijah Wald. – H.N. an G.W., 13.12.1945, in Privatbesitz. –https://www.bundesarchiv.de/gedenkbuch/de831852, abgerufen am 20.11.2017 und 13.8.2018.

534 Vgl. das Kapitel „Annäherungen."

535 Die Passagierlisten der US-Einwanderungsbehörde bestätigen als Herkunftsort München.

536 Brief H.N. an G.W., 8.9.1933, in Privatbesitz. Siehe auch das Kapitel „Annäherungen".

537 Jack Rosenmann, „Family History-Rosenmann", Jack Rosenmann an Elijah Wald o. D., Original in Besitz von Elijah Wald. Nach dieser Zusammenfassung von Jack, des Enkels von Jakob Rosenmann sollen Jakob und seine Kinder in Burghaslach geboren sein. Für die Kinder trifft das laut Auskunft der Gemeinde Burghaslach zu. Bei Jakob verweisen die Dokumente auf den Geburtsort Kleinlangheim.

538 Gerhard kehrte mit seiner Frau Pauline im August 1962 von Johannesburg nach Nürnberg zurück, wo sie bis zum Tode von Pauline 1978 lebten. Anschließend verlegte Gerhard seinen Wohnsitz wieder nach Südafrika. Die Geschwister Doreen und Jack begleiteten die Eltern zunächst nach Nürnberg, remigrierten aber nach kurzer Zeit wieder nach Südafrika bzw. in die USA; StadtA Nürnberg vom 22.11.2017, Einwohnermeldekarte, Sign. C21/IX, Nr. 1333.

539 Brief H.N. an G.W., o. D., wahrscheinlich Ende 1980/Anfang 1981. Ernestines jüngerer Bruder Sigmund zog es ebenfalls nach Frankfurt. 1912 heiratete er dort die Verkäuferin Emilia Maria Ganzhorn. Beide zogen im März 1914 nach Berlin, wo Emilia 1961 starb. Sigmund soll noch vor der Nazizeit verstorben sein, ebenfalls in Berlin. Institut für Stadtgeschichte Frankfurt, Einwohnermeldekartei, Sigmund Rosenmann. Henriette (manchmal auch Jutta genannt, geboren am 4.6.1874) heiratete den gleichaltrigen Karl Wenig. Beide zogen nach Augsburg. Unser Vater erwähnte in einem seiner Briefe an George, eine „Aunt Jette" sei 1942 an einem Herzinfarkt gestorben, ihr Mann Karl sei mit der Tochter Gerty in Augsburg geblieben.

540 Nach dem Tod ihres Mannes wanderte Hedwig Rosenmann in die USA aus, wo ihr Sohn lebte. Sie soll dort in den 1980er Jahren verstorben sein. H.N. an G.W., 1981, in Privatbesitz.

541 www.statistik-des-holocaust.de/II24.jpg, abgerufen am 9.11.2017.

542 Roubicková 2007, 94, Tagebucheintragungen vom 5.1. und 10.5.1942.

543 Else Behrend-Rosenfeld 1988, 99.

544 Strnad 2011, 120 ff.

545 Ebenda, 110. – www.statistik-des-holocaust.de, abgerufen am 24.3.2016.

546 Ausführlich in: „Die Ermordung der Regensburger Juden", www.regensburg-digital.de, abgerufen am 24.8.2016.

547 Ebenda.

548 Zitiert nach Heusler 1998, 190 f.

549 StadtAM (Hg.), Biografisches Gedenkbuch der Münchner Juden, http://www.bundesarchiv.de/gedenkbuch/de952990, abgerufen am 1.9.2016.

550 Strnad 2011, 122.

551 Brief H.N. an G.W., 13.12.1945 und 19.9.1946, in Privatbesitz.

552 Biografisches Gedenkbuch der Münchner Juden. – http://db.yadvashem.org/deportation/nameDetails.html, abgerufen am 1.9.2016. Dort auch die folgenden Informationen zu Wilhelm Rosenmann.

553 Die Textilhändler waren in München die dominante Berufsgruppe unter den jüdischen Erwerbstätigen, Drecoll 2008, 268.

554 Vgl. zum Beispiel Brief H.N. an G.W., 04.05.1945 und mehrere Briefe von Kurt an Gretl Neumaier, in Privatbesitz.

555 Brief Herta Rosenmann an George Wald, 22.4.1991, in Privatbesitz von Elijah Wald.

556 Vgl. auch Heydt 2010, 69.

557 Bereits im März 1944 hatte der „Generalbevollmächtigte für den Arbeitseinsatz", Fritz Sauckel, die Einberufung von „Mischlingen" zur Zwangsarbeit bei der Organisation Todt angeordnet.

558 Tent 2007, 257 f.

559 StAM, SpkA, K 558, Grimm Gerhard, Schutzschrift des Gerhard Grimm und Anhang, beides undatiert. Am 10.7.1948 schickte Grimm ein Gnadengesuch an den bayerischen Ministerpräsidenten Ehard, dem er Schutzschrift und Anhang anheftete. Wahrscheinlich stammen die Schriftstücke aus den Spruchkammerverfahren 1947.

560 Die Briefe meines Onkels Kurt Neumaier an seine Frau Gretl umfassen den Zeitraum von Juli 1937 bis Februar 1945. Aus Tiefenort, später Abteroda, wo Kurt von Oktober 1944 bis Februar 1945 Zwangsarbeit ableisten musste, schrieb er täglich, manchmal mehrmals täglich. Die hochinteressanten Schilderungen aus dem OT-Lager Tiefenort über die Ernährungs-, Arbeits- und Lohnbedingungen, seine Befürchtungen und Hoffnungen, die aus den uns überlieferten Briefen deutlich werden, können an dieser Stelle nicht ausführlich gewürdigt werden. Briefe in Privatbesitz.

561 „Gestellungsanordnung" der Gestapo an Kurt Neumaier vom 20.10.1944, in Privatbesitz.

562 StAM, Staatsanwaltschaften 29499/4, Aussage des Gestapobeamten im „Judenreferat" Franz Veh, Internierungslager Moosburg vom 21.8.1947.

563 Kurt an Gretl Neumaier, 22.10.1944, Briefe in Privatbesitz.

564 Gretl Neumaier korrigierte den Artikel mit einem angehefteten, handschriftlich verfassten Zettel: „Die Leute waren nicht in einem Theatersaal untergebracht, sondern in einer Turnhalle."

565 „Wir sind schlichtweg vergessen worden" – Auch Deutsche mussten im Dritten Reich Zwangsarbeit leisten", Süddeutsche Zeitung vom 5.3. 2003, S. 51.

566 Kurt an Gretl Neumaier, 20.12.1944, Briefe in Privatbesitz.

567 Kurt an Gretl Neumaier, Telegramm o. Datum, in Privatbesitz.

568 Brief Kurt Neumaier an Gretl Neumaier, 14.1.1944, in Privatbesitz.

569 Jack Rosenmann an Elijah Wald o. D., Original in Besitz Elijah Wald.

570 StadtAM, Wohlfahrt 4630, Josef Schwed.

571 Weber 2012, 96.

572 „Bobby" war der Kosename in Familie Seidenberger für unsere Mutter Inge. Briefe Familie Seidenberger an E.S., Theresienstadt, 16.6.1945, in Privatbesitz.

573 Auslassungen im Brief gekürzt oder nicht leserlich.

574 Alle Zitate: StadtA München, Wohlfahrt 4630.

575 Vgl. das Kapitel „Annäherungen".

576 Fischer-Weppler trat am 1.11.1948 aus der Geschäftsführung des BHW zurück, um sich wieder früheren beruflichen Aufgaben in seiner Gemüsefirma zu widmen. Sein Nachfolger wurde Heinz Meier.

577 Siehe Transportliste II/35 in: http://www.statistik-des-holocaust.de/list_ger_bay_43t.html, abgerufen am 20.2.1016.

578 StadtAM, Wohlfahrt 4630, Minni Vrieslander, Entwurf und Rede im Bayerischen Rundfunk, Juli 1945. Vor der zweiten Rückholung der Inhaftierten aus Theresienstadt – einige dringend benötigte Ärztinnen, Ärzte und Krankenschwestern sollten dort zunächst noch verbleiben – sollte der Leiter des Wohlfahrtsamtes einen kurzen Vortrag im Rundfunk zum ersten Rücktransport halten. „Ich habe dies abgelehnt mit der Begründung, dass (...) dies eigentlich einem Theresienstädter überlassen bleiben müsse (...) Wir einigten uns dahingehend, Herrn Justizrat Dr. Ernst Seidenberger in Vorschlag zu bringen oder eine Journalistin hinzu zu ziehen." Letztlich hielt dann Minni Vrieslander diese beeindruckende Rundfunkrede.

579 Süddeutsche Zeitung vom 18./19.6.1955, ohne Seitenangabe.

580 StadtAM, Wohlfahrt 4630, Minni Vrieslander, Entwurf und Rede im Bayrischen Rundfunk, Juli 1945.

581 Gerty Spies, SZ vom 18./19.6.1955, o.S.

582 StadtAM, Wohlfahrt 4630.

583 BayHStA, LEA 34336 Dr. Seidenberger.

584 StadtAM, Wohlfahrt 4630.

585 Frank 1987, 71 f.

586 Spies1982, 318.

587 Strnad 2011, 146.

588 Heusler 1998, 192–194. Von den zu Beginn des Jahres 1933 in Deutschland lebenden ca. 550 000 Juden konnten 300 000 auswandern. Etwa 150 000 wurden deportiert, von denen zwei Drittel ermordet wurden. Nach der Befreiung gab es in Deutschland nur noch ca. 20 000 deutsche Juden. Nach Aden-Grossmann 2008, 189.

589 StAM, FinA, 19032 Steuerakte Seidenberger.

590 StAM, FinA, 19032 Steuerakte, E.S. an Finanzamt, 5.10.1945.

591 Dr. Karl Scharnagel an E.S., 10. August 1945, Nachlass E.S. Zu Scharnagel, vgl. das Kapitel „Rückkehr nach München".

592 Heinrich 1979, 178 f. und 209.

593 Eidesurkunde (Kopie) vom 25.8.1945, Nachlass E.S.

594 Der Spiegel vom 31.7.1995, 42.

595 Schattenhofer 1980, 99.

596 Zitiert nach ebenda, 55. Abbildung in: München und der Nationalsozialismus, 306.

597 Zitiert nach Large 2001, 446.

598 Zitiert nach Large 2001, 443.

599 Benz, Mihok 2016, 40 und 55. Am 28.2.1957, also erst 12 Jahre nach seiner Einrichtung, verließen die letzten Bewohner das DP-Lager Föhrenwald im Großraum München.

600 Wetzel, 341. Als die Süddeutsche Zeitung im August 1949 den antisemitischen Leserbrief Adolf Bleibtreus veröffentlichte, kam es zu regelrechten Straßenschlachten in der Möhlstraße zwischen jüdischen Demonstranten und der Polizei, die von der Schusswaffe Gebrauch machte. Darüber zuletzt: „Wiederholte antijüdische Hetze", Süddeutsche Zeitung vom 9.4.2018, 38.

601 Der Spiegel vom 13.7., 20.7. und 1.11.1950; auch die folgenden Zitate aus dieser Quelle.

602 1936/37 erbaute NS-Siedlung, 1945 durch die US-Armee beschlagnahmt und als DP-Lager eingerichtet. Die ursprünglichen Bewohner wurden umgesiedelt und durften erst 1949 zurückkehren.

603 Zitiert nach Bauer; Brenner 2006, 204.

604 Zitiert nach Winstel 2006, 363.

605 Benz; Mihok 2016, 57.

606 Ebenda, 36.

607 Zitiert nach Large 2001, 442.

608 E.S. an Oberkommando der Militärregierung für Bayern, 17.7.1945, Nachlass E.S.

609 E.S. an Frau H. Schulz, Agnesstraße14, 21.8.45, Nachlass E.S.

610 Frau Lesser lebte laut StadtAM in einer Fünf-Zimmer-Wohnung, der Mietpreis lag bei 160 RM. Die gemeinsam genutzte Wohnung wird auch bestätigt durch ein Schreiben des OFP an E.S. vom 6.4.1940, das an Ernst Seidenberger adressiert ist: „Elisabethstraße 31 b. Lesser". Das Schreiben befindet sich im Nachlass E.S. Frau Lesser zog aus der Elisabethstraße in die Seestraße 3. 1942 wurde sie in den Durchgangslagern in der Knorrstraße 148 und in der Clemens-August-Straße 9 inhaftiert. Von dort erfolgte 1942 die Deportation.

611 „VO zur Änderung und Ergänzung über Mietverhältnisse mit Juden" vom 10.9.1940, RGBl I, 1235, Hanke 1967, 280.

612 E.S. an Wirtschaftsamt der Landeshauptstadt München, 25.9.1945, Nachlass E.S.

613 BayHStA, LEA 34336, Entschädigungsakte Dr. Seidenberger.

614 Heinrich 1979, 215.

615 Heinrich 1979, 216.

616 Dokument im Nachlass E.S..

617 Zitiert nach Winstel 2006, 168. Auf die gesetzlichen Grundlagen und Ausführungsbestimmungen, die Entschädigung und Wiedergutmachung regelten – zunächst in den alliierten Besatzungszonen, dann auf Länderebene, schließlich im September 1953 im „Bundes-Ergänzungsgesetz zur Entschädigung für Opfer der nationalsozialistischen Verfolgung" und ab Mai 1956 im „Bundesentschädigungsgesetz", das wiederum 1965 ergänzt wurde – kann an dieser Stelle nicht eingegangen werden. – Vgl. dazu Wetzel 1987, 63–67.

618 Winstel 2006, 81. Philipp Auerbach (1906–1952) wurde als Sohn eines jüdischen Exporteurs in Hamburg geboren. Nach 1933 mehrfach inhaftiert, Deportation nach Auschwitz,

Groß-Rosen und Buchenwald. 1946–1951 Staatskommissar für rassisch, religiös und politisch Verfolgte in München, Mitglied des Direktoriums des Zentralrats der Juden in Deutschland. 1951 Anklageerhebung. 1952 umstrittene Verurteilung wegen Vortäuschung eines Doktortitels, Meineid, Bestechung und Unterschlagung zu einer Geldstrafe in Höhe von 2700 DM und zweieinhalb Jahren Haft. Die Zusammensetzung des Gerichts war weitgehend von ehemaligen Nationalsozialisten geprägt. In der Nacht nach der Urteilsverkündung beging Auerbach Selbstmord. 1954 wurde er durch einen Untersuchungsausschuss des Bayerischen Landtags rehabilitiert.

619 Bayerische Justizverwaltung an E.S., 14.9.45, Nachlass E.S.

620 E.S. an die Bayerische Landesjustizverwaltung, 10.10.1945, Nachlass E.S.

621 Wetzel 1987, 37 f.

622 Bauer; Brenner 2006, 190 und 263.

623 Julius Spanier (1880–1959), 1942 Deportation nach Theresienstadt, Rückkehr nach München 1945. Im Sommer 2015 erinnerte im Jüdischen Museum München eine Ausstellung an den Kinderarzt und zeitweiligen Vorsitzenden der IKG Bayern.

624 BayHStA, Minn 80938, Hermann Aumer an den bayerischen Ministerpräsidenten am 1.12.1945.

625 BayHStA, Minn 80938, BHW an den Bayerischen Innenminister vom 15.7.1952.

626 Vgl. Wetzel 1987, 59–62.

627 BayHStA, Minn 80938, Weinberger an Bayerisches Innenministerium, 21.8.1952.

628 Winstel 2006, 222.

629 Bauer; Brenner 2006, 198. – Die folgenden Zitate aus: BayHStA, MInn 80938, 1. Entwurf des Antwortschreibens an das Bayerische Staatsministerium des Innern auf den Antrag des Landesverbandes der Israelitischen Kultusgemeinden in Bayern, 8.9.1952.

630 BayHStA Minn 80938, siehe FN 44.

631 BayHStA Minn 80938.

632 § 1 des Entschädigungsgesetzes, das ab 1949 die Entschädigung auf Landesebene in Bayern regelte, bevor das Bundesergänzungsgesetz und 1956 das BEG verabschiedet wurde.

633 BayHStA LEA 34336, Antrag E.S. an BLEA, 10101950. Auch die folgenden Zitate in diesem Abschnitt: BHStA LEA 34336.

634 BayHStA, LEA 34336, Anlage zu Antrag 13485 E, Schaden im wirtschaftlichen Fortkommen. Aus dem Antrag wird deutlich, wie Ernst Seidenberger die Summe von 145 000 DM errechnet.

635 BayHStA, LEA 34336. Clara Seidenberger an BLEA, 10.8.1957.

636 BayHStA, LEA 34336 nach Daten der RAK vom 15.9.1953. Einen ähnlichen Einkommensrückgang erlitt zum Beispiel auch Maron. Er verdiente von 1933 bis 1935 ca. 20 000 RM. Das Jahreseinkommen sank nach 1938 auf 5000 RM und 1945 auf 2000 RM ab: StadtAM, Judaica BN 172/4, Nachlass O. Maron.

637 Diese Bruttoausgaben wurden durch weitere Ausgabenposten reduziert. So waren zum Beispiel die Gehaltskosten des „Hilfskonsulenten" aus den eigenen Einnahmen zu finanzieren, Weber 2006, 134.

638 BayHStA, FinA 19032, Steuerakte Ernst Seidenberger.

639 BayHStA, LEA 34336, Dr. Seidenberger.

640 Durchführungs-VO über die Sühneleistung der Juden vom 21.11.38, Deutsches Reichsgesetzblatt Band 1938 Teil I, Nr. 196, Seite 1638–1640, i.d.Fssg. v. 21.11.1938.

641 E.S. an Staatskommissar Aumer, 30.7.1946, Nachlass E.S.

642 StAM, OFD München 9521, E.S. an OFP, 17.7.1945.

643 Winstel 2006, 280 f.

644 StAM, OFD München 9521. – Verfügung der Gestapo München an AG München vom 21.2.1945, Nachlass E.S. Die Verfügung der Gestapo berief sich u. a. auf das Gesetz über die Vermögenseinziehung vom 26.5.1933.

645 StAM, OFD München 9521.

646 StAM, OFD München 9521.

647 Winstel 2006, 181.

648 StAM, WB I N 6228, Clara Seidenberger an BLEA, v. 24.7.64. Formal wurde der Antrag noch von der zu dieser Zeit bereits verstorbenen Clara Seidenberger gestellt, vertreten durch Georg Ott.

649 StAM, WB I N6228, OFD München an Wiedergutmachungsbehörde I Oberbayern, 8.6.1965.

650 Vgl. dazu die Ausführungen in Kapitel fünf.

651 „§ 47 BEG – Anspruch auf Entschädigung für Freiheitsbeschränkung: (1) Der Verfolgte hat Anspruch auf Entschädigung, wenn er in der Zeit vom 30. Januar 1933 bis zum 8. Mai 1945 den Judenstern getragen oder unter menschenunwürdigen Bedingungen in der Illegalität gelebt hat." Dieses Kriterium der Entschädigung ging wesentlich auf die Initiative des jüdischen Sozialpädagogen und Juristen Berthold Simonsohn zurück, siehe Aden-Grossmann 2008, 232.

652 BayHStA, LEA 34336 Dr. Seidenberger, BLEA an E.S., 1.12.1952

653 BayHStA, LEA 34336 Dr. Seidenberger, E.S. an BLEA, 4.12.1952.

654 BayHStA, LEA 34336 Dr. Seidenberger, BLEA an E.S. 25.2.1953.

655 Grundbuch Amtsgericht Partenkirchen Band 13, 53–56, Bl. 542, Grundstück Pl. Nr.1516 und 1516 ½ . Zitate und Quelle für die folgenden Ausführungen, soweit nicht besonders gekennzeichnet: StAM, Wiedergutmachungsbehörde Oberbayern WB la 2559, E.S. an LG München I, Wiedergutmachungskammer vom 24.2.1951.

656 Winstel 2008, 351.

657 StAM, WB I a 2559, E.S. an LG München I, Wiedergutmachungskammer vom 24.2.1951.

658 StAM, WB I a 2559, E.S. an Wiedergutmachungskammer vom 4.8.1950.

659 StAM, WB I a 2559, Wiedergutmachungskammer LG München I, Öffentl. Sitzung vom 30.11.1950.

660 Alle Zitate aus Ehrungen und Briefen im Nachlass E.S. sowie Bayerisches Staatsministerium der Justiz, PA S 1880 (Ersatzpersonalakte).

661 Edmund Jonas (1898–1970), 1938 Deportation nach Dachau, ab 1942 Theresienstadt. Vor 1933 und ab 1945 Bankdirektor bei Aufhäuser. Nach dem Tod Spaniers Vorsitzender der Gesellschaft für christlich-jüdische Zusammenarbeit.

662 „Mitteilungen der Rechtsanwaltskammer im OLG-Bezirk München" vom Mai 1953.

663 Bayerisches Staatsministerium der Justiz, PA S 1880 (Ersatzpersonalakte).

664 Briefe Clara Seidenberger an I.N., 3.12.1956 und 6.12.56, in Privatbesitz.

665 Brief Clara Seidenberger an I.N., 6.12.56, in Privatbesitz.

666 Brief Clara und Ernst Seidenberger an I.N., 28.12.56, in Privatbesitz.

667 E.S. an Töchter 1936/1937, Nachlass E.S.

Quellen und Literatur

Ungedruckte Quellen

Alle schriftlichen Nachlässe von Ernst Seidenberger, Louise Seidenberger, Gretl und Kurt Neumaier, Inge und Heinz Neumaier befinden sich im Privatbesitz von Peter und Thomas Neumaier. Der Nachlass Ernst Seidenbergers wird gesondert gekennzeichnet. Alle anderen Nachlässe werden als „in Privatbesitz" bezeichnet. Der Nachlass von George Wald befindet sich in Privatbesitz von Elijah Wald.

Archive

Bayerisches Hauptstaatsarchiv (BayHStA)
Abt. IV, Kriegsarchiv
Bayerisches Staatsministerium des Innern.
Finanzministerium: Landesentschädigungsamt
Staatskanzlei
Bayerisches Staatsministerium der Justiz
Personalakten
Bundesarchiv
Reichskulturkammer
Deutsches Literaturarchiv Marbach
Briefe E.S. und Otto Ehrhart
Nachlass Manfred George
Harvard University Archives
Papers of George Wald, 1927–1997
Institut für Stadtgeschichte Frankfurt
Einwohnermeldekartei
Landesarchiv Baden-Württemberg, Abt. 4, Generallandesarchiv Karlsruhe
Kultusministerium
Marchivum
Standesamt Mannheim
Familienbogen

Marktarchiv Garmisch-Partenkirchen
Adressbücher 1951 und 1958
Markt Burghaslach
Standesamtliche Unterlagen
Münchner Stadtbibliothek, Monacensia Literaturarchiv München
Handschriften, Friedrich Ehrhart
Neues Gymnasium Nürnberg
Archiv Abschlussjahrgänge, Zeugnisse
Staatsarchiv München (StAM)
Finanzamt
Oberfinanzdirektion OFD München
Polizeidirektion München
Spruchkammerakten
Staatsanwaltschaften
Wiedergutmachungsbehörde Oberbayern
Stadtarchiv Dachau
Einwohnermeldekartei
Stadtarchiv Memmingen
Einwohnermeldekartei Meldekarteien
Stadtarchiv München (StadtAM)
Einwohnermeldekartei
Nachlass O. Maron, Ernst Bloch
Polizeimeldebögen
Standesamt München I , Standesamt München III
Sterberegister
Schulamt
Wohlfahrt
Stadtarchiv Nürnberg
Einwohnermeldekartei
Personenstandsakten
Standesamt, Grab- und Sterberegister
Stadtarchiv Schwetzingen
Großes Adressbuch des Handels-, Fabrik- und Gewerbestandes von Baden
Brandversicherungsprotokolle
Familienbögen

Staatliches Zentralarchiv Prag
Meldekarten Theresienstadt
Theresienstadt - Historische Abt. der Gedenkstätte
Transportlisten
Unterkunft

Zeitungen und Zeitschriften

Bundesrechtsanwaltskammer Mitteilungen
Der Spiegel
Der Stürmer
Die Zeit
Neuhauser Werkstattnachrichten – Historische Zeitschrift für Neuhausen, Nymphenburg und Gern
Süddeutsche Zeitung
Völkischer Beobachter

Veröffentlichte Quellen und Literatur

Adressbücher der Stadt München, div. Jahrgänge zwischen 1914–1945, o. O.

Aden-Grossmann, Wilma, Berthold Simonsohn. Biographie des jüdischen Sozialpädagogen und Juristen (1912–1978), Frankfurt 2008.

Aly, Götz, Hitlers Volksstaat, Frankfurt a.M. 2005.

Aly, Götz, Europa gegen die Juden 1880–1945, Frankfurt a.M. 2017.

Appelfeld, Aharon, Geschichte eines Lebens, Berlin 2005.

Backhaus, Fritz; Gross, Raphael; Weissberg, Liliane (Hg.), Juden. Geld. Eine Vorstellung. Begleitband zur gleichnamigen Ausstellung des jüdischen Museums, Frankfurt; New York 2013.

Baruch, Z. Ophir; Wiesemann, Falk, Geschichte und Zerstörung der jüdischen Gemeinde in München 1918–1945, in: Lamm, Hans (Hg.), Vergangene Tage – Jüdische Kultur in München, München 1982, 462–489.

Bauer, Richard; Brenner, Michael (Hg.), Jüdisches München. Vom Mittelalter bis zur Gegenwart, München 2006.

Baumann, Zygmunt, Dialektik der Ordnung. Die Moderne und der Holocaust, Hamburg 2002.

Baumann, Angelika; Heusler, Andreas (Hg.), München arisiert – Entrechtung und Enteignung der Juden in der NS-Zeit, München 2004.

Bayerisches Kriegsarchiv (Hg.), Erinnerungsblätter deutscher Regimenter – Bayerische Armee. Das königl. bayer. Landsturm-Infantrie-Bat. Wasserburg, München 1920.
Beckhardt, Lorenz S., Der Jude mit dem Hakenkreuz – Meine deutsche Familie, Berlin 2014.
Behrend-Rosenfeld, Else, Ich stand nicht allein. Leben einer Jüdin in Deutschland 1933–1944, München 1988.
Bellinger, Gerhard; Regler-Bellinger, Brigitte, Schwabings Ainmillerstraße und ihre bedeutendsten Bewohner, München 2012.
Benz, Wolfgang, Theresienstadt. Eine Geschichte von Täuschung und Vernichtung, München 2013.
Benz, Wolfgang; Mihok, Brigitte (Hg.), „Juden unerwünscht". Anfeindungen und Ausschreitungen nach dem Holocaust, Berlin 2016.
Bode, Sabine, Die vergessene Generation. Kriegskinder brechen ihr Schweigen, Stuttgart 2003.
Bollenbeck, Georg, Oskar Maria Graf, Hamburg 1985.
Decker, Gunnar, Rilkes Frauen, Leipzig 2004.
Drecoll, Axel, Der Fiskus als Verfolger. Die steuerliche Diskriminierung der Juden in Bayern 1933–1941/42, Berlin 2008.
Erbrich, Edith, Ich hab' das Lachen nicht verlernt, Ihre Lebensgeschichte – aufgezeichnet von Peter Holle, Neu-Isenburg 2014.
Feuchtwanger, Lion, Erfolg, Ausgabe in 2 Bänden, Berlin 1930.
Feuchtwanger, Martin, Zukunft ist ein blindes Spiel, Berlin 1999.
Fischer, Ernst, Der ‚Schutzverband deutscher Schriftsteller' 1909–1933; in: Archiv für die Geschichte des Buchwesens, hg. von der Historischen Kommission des Börsenvereins des Deutschen Buchhandels e.V., Frankfurt a.M., 1980, Spalte 2–666.
Fischer, Stefanie, Ökonomisches Vertrauen und antisemitische Gewalt. Jüdische Viehhändler in Mittelfranken 1919–1939, Göttingen 2014.
Fleckenstein, Jutta; Tillian-Fink, Lisa, (Hg.), Never Walk Alone – Jüdische Identitäten im Sport, erschienen zur gleichnamigen Ausstellung des Jüdischen Museums München, Berlin 2017.
Frank, Niklas, Der Vater. Eine Abrechnung, München 1987.
Frank, Niklas, Meine Deutsche Mutter, München 2005.

Fried, Amelie, Schuhhaus Pallas – Wie meine Familie sich gegen die Nazis wehrte, München 2010.
Friedländer, Max, Lebenserinnerungen des Rechtsanwaltes Max Friedländer, 1996.
Friedländer, Saul, Das Dritte Reich und die Juden, Die Jahre der Verfolgung 1933–1939, München 1998.
Friedländer, Saul, Das Dritte Reich und die Juden, Die Jahre der Vernichtung 1939–1945, München 2006.
Friedländer, Saul, Wenn die Erinnerung kommt, München 2007.
Friedländer, Saul; Kenan, Orna, Das Dritte Reich und die Juden 1933–1945, Jubiläumsedition München 2013.
Gehrig, Astrid, „Schreiben, wie mir's ums Herz ist" – Lebenswirklichkeit und Verfolgungsschicksal von Anna Hess im Spiegel ihrer Briefe 1937–1943, Münster 2017.
Gensch, Brigitte; Grabowsky, Sonja, (Hg.), Der halbe Stern. Verfolgungsgeschichte und Identitätsproblematik von Personen und Familien teiljüdischer Herkunft, Gießen 2010.
Geyer, Martin H., Verkehrte Welt. Revolution, Inflation und Moderne: München 1914–1924, Göttingen 1998.
Göppinger, Horst, Juristen jüdischer Abstammung im ‚Dritten Reich' – Entrechtung und Verfolgung, München 1990.
Graf, Oskar Maria, Wir sind Gefangene – Ein Bekenntnis, Berlin 2013.
Graf, Oskar Maria, Gelächter von Aussen, Aus meinem Leben 1918–1933, München 1966.
Graf, Oskar Maria, Das Leben meiner Mutter, Berlin 2014.
Gruchmann, Lothar, Justiz im Dritten Reich 1933–1940: Anpassung und Unterwerfung in der Ära Gürtner, München 2001.
Haffner, Sebastian, Geschichte eines Deutschen. Die Erinnerungen 1914–1933, Stuttgart; München, 2000.
Hanke, Peter, Zur Geschichte der Juden in München zwischen 1933 und 1945, München 1967.
Hasler, Eveline, Stein bedeutet Liebe – Die leidenschaftliche Begegnung der Schriftstellerin Regina Ullmann und des Psychiaters Otto Gros zur Zeit der erotischen Revolution in München 1907, München 2007.

Hecht, Ingeborg, Als unsichtbare Mauern wuchsen; eine deutsche Familie unter den Nürnberger Rassengesetzen, Hamburg 1984.
Heikhaus, Ulrike, Krieg! Juden zwischen den Fronten 1914–1918, in: Dies.; Köhne, Julia B. (Hg.), Krieg! 1914–1918. Juden zwischen den Fronten, Berlin 2014, S. 8–44.
Heikhaus, Ulrike; Köhne, Julia B. (Hg.), Krieg! 1914–1918. Juden zwischen den Fronten, Berlin 2014.
Heinrich, Dr. Robert, 100 Jahre Rechtsanwaltskammer München, Festschrift zum 100.Jahrestag des Inkrafttretens der Rechtsanwaltsordnung vom 1. Juli 1878, München 1979.
Herz, Deborah, Wie Juden Deutsche wurden. Die Welt jüdischer Konvertiten vom 17. bis zum 19. Jahrhundert, Frankfurt 2010.
Heusler, Andreas, Zwangsarbeit in der Münchner Kriegswirtschaft 1939–1945, hg. von der Landeshauptstadt München, München 1991.
Heusler, Andreas; Weger, Tobias, „Kristallnacht"– Gewalt gegen die Münchner Juden im November 1938, München 1998.
Heusler, Andreas, Lion Feuchtwanger, Münchner – Emigrant – Weltbürger, St. Pölten 2014.
Heydt, Maria v. d., Wirtschaftliche Beeinträchtigungen unter der Rassenverfolgung 1933–1945, in: Gensch, Brigitte; Grabowsky, Sonja, (Hg.), Der halbe Stern. Verfolgungsgeschichte und Identitätsproblematik von Personen und Familien teiljüdischer Herkunft, Gießen 2010, 67–88.
Hitler, Adolf, „Mein Kampf", München 1926.
Kaplan, Marion (Hg.), Geschichte des jüdischen Alltags in Deutschland. Vom 17. Jahrhundert bis 1945, München 2003.
Kasberger, Erich (1), Karrierewege Münchner Gestapo-Beamter aus dem „Judenreferat". Eine Kollektivbiografie, in: Krauss, Marita, Rechte Karrieren in München – Von der Weimarer Zeit bis in die Nachkriegsjahre, München 2010, 189–229.
Kasberger, Erich, (2), Hans Wegner und Theodor Koronczyk – zwei Pole des Täterspektrums, in: Krauss, M., 2010, 230–244.
Klemperer, Victor, Tagebücher 1933–1945, Band 1–8, Berlin 1999.
Klemperer, Victor, Man möchte immer weinen und lachen in einem, Revolutionstagebuch 1919, Berlin 2015.

Kolbe, Jürgen; Heller Zauber: Thomas Mann in München 1918–1933, Berlin 1987.
Krauss, Marita, Rechte Karrieren in München – Von der Weimarer Zeit bis in die Nachkriegsjahre, München 2010.
Krechel, Ursula, Landgericht, Salzburg 2012.
Kuller, Christiane, Finanzverwaltung und „Arisierung" in München, in: Baumann, Angelika; Heusler, Andreas (Hg.), München arisiert – Entrechtung und Enteignung der Juden in der NS-Zeit, München 2004, 176–197.
Ladwig-Winters, Simone, Anwalt ohne Recht. Das Schicksal jüdischer Rechtsanwälte in Berlin nach 1933, Berlin 1998.
Lässig, Simone, Jüdische Wege ins Bürgertum. Kulturelles Kapital und sozialer Aufstieg im 19. Jahrhundert, Göttingen 2004.
Lamm, Hans (Hg.), Vergangene Tage – Jüdische Kultur in München, München 1982.
Landau, Peter, Justiz und Rechtsanwaltschaft in der nationalsozialistischen Diktatur, in: BRAK-Mitteilungen 3/2003, 110–113.
Landau, Peter; Rieß, Rolf (Hg.), Recht und Politik in Bayern zwischen Prinzregentenzeit und Nationalsozialismus. Die Erinnerungen von Philipp Loewenfeld, Ebelsbach a. M. 2004.
Large, David Clay, Hitlers München. Aufstieg und Fall der Hauptstadt der Bewegung, München 2001.
Leichsenring, Jana; Rudolph, Katrin, Die Verfolgung von Christinnen und Christen jüdischer Herkunft im Raum Berlin, in: Gensch, Brigitte; Grabowsky, Sonja, (Hg.), Der halbe Stern. Verfolgungsgeschichte und Identitätsproblematik von Personen und Familien teiljüdischer Herkunft, Gießen 2010, 89–130.
Mak, Geert, In Europa, Eine Reise durch das 20. Jahrhundert, München 2007.
Mann, Thomas, Herr und Hund, in: Die Erzählungen, Frankfurt a.M. 2005, 517–607.
Mann, Thomas, Tagebücher 1918–1956, Frankfurt 1977.
Meyer, Beate, „Jüdische Mischlinge". Rassenpolitik und Verfolgungserfahrung 1933–1945, Hamburg 1999.
Meyer, Beate, Gratwanderungen. „Jüdische Mischlinge" zwischen Mehrheitsgesellschaft und Verfolgung, in: Gensch, Brigitte; Gra-

bowsky, Sonja, (Hg.), Der halbe Stern. Verfolgungsgeschichte und Identitätsproblematik von Personen und Familien teiljüdischer Herkunft, Gießen 2010, 37–55.

Modert, Gerd, Motor der Verfolgung – Zur Rolle der NSDAP bei der Entrechtung und Ausplünderung der Münchner Juden, in: Baumann, Angelika; Heusler, Andreas (Hg.), München arisiert – Entrechtung und Enteignung der Juden in der NS-Zeit, München 2004, 145–175.

Müller-Hohagen, Jürgen, Ewiger „Halbjude“? Zur Fortdauer von Nazi-Konstrukten in den Köpfen von Leuten aus der gesellschaftlichen Mitte, in: Gensch, Brigitte; Grabowsky, Sonja, (Hg.), Der halbe Stern. Verfolgungsgeschichte und Identitätsproblematik von Personen und Familien teiljüdischer Herkunft, Gießen 2010, 159–180.

München und der Nationalsozialismus, Katalog des NS-Dokumentationszentrum München, hg. von Winfried Nerdinger, München 2015.

Mußgnug, Dorothee, Die Reichsfluchtsteuer 1931–1953, Berlin 1953.

Neues Gymnasium Nürnberg (Hg.), 125 Jahre Neues Gymnasium Nürnberg, Nürnberg 2014.

Ophir, Baruch Z.; Wiesemann, Falk, Geschichte und Zerstörung der jüdischen Gemeinde in München 1918–1945, in: Lamm, Hans (Hg.), Vergangene Tage – Jüdische Kultur in München, München 1982, 462–489.

Ostler, F., Die deutschen Rechtsanwälte 1871–1971, Essen 1971.

Petrowskaja, Katja, Vielleicht Esther, Berlin 2014.

Raff, Thomas (Hg.), Die Wahrheit ist oft unwahrscheinlich. Thomas Theodor Heines Briefe an Franz Schoenberner aus dem Exil, Göttingen 2004.

Rott, Joachim, „Ich gehe meinen Weg ungehindert geradeaus“. Dr. Bernhard Weiss (1880–1951). Polizeivizepräsident in Berlin. Leben und Wirken, Berlin 2010.

Roubíčkova, Eva Mändl, „Langsam gewöhnen wir uns an das Ghettoleben“ – ein Tagebuch aus Theresienstadt, hg. von Veronika Springmann, Hamburg 2007.

Schattenhofer, Michael (Hg.), Chronik der Stadt München 1945–1948, München 1980.

Schrafstetter, Susanne, Flucht und Versteck. Untergetauchte Juden in München – Verfolgungserfahrung und Nachkriegsalltag, Göttingen 2015.
Selig, Wolfram, Richard Seligmann. Ein jüdisches Schicksal, München 1983.
Selig, Wolfram, Leben unterm Rassenwahn. Vom Antisemitismus in der „Hauptstadt der Bewegung", Berlin 2001.
Spies, Gerty, Drei Jahre Theresienstadt, München 1984.
Springmann, Veronika; Schellenbacher, Wolfgang, „Interessiert das heute überhaupt noch jemanden?" Überlegungen zum Tagebuch; in: Roubíčkova, Eva Mändl, „Langsam gewöhnen wir uns an das Ghettoleben" – ein Tagebuch aus Theresienstadt, hg. von Veronika Springmann, Hamburg 2007, 211–225.
Stadtarchiv München (Hg.), Biografisches Gedenkbuch der Münchner Juden, 1933–1945, 2 Bände, München 2003–2007.
Strangmann, Sinja, Eduard und Hans Bloch – Zwei Generationen jüdischer Soldaten im Ersten Weltkrieg, in: Heikhaus, Ulrike; Köhne, Julia B. (Hg.), Krieg! 1914–1918. Juden zwischen den Fronten, Berlin 2014, 239–262.
Strnad, Maximilian, Zwischenstation „Judensiedlung". Verfolgung und Deportation der jüdischen Münchner 1941–1945, in: Brenner, Michael; Heusler, Andreas (Hg.): Studien zur Jüdischen Geschichte und Kultur in Bayern, Band 4, München 2011.
Susmann, Margarete, Das Wort, in: Lamm, Hans (Hg.), Vergangene Tage – Jüdische Kultur in München, München 1982, 352–358.
Tent, James F., Im Schatten des Holocaust. Schicksale deutsch-jüdischer „Mischlinge" im Dritten Reich, Köln; Weimar; Wien 2007.
Toller, Ernst, Eine Jugend in Deutschland, Hamburg 2014.
Ullrich, Anna, „Nun sind wir gezeichnet" – Jüdische Soldaten und die „Judenzählung" im Ersten Weltkrieg, in: Heikhaus, Ulrike; Köhne, Julia B. (Hg.), Krieg! 1914–1918. Juden zwischen den Fronten, Jüdisches Museum München, Berlin 2014, 215–238.
Vuletić, Aleksander, Christen jüdischer Herkunft im Dritten Reich. Verfolgung und organisierte Selbsthilfe 1933–1939, Mainz 1999.
Walk, Joseph (Hg.), Das Sonderrecht für die Juden im NS-Staat, Heidelberg 1996.

Wassermann, Jakob, Christian Wahnschaffe, Roman in zwei Bänden, Berlin 1922.
Weber, Reinhard, Das Schicksal der jüdischen Rechtsanwälte in Bayern nach 1933, hg. v. Bayerischen Staatsministerium der Justiz, München 2006.
Weber, Reinhard, Rechtsnacht – Jüdische Justizbedienstete in Bayern nach 1933, Landsberg a. Lech, 2012.
Weidermann, Volker, Träumer. Als die Dichter die Macht übernahmen, Köln 2017.
Welzer, Harald; Moller, Sabine; Tschuggnall, Karoline, „Opa war kein Nazi“. Nationalsozialismus und Holocaust im Familiengedächtnis, Frankfurt a. M. 2002.
Werner, Alfred, Jüdische Juristen in München, in: Lamm, Hans (Hg.), Vergangene Tage – Jüdische Kultur in München, München 1982, 323–328.
Wetzel, Juliane, Jüdisches Leben in München 1945–1951, München 1987.
Winstel, Tobias, Verhandelte Gerechtigkeit. Rückerstattung und Entschädigung für jüdische NS-Opfer in Bayern und Westdeutschland, München 2006.

Bildnachweise

Wir danken den folgenden Bildgebern:

Umschlag vorn: SA-Posten vor dem Haus Karlsplatz 8 in München am 1.4.1933: StadtA München DE-1992-FS-NS-00177
Seite 22: George Wald und Familie: Privatarchiv Elijah Wald
Seite 65: Grafik Neues Gymnasium Nürnberg: Neues Gymnasium Nürnberg
Seite 81: Ansicht Paris-Haus, Ulmer Tor: Stadtarchiv Memmingen
Seite 213: Grimm, Fahlbusch: StAM, BS: Staatsanwaltschaften 29499/7
Seite 231: Theresienstadt Befreiung: CTK – Chech News Agency, Prag
Seite 243, 246, 270: Liselotte und Wilhelm Rosenmann, Emmi Lesser: Stadtarchiv München KKD 3428, 3430, 2352

Alle anderen Fotos stammen aus den Nachlässen von Ernst Seidenberger, Luise Seidenberger, Gretl Neumaier und Inge Neumaier. Sie befinden sich im Privatbesitz von Thomas und Peter Neumaier.

Danksagung

Ursprünglich sollte dieses Buch für meine Familie geschrieben werden: Zum Gedächtnis an unseren Großvater, an seine Verfolgungsgeschichte und die unserer Familie in der Zeit des Nationalsozialismus.

Dass diese Aufzeichnung nun als Buch veröffentlicht wird, verdanke ich der freundschaftlichen Ermutigung durch Micha Brumlik, der mir auch bei der Realisierung des Projektes entscheidend geholfen hat.

Da ich mich in Studium und Beruf vorwiegend mit Ökonomie und Politik beschäftigt habe, war die intensive und professionelle Archiv- und Quellenarbeit für mich eine nicht einfach zu bewältigende Aufgabe. In allen Archiven, die ich aufsuchte oder an die ich Anfragen richtete, stieß ich auf eine ausgesprochen freundliche Unterstützung. Allen Mitarbeiterinnen und Mitarbeitern in den Stadt- und Staatsarchiven, sowie im Bayerischen Hauptstaatsarchiv gilt mein Dank.

Ausgesprochen dankbar bin ich Christian Reppe vom Stadtarchiv Memmingen, der mich „bis zur letzten Minute" mit Rechercheergebnissen zur Familie Ehrhart versorgte.

Mein besonderer Dank gilt Andreas Heusler (Stadtarchiv München) und Robert Bierschneider (Staatsarchiv München) für ihre unermüdliche Geduld, die freundliche Hilfestellung und ihre ausführlichen Auskünfte. Unübersehbar für mich: Ihre beindruckende Sachkenntnis und ihr inhaltliches Engagement für die Thematik.

Es hat mich sehr gefreut, dass ich mit Edith Erbrich und Ernst Grube persönliche Gespräche über ihre Zeit in Theresienstadt führen durfte, wo sie als Jugendliche zeitgleich mit meinem Großvater inhaftiert waren. Für diese Gesprächsmöglichkeiten bin ich sehr dankbar.

Ausführliche Informationen zur Geschichte der Juden in Kleinlangheim, dem Herkunftsort der Familie Rosenmann, erhielt ich von Monika Conrad.

Wertvolle Hinweise und Anregungen erhielt ich von Thomas Raff. Unsere Eltern zählten zu dem im Buch angesprochenen Freundeskreis in München.

Als mein Manuskript bereits weitgehend abgeschlossen war, ergaben sich neue Informationen zu Frau Emmi Lesser, der ursprünglichen Eigentümerin des „Barock-Schreibtisches", der sich im Erbe unseres Großvaters befand. Wichtige Ergebnisse dieser Nachforschungen verdanke ich Frau Dr. Carolin Lange, die als wissenschaftliche Mitarbeiterin in der Projektleitung Provenienzforschung an der Landesstelle für die nichtstaatlichen Museen in Bayern tätig ist.

Bettina Bergmann-Remy hat mit großem Sachverstand und präziser Strenge mein Manuskript korrigiert.

Auch meiner Familie möchte ich danken.

Anlässlich der Einweihung des von meinem Bruder Thomas entworfenen und realisierten Denkmals für die Opfer des Nationalsozialismus in Paffenhofen führten wir im September 2014 ein ausführliches, anregendes Gespräch über die Geschichte unserer Familie und die ihr durch die Nazidiktatur zugefügten inneren Verletzungen. Mein Bruder hat mir darüber hinaus bei Fragen der Gestaltung und Digitalisierung der im Buch verwendeten Fotos entscheidend geholfen.

Ein besonders schönes und intensives Erlebnis war 2018 die erstmalige Begegnung mit Elijah Wald und seiner Frau Sandrine. Elijah, selbst in der Familienforschung über unsere gemeinsamen Vorfahren engagiert, schickte mir ergänzende Schreiben zu dem zwischen den 1930er und den 1980er Jahren betriebenen Briefwechsel zwischen unseren Vätern, Heinz Neumaier und George Wald. Darüber hinaus unterstützte er mich mit wertvollen Informationen und Dokumenten aus dem Kreis des in die USA und nach Südafrika geflohenen Teils der Familie Rosenmann.

Dank schulde ich auch meiner Frau Angelika, die nicht nur mit großem Interesse mein Manuskript mehrmals gelesen hat und mich auf inhaltliche Schwächen und Fehler aufmerksam machte. Sie entwickelte zudem Vorschläge für die Gestaltung des Buchtitels. Sie musste vor allem aber auch über längere Zeit die Höhen und Tiefen aushalten, die sich aus Erfolgen und Mühseligkeiten meiner Nachforschungen ergaben. Meinen Launen, die mich in dieser Zeit sicher nicht liebenswerter haben werden lassen, ist sie mit Nachsicht, Hilfsbereitschaft und manch stützendem Zuspruch begegnet.

Impressum

Die Deutsche Nationalbibliothek verzeichnet diese Publikation
in der Deutschen Nationalbibliografie; detaillierte Daten sind im Internet über
https://portal.dnb.de/ abrufbar.

Inh. Dr. Nora Pester
Haus des Buches
Gerichtsweg 28
04103 Leipzig
info@hentrichhentrich.de
http://www.hentrichhentrich.de

Umschlag: Michaela Weber
Titelbild: SA-Posten vor dem Haus Karlsplatz 8 in München am 1.4.1933:
StadtA München DE-1992-FS-NS-00177
Gestaltung: Gudrun Hommers
Druck: Winterwork, Borsdorf

1. Auflage 2018

Printed in Germany
ISBN 978-3-95565-277-7